普通高等学校经济管理类精选教材
第二届中国大学出版社图书奖优秀教材奖

国际货物运输与保险

（第 4 版）

主 编 杨海芳 李 哲

清华大学出版社
北京交通大学出版社
·北京·

内容简介

本书系统阐述了各种国际货物运输形式的相关知识及国际货物运输保险的基本知识。全书共13章，包括国际货物运输概述、国际海洋货物运输、国际铁路货物运输、国际航空货物运输、国际集装箱运输、国际多式联运等，以及国际货物运输保险的理论知识和实务操作等内容。本书在内容编排上，强调理论与实践相结合，注重知识的应用性，每一章既有相关知识介绍，又有本章总结、案例分析。

本书可以作为高等院校国际贸易类专业、物流类专业及其他相关专业的教材使用，也可供从事国际货物运输与保险业务的有关人员参考使用。

本书封面贴有清华大学出版社防伪标签，无标签者不得销售。
版权所有，侵权必究。侵权举报电话：010-62782989　13501256678　13801310933

图书在版编目（CIP）数据

国际货物运输与保险／杨海芳，李哲主编. —4版. —北京：北京交通大学出版社：清华大学出版社，2023.4
　ISBN 978-7-5121-4921-2

Ⅰ. ①国… Ⅱ. ①杨… ②李… Ⅲ. ①国际货运　②国际货运-交通运输保险 Ⅳ. ①F511.41 ②F840.63

中国国家版本馆 CIP 数据核字（2023）第 045533 号

国际货物运输与保险
GUOJI HUOWU YUNSHU YU BAOXIAN

责任编辑：田秀青
出版发行：清 华 大 学 出 版 社　邮编：100084　电话：010-62776969　http://www.tup.com.cn
　　　　　北京交通大学出版社　邮编：100044　电话：010-51686414　http://www.bjtup.com.cn
印　刷　者：北京鑫海金澳胶印有限公司
经　　　销：全国新华书店
开　　　本：185 mm×260 mm　印张：18.5　字数：474 千字
版 印 次：2010 年 1 月第 1 版　2023 年 4 月第 4 版　2023 年 4 月第 1 次印刷
定　　　价：49.00 元

本书如有质量问题，请向北京交通大学出版社质监组反映。对您的意见和批评，我们表示欢迎和感谢。
投诉电话：010-51686043，51686008；传真：010-62225406；E-mail：press@bjtu.edu.cn。

第4版前言

得益于各位读者朋友长期以来的关心和支持,本书自2010年1月初版、2013年7月和2018年10月再版至今,被纳入普通高等学校经济管理类精选教材,为高等院校国际贸易类专业、物流类专业及其他相关专业的老师、学生,以及从事国际货物运输与保险业务的有关人员学习国际货物运输形式、国际货物运输保险等知识提供了一本较好的教材和参考资料,得到了大家的支持和好评,并获得第二届中国大学出版社图书奖优秀教材奖。

现今,为适应经济社会进步和国际货物运输领域的快速发展,我们对第3版教材再次进行修订。这次修订从两个方面着手:一是编者团队参考了大量专业书籍,重新花费大量时间对本书涉及的基本知识、发展背景、工作流程、计算方法等内容做了细致的全面校对与及时更新;二是应社会与市场需求,在此次修订中着重添加实际案例以帮助学生加强对知识的准确理解和融会贯通,提高其解决实际问题的能力。

党的二十大报告提出,"加快构建新发展格局,着力推动高质量发展","推进高水平对外开放。依托我国超大规模市场优势,以国内大循环吸引全球资源要素,增强国内国际两个市场两种资源联动效应,提升贸易投资合作质量和水平"。这对国际贸易理论与实践都提出了新的要求。本书从国际贸易参与方的角度出发,对相关的国际贸易运输与保险的基本理论和实践操作规程进行了较为全面的论述,结合相关国际惯例和规则,注重准确性、实用性和可操作性。本书分为上下两篇:第一篇为国际货物运输,以当前存在的各种国际货物运输方式为分类依据,按照国际货物海洋运输、铁路运输、航空运输及多式联运等不同运输方式,详细介绍了相关运输方式的起源背景、原理及业务程序;第二篇为国际货物运输保险,就国际贸易中货物运输保险的保障范围、保障条款及保险业务的投保、承保、索赔和理赔等实务工作做了详细的讲解。

在我国对外贸易发展的新形势下,本书采用专业讲解与实际案例相结合的方法为国际贸易专业的学生和从事国际贸易工作的人员提供借鉴与指导,从其需要熟悉和掌握的国际货物运输与保险的角度出发,为其从事国际贸易工作奠定坚实的知识基础。

最后,再次感谢广大读者的支持与鼓励。时代在进步,学术在发展,书中的观点、内容难免有不到之处,请广大读者批评指正以督促我们继续学习和思考。同时,在此次修订完成之际,对在本书编修过程中付出努力和汗水的于敏、杨换杰、董艳芳、郭晓禹、王静雯等同志致以最衷心的感谢。

编 者
2023年2月

第 3 版前言

得益于各位读者朋友长期以来的关心和支持,本书自 2010 年 1 月初版、2013 年 7 月再版至今,被纳入普通高等学校经济管理类精选教材,为高等院校国际贸易类专业、物流类专业及其他相关专业的老师、学生,以及从事国际货物运输与保险业务的有关人员学习国际货物运输形式、国际货物运输保险等知识提供了重要教材和参考资料,得到了大家的支持和好评,并获得第二届中国大学出版社图书奖优秀教材奖。

现今,为适应经济社会进步和国际货物运输领域的快速发展,我们再次对第 2 版教材进行了修订。这次修订包括两个方面:一是编者团队参考了大量专业书籍,重新花费大量时间对本书涉及的基本知识、发展背景、工作流程、计算方法等内容做了细致的全面校对与及时更新;二是应社会与市场需求,在此次修订中着重添加实际案例以帮助学生加强对知识的准确理解和融会贯通,提高其解决实际问题的能力。

党的十九大报告提出,推动形成全面开放新格局,要求拓展对外贸易,培育贸易新业态新模式,推进贸易强国建设。这对国际贸易理论与实践都提出了新的要求。本书从国际贸易参与方的角度出发,对相关的国际贸易运输与保险的基本理论和实践操作规程进行了较为全面的论述,结合相关国际惯例和规则,注重准确性、实用性和可操作性。本书分为上下两篇:第一篇为国际货物运输,以当前存在的各种国际货物运输方式为分类依据,按照国际货物海洋运输、铁路运输、航空运输及多式联运等不同运输方式,详细介绍了相关起源背景、原理及业务程序;第二篇为国际货物运输保险,就国际贸易中货物运输保险的保障范围、保障条款及保险业务的投保、承保、索赔和理赔等实务工作也做了详细的讲解。

在我国对外贸易发展的新形势下,本书采用专业讲解与实际案例相结合的方法为国际贸易专业的学生和从事国际贸易工作的人员提供借鉴与指导,从其需要熟悉和掌握的国际货物运输与保险的多角度,为其从事国际贸易工作奠定坚实的知识基础。

最后,再次感谢广大读者的支持与鼓励。时代在进步,学术在发展,书中的观点、内容难免有不到之处,请广大读者批评指正以督促我们继续学习和思考。同时,在此次修订完成之际对在本书编修过程中付出努力和汗水的李媛媛、时硕、杨晓美等同志致以最衷心的感谢。

编　者

2018 年 10 月

第2版前言

本书自2010年1月第一次出版以来,被纳入普通高等学校经济管理类精选教材,为高等院校国际贸易类专业、物流类专业及其他相关专业的老师、学生,以及从事国际货物运输与保险业务的有关人员学习国际货物运输形式、国际货物运输保险等知识提供了重要的参考资料,得到了广泛的支持和好评,并获得第二届中国大学出版社图书奖优秀教材奖。

我国加入世界贸易组织后,对外贸易总额逐年大幅增长。2012年我国对外贸易总额首超美国,排名世界第一,对外贸易已经成为我国国民经济增长不可或缺的推动力量。国际货物运输与保险作为国际贸易的重要内容,既是国际贸易的重要环节,也是国际贸易顺利进行的重要保障。国际贸易专业的学生和从事国际贸易工作的人员,需要熟悉和掌握国际货物运输与保险的基本知识、发展背景、工作流程、计算方法等内容,为从事国际贸易工作奠定坚实的知识基础。

本书以当前存在的各种国际货物运输方式为分类依据,按照国际货物海洋运输、铁路运输、航空运输及多式联运等不同运输方式,分门别类地介绍了相关起源背景、原理及业务程序。同时,本书就国际贸易中货物运输保险的保障范围、保障条款及保险业务的投保、承保、理赔和索赔等实务工作也做了详细的讲解。通过对本书的学习,读者能够了解和掌握各种运输方式的特点,熟悉运输单证制作与流转、运费计算等工作环节,并在分析各种运输方式利弊的基础上,合理组合运输方式;在理解和掌握保险理论的基础上,也能够完整、准确、合理地办理具体投保事宜,从而有效地预防货物的运输风险,提高企业的经济效益。

由于经济社会进步和国际货物运输领域的快速发展,作者在修编本书的过程中,对有关名称、数据做了及时的调整,以使本书内容和当前经济发展紧密结合。

最后,再次感谢广大读者的支持,文中若有不妥之处,请大家批评指正。同时,对本书编修过程中付出努力和汗水的同志表示诚挚的谢意。

编 者
2013年7月

第1版前言

改革开放以来，伴随着我国国民经济总量持续、稳定的高速增长，对外贸易发展突飞猛进。特别是加入世界贸易组织以后，我国对外贸易总额逐年大幅增长，年均增长率达到20%以上，对外贸易已经成为我国国民经济增长的重要推动力量。

国际货物运输与保险犹如国际贸易的一双翅膀，既是国际贸易不可或缺的环节，也为国际贸易的顺利进行提供了重要保障。国际贸易专业的学生，不仅要掌握国际贸易知识，还应学习国际货物运输与保险的相关知识。

"国际货物运输与保险"是国际贸易专业的核心课程，主要介绍国际货物海洋运输、国际货物铁路运输、国际货物航空运输及国际多式联运等运输方式的原理及业务程序，以及国际贸易中货物运输保险的保障范围、保障条款和保险业务的投保、承保、理赔、索赔实务。通过本课程的学习，学生将了解和掌握各种运输方式的特点，熟悉运输单证制作与流转、运费计算等工作环节，并在分析各种运输方式利弊的基础上，合理组合运输方式；在理解和掌握保险理论的基础上，学生将能够完整、准确、合理地办理具体投保事宜，从而有效地预防货物的运输风险，提高企业的经济效益。

本书共13章，分为上下两篇。上篇为国际货物运输，从第1章至第7章，主要介绍国际贸易所采用的主要运输方式及其特点、具体的货运程序、国际规则与惯例、各种运费的计算与支付、运输单据的缮制和使用、国际货物运输路线、国际多式联运的组织等，针对国际贸易运输中的责任问题，着重介绍了与国际运输相关的国际公约及其主要条款等。下篇为国际货物运输保险，从第8章至第13章，主要介绍了保险的基本原理和规则，国际货物运输保险的保障范围、保险条款和投保、承保、理赔、索赔等实务操作。

为方便学生预习和复习，掌握每章的知识重点，本书在每章的开始设有学习目标，章后设有本章总结。为帮助学生加强对知识的准确理解和融会贯通，提高解决实际问题的能力，每章最后还设置了案例分析。

本书由杨海芳、李哲担任主编，夏建刚、刘亚勤、薛奕曦担任副主编，由杨海芳统稿。全书的编写分工为：第1～5章及第8～11章由杨海芳（中国防卫科技学院）、李哲（中国科学技术战略发展研究院）编写；第6、7章由夏建刚（中国防卫科技学院）编写；第12章由刘亚勤（华北电力大学）编写；第13章及综合练习题由薛奕曦（安阳师范学院）编写。

本书从国际贸易参与方的角度出发,对国际贸易运输与保险的基本理论和实践操作规程进行了较为全面的论述,并结合相关的国际惯例和规则进行讲解,注重准确性、实用性和可操作性。本书既可作为国际贸易专业、国际经济专业本科及继续教育学生的教科书,也可以作为外销员、国际商务师及物流管理、保险和运输等专业学生的参考书。

由于本书内容涉及范围广,研究对象变化快,受作者水平和时间所限,书中难免存在不妥和疏漏之处,敬请读者予以批评指正。

编 者

2010 年 1 月

目 录

上篇 国际货物运输

第1章 国际货物运输概述 ... 3
1.1 国际货物运输的性质 ... 3
1.1.1 定义 ... 3
1.1.2 性质 ... 3
1.1.3 特点 ... 4
1.1.4 任务 ... 5
1.1.5 要求 ... 6
1.2 国际货物运输组织 ... 7
1.2.1 货主 ... 7
1.2.2 承运人 ... 7
1.2.3 运输代理人 ... 8
1.2.4 装卸公司和理货公司 ... 8
1.3 国际货物运输方式 ... 9
1.4 国际货物运输代理 ... 9
1.4.1 国际货物运输代理的概念 ... 9
1.4.2 代理人和委托人的责任与义务 ... 10
1.4.3 国际货物运输代理的种类 ... 11
1.4.4 国际货运代理协会联合会与中国国际货运代理协会 ... 13
本章总结 ... 14

第2章 国际海洋货物运输 ... 15
2.1 国际海洋货物运输概述 ... 15
2.1.1 含义 ... 15
2.1.2 特点 ... 16
2.2 船舶概述 ... 16
2.2.1 定义 ... 16
2.2.2 构造和种类 ... 17
2.2.3 规范 ... 18
2.3 海运经营方式 ... 21
2.3.1 班轮运输 ... 21
2.3.2 租船运输 ... 27

2.4 海运进出口业务 36
　　2.4.1 进口业务 36
　　2.4.2 出口业务 38
2.5 海运提单 39
　　2.5.1 提单概述 39
　　2.5.2 提单的正面内容和背面条款 44
　　2.5.3 提单业务 47
本章总结 49

第3章 国际铁路货物运输 55

3.1 铁路货物运输概况 55
　　3.1.1 铁路货物运输概述 55
　　3.1.2 铁路货物运输的发展 57
3.2 国际铁路联运经营方式及进出口业务 58
　　3.2.1 国际铁路联运概述 58
　　3.2.2 国际铁路货物运输的有关规章 58
　　3.2.3 国际铁路货物联运基本运送条件 59
　　3.2.4 国际铁路联运出口货物程序 60
　　3.2.5 国际铁路联运进口货物程序 62
　　3.2.6 国际铁路货物联运运费的计算 63
3.3 对港澳地区的铁路货物运输 64
　　3.3.1 对香港地区的铁路运输 64
　　3.3.2 对澳门地区的铁路运输 67
3.4 国际货物铁路联运运单及添附文件 68
　　3.4.1 国际铁路货物联运运单 68
　　3.4.2 添附文件 70
本章总结 71

第4章 国际航空货物运输 72

4.1 国际航空运输概况 72
　　4.1.1 国际航空货物运输概述 72
　　4.1.2 国际航空运输组织 74
　　4.1.3 国际航空运输代理 75
4.2 航空运输方式 76
　　4.2.1 班机运输 76
　　4.2.2 包机运输 77
　　4.2.3 集中托运 77
　　4.2.4 联运方式 79
　　4.2.5 航空快运 79
4.3 国际航空运输进出口业务 80
　　4.3.1 国际航空运输进口货物程序 80

4.3.2　国际航空运输出口货物程序 ·················· 81
4.4　航空运单 ·· 82
　　4.4.1　航空运单的作用 ·· 82
　　4.4.2　航空运单的分类 ·· 83
　　4.4.3　航空运单的内容 ·· 83
4.5　航空货物运价与费用 ··· 85
　　4.5.1　基本概述 ··· 85
　　4.5.2　一般货物运价 ··· 87
　　4.5.3　特种货物运价 ··· 87
　　4.5.4　等级货物运价 ··· 88
　　4.5.5　择优使用航空运价 ······································· 88
　　4.5.6　有关航空运价的其他规定 ································ 89
本章总结 ··· 90

第5章　国际集装箱运输 ··· 92

5.1　集装箱运输概述 ·· 92
　　5.1.1　集装箱运输的概念和特点 ································ 92
　　5.1.2　集装箱的种类 ··· 94
　　5.1.3　集装箱运输工具设备 ···································· 96
5.2　集装箱运输装载与交接 ··· 97
　　5.2.1　集装箱货物的分类 ······································· 97
　　5.2.2　集装箱货物的装载 ······································· 98
　　5.2.3　集装箱货物的交接 ······································· 99
5.3　集装箱运输进出口业务 ··· 101
　　5.3.1　集装箱出口货运程序 ····································· 101
　　5.3.2　集装箱进口货运程序 ····································· 102
5.4　集装箱运输单证及运输费用 ····································· 103
　　5.4.1　集装箱运输单证 ··· 103
　　5.4.2　集装箱运输费用 ··· 105
本章总结 ··· 107

第6章　国际多式联运 ··· 109

6.1　国际多式联运概述 ·· 109
　　6.1.1　定义 ··· 109
　　6.1.2　国际多式联运的特征 ····································· 109
　　6.1.3　联合国国际货物多式联运公约 ···························· 110
6.2　国际多式联运经营人 ·· 111
　　6.2.1　内涵 ··· 111
　　6.2.2　特征 ··· 112
　　6.2.3　国际多式联运经营人的类型 ······························· 112
　　6.2.4　国际多式联运经营人的责任 ······························· 113

Ⅲ

6.3 国际多式联运方式 ·· 115
6.3.1 海陆联运 ·· 115
6.3.2 陆桥运输 ·· 115
6.3.3 海空联运 ·· 118
6.4 国际多式联运单证 ·· 118
6.4.1 国际多式联运单证的内容、转让及证据效力 ················ 118
6.4.2 关于信用证条款 ··· 120
6.4.3 缮制海运提单及联运提单 ···································· 120
6.4.4 其他单证 ·· 121
本章总结 ··· 121

第7章 国际公路、内河、管道、邮政运输 ······························· 124
7.1 国际公路运输 ·· 124
7.1.1 公路运输的概念与特点 ······································ 124
7.1.2 公路和汽车 ··· 125
7.1.3 公路运输的经营方式 ·· 126
7.1.4 公路运输运费计算 ·· 126
7.1.5 国际公路货物运输公约和协定 ······························ 127
7.1.6 国际公路运输业务 ·· 127
7.1.7 国际道路货物运单 ·· 130
7.2 国际内河运输 ·· 132
7.2.1 内河运输概述 ··· 132
7.2.2 内河运输的船舶 ··· 132
7.2.3 我国的内河运输 ··· 133
7.3 国际管道运输 ·· 133
7.3.1 管道运输概述 ··· 133
7.3.2 世界管道运输现状 ·· 135
7.3.3 中国管道运输现状 ·· 137
7.4 国际邮政运输 ·· 138
7.4.1 国际邮政运输概述 ·· 138
7.4.2 万国邮政联盟 ··· 139
7.4.3 邮包种类、邮资和单证 ······································ 140
本章总结 ··· 142

下篇 国际货物运输保险

第8章 保险概述 ·· 145
8.1 风险概述 ··· 145
8.1.1 风险的含义 ··· 145
8.1.2 风险的种类 ··· 145

- 8.1.3 风险的特征 ·· 146
- 8.1.4 风险管理对策 ·· 146
- 8.2 保险概述 ··· 148
  - 8.2.1 保险的定义 ·· 148
  - 8.2.2 保险的种类 ·· 148
- 8.3 保险的起源与发展 ··· 152
  - 8.3.1 保险的起源 ·· 152
  - 8.3.2 现代海上保险制度的形成 ··· 153
- 8.4 保险合同 ··· 154
  - 8.4.1 保险合同的概念 ·· 154
  - 8.4.2 保险合同的特征 ·· 154
  - 8.4.3 保险合同的主体和客体 ··· 156
  - 8.4.4 保险合同的内容 ·· 157
  - 8.4.5 保险合同的订立、变更、解除和终止 ··· 159
- 本章总结 ··· 162

第9章 保险的基本原则 ··· 167

- 9.1 保险利益原则 ·· 167
  - 9.1.1 含义 ··· 167
  - 9.1.2 前提及表现 ·· 168
  - 9.1.3 主体 ··· 168
  - 9.1.4 作用 ··· 169
  - 9.1.5 应用 ··· 169
- 9.2 最大诚信原则 ·· 171
  - 9.2.1 含义 ··· 171
  - 9.2.2 主要内容 ··· 171
- 9.3 近因原则 ··· 173
  - 9.3.1 含义 ··· 173
  - 9.3.2 应用 ··· 173
- 9.4 补偿原则 ··· 174
  - 9.4.1 含义 ··· 174
  - 9.4.2 主要内容 ··· 175
- 9.5 代位追偿原则 ·· 176
  - 9.5.1 含义 ··· 176
  - 9.5.2 主要内容 ··· 176
- 9.6 重复保险分摊原则 ··· 177
  - 9.6.1 重复保险的含义 ·· 177
  - 9.6.2 重复保险的构成要件 ·· 178
  - 9.6.3 重复保险的分摊 ·· 178
- 本章总结 ··· 179

第10章 海洋运输货物保险保障范围 ········ 182
10.1 海洋风险 ········ 182
10.1.1 狭义的海上风险 ········ 182
10.1.2 外来风险 ········ 185
10.2 海上损失 ········ 186
10.2.1 全部损失 ········ 187
10.2.2 部分损失 ········ 189
10.3 海上费用 ········ 191
10.3.1 施救费用 ········ 191
10.3.2 救助费用 ········ 192
10.3.3 续运费用 ········ 193
10.3.4 额外费用 ········ 193
本章总结 ········ 193

第11章 海洋运输货物保险条款 ········ 197
11.1 中国海洋运输货物保险条款 ········ 197
11.1.1 海运货物保险基本险 ········ 197
11.1.2 海运货物保险附加险 ········ 203
11.1.3 海运货物保险专门险 ········ 208
11.2 伦敦保险协会海洋运输货物保险条款 ········ 210
11.2.1 承保风险 ········ 210
11.2.2 除外责任 ········ 210
本章总结 ········ 211

第12章 其他运输方式货物保险 ········ 215
12.1 陆上运输货物保险 ········ 215
12.1.1 陆运险与陆运一切险 ········ 216
12.1.2 陆上运输冷藏货物险 ········ 216
12.1.3 陆上运输货物战争险 ········ 217
12.2 航空运输货物保险 ········ 218
12.2.1 航空运输险和航空运输一切险 ········ 218
12.2.2 航空运输货物战争险 ········ 219
12.3 邮包运输货物保险 ········ 219
12.3.1 邮政包裹保价 ········ 219
12.3.2 邮包运输货物险概述 ········ 220
本章总结 ········ 221

第13章 国际货物运输保险实务 ········ 224
13.1 国际货物运输保险投保实务 ········ 224
13.1.1 投保人的确定 ········ 224
13.1.2 投保险别的选择 ········ 225
13.1.3 保险金额的确定 ········ 227

13.1.4　投保单的缮制 …………………………………………………… 228
13.2　国际货物运输保险承保实务 ………………………………………………… 231
　　13.2.1　保险单的缮制、批改和转让 ……………………………………… 231
　　13.2.2　保险费的计算 ……………………………………………………… 233
13.3　国际货物运输保险的索赔实务 ……………………………………………… 235
　　13.3.1　索赔程序 …………………………………………………………… 235
　　13.3.2　索赔工作应注意的问题 …………………………………………… 237
　　13.3.3　索赔时效 …………………………………………………………… 238
13.4　国际货物运输保险的理赔实务 ……………………………………………… 238
　　13.4.1　理赔程序 …………………………………………………………… 238
　　13.4.2　损失原因确定 ……………………………………………………… 239
　　13.4.3　责任审定 …………………………………………………………… 241
　　13.4.4　赔偿金额的计算 …………………………………………………… 242
　　13.4.5　赔偿后事宜 ………………………………………………………… 245
本章总结 ……………………………………………………………………………… 245
综合练习题一 ………………………………………………………………………… 252
综合练习题二 ………………………………………………………………………… 257
综合练习题三 ………………………………………………………………………… 264
综合练习题四 ………………………………………………………………………… 269
参考文献 ……………………………………………………………………………… 277

上篇 国际货物运输

第1章

国际货物运输概述

学习目标

- 掌握国际货物运输的定义和特点。
- 了解国际货物运输的任务和要求。
- 掌握国际货物运输组织。
- 掌握国际货物运输代理的种类。
- 掌握"国际货物代理协会联合会"与"中国国际货运代理协会"的相关情况。

1.1 国际货物运输的性质

1.1.1 定义

运输，就其运送对象来说，分为货物运输和旅客运输，而货物运输又可按地域划分为国内货物运输和国际货物运输两大类。国际货物运输就是在不同的国家、不同的国家与地区之间的运输，其又可分为国际贸易物资运输和非贸易物资（如展览品、个人行李、办公用品、援外物资等）运输两类。由于非贸易物资运输往往是贸易物资运输部门的附带业务，所以国际货物运输通常被称为国际贸易运输，对一国来说，就是对外贸易运输，简称外贸运输。

1.1.2 性质

运输是一个独立的特殊物质生产部门。马克思指出："除了采矿工业、农业和加工制造业以外，还有第四个物质生产部门，它也经过手工业生产、工场手工业生产和机器生产三个不同阶段。这就是运输业，不论它是客运还是货运。"运输业作为特殊的独立生产部门，它所生产的东西是商品的场所变动，这就是运输的生产过程。商品在空间上的流通，即通过运输使商品位置发生的移动，改变了商品使用价值的位移，从而使商品的交换价值增大，它可以按照高于原来产地的价格出售。由运输追加到商品中的价值，等于使商品的使用价值发生位移所需要的劳动量。这个劳动量，一部分是物化劳动量（运输工具的价值转移），另一部分是活劳动量（运输劳动的价值追加），这同其他一切商品的价值增加过程是一样的。

然而，作为一个独立的物质生产部门，国际货物运输同国内货物运输一样，有着自己的特殊性。这种特殊性主要体现在以下3个方面。

① 物质产品的生产是运输生产的基础，运输生产是物质产品生产过程在流通领域中的继续。没有物质产品生产就没有运输生产，反过来，没有运输把生产的产品运到消费地点，产品的使用价值就无法实现，物质产品的生产就没有意义。

② 运输业生产的产品是无形的。在运送商品的过程中，运输不能改变劳动对象（商品）的形状和性质，也不能生产出独立形态的产品。因此，运输在国际贸易中被划分为服务贸易范畴。

③ 国际货物运输增加了商品的价值。国际贸易商品价格中包含了商品的运输价值，即运价，在商品价格中所占比重一般取决于商品的价格。运价一般是以商品的运输距离和运输量来确定的，与商品的价值关系不大。这样，运价在低价值商品价格中所占比重就大一些，如运价在原料性商品的价格中会占到50%，而在高价值的制成品中一般只占10%～40%。因此，从事商品贸易的人不得不重视运输在商品中的增加价值。

认识国际货物运输的本质属性很重要。它有利于人们重视国际运输业的发展，从宏观上加强发展规划和指导，从微观上加强投资和技术改造，使国际货物运输及相关产业成为国民经济发展的重要产业。实践证明，世界主要航运大国多集中在发达国家，航运业已成为这些国家的重要产业。

1.1.3 特点

国际贸易作为国与国之间的商品交换，买卖双方远隔两地，需要进行国际货物运输。与国内货物运输相比，国际货物运输有其独特之处。国际货物运输的特殊性具体表现在以下几个方面。

1. 政策性强

国际货物运输是国际贸易的一个组成部分，在组织货物运输的过程中，需要经常同国外发生广泛的直接或间接的业务联系。这种联系不仅是经济上的，也常常会涉及国际的政治问题，是一项政策性很强的涉外活动。因此，国际货物运输既是一项经济活动，也是一项重要的外事活动。这就要求国际货物运输从业人员不仅要用经济观点去办理各项业务，而且要有政策观念，按照我国对外政策的要求从事国际运输业务。

2. 距离长、环节多

国际货物运输是国家与国家、国家与地区之间的跨越国界的运输，因此，运输距离、运输时间一般都比较长。在跨越国界的运输过程中，往往需要使用多种运输工具，变换不同的运输方式，经过不同的国家和地区，中间环节很多，交接手续繁杂。在整个运输过程中，有一个环节脱节，将会打乱全盘工作，影响这一单货物的运输质量。例如，上海—伦敦，海洋运输航线长达20 000千米。

外贸运输往往还要经历不同的气候带，更换不同的运输方式，使用不同的运输工具，有的还需要经过多次装卸、搬运，环节多且复杂。在这些工作过程中，稍有不慎，就会打乱全程运送，最终影响货物安全、迅速、准确地运达目的地。

3. 情况复杂

国际货物运输涉及国内外许多部门，需要与不同国家和地区的货主、交通运输机构、商检机构、保险公司、银行或其他金融机构、海关、港口及各种中间代理商等打交道。同时，由于各个国家和地区的法律、政策规定不一，贸易、运输习惯和经营方法不同，金融货币制度的差异,加之政治、经济和自然条件的变化,都会对国际货物运输产生较大的影响。

4. 时间性强

按时装运进出口货物,及时将货物运至目的地,对履行进出口贸易合同、满足商品竞争市场的需求、提高市场竞争能力、及时结汇等,都有着重大意义。特别是一些鲜活商品、季节性商品和敏感性强的商品,更要求迅速运输,不失时机地组织供应,才有利于提高出口商品的竞争能力,有利于巩固和扩大销售市场。因此,国际货物运输必须加强时间观念,争时间、抢速度,以快取胜。

5. 风险较大

由于国际货物运输环节多、运输距离长、涉及面广、情况复杂多变,加之时间性又很强,运输沿途国际形势的变化、社会的动乱、各种自然灾害和意外事故的发生,以及战乱、封锁、禁运或海盗活动等,都可能直接或间接地影响国际货物运输,甚至造成严重后果。因此,国际货物运输的风险较大。为了转嫁运输过程中发生的风险损失,进出口货物和运输工具都需要办理运输保险。

1.1.4 任务

1. 按要求完成进出口货物运输

国际贸易合同签订后,只有通过运输,及时将进口货物运进来,将出口货物运出去,交到约定地点,商品的流通才能实现,贸易合同才能履行。按要求主要指按时、按质、按量。"按时"就是根据贸易合同的装运期和交货期条款的规定履行合同;"按质"就是按照贸易合同质量条款的要求履行合同;"按量"就是尽可能地减少货损货差,保证贸易合同中货物数量条款的履行。如果违反了上述合同条款,就构成了违约,有可能导致赔偿、罚款等严重的法律后果。因此,国际货物运输部门必须重合同、守信用,保证按时、按质、按量地完成国际货物运输任务,保证国际贸易合同的履行。

2. 节省费用,为国家积累建设资金

由于国际货物运输是国际贸易的重要组成部分,而且运输距离长、环节较多,各项运杂费用开支较大,所以节省运杂费用的潜力比较大,途径也较多。从事国际货物运输的企业应该不断地改善经营管理,节省运杂费用,提高企业的经济效益和社会效益,为国家积累更多的建设资金。

3. 节约外汇支出,增加外汇收入

国际货物运输是一种无形的国际贸易,是国家外汇收入的重要来源之一。国际贸易合同一般采用CIF和FOB等贸易术语。按照CIF术语,货价内包括运费、保险费,由卖方派船将货物运至目的港;按照FOB术语,货价内不包括运费和保险费,由买方派船到装货港装运货物。为了国家和企业的利益,出口货物时多争取采用CIF术语,进口货物时多争取采用FOB术语,这样可以节省外汇支出,增加外汇收入。而国际货物运输企业为了国家利益,首先要依靠国内运输企业的运力和我国的方便旗船,再考虑我国的租船、中外合资船公司和侨资班轮的运力,再充分调动和利用各方面的运力,使货主企业同运输企业有机地衔接,争取为国家节约外汇支出,增加更多的外汇收入。

4. 认真贯彻国家对外政策

国际货物运输是我国涉外活动的一个重要组成部分,它的另一个任务就是在平等互利的基础上,密切配合外交活动,在实际工作中具体体现和切实贯彻我国的各项对外政策。

1.1.5 要求

为了切实做好国际货物运输服务工作,必须体现下列三个方面的要求。

1. 组织合理运输

各种运输方式有着各自较合理的适用范围和不同的技术经济特征。为选择最佳的运输路线和最优的运输方案,必须进行比较和综合分析。首先要考虑商品的性质、数量的多少、运输距离的远近、市场需求的缓急、风险的程度等因素。例如,鲜活商品、季节性商品要求运输速度快、交货及时,以免贻误销售时机;贵重货物因商品价值高,要求严格地保证运输质量等。另外,还要考虑运输成本的高低和运行速度的快慢。例如,货价较低的大宗商品则要求低廉的运输费用,以降低商品成本、增加竞争能力。同一运输方式,如铁路或公路运输,可根据不同商品选择不同类型的车辆,海运可选择班轮或不定期船,并充分利用运输工具的回空运输货物。

正确选择运输路线和装卸、中转港口。一般来说,应尽量安排直达运输,以减少运输装卸、转运环节,缩短运输时间,节省运输费用。必须中转的进出口货物,也应选择适当的中转港、中转站。进出口货物的装卸港,一般应尽量选择班轮航线经常停靠的、自然条件和装卸设备较好、费用较低的港口。进口货物的卸货港,还根据货物流向和大宗货物用货地点来考虑;出口货物的装运港,还应考虑靠近出口货物产地或供货地点,以减少国内运输里程,节约运力。

2. 树立系统观念

在国际货物运输的过程中,要切实加强货主、运输企业、商检、海关、金融、港口、船务代理和货运代理等部门之间的联系,相互配合、密切协作,充分调动各方面的积极性,形成全局系统观念,共同完成国际货物运输任务,努力实现系统效益和社会效益。特别是货运代理企业,还要综合运用各方面的运力,要从综合运输系统和国际贸易整体的系统利益出发,除了努力争取本企业的经济利益之外,还要考虑系统效益和社会效益,在完善企业自身的同时考虑企业的社会责任。

3. 树立为货主服务的观念

经过多年的实践,根据国际货物运输的性质和特点,针对国际货物运输的任务,已形成"安全、迅速、准确、节省、方便"的"十字方针"要求。

① 安全,就是要求在运输过程中做到货物完好无损和各种运输工具的安全。如果在运输过程中不能维护货物的质量,甚至造成大量货物的残次、破损和丢失,就不能保质保量地完成货物的运输;如果在运输过程中发生重大事故,车毁船沉,不仅不能完成任务,而且会造成生命和财产的重大损失,所以国际货物运输要把安全放在首位。

② 迅速,就是要严格按照国际贸易合同的要求,把进出口货物及时地运进来或运出去。不仅国际市场有争时间、抢速度的问题,国内市场同样面临这一问题,时间就是效益。只有不失时机地把出口货物运到国外市场,才有利于巩固出口货物的市场地位。

③ 准确,就是要把进出口货物准确无误地运到交货地点。具体包括准确地办理各种货运单证手续,使单货相符;准确地计收、计付各项运杂费,避免错收、错付和漏收、漏付。只有准确才能做到又好又省,若发生任何事故,必然会造成损失,这是显而易见的。

④ 节省，就是要求通过加强经营管理，精打细算，降低运输成本，节省运杂费用和管理费用，减少外汇费用支出，用较少的钱办较多的事，为国家和社会创造更大的效益。

⑤ 方便，就是要简化手续，减少层次，为货主着想，急客户所急，立足于为客户服务，竭尽全力为客户排忧解难，要使客户感到在办事手续、办事时间、办事地点、采用的运输方式及配套服务等方面十分便利。

总之，"安全、迅速、准确、节省、方便"是相互制约、相辅相成的，要想成为有竞争力的、一流的货运代理，就必须按照这一方针的要求去做。这"十字方针"是一个有机联系的整体，可以根据市场供求的缓急、商品特性及运输路线与运力的不同情况，全面考察，适当安排，必要时可以有所侧重。

1.2　国际货物运输组织

国际上从事外贸运输的机构繁多，但是基本上可以归纳为四种机构，即货主、承运人、运输代理人、装卸公司和理货公司。

1.2.1　货主

货主（cargo owner）是指国际货物运输中的托运人（shipper）或收货人（consignee），专门经营进出口商品业务。为了履行国际贸易合同，货主必须办理进出口商品的运输，或者委托交通运输部门托运货物。

在我国，货主主要有下列企业：各专业进出口总公司和地方外贸专业公司；各工业品、农业品贸易公司；有进出口权的工厂、集体企业；外商独资企业、中外合资企业、合作企业和合营企业。

1.2.2　承运人

承运人（carrier）是指专门从事水上、陆地、空中等货物运输业务的运输企业，如轮船公司、铁路或公路运输公司、航空公司等。这些企业一般拥有大量的运输工具，为社会提供专门的运输服务。

《中华人民共和国海商法》指出，承运人是指本人或者委托他人以本人的名义与托运人订立海上货物运输合同的人。在货运合同中，承运人的责任一般来说主要是保证所运输的货物按时、安全地送达目的地。因此，承运人应对货物在运输过程中发生的货物灭失、短少、污染、损坏等负责。

在我国，承运人所指的专业运输部门主要包括：水上运输企业，如中国远洋运输集团及下属各公司、中国海运集团及下属各公司、各地方轮船公司、中外合资、外商独资的轮船公司及长江、珠江、黑龙江各航运公司等；铁路运输由中国国家铁路集团有限公司统一调度指挥，中国国家铁路集团有限公司由下辖的18个铁路局集团公司组成；公路运输企业主要是交通运输部公路局管辖的各运输公司，以及中外合资、合作和联营企业的运输公司；航空运输企业有国资委管理的三大国有航空集团、地方民用航空公司、中外合资合营的航空公司、外国各航空公司等；邮政运输企业主要是中国邮政集团有限公司及各地方邮政局。

1.2.3 运输代理人

1. 货运代理人

货运代理人（forwarding agent/freight forwarder）是指根据委托人的要求，代办货物运输的业务机构。有的代表承运人向货主揽取货物，有的代表货主向承运人办理托运，有的兼营两方面的业务。货运代理人属于运输中间人的性质，在承运人和托运人之间起着桥梁作用。

我国的货运代理人主要有以下企业：中国外运长航集团有限公司及其在各地的公司；中国外轮代理有限公司及其在各港的货代分公司；中国远洋海运集团有限公司及在各地的分公司；中外合资、合作的代理公司；外国货运代理公司在中国各地的分支机构；经商务部正式审批的其他种类的货运代理公司，如仓储、公路运输、铁路运输、航空运输、各进出口公司，以及航运公司等成立的货代公司。

2. 船舶代理人

船舶代理人（ships agent/owners agent）是指接受船舶经营人或船舶所有人的委托，为在港船舶办理各项业务和手续的人。船舶代理人在港为委托人揽货，在装卸货港口办理装卸货物手续、保管货物和向收货人交付货物，为船舶补充燃料、淡水和食品，以及代办船舶修理、船舶检验、集装箱跟踪管理等业务。

海运经纪人（broker）是以中间人的身份代办洽谈业务，促使交易成交的一种行业。在海上运输中，有关货物的订舱和揽载、托运和承运、船舶的租赁和买卖等项业务，虽然常由交易双方直接洽谈，但由海运经纪人作为媒介代办洽谈的做法已成为传统的习惯。我国海运经纪人的角色也属于船舶代理人的业务范围。

我国的船舶代理人主要有以下企业：中国外轮代理有限公司及在各港的下属公司；中国船务代理有限公司及在各港的下属公司；经交通运输部批准的其他船舶（务）代理公司。

1.2.4 装卸公司和理货公司

装卸业、理货业是一些接受货主或船舶营运人的委托，在港口为船舶进行货物的装卸、清点、交接、检验货损程度并作出公证等项作业的行业。

1. 装卸公司

办理货物装船和卸船业务的公司被称为装卸公司（stevedore），行内称其为装卸人或装卸业者。装卸公司对于所在港口经常装卸的货物的包装、性质及装卸方法等具有丰富的经验，对各种类型的船舶也都有深入的了解，能参与制定装卸计划。但是，由于装卸和积载的质量与船舶和货物的安全有密切的关系，所以，这种作业都是在船方的监督和指挥下进行的。

我国的港口装卸业目前有以下公司：各口岸港务局下属的港务（或装卸）公司、各港口的地方装卸公司、中国外运集团系统的港务公司、各货主码头的装卸公司、中外合资合营的港务公司。

2. 理货人

理货人（tally man/checker）是在船舶装货或卸货时，对货物的件数进行清点，并对货物的交接作出证明的人。一般情况下，船公司或货主都各自委托代理人，即分别由站在船公司立场的理货人和站在货主立场的理货人会同进行理货。在双方理货人的会同确认下，才能证明货物交接的正确性。

这种正确交接的证明有较强的公正性，所以理货人不但要有较全面的知识和熟练的方法，而且必须具有诚实、公正的品质。

我国的理货人主要是由中国外轮理货公司及其在各港的分支机构组成，而货主往往通过委托代理人的驻港人员进行理货。

国际上从事货物运输的机构众多，国际货物运输与海关、商检、港口当局、保险公司、银行和外汇管理局、包装、仓储等机构有着较为密切的联系，共同组成了国际货物运输组织系统。

1.3 国际货物运输方式

根据使用的工具不同，国际货物运输可分为多种方式（见图 1-1）。

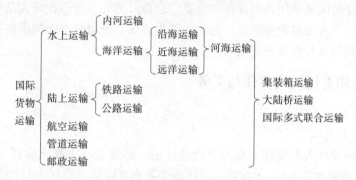

图 1-1 国际货物运输的方式

目前，国际货物运输总量的 2/3 是由海洋运输完成的。我国的进出口货物，90%以上也是通过海运完成的。因此，海运是我国国际货物运输中最主要的方式。近年来，虽然航空运输的货运量增长迅猛，但是国际货物运输市场以海运为主的格局并未动摇。

各种运输方式都有各自的特点，在国际贸易中，应该根据进出口货物的性质、运量的多少、运输距离的远近、货物需要的缓急、运输费用的高低、装卸地的条件、法律法规与惯例、气候与自然条件及国际政治形势的变化等因素，慎重地选择运输方式，这对完成国际货物运输任务而言具有重要意义。

1.4 国际货物运输代理

1.4.1 国际货物运输代理的概念

世界上最大的货运代理组织，即国际货运代理协会联合会（International Federation of Freight Forwarders Associations，FIATA）对国际货物运输代理所下的定义是："国际货运代理人是指根据客户的指示，并为客户的利益而揽取货物运输的人，其本身并不是承运人。国际货运代理人也可以依这些条件，从事与运输合同有关的活动，如寄存、储货、报关、验收、收款等。"国际货运代理人并不是"运输当事人"，既不是承运人也不是公共承运人，仅作为接收客户货物从事转运的代理人，提供包括清关、订舱等基本的日常服务和复杂的一揽子服务，并依照这些条件处理货物。

国际货运代理人接受进出口货物收货人、发货人的委托，以委托人的名义或者以自己的名义，为委托人办理国际货物运输及相关业务并收取服务报酬的行为被称为国际货运代理。

国际货运代理是国际货物运输市场发展到一定阶段，从国际货物运输领域分离出来的一个专门行业。20世纪50年代以来，随着世界经济一体化快速发展，国际经贸往来日益频繁，国际货运代理行业在世界范围内迅速发展，国际货运代理公司不断壮大，已经成为促进国际经贸发展、繁荣运输经济、满足国际贸易服务需求的一支重要力量，并成为现代第三方物流的主要形式。

国际货运代理人多年从事国际货物运输业务，经验比较丰富，而且熟悉各种运输手续和规章制度，与交通运输、贸易、银行、保险、海关等部门有着广泛的联系和密切的关系。有时委托货运代理人去完成一项运输业务，比货主亲自处理更为有利，如订舱、洽谈运费，由货运代理人办理在时间和费用等方面往往会更趋合理。另外，货运代理人是货主的顾问，能在运费、包装，以及进出口业务单证、海关、领事要求、金融等方面提供咨询服务，还能对商品国际市场销售的可行性提出建议。

1.4.2　代理人和委托人的责任与义务

1. 代理关系

1）代理关系的建立

代理关系是由委托人和代理人双方共同建立的，必须是一方提出委托（书面或口头），经另一方接受（书面或口头），才能建立。代理关系确立以后，委托人与代理人之间是一种委托和被委托的关系，双方的权利与义务由代理协议或合同明确约定，代理人必须在委托人授权范围内行事，否则由此产生的一切后果由代理人自己承担。因此，委托事项的范围应在代理协议或合同中明确加以约定。

2）代理关系的种类

代理人在办理货运代理业务时，有时自己直接办理，有时转交其他委托人办理，也有时以中间人的身份为委托人与第三方促成交易，签订合同，这种代理人称为经纪人（broker），租船代理人即属于这类代理。一般认为，一个代理协议（合同）可能会产生以下三种关系。

① 委托人和代理人的关系，这是代理协议（合同）的主体。

② 委托人和第三方的关系，如通过租船代理，由委托人与船东签订租船合同。

③ 代理人和第三方的关系。

3）代理人与第三方的关系

根据法律和习惯做法，代理人在与第三方发生关系时，可以不向第三方公开其代理身份，而从第三方的角度来看，代理人的性质和地位又有三种可能。

① 代理人不公开委托人，而以自己的名义与第三方签订合同。在这种情况下，代理人代理的是未公开的委托人。

② 代理人公开自己的身份是代表，但不公开其委托人的姓名。在与第三方签订合同时代理人在自己的签字后面加注"仅作为代表"（As Agent Only）字样，代表的是隐名的委托人。

③ 代理人既公开其代表委托人，也公开其委托人的姓名，在与第三方签订合同时在自己的签字前加注"经×××委托人（姓名）电传授权"（By Telex Authority of ×××），并在签字

后加注"仅作为代表"字样，其代表的是显名委托人。

如果发生纠纷，在第一种情况下，第三方只能对代理人起诉；在第二种、第三种情况下，第三方只能对委托人起诉，对代理人来说，不负个人责任，但代理人鉴于某种原因如果不愿公开委托人姓名，则第三方也可以向代理人起诉。

2. 代理人的责任与义务

1）按照代理协议规定和委托人的指示负责办理委托事项

代理人必须以通常应有的责任心努力履行代理职责，并必须在委托人授权范围内行事。如果违反这些准则而造成损失，代理人必须向委托人负责。

2）如实汇报一切重要事宜

在办理代理工作中，代理人向委托人提供的情况和资料必须真实。如果有任何隐瞒或提供的材料不实而造成损失，委托人有权向代理人追索并撤销代理协议（合同）。

3）保密义务

代理人在代理协议有效期内，不得把代理过程中所得到的保密情报和重要资料向第三方泄露。

4）如实向委托人收账

代理人有义务向委托人提供代理业务产生的一切费用账目并向其收账，个别特殊费用的开支应事先征得委托人的同意。

3. 委托人的责任与义务

1）及时给予代理人具体指示

除按照代理协议（合同）规定办理外，委托人要求代理人应做的工作，必须及时给予具体的指示，以便代理人凭以执行。尤其是对代理人征询的某项工作的处理意见，委托人必须及时签复，如由于指示不及时或不当而造成工作上的损失，代理人是不负责任的。

2）支付代理佣金

委托人必须按事先约定支付代理人佣金，作为代理人的服务报酬。

3）支付费用的补偿

委托人必须支付代理人由于办理工作而产生的有关费用。

1.4.3 国际货物运输代理的种类

按照代理业务的性质和范围的不同，可将国际货运代理分为租船代理、船务代理、咨询代理和货运代理四大类。

1. 租船代理

租船代理又称租船经纪人（ship broker），它是以船舶为商业活动的对象而进行船舶租赁业务的代理人，其主要业务活动是在市场上为租船人（charter）寻找合适运输船舶或为船东（ship owner）寻找货运对象，它以中间人身份使船租双方达成租赁交易，从中赚取佣金。因此，根据租船代理所代表的委托人身份的不同分为两种。

① 船东代理人（owner's agent），为船东寻找运输对象。

② 租船代理人（charterer's agent），为货主寻找合适的运输船舶。

有的租船代理人还兼办船舶买卖、船务代理业务。租船代理人主要办理以下业务。

① 按照委托人（船东或货主）的指示，为其提供最合适的对象和最有利的条件并促成

租赁交易的成交。

② 根据双方洽谈确认的条件制成租船合同（charter party），并按委托人的授权代签合同。

③ 向委托人提供航运市场行情、国际航运动态及有关资料信息等。

④ 为当事人双方斡旋调解纠纷，取得公平、合理的解决方案。

租船代理佣金按照惯例是由运费或租金收入方支付的，即由船东支付，佣金一般均按照租金的1%～2.5%在租船租约中加以规定。

2. 船务代理

船务代理（shipping agent）是指接受承运人的委托，代办与船舶有关的一切业务的人。其业务范围很广，主要包括以下几个方面。

① 船舶进出港业务，包括拖轮、靠泊、报关、船舶检验、修理、洗舱、熏舱等。

② 货运业务，包括安排组织货物装卸、检验、储存、转运、订舱等。

③ 供应工作，代办船用燃料、淡水、物料、食品等的供应。

④ 其他服务工作业务，包括办理船员登岸、出境手续，安排船员医疗、住宿、交通、参观等。

根据委托方式不同，船务代理一般分为以下两种。

① 航次代理（agent on trip basis）。其指逐船逐航次代理，每船一次为限。船东在船舶到港前一定时间用书信或电报或 E-mail 提出委托，当船务代理复电同意接受代理后，航次代理关系即告成立。在船务代理按照委托人指示办妥该船在港一切业务并在该船驶离该港时，航次代理关系即告终止。该船在该港的费用和代理费均由船务代理以航次结算单与委托人一次结清。当船舶去往不是经常挂靠的港口时，船方往往采取航次代理方式进行委托。

② 长期代理（agent on long-term basis）。其指船东和船务代理之间签订有长期（1～5年或更长时间）的代理协议。班轮公司与某些港口的船务代理之间多数签订长期的代理协议，有的长期代理不签订协议，而是根据长期业务合作关系形成的。例如，我国港口的船坞代理工作主要是由中国外轮代理公司（船务代理）负责，凡出入我国港口的本国远洋船和外国籍船舶的港口代理业务，均由中国外轮代理公司设在各港口的分公司办理并按照规定收取一切费用。它与大多数外国轮船公司一般都不签订代理协议。

所以，多数班轮公司和拥有船舶较多的船东，在船舶经常挂靠的港口，往往采用长期代理的方式。

3. 咨询代理

咨询代理（consulting agent）是指专门从事咨询工作，按委托人的需要，提供有关咨询情况、情报、资料、数据和信息服务并收取一定报酬的代理人。咨询代理不仅拥有研究人员和机构，而且与世界各贸易运输研究中心有广泛的联系，所以消息十分灵通，在设计经营方案、选择合理、经济的运输方式和路线，核算运输成本，调查有关企业的财务信誉等方面，都可以提供专项报告和资料情报。

4. 货运代理

货运代理（freight forwarder，以下简称"货代"）是指接受货主的委托，代表货主进行有关货物报关、交接、仓储、调拨、检验、包装、转运、订舱等业务的代理人。它与货主是委托和被委托的关系，在办理代理业务的过程中，它是以货主代理人的身份对货主负责并按代理的业务项目和提供的劳务向货主收取代理费。

① 订舱揽货代理。这类代理与国内外货主和海陆空运输企业有广泛的联系，或代表货主向承运人办理订舱，或代表承运人向货主揽货。订舱揽货代理是承运人和托运人之间构成承（运）托（运）关系的媒介。

② 货物装卸代理。

③ 货物报关代理。某些国家对这种代理的要求和条件规定很严，如美国规定必须向有关部门申请登记，必须是美国公民并经过考试合格，发给执照才能营业。

④ 转运代理。

⑤ 理货代理。

⑥ 储存代理。其主要办理货物保管、整理、包装及保险等业务。

⑦ 集装箱代理。其主要办理装箱、拆箱、分拨、转运及集装箱租赁、维修等业务。

上述各项代理类别，仅仅是从各自业务的侧重面加以区别，实际上，它们之间的业务往往相互交错，业务范围划分得并不很清楚。例如，不少船务代理也兼营货运代理，有些货运代理也兼营船务代理等。

1.4.4 国际货运代理协会联合会与中国国际货运代理协会

1. 国际货运代理协会联合会

国际货运代理作为中介性的服务行业，已经发展成为一个世界性的行业。它的国际性组织叫作"国际货运代理协会联合会"（International Federation of Freight Forwarders Associations），简称"菲亚塔"（菲亚塔是"FIATA"的译音，而FIATA是其法文全称的缩写）。该组织于1926年5月31日在奥地利维也纳成立，总部设在瑞士苏黎世，由两年一届的全会选举的常委会主持日常工作。常委会下设公共关系、运输和研究中心、法律单据与保险、铁路运输、公路运输、航空运输、海运与多种运输、海关、职业训练、统计10个技术委员会，负责研究、指导、协调和解决国际货运代理业务中所发生的问题。菲亚塔是国际货运代理行业在世界范围内最具权威性的组织，也是世界贸易运输领域内最大的非政府和非营利性组织，现有130多个国家和地区的3 500多家国际货运代理企业加入。中国国际货运代理协会于2001年加入该协会。

2. 中国国际货运代理协会

中国国际货运代理协会（China International Freight Forwarders Association，CIFA）是我国国际货运代理行业的全国性社会组织，2000年9月6日在北京成立，会员涵盖各省市国际货运代理行业组织、国际货代物流企业及与货代物流相关的企事业单位，亦吸纳在中国货代、运输、物流行业有较高威望和影响的个人会员。目前，中国国际货运代理协会拥有会员近600家，其中，理事及以上单位95家，各省市货运代理行业组织27家。全国国际货运代理企业在会数量达到6 000多家。

中国国际货运代理协会的宗旨是维护我国国际货运代理行业的利益，保护会员企业的正当权益，促进货运代理行业健康发展，为我国对外经济贸易事业服务。中国国际货运代理协会以行业服务为中心，围绕"沟通政府、服务企业、协调利益、促进发展"的工作方针，在加强行业自律与协调管理、营造平等竞争的市场秩序、推动我国货运代理业同国际接轨、提高我国货运代理业的整体发展水平、促进我国货运代理行业的繁荣发展等方面做出了很大贡献。

本章总结

重点词汇

国际货物运输 "十字方针" 国际货物运输组织 国际货物运输代理 国际货运代理协会联合会 中国国际货运代理协会

浙江省国际贸易有限公司（以下简称"国贸公司"）与浙江集运有限公司（以下简称"集运公司"）于5月3日签订了委托代理合同，约定国贸公司委托集运公司在宁波口岸出口货物，对代理的业务范围、分工、费用结算等做了明确约定。而后，国贸公司委托集运公司出运一只20′集装箱（真丝夹克衫，货值60 300美元）。5月14日，中国宁波外轮代理公司（以下简称"宁波外代公司"）签发了已装船提单，托运人为国贸公司。5月21日集运公司未经国贸公司授权，超越代理合同规定的权限，擅自传真提单签发人宁波外代公司，称"该票正本提单在寄香港途中，请给予担保提货"。5月24日，根据该公司的要求，集运公司又传真该公司，称"因客户寄香港正本提单尚未收到，请传真招商局能否以正本提单传真件，银行担保提货，由此产生的一切责任由我公司承担"。最终，由于客户未赎单提货，中国银行浙江省分行将用于办理结汇手续的全套单证退还国贸公司，造成公司损失60 300美元，利息损失10万元人民币。

问题： 本案中应由谁承担货款及利息的损失？

案例解析：

这是一起货运代理纠纷的典型案例。根据国贸公司与集运公司签订的代理合同，集运公司作为国贸公司的货代，应当在代理合同规定的权限内行使代理权。但是集运公司未经国贸公司的授权，擅自传真宁波外代公司，称"该票正本提单在寄香港途中，请给予担保提货"。集运公司的这种行为，在双方的代理合同中没有被授权，国贸公司也没有另行特别授权，在得知集运公司实施该行为后，国贸公司也没有追认，因此，这是越权代理。由于集运公司的擅自指令行为，最终造成国贸公司损失严重。《中华人民共和国民法典》（以下简称《民法典》）第一百七十一条规定："行为人没有代理权、超越代理权或者代理权终止后，仍然实施代理行为，未经被代理人追认的，对被代理人不发生效力。只有经被代理人的追认，被代理人才承担民事责任。未经追认的行为，由行为人承担民事责任。"

因此，从这个角度分析事实和法律依据，集运公司也可以成为国贸公司的诉讼对象，即被告人，由其承担货款及利息的损失。

课堂讨论

如何界定合理运输与不合理运输？实现合理运输需要考虑哪些因素？在对外贸易运输中，哪些原因会导致不合理运输？

第 2 章

国际海洋货物运输

学习目标

- 掌握国际海洋货物的含义。
- 了解船舶的性质、特征、规范及种类。
- 掌握班轮运费的计算及班轮货运程序。
- 熟悉租船运输的经营方式及租船程序。
- 熟悉海运进出口业务流程。
- 熟悉海运提单业务。

2.1 国际海洋货物运输概述

2.1.1 含义

海洋运输（ocean transport）又称"国际海洋货物运输"，是指使用船舶通过海上航道在不同国家和地区的港口之间运送货物的一种方式。

海洋运输是国际物流中最主要的运输方式，在国际货物运输中使用最广泛。目前，国际贸易总运量的 2/3 以上、我国国际贸易运输总量的 90% 以上都是通过海洋运输进行的。

海上运输已有几千年的历史，其发展同造船和航海技术的进步有着密切的关系。随着世界新技术革命的发展，海洋运输的技术发展总趋势就是海上货物运输船舶的专业化、大型化、高效化及水运管理和航行安全系统电子化。这些将大大提高运输效率和经济效益。

随着国民经济和对外贸易的发展，我国海洋运输发生了根本的变化，运输体制也发生了相应的变革。1950 年，我国成立中国对外贸易运输总公司（China National Foreign Trade Transportation Corporation）。作为经营国际贸易运输的专业公司，仍然保留中国租船公司（China National Chartering Corporation），以适应对外开展租船业务的需要。为了发展我国的远洋运输事业，1961 年，我国成立中国远洋运输公司（China Ocean Shipping Company，COSCO），并建立了远洋船队，担负进出口货物运输任务。

在综合交通运输体系当中，水运具有运量大、成本低、绿色低碳的显著优势。经过几十年的发展，我国已经成为世界上具有重要影响力的水运大国。截至 2021 年，我国拥有运输船舶 12.6 万艘，净载重量为 2.84 亿吨，集装箱位为 288.4 万标箱，载客量为 85.8 万个客位。这些年船舶的大型化、专业化和标准化在加速发展,我国控制的海洋运输船队的运力规模为3.5亿载重吨,居世界第二。

2.1.2 特点

海洋运输是国际商品交换中最重要的运输方式之一,海洋运输具有以下特点。

1. 天然航道

海洋运输借助天然航道进行,不受道路、轨道的限制,通过能力更强。随着政治、经贸环境及自然条件的变化,可随时调整和改变航线完成运输任务。

2. 载运量大

随着国际航运业的发展,现代化的造船技术日益精湛,船舶日趋大型化,船舶的载运能力远远大于火车、汽车和飞机,成为运输能力最大的运输工具。超巨型油轮已达60多万吨,第六代集装箱船最多可装载8 000标箱。

3. 运费低廉

海上运输航道为天然形成,港口设施一般为政府所建,经营海运业务的公司可以大量节省用于基础设施的投资。船舶运载量大、使用时间长、运输里程远,单位运输成本较低,为低值大宗货物的运输提供了有利条件。

4. 适应性强

海上货物运输基本上能够适应各种货物的运输,如石油井台、火车、机车车辆等超重大货物,其他运输方式无法装运的,船舶一般都可以装运。

5. 速度慢

由于商船的体积大,水流的阻力大,加之装卸时间长等其他因素的影响,货物的运输速度比其他运输方式慢。

6. 风险较大

由于船舶海上航行受自然气候和季节性影响较大,海洋环境复杂,气象多变,随时都有遇上狂风、巨浪、暴风、雷电、海啸等人力难以抗衡的海洋自然灾害的可能,遇险的可能性比陆地、沿海要大。同时,海洋运输还存在社会风险,如战争、罢工、贸易禁运等因素的影响。为转嫁损失,海洋运输的货物、船舶保险尤其应引起重视。

2.2 船舶概述

2.2.1 定义

船舶是水上运输的工具,它的种类繁多,结构形式多样。

远洋运输中使用的船舶又称商船(merchant ship),是指以商业行为为目的,在海上和与海相通的水域或水中航行的船舶。由此可见,商船是指作为国际贸易商品的主要运载工具的船舶,而军舰、海关缉私船、水上巡逻艇、政府公务船、科学考察船等都不能称为商船。

2.2.2 构造和种类

1. 构造

1) 船壳

船壳（shell）是指船的外壳，包括龙骨翼板、弯曲外板及上舷外板三部分。

2) 船架

船架（frame）是指支撑船壳所用各种材料的总称，分为纵材和横材两部分。

3) 船舱

船舱（holds and tanks）是指甲板下各种用途的空间，包括船首舱（fore tank）与船尾舱（after peak tank）、货舱（holds）、机器舱（engine room）、锅炉舱（boiler room）等。

4) 甲板

甲板（deck）是指铺在船梁上的钢板，将船体分隔成上、中、下三层。大型船甲板数可多至六七层，其作用是加固船体结构和便于分层配载、装货。

5) 船面建筑

船面建筑（super structure）是指主甲板上面的建筑，是供船员工作起居及存放船具的场所，包括首房、船尾房及船桥（bridge）。

2. 种类

1) 客船

客船（passenger ship）以运载旅客为其主要业务，并兼营邮件运输，多数以定期租船方式经营。客船的主要特点是安全、舒适、平稳和快捷，船舱布置较华丽，通风设施良好，卫生设备齐全。航速较快，时速通常在20海里以上。目前，有不少客船定期环球航行，吨位有达16万吨级的，可载客数千人。

2) 货船

货船（cargo ship）以运载货物为其主要业务，因此，其特点是经济、实用。货船舱容量较大，装卸设备齐全。至于吨位大小和航行速度快慢，则视航线和货载种类而定。

货舱因承运货物及设备的不同，又分为以下几种。

① 杂货船（general cargo ship），一般是指定期行驶于货运繁忙的航线、以装运零星杂货为主要业务的货船，其吨位大小视航线、港口及货源而不同。

② 散装货船（bulk cargo ship），专指供装运无包装的大宗货物（如煤炭、粮谷、矿砂等）的船舶。

③ 冷藏船（refrigerated ship），是指利用冷藏设备使货舱内保持一定的低温从事运输易腐货物的船舶，船上装有冷冻系统，能调节多种温度，以适应各舱货物对不同温度的需要。

④ 木材船（timber ship），是指专门用于运输木材或原木的货船。

⑤ 油轮（tanker），又称油槽船，是指以散装方式运输原油或燃料油的专用货船。

⑥ 集装箱船（container ship），是指用于装运集装箱的货船，可分为全集装箱船（full container ship）、部分集装箱船（partial container ship）和可变换的集装箱船（conversable container ship）三种。

⑦ 滚装滚卸船（roll on/roll off ship，Ro/Ro），是将集装箱连同滚车底盘作为一个装运单元参加营运。装载时，集装箱由拖车拖带驶进船舱，卸货时同样由拖车拖带驶出船舱，一

直拖到收货处。这种船舶的周转速度比集装箱船更快,水陆运效率显得更高。

⑧ 载驳船(barge carrier),其主要特点是所装载的货物单元为货驳,各种货物预先装在统一规格的货驳上,然后用载驳船上的起重设备把货驳送到指定的货舱位置。载驳船的主要优点是不受港口水深影响、不需要占用码头泊位、装卸货驳在锚地进行、装卸效率比集装箱高。

除上述各种货船外,还有天然气船、气垫船、水翼船等。

3) 客货船

客货船(passenger and cargo ship)是兼营旅客和货物运输业务的船舶。其结构和营运技术特征是多种多样的,如货流客流及航行条件等决定客货船结构上的特殊性。客货船有以载客为主的,也有以载货为主的,还有载运客货并重的。

2.2.3 规范

1. 船舶吨位

船舶吨位(ship's tonnage)是船舶大小的计算单位,可以分为重量吨位和容积吨位两种。

1) 重量吨位

重量吨位(weight tonnage)是表示船舶重量的一种计量单位,分为排水量吨位和载重吨位。

(1) 排水量吨位

排水量吨位(displacement tonnage)是指船体在水中所排出水的吨位,也就是船舶自身重量的吨位。排水量分为重排水量、轻排水量、实际排水量三种。

重排水量又称满载排水量,是船舶满载时的最大限度载重量;轻排水量又称空船排水量,是船舶本身、船员和必要给养品三者重量之和,是船舶最小限度载重量;实际排水量,是船舶每个航次载重量的排水量。

(2) 载重吨位

载重吨位(dead weight tonnage)表示船舶在营运中的载重能力,分为总载重吨和净载重吨。

① 总载重吨(gross dead weight tonnage)是指船舶根据载重线标记规定所能装载的最大限度重量,是船舶满载排水量与空船排水量之差。它包括船舶所载货物、船上所需的燃料、淡水和其他储备物料重量的总和。

② 净载重吨(dead weight cargo tonnage)是指船舶所能装运货物的最大限度重量,是从船舶的总载重量中减去船舶航行期间所储备的燃料、淡水及其他物资的重量之差。

船舶载重吨位用以表示船舶的载运能力,也可作为期租船租金、新船造价、旧船售价、造船进度、运价协定、货运量分配等的计算单位。

2) 容积吨位

容积吨位(registered tonnage),又称注册吨,是表示船舶容积的单位,也是各海运国家为船舶注册而规定的一种以吨位计算和丈量的单位。以100立方英尺或2.83立方米为1注册吨。

① 容积总吨(gross registered tonnage,GRT),又称注册总吨,是指船舶内及甲板上所有

关闭的场所的内部空间或体积的总和,是以 100 立方英尺或 2.83 立方米为 1 吨折合所得的吨数。注册总吨可用于国家对商船队的统计,表明船舶的大小,用于船舶登记、政府确定对航运业的补贴或造舰津贴及计算保险费用、造船费用和船舶的赔偿费用等。

② 容积净吨(net registered tonnage,NRT),又称注册净吨,是指从注册总吨中减去不能直接用于装载客货部分容积后的余数,即船舶可以用来装载货物的容积折合成的吨数。注册净吨主要用于船舶的报关、结关,作为船舶向港口交纳各种税收和费用的依据及船舶通过运河时交纳运河费的依据。

2. 船舶载重线

船舶载重线(ship's load line),是指船舶满载时的最大吃水线,是根据航行的海域及季节变化而确定的。它绘制在船舷左右两侧的中央部位,用来规定船体入水部分的限度。目的是保障航海船舶、船上所载货物及船员的安全。这种制度在国际上得到各国政府的认可。

船舶载重线标志又称为普利姆索尔标志(Plimsoll Mark),由甲板线、载重线圆盘和载重线标志三部分构成。

甲板线是量取各载重线的基准线。载重线圆盘,也称为安全圈,用于表示船中位置,过其中心的水平直线与夏季载重线同高。各载重线是用来表示船舶航行不同海区和季节区时所允许的最大装载吃水的限额,以各条线的上边缘为准。船舶载重线标志及诸线段如图 2-1 所示。

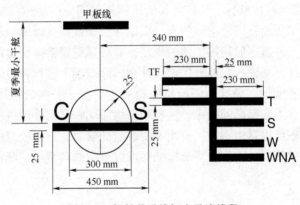

图 2-1 船舶载重线标志及诸线段

① 夏季载重线:以英文字母 S(summer)表示。船舶航行于夏季海区时总载重量不得超过此条载重线。

② 热带载重线:以英文字母 T(tropical)表示。船舶航行于热带海区时总载重量不得超过此条载重线。

③ 冬季载重线:以英文字母 W(winter)表示。船舶航行于冬季海区时总载重量不得超过此条载重线。

④ 北大西洋冬季载重线:以英文字母 WNA(winter north atlantic)表示。船长小于 100 米的冬季航行于北大西洋海区的船舶,总载重量不得超过此条载重线。

⑤ 夏季淡水载重线:以英文字母 F(fresh)表示。船舶航行于夏季淡水海区时总载重量不得超过此条载重线。

⑥ 热带淡水载重线：以英文字母 TF（tropical fresh）表示。船舶航行于热带淡水海区时总载重量不得超过此条载重线。

木材船的载重线标志与普通货船不同。因为木材船除货舱内装载木材外，还在露天甲板或上层建筑的露天部分装载木材。载重线公约认为，装于甲板部分的木材可以增加船舶的储备浮力和抵御海浪的能力。

船舶载重线的勘划正确与否由船舶检验机构检验，并签发有效期为最长 5 年的"国际船舶载重线证书"。

3. 船级

船级（ship's classfication）是表示商船技术状况的一种标志，即商船船壳构造及其机器设备应保持一定的标准而划分的等级。它是商船具有适航性的重要条件和标志。

在国际航运界，凡注册总吨在 100 吨以上的海运船舶，必须在某船级社或船舶检验机构监督下进行监造。在船舶开始监造之前，船舶各部分的规格须经船级社或船舶检验机构批准。每艘船建造完毕后，由船级社或船舶检验局对船队、船上机器设备、吃水标志等项目和性能进行鉴定，发给船级证书。证书有效期一般为 4 年，期满后需重新予以鉴定。

4. 船籍与船旗

船籍（ships nationality）是指船的国籍。船籍由船主向本国或国外船舶管理部门办理所有权登记，取得本国或者登记国国籍的证书后获得。

船旗（flag）是指商船在航行中悬挂的其所属国籍的国旗。船旗是船舶国籍的标志。按照国际法的规定，商船是船旗国浮动的领土，无论在公海或在他国海域航行，均需要悬挂船籍国的国旗。船舶有义务遵守船籍国法律的规定，并且享受船籍国法律的保护。

方便船旗是指在外国登记、悬挂外国国旗并在国际市场上进行营运的船舶。第二次世界大战后，方便船旗迅速增加，悬挂方便船旗的船舶主要属于一些海运比较发达的国家和地区，如美国、希腊、日本和韩国的船东。这些船东将船舶转移到外国进行登记，以逃避国家重税和军事征用。船东可以自由制定运价而不受政府的管制，自由处理船舶与运用外汇，自由雇用外国船员并支付较低的工资，降低船舶标准以节省修理费用，降低营运成本以增强竞争力等。

5. 船舶的主要文件

船舶文件是证明船舶所有权、性能、技术状况和营运必备条件的各种文件的总称。船舶必须通过法律登记和技术鉴定并获得有关正式证书之后才能参加营运。国际航行船舶的船舶文件主要有以下几种。

① 船舶国籍证书。
② 船舶所有权证书。
③ 船舶船级证书。
④ 船舶吨位证书。
⑤ 船舶载重线证书。
⑥ 船舶船员册。
⑦ 航行日志。

此外，还有轮机日志、卫生日志和无线电日志等。根据我国现行规定，进出口船舶必须向港务管理机关呈验上述所有文件。

2.3 海运经营方式

按照经营方式的不同，海洋运输主要分为班轮运输和租船运输。

2.3.1 班轮运输

目前，传统的杂货班轮运输已经在很大程度上被集装箱运输所替代，然而班轮运输这种船舶营运方式却是在杂货班轮运输的基础上形成的。虽然杂货班轮运输的经营方式和货运程序有所改变，但是仍然保持了其原有的优势和特征，仍将在国际航运市场上发挥其独特的作用。

1. 班轮运输概述

1) 定义

班轮运输（liner transport），又称定期船运输（regular shipping liner），简称班轮（liner），是指船舶按固定的航线、港口及事先公布的船期表（sailing schedule）航行，以从事客货运输业务并按事先公布的费率收取运费。班轮运输比较适合于一般杂货和小批量货物的运输。

2) 特点

班轮运输是在不定期船运输的基础上发展起来的，是船舶运输的主要经营方式之一，这种运输经营方式具有以下特点。

（1）"四固定"

"四固定"是指固定航线、固定挂靠港、固定船期和相对固定的费率，这是班轮运输最基本的特征。班轮运输是按照事先公布的船期表来营运的，并且航速较快，能够按时将货物从装货港运至卸货港。从事班轮运输的船舶又是在固定的航线运行的，有既定的挂靠港及挂靠顺序。班轮运价是用运价本（或运价表）的形式公布出来的，在一定期限内不会变动，具有相对稳定性。

（2）承运人"管装管卸"

在班轮运输中，承运人负责配载、装卸货物和理舱。而所有装卸费用和理舱费用都已经计入班轮运费费率中，不再另行计收。承托双方也不需要规定装卸时间，不存在滞期费和速遣费，仅约定托运人或收货人必须按照船舶的装卸计划交付或提取货物。

（3）"钩至钩"

承运人的责任期间从货物装上船起，到货物卸下船止。对于非集装箱货物，大多数国际公约或国家法律规定承运人对货物的责任从装货港货物吊起开始至卸货港货物脱离吊具结束，即"钩至钩"（tackle to tackle）或"船舷至船舷"（rail to rail）。通常，承运人对货物装船前或卸船后不承担责任。

（4）提单是运输合同的证明

在班轮运输中，承运人和托运人通常并不签订书面的运输合同，而是在货物装船以后，由承运人或其授权的代理人签发提单给托运人，承托双方的权利义务和责任豁免以签发的提单为依据，并受统一的国际公约的制约。

（5）运输对象灵活

班轮运输所承运的货物种类繁多，批量小，包装千差万别，并分属众多不同货主的杂货。因此，在积载、装卸和保管中都有不同的要求，对于运输服务质量的要求较高。

2. 班轮运费的计算

1) 班轮运价和班轮运价表

班轮运价（liner freight）是班轮公司运输货物而向货主收取的费用。它包括货物的装卸费和货物从装运港至目的港的运输费用和附加费用。班轮运价表也称班轮费率表，是班轮公司收取运费、货方支付运费的计算依据。班轮运价是按照班轮运价表的规定计算的，是垄断性价格。

不同的班轮公司或轮船公司开列有不同的班轮运价表。按照收费方法不同，班轮运价表可以分为单项费率表和等级费率表。

单项费率表是指分别对各种不同货物在不同航线上逐一制定的运价。这种运价使用比较方便，根据货物的名称及所运输的航线，就可以直接查找出该货物在该航线上运输的运价。中远公司的"中国远洋运输公司美国航线第17号运价表"、华夏物流（香港）有限公司的"华夏8号运价表"都属于这种运价表。

等级费率表是指将货物划分成若干个等级（一般分为20个等级），然后分别为不同等级的货物制定不同航线的运价。在实际业务中，大多采用等级费率表。

2) 班轮运费的组成

班轮运费包括基本运费和附加费两部分。

基本运费是指班轮航线内基本港之间对每种货物规定的必须收取的运费，包括货物在装运港的装货费用和在目的港的卸货费用及从装运港到目的港的运输费用。

附加费是对一些需要特殊出口的货物或由于客观情况的变化使运费大幅度增加为弥补损失而额外加收的费用。附加费的种类很多，并且随着客观情况的变化而变动。附加费是对基本运价的调节和补充，可以对各种外部不测因素的变化比较灵活地作出反应，所以附加费是班轮运价的重要组成部分。

① 燃油附加费（burker surcharge or bunker adjustment factor）。在燃油价格突然上涨时加收。按每一运费吨加收一绝对款或按基本运价的一定百分比加收。

② 货币贬值附加费（devaluation surcharge or currency adjustment factor）。其指在货币贬值时，船方为保持实际收入不减少，按基本运价的一定百分比加收的附加费。

③ 转船附加费（transshipment surcharge）。其指凡运往基本港的货物，需转船运往目的港时，船方收取的附加费，包括转船费和二程运费。但有的船公司不收此项附加费，而是分别收转船和二程运费。这种收取一、二程运费加转船费的做法，即通常所称的"三道价"。

④ 直航附加费（direct additional）。其指当运往基本港的货物达到一定的货量（500～1 000运费吨）时，船公司可安排直航该港而不转船时所加收的附加费。一般来说，直航附加费较转船附加费低。

⑤ 超重附加费（heavy lift additional）。

⑥ 超长附加费（long length additional）。

⑦ 港口附加费（port additional）。其指有些港口由于设备条件差或装卸交叉率低及其他原因，船公司加收的附加费，一般按基本运价的一定百分比收取。

⑧ 港口拥挤附加费（port congestion surcharge）。其指有些港口由于拥挤导致船舶停泊时间增加而加收附加费。这种附加费随港口条件的改善或恶化而变化，一般按基本运价的一定百分比计收。

⑨ 选港附加费（optional surcharge）。其指货运托运时不能确定具体卸货港，要求在两

个或两个以上港口中选择一港卸货，船方加收的附加费。所选港口限定为该船次规定的转港，并以所选港中收费最高者计收运费及各种附加费。货主必须在船舶到达第一卸港前的规定时间内（一般规定为 24 小时或 48 小时前）通知船方最后选定的卸货港。

⑩ 绕航附加费（deviation surcharge）。苏伊士运河 1967 年因战争关闭，欧亚间往来船舶均需绕道好望角，当时班轮运价规定加收 10%的绕航附加费，1975 年 6 月 5 日运河重新开放时，该附加费取消。由于正常航道受阻不能通行，船舶必须绕道才能将货物运至目的港时，加收附加费。

除以上 10 种附加费外，还有一些需船货双方临时议定的附加费、洗船费、熏蒸费、破冰费、加温费等。各种附加费是对基本运价的调节、补充。

3）班轮运费的计算标准

① 按货物的毛重计收，以"W"表示，一般以公吨为计费单位，也有按长吨或短吨计费的，称为重量吨（weight ton）。

② 按货物的体积计收，以"M"表示，一般以 1 立方米为计费单位，也有按 40 立方英尺计费的，称为"尺码吨"（measurement ton）。尺码吨与重量吨统称运费吨（freight ton）。

③ 按货物的价格计收，以"A.V."或"Ad Valorem"表示，一般按 FOB 货价的一定百分比收费。

④ 按货物的毛重或体积从高计收，以"W/M"字母表示。

⑤ 按货物的件数计收。例如，汽车按辆（unit），活牲畜按头（head）。

⑥ 临时议定（open rate）。该计费标准适用于粮食、豆类、煤炭、矿砂等运量较大、货价较低、装卸速度快的农副产品及矿产品，由货主与船公司临时议定。

⑦ 起码费率（minimum rate）。其指按每一提单上所列的重量或体积计算的运费。如果未达到运价表中规定的最低运费金额，按最低运费计收。

4）班轮运费的计算

① 根据货物名称从货物分级表中查出有关货物的计算等级和计算标准。

② 在等级费率表的基本费率部分，查到相应的航线、启运港、目的港，按等级查到基本费率。

③ 从附加费部分查出各种须支付的附加费率。

④ 根据基本运价和附加费算出实际运价。

根据一般运价表规定，不同货物混装在一个包装内，全部货物按费率中较高的计收；同一提单内有两种以上不同计价标准的货物，托运时未分列货名和数量的，计收标准和运价全部按高者计；对于无商业价值的样品或者体积小于 0.2 立方米或重量小于 50 千克的货物，可要求船公司免费运送；另外，一般运价表中还有起码运费的规定，即每份提单最低必须收取若干运费。

运费计算基本公式：

$$运费 = 运输吨 \times 等级运费率 \times (1+附加费率)$$

[**例 2-1**] 深圳运往坦桑尼亚达累斯萨拉姆港口一批"插销"（小五金），计 150 箱。每箱体积为 20 cm×35 cm×40 cm，每箱重量为 20 千克。燃油附加费为 40%，港口拥挤附加费为 10%。试计算该货物的运费。

解：

（1）查阅货物分级表（见表 2-1）：门锁属于小五金类，其计收标准为 W/M，等级为 10 级。

表 2-1　货物分级表

货　名	计算标准	等级
农业机械（包括拖拉机）	W/M	9
棉布及棉织品	M	10
小五金及工具	W/M	10
玩具	M	20

（2）计算该批货物的体积和重量，并确定本批货物的计费数量标准：

① 总体积 =（20×35×40）×100 = 2.8（立方米）

② 总重量 = 20×150 = 3（公吨）

③ 由于 2.8 立方米小于 3 公吨，因此本批货物应按重量计费。

（3）查阅中国—东非航线等级费率表（见表 2-2），并计算运费：

表 2-2　中国—东非航线等级费率表　　　　　单位：港元

等　级	费　率
1	243.00
2	254.00
3	264.00
4	280.00
5	299.00
6	314.00
7	341.00
8	367.00
9	404.00
10	443.00
11	477.00
12	1 120.00
Ad Val	290.00

10 级货物基本费率为每运费吨 443 港元，则：

$$基本运费 = 443 \times 3 = 1\ 329（港元）$$

$$附加运费 = 1\ 329 \times (40\% + 10\%) = 664.5（港元）$$

$$总运费 = 1\ 329 + 664.5 = 1\ 993.5（港元）$$

[例 2-2] 以成本加运费价格向加拿大温哥华出售一批罐头水果汁，重量为 8 公吨，尺码为 10 立方米。求该批货物的总运价。

解：

（1）先查出水果汁的准确译名为"fruit juice"。

（2）从有关运价表的"货物分级表"中查找相应的货名，为 8 级，计算标准为 M，即按货物的尺码计算运费。

（3）再查中国—加拿大航线登记费率表。温哥华位于加拿大西海岸，从该表温哥华一栏内查出 8 级货物相应的基本费率为每吨 219.00 美元。

（4）另须查附加费率表，得知燃油附加费为 20%。

(5) 已知该货的基本费率和附加费,即可代入公式,得
$$全程运费 = 10 \times 219.00 \times (1+20\%)$$
$$= 2\ 628（美元）$$

[例 2-3] 中国某港运往克罗地亚里耶港的货物,需在马赛或热那亚转船,除去一程运费要加收 13% 的燃油附加费以外,所加收的转船附加费（基本运价的 50%）还要加上 13% 的燃油附加费。如果这批货重 2 公吨,尺码为 4 立方米,计算标准为 M,等级为 8 级,一程运价为 213.50 港元,求全程运费。

解：
$$全程运费 = 4 \times 213.50 \times (1+0.13+0.5+0.5 \times 0.13)$$
$$= 1\ 447.53（港元）$$

3. 班轮货运程序

由于班轮运输所承运货物的批量小、货主多、挂靠港口多、装卸作业频繁、出现货损和货差的情况比较复杂,为使货物能安全、顺利地装卸和交接,防止或减少差错,在实践中逐渐形成了一套与这种运输相适应的货运程序。

1）货运安排

班轮运输的货运程序从货运安排开始,货运安排包括揽货和订舱。

（1）揽货

揽货又称揽载（canvassion）,是指从事班轮运输经营的船公司为使自己经营的班轮运输船舶能在载重量和舱容上得到充分利用,力争做到"满舱满载",以期获得最好的经营效益而从货主处争取货源的行为。

通常的做法包括在所经营的班轮航线的各挂靠港口及货源腹地通过自己的营业机构或代理机构与货主建立长期的业务关系；通过相关报纸、杂志刊登船期表,以吸引货主前来托运货物,办理订舱手续；通过与货主、货运代理人或无船承运人等签订货物运输服务合同,或者揽货协议来争取货源。

揽货的实际业绩如何,直接影响班轮公司的经营效益及其在航运市场上的竞争能力。所以,任何班轮公司都特别注重揽货业务的开展。

（2）订舱

订舱（booking）是指托运人或其代理人向承运人,即班轮公司及其营业所或代理机构等申请货物运输,承运人对这种申请给予承诺的行为。

在班轮运输中,承运人和托运人之间不需要签订运输合同,而托运人提出订舱申请可以视为"要约",即托运人希望和承运人订立运输合同的意愿表示。承运人一旦对托运人的订舱给予确认,在舱位登记簿上记录,则表明两者的运输合同关系成立了,并开始着手货物承运装船的一系列准备工作。

船公司在揽货和确认订舱时,应充分注意各种货物的性质、包装、数量等情况；考虑其对运输、积载和保管的不同要求,进行合理的配积载,使舱位得到充分、合理的利用；还应了解航线上各个国家的法律规定或港口当局的规章制度。

2）装船出运

装船（loading）是指托运人应将其托运的货物运至码头承运人指定交付的地点进行交接,然后承运人将货物装到船上。

一般来说，装船分为直接装船和集中装船两种方式。

（1）直接装船

直接装船又称现装，是指托运人将其托运的货物直接运至码头承运船舶的船边，并进行交接，然后将货物装到船上。如果船舶是在锚地或浮筒作业，托运人还应负责使用自己的或租用的驳船将货物驳运至船边，办理交接后装船。

由于班轮运输中的货物种类繁多，包装形式各异，如果每一个托运人都在船边与承运人进行货物交接，就会使装船现场发生混乱，无法按照装船计划合理操作，影响装船效率，也容易引起货损货差事故。所以，对于特殊货物，如危险品货物、冷藏货物、活的动物等，才采用直接装船的形式，而普通货物的交接装船一般采用"仓库收货，集中装船"的形式。

（2）集中装船

所谓集中装船，是指由船公司在各装货港指定装船代理人，在指定地点（通常是码头仓库）接受托运人送来的货物，办理交接手续后，将货物集中，并按货物的卸港次序进行适当分类后再装船。

为了提高装船效率，减少船舶在港停泊时间，不致延误船期，大多数货物都采用集中装船的方式进行。在这种装船形式下，托运人将货物交付给船公司指定的装船代理人（通常是港口装卸公司）后，责任并没有转移到承运人，承运人的责任仍然是从装船开始。

3）卸船交货

（1）卸货

卸货（discharging）是指将船舶所承运的货物在卸货港从船上卸下，并在船边交给收货人或其代理人，办理货物的交接手续。

卸货分为直接卸货和集中卸货两种方式。

① 直接卸货是指承运人将船舶承运的货物在卸货港从船上卸下，并在船边交给收货人或其代理人，办理货物的交接手续。

② 集中卸货是指由船公司指定的港口装卸公司作为卸货代理人，先将货物卸至指定地点（通常是码头仓库），进行分类后再向收货人交付，办理交接手续。

与装船一样，为了使分属众多收货人的各种货物能在船舶有限的停泊时间内迅速卸完，通常采用集中卸货的办法，即"集中卸船，仓库交货"的形式。

（2）交付货物

交付货物是班轮运输中不可缺少的程序。在班轮运输中，货物装船后，船公司或其代理人向托运人签发提单。因此，船公司在交付货物给收货人时，必须收回提单。

在实际业务中，收货人将注明已经接受了船公司交付的货物并签章的正本提单交给船公司或其代理人，经审核无误后，后者签发提货单给收货人，收货人再凭提货单到码头仓库办理交接手续，提取货物。

根据运输过程中出现的具体情况，交付货物的方式有以下几种。

① 仓库交付货物，又称仓库交货，是指先将从船上集中卸下来的货物搬至指定码头仓库，进行分类后，再由卸货代理人按票向收货人交付，办理交接手续的方式。这是班轮运输中最基本的交付货物的方式。

② 船边交货，是指收货人以提单在卸货港的船公司或其代理处办好提货手续，换取提货单后，持提货单到码头船边直接提取货物，办理交接手续的方式。对于一些特殊货物，如贵重

货物、危险货物、冷藏货物和鲜活货物等,在收货人的要求下,通常采用船边交付货物。

③ 选择卸货港交付货物,是指由于贸易的原因,货物在托运时,托运人尚不能确定具体的卸货港,要求在预先指定的两个或两个以上的卸货港中进行选择,待船开后再选定。这种交付方式会使货物的积载难度增加,甚至会造成舱容的浪费。货主采用这种交接方式时,必须在办理货物托运时提出申请,而且还必须在船舶开航后,抵达第一个选卸港前的一定时间(通常为 24 小时或 48 小时)以前,确定最终的卸货港,并通知船公司。否则,船长有权在任何一个备选港口将货物卸下,并认为已履行了运输责任。

④ 变更卸货港交付货物,是指由于贸易的原因,货物无法在提单上记载的卸货港卸货,而要求卸在航线上的其他基本港。变更卸货港的申请必须在船舶抵达原定卸货港之前或到达变更后的卸货港之前一定时间提出,并且所变更的卸货港必须是该船舶停靠的基本港。

船公司接到货主提出的变更卸货港的申请后,必须根据船舶的积载情况、考虑变更的可行性、因变更而增加的额外费用等因素,决定是否同意收货人的变更申请。船公司一旦接受了变更申请,因这种变更而产生的翻舱费、捣舱费、装卸费、运费差额和有关手续费,均应由货主承担。

⑤ 凭保证书交付货物,是指在班轮运输中,收货人要取得提取货物的权利,必须交付提单给承运人或其代理人。在实际中,由于提单邮寄或流转的延误,收货人无法及时取得提单,也就不能及时凭提单换取提货单来提取货物。按照一般的航运习惯,收货人开具由银行签署的保证书,以保证书交换提货单,然后持提货单提取货物。

船公司同意凭保证书交付货物(delivery against letter of guarantee,L/G)是为了能尽快地完成货物的交接,而且根据保证书,船公司可以将因此而发生的损失和责任转移给收货人或开具保证书的银行(有意诈骗除外)。但这种做法违反了运输合同的义务,船公司对正当的提单持有人仍负有赔偿一切损失责任的风险。因此,船公司应及时要求收货人尽快取得提单后交换保证书,以恢复正常的交付货物的条件。

2.3.2 租船运输

18 世纪末至 19 世纪初,由于欧洲实现了工业革命,商品生产得到了极大的发展,贸易不断扩大,同时,船舶技术设备和航海技术也达到了一个新的水平,于是海上运输逐渐从航海贸易中分离出来,成为独立的经济部门,这时的海上运输以租船运输为主。

1. 租船运输概述

1) 定义

租船运输(shipping by chartering)又被称为不定期船运输(tramp shipping),是一种既没有固定的船舶班期,也没有固定的航线和挂靠港,而是按照货源的要求和货主对货物运输的要求,安排船舶航行计划,组织货物运输的船舶营运方式。

在租船运输过程中,首先,承租人(charterer)通过某些方式将运输需求公开。之后,船舶所有人,即船东(ship owner)与承租人就租船业务涉及的运输条件及相应的条款进行商定。许多情况下,这种业务谈判是通过租船经纪人(chartering broker),并参考某一个标准的租船合同范本(standard charter party form)进行的。当双方就相关的问题洽商一致时,船舶所有人与承租人之间通常要签订包括船期、挂靠港、租金及双方的责任与义务在内的租约(charter party),即租船合同。船舶所有人与承租人所签订的租船合同,具有民事法律所规定的约束效力,是双方处理合同执行过程中所出现问题的依据。

2) 特点

(1) 不固定性

租船运输没有固定的船舶班期,也没有固定的航线和挂靠港,而是按照货源的要求和货主对货物运输的要求,安排船舶航行计划,组织货物运输的。

(2) 根据租船合同组织运输

船舶所有人与承租人之间要签订租船合同,对航线、船期、挂靠港、租金等进行约定,并明确双方的责任、义务和权利。租船合同是解决双方在履行合同中发生争议的依据。

(3) 提单不是独立的文件

对于承租人和船舶所有人而言,租船提单仅相当于货物收据,这种提单要受租船合同的约束,银行一般不愿意接受这种提单,除非信用证另有规定。当承租人将提单转让给第三人时,提单起着物权凭证的作用。

(4) 有关费用由租约约定

运输中的运费或租金水平受航运市场行情波动的影响,相对班轮运输而言,费率较低。租船运输中的船舶港口使用费、装卸费及船期延误都按租船合同规定由船舶所有人和承租人分担和计算,而班轮运输中船舶的一切正常营运支出均由船方负担。

(5) 适合于大宗散货

散货的特点是批量大、价值低、无包装,如谷物、矿石、化肥、石油及油类产品,它们一般都是整船装运的。

3) 租船市场

租船业务是通过租船市场(chartering market)进行的。

(1) 含义

租船市场又称海运交易市场,是需要船舶的承租人与提供船舶运力的船舶所有人洽谈租船业务,协商租船合同内容并签订合同的场所。

租船市场为船舶所有人和承租人提供开展各种租船业务的交易机会。租船市场是船租双方进行集中交易的场所,双方都可以根据自己的需求选择洽租人,以取得有利的经济效益,满足各自不同的需要。

租船市场拥有分布在世界各地的船舶所有人、承租人、租船经纪人,组成了庞大的业务网络,加强了信息沟通,为承租人和船舶所有人积累、搜集、整理了大量的租船市场信息,掌握着市场的行情动态和发展趋势。由于分布在世界各地的运力与需求并不平衡,租船市场为实现整个世界航运市场的平衡发挥着调节作用。

(2) 租船经纪人

在租船市场上,大宗交易通常是通过船舶经纪人(chartering broker)进行的,他们拥有广泛的业务联系,具有租船业务的专业知识和谈判技能,能够全面、及时地掌握租船市场信息,将这些信息提供给船租双方,促使双方达成交易。根据其从事的业务,船舶经纪人可分为以下几种类型。

① 船东经纪人(owner's broker),是指根据船舶所有人的授权和指示,代表船舶所有人利益在租船市场从事船舶出租或承揽货源的人。

② 承租人经纪人(charterer's broker),是指根据承租人的授权和指示,代表承租人利益

在租船市场为承租人洽租合适船舶的人。

③ 双方当事人经纪人（both parties' broker），是指以中间人身份尽力促成船舶所有人和承租人以达成船舶租赁交易，从中赚取佣金的人。

租船经纪人进行租船业务洽谈的方式有以下三种情况。

① 由船舶所有人和承租人各自指定一个租船经纪人，由其代表各自委托人的利益进行洽谈。

② 船舶所有人和承租人共同指定一个租船经纪人进行洽谈。这时，租船经纪人就是中间人。

③ 船舶所有人或承租人的一方与他方指定的租船经纪人进行租船业务洽谈。

在通过租船经纪人成功签订了租船合同时，"本人"应向租船经纪人支付"经纪人佣金"。佣金的多少在国际上没有统一的标准，一般是运费或租金的1%～4%，最常见的是1.25%～2.5%。在签订租船合同后的执行过程中，合同发生变化时，按照租船合同中的佣金条款来支付佣金。如果合同规定佣金在签订合同时支付，则租船经纪人无论合同的执行情况如何，均可获得佣金；如果合同规定佣金在货物装运时支付，则当合同于货物装卸前被解除时，租船经纪人不能获得佣金；如果合同规定佣金在收取运费时支付，则租船经纪人只能在租船合同得以履行，且船舶所有人获得运费后，方可获得佣金。

2. 租船运输的经营方式

如前所述，租船运输是根据承租人对运输的要求而安排船舶的营运方式。根据承租人对运输的不同营运要求，租船运输的经营方式可以分为航次租船、定期租船、光船租船和包运租船4种。其中，最基本的租船运输的经营方式是具有运输承揽性质的航次租船。

1) 航次租船

（1）概念

航次租船（voyage charter）又称"航程租船"或"程租船"，是指由船舶所有人向承租人提供船舶，在指定的港口之间进行一个航次或几个航次的指定货物运输的租船运输方式。

航次租船是租船市场上最活跃、最为普遍的一种租船方式，对运费水平的波动最为敏感。在国际现货市场上成交的绝大多数货物（主要有液体散货和干散货两大类）通常是通过航次租船方式运输的。

（2）形式

在航次租船中，根据承租人对货物运输的需求，采取不同的航次数来约定航次租船合同。航次租船方式有下列三种形式。

① 单航次租船（single trip charter），是指船舶所有人与承租人双方约定，提供船舶完成一个单程航次货物运输的租船方式。船舶所有人负责将指定的货物从起运港运往目的港，货物运抵目的港卸船后，船舶所有人的运输合同义务即告完成。

② 往返航次租船（return trip charter），是指船舶所有人与承租人双方约定，提供船舶完成一个往返航次的租船方式。但是，返航航次的出发港及到达港并不一定与往航航次相同，即同一船舶在完成一个单航次后，会根据货物运输需要在原卸货港或其附近港口装货，返回原装货港或其附近港口。卸货后，往返航次租船结束，船舶所有人的合同义务完成。

③ 连续航次租船（consecutive voyage charter），是指船舶所有人与承租人约定，提供船舶连续完成几个单航次或几个往返航次的租船运输方式。被租船舶在相同两港之间连续完成两个

以上的单航次或两个以上往返航次运输后,航次租船合同结束,船舶所有人的合同义务完成。

(3) 特点

① 船舶所有人配备和管理船员,负责船舶的营运调度。

② 船舶所有人负责船舶营运所需支付的费用。这些费用包括船舶资本费用,如船舶成本、船舶资本借贷偿还、资本金利息;固定营运费用,如船员工资和伙食费、船舶物料、船舶保养费用、船舶保险费用、润滑油费、企业事务费用等;可变营运费用,如燃料费、港口使费、引水费、合同规定的装卸费、其他费用等。

③ 航次租船的租金通常称为运费,按实际装船的货物数量或整船舱位包干计收运费。

④ 在航次租船合同中需要订明货物的装船费和卸货费是由船舶所有人还是由承租人负担。

⑤ 在航次租船合同中需要订明货物的装卸时间及其计算办法,并规定滞期和速遣条款。

⑥ 航次租船的租期长短取决于完成一个航次或几个航次所费的时间。

因此,航次租船具有运输承揽性质,而没有明显的租赁性质。

2) 定期租船

(1) 概念

定期租船(period charter)又称"期租",是指由船舶所有人将特定的船舶,按照租船合同的约定,在约定的期间租给承租人使用的一种租船方式。这种租船方式以约定的使用期限为船舶租期,而不以完成航次数多少来计算。在租期内,承租人利用租赁的船舶既可以进行不定期货物运输,也可以投入班轮运输,还可以在租期内将船舶转租,以取得运费收入或谋取租金差额。

(2) 特点

① 船舶所有人负责配备船员,并承担其工资和伙食费,但承租人拥有包括船长在内的船员指挥权。

② 承租人负责船舶的营运调度,并负担船舶营运中的可变费用,包括燃料费、港口使费、货物装卸费、运河通行费等。

③ 船舶所有人负担船舶营运的固定费用,包括船舶资本的有关费用、船用物料费、润滑油费、船舶保险费、船舶维修保养费等。

④ 租金按船舶的载重吨、租期及合同中商定的租金率计收。船舶所有人为避免租期内因部分费用上涨而使其盈利减少或发生亏损,在较长期的定期租船合同中加入"自动递增条款"(escalation clause),可以在规定的费用上涨时,按合同约定的相应比例提高租金。

⑤ 租期的长短完全由船舶所有人和承租人根据实际需要约定。少则几个月,多则几年,甚至更长的时间。

⑥ 在定期租船合同中需要订明交船、还船及停租的条款。

3) 光船租船

(1) 概念

光船租船(bare boat charter)又称"船壳租船"。在租期内,船舶所有人提供一艘空船给承租人使用,船舶的配备船员、营运管理、供应,以及一切固定或变动的营运费用都由承租人负担。船舶所有人在租期内除了收取租金外,对船舶和经营不再承担任何责任和费用。

(2) 特点

① 船舶所有人提供一艘空船,不负责船舶的营运及费用。

② 承租人配备船员,并承担相关费用。
③ 承租人负责船舶的营运调度,并承担除船舶的资本费用外的全部固定成本及变动成本。
④ 租金按船舶的载重吨、租期及合同中事先商定的租金率计算。
⑤ 光船租船的租期一般都比较长。

由此可见,光船租船实质上是一种财产租赁方式,船舶所有人不具有承揽运输的责任。国际上在办理光船租船业务时,通常附有某些财务优惠条件,最常见的是购买选择权租赁条件,即承租人在租期届满时,有购买该船舶的选择权。如果双方当事人同意以这种附带条件办理光船租船,通常都事先确定届时的船舶价格,并将船价按租期平均分摊,承租人除按期支付租金外,还应支付这部分平均分摊的船价。因此,实际上是分期购买。这可以为那些没有足够资金投资建造船舶或一次付款买船的承租人,提供通过租船购买船舶的机会,使其从原来的承租人的地位随着船舶所有权的转移而成为船舶所有人。

4) 包运租船

(1) 概念

以包运租船(contract of affreightment,COA)方式所签订的租船合同称为"包运租船合同",或称"运量合同"(volume contract)。包运租船是指船舶所有人向承租人提供一定吨位的运力,在确定的港口之间,按事先约定的时间、航次周期和每航次较为均等的运量,完成合同规定的全部货运量的租船方式。

(2) 特点

① 包运租船合同中不指定某一船舶及其国籍,仅规定租用船舶的船级、船龄及其技术规范等。船舶所有人必须根据这些要求提供能够完成合同规定每个航次货运量的运力。这给船舶所有人在调度和安排船舶方面提供了方便。
② 由船舶所有人负责船舶的营运调度,并负担有关的营运费用。
③ 运费按船舶实际装运货物的数量及商定的费率计算,按航次结算。
④ 租期的长短取决于运输货物的总运量及船舶的航次周期所需的时间。
⑤ 运输的货物主要是运量较大的干散货或液体散装货物。承租人通常是货物贸易量较大的工矿企业、贸易机构、生产加工集团或大型国际石油公司。
⑥ 航次费用的负担责任划分一般与航次租船方式相同。

3. 租船合同

租船合同(charter party)或称租约是运输契约,是载有租船订约双方权利和义务条款的一种运输合同。

航次租船是租船运输中最基本的经营方式,这里重点介绍航次租约。目前,租船市场上使用的航次租约范本都有现成的格式,比较有影响的是《标准杂货租船合同》,简称"金康"。

航次租约一般是在印好的租约范本上增删条款,主要条款如下。
① 合同当事人:通常船东和租船人双方为合同的当事人,也就是根据合同有权提出索赔或被索赔的对象,或有权起诉和作为被起诉的人。
② 船舶概况:包括船名、船舶国籍或船旗、船舶建造年月和船级、船舶吨位、订约时间的船舶位置等。
③ 货物:一般均在合同中订明承运货物的种类、名称、数量、包装、特性等,租船人不得随意变更。

④ 装卸港口：合同中的重要条款，涉及装卸港口的规定方法、谁来指定装卸港口、何时宣布选择港口及安全港口责任等问题。

装卸港口的常用规定方法有两种：

- 指定具体的装卸港口。船舶出租人为限制在同一港口内的多次移泊，条款中还规定允许使用的泊位数量。例如，"上海，一个港口，两个泊位"。
- 规定选择港口。当贸易合同中卖方的供货地点或买方的转卖地点未确定时，可以预先规定几个港口，待临近装运期时或是临近船抵达卸货港时再确定。通常有两种方法：一种是在列明的港口中作出选择，例如，"discharging port: Buenaventura or Turbo, charter's option"；另一种是规定选择范围，将来在该范围中选择某个或几个港口，例如，"装货港：中国主要港口"。

⑤ 受载日和解约日：受载日（laydays）是指按合同的规定，租船人可以接受的船舶最早装货日期。解约日（cancelling date）是指按合同规定，租船人可以接受的船舶最晚装货日期。两者之间的日期称为船舶的受载期。如果船舶发生了脱期，租船人有权选择保留合同或取消合同。如果船舶脱期是由于船东的疏忽造成的，则租船人不仅有权解除条款，还可以提出损害的赔偿要求。

⑥ 运费：合同的核心内容之一，是承租人支付给出租人的服务费用。写明运费的费率、计算标准、计费币种和支付时间等。

⑦ 装卸费用：合同中一般有下列四种划分方法。

- Liner terms or gross terms，船方负担装卸费用。
- free in and out（FIO），船方不负担装卸费用。采用这一条款还要明确理舱费和平舱费由谁负担，一般规定由租船人负担，即船方不负担装卸、理舱和平舱的费用。
- free out（FO），船方负担装货费用，但不负担卸货费用。
- free in（FI），船方负担卸货费用，但不负担装货费用。

⑧ 许可装卸时间。装卸时间是指合同双方当事人约定的船舶所有人使用船舶并且保证船舶适于装卸货作业而无须在运费之外支付附加费的一段时间。为节省船期，在合同中，船东一般规定租船人在一定时间内完成装卸作业的条款，这个规定的时间就是许可装卸时间（lay time）。有的合同则将装货与卸货的许可时间分开规定。至于如何计算，需在合同中明确规定。常见的有下列6种方法：

- 连续日（running days）。按自然日计算，即始终连续走过24小时算一天。
- 工作日（working days）。按港口习惯正常工作的日子计算，节假日除外。这种计算法因世界各国港口的工作时间不同，常常容易发生争执而较少采用。
- 累计8小时工作日（working days of 8 hours）。指不管港口习惯正常工作的时间如何规定，都以累计达到8小时作为一个工作日计算。
- 累计24小时工作日（working days of 24 hours）。指不管港口习惯正常工作的时间如何规定，都以累计达到24小时作为一个工作日计算。
- 晴天工作日（weather working days）。既是工作日，又是晴天作业才算晴天工作日。如果遇到刮风下雨不能正常进行装卸作业时，则不予计算。
- 连续24小时晴天工作日（weather working days of 24 consecutive hours）。在昼夜作业的港口，连续工作24小时即算一天。如中间有坏天气、设备损坏或人员罢工不能作业时，就要扣除。这种规定比较明确、合理，目前采用较多。

上述工作日的计算，还要明确星期日和节假日除外。但是，如果星期日和节假日仍在进行作业，则有两种不同的规定：一种是"星期日和节假日除外，即使已使用星期日、节假日也不计时间"；另一种是"星期日和节假日除外，使用才算时间"。

对于许可装卸时间的起始点，合同中也要明确规定。一般是由船长递交"装卸准备就绪通知书"（notice of readiness）后下一个工作日上午8时起计算，也有的规定递交后24小时起算，直到最后一件货物装上或卸下船舶。

⑨ 滞期费和速遣费。当租船人未能在合同约定的许可装运时间内将货物全部装完或卸完，租船人必须按照合同规定的滞期费率向船东支付的罚款叫滞期费（demurrage）；如果租船人在约定的装卸时间之前提前完成装卸作业，船东付给租船人一定的金额作为奖励，叫速遣费（despatch）。滞期费和速遣费均按每天若干金额计算，不足一天按比例计算，通常速遣费为滞期费的一半（despatch half demurrage，DHD）。

滞期时间等于实际使用的装卸时间与合同规定的装卸时间之差。滞期时间的具体计算主要有两种方法：第一，"滞期时间连续计算"（demurrage runs continuously）或"一旦滞期，始终滞期"（once on demurrage，always on demurrage）。即只要发生滞期，原本可以扣除的星期日、节假日和坏天气等均不能扣除。第二，"按同样的日期"计算，即该扣除的时间同样扣除。

⑩ 替代船条款：替代船舶必须有足够装载已定货物的仓位，而且在其他方面与指定船舶相似并能在合同规定的受载期内受载。

⑪ 绕航条款：如救助、修理、加油、换船员和装卸其他货物等。

除了上述主要条款以外，租船合同中还规定有佣金条款（brokerage/address commission）、签署权条款（lien clause）、共同海损条款（general average）、罢工条款（strike clause）、冰冻条款（ice clause）等。使用时，可选用合适的规范合同，根据具体需要增删内容。

4. 租船程序

船舶所有人是租船市场上的船舶供给方，而承租人则是船舶的需求方。从发出询盘到签订租船合同的租船业务全过程称为"租船程序"（chartering procedure），是租船业务的重要环节，主要包括询盘、发盘、还盘、接受及签约5个阶段。

1) 询盘

询盘（inquiry）的目的是让对方知道发盘人的意向和需求的概况。承租人发出询盘的目的是以适当的洽租条件，直接或通过租船经纪人寻求合适的船舶来运输货物；船舶所有人发出询盘的目的是承担货物运输业务。

(1) 承租人询盘的主要内容

① 承租人的名称及营业地点。

② 货物种类、名称、数量、包装形式。

③ 装卸港或地点、装卸费用条件。

④ 受载期及解约日。

⑤ 租船方式和期限。

⑥ 船舶类型、载重吨、船龄、船级。

⑦ 交船和还船地点、航行范围。
⑧ 希望采用的租船合同范本等。
（2）船舶所有人询盘的主要内容
① 出租船舶的类型、船名、船籍、吨位、航行范围。
② 货物在各种包装状态下的积载容积。
③ 受载日期、船舶供租方式、供租期限。
④ 适载货物等。

上述内容只是一般情况，询盘人可根据实际需要、不同的租船方式及内容等做出改变。询盘阶段一般不进行具体的租船业务洽谈，主要目的是了解运输市场对询盘内容的反映。所以，询盘又分为一般询盘（general inquiry）和特别询盘（special inquiry）。一般询盘具有了解市场情况的性质，多方发出询盘，以得到更多的报盘，从而获取最佳选择。特别询盘则是看准一个合适对象具体进行洽询，不向市场公开。

询盘可以向船舶经纪人或租船代理人发出，通过他们在租船市场上寻找合适的租船对象，也可直接向船舶所有人或承租人发出。

2）发盘

发盘（offer）又称报价。承租人或船舶所有人围绕询盘中的内容，就租船涉及的主要条件答复询盘方即为"发盘"，予以发盘即意味着对询盘内容存在兴趣。所以，在发盘时，应考虑对方接受发盘内容的可能性。

发盘的内容包括租船业务的主要条件，构成了租船合同的基础内容。这些主要内容包括以下几点。

① 对船舶技术规范和船舶状况的要求。
② 租船洽谈的方式及期限。
③ 受载期及解约期。
④ 滞期和速遣条件。
⑤ 运费、租金及支付条件。
⑥ 货物种类、数量、要求的包装形式。
⑦ 装货港、卸货港及航线。
⑧ 交还船地点、航行范围。
⑨ 采用的租船合同范本及要增添或删减的条款。

由于租船合同项目很多，不可能在发盘中列出很多条款，上述主要条件也是可变的。为解决洽租过程中的困难，租船业务中的一方事先拟制好一个租船合同样本，待正式发盘时使用。在租船合同样本中特定的可变项目，如船东名称、船名、货物名称、数量、装卸港口、受载期和运价等，均留待洽租时具体商定。每次洽租时，首先开列上述主要租船条件，而将次要条件在对主要条件达成协议后，再进行商议。

不同的发盘形式具有不同的约束力和不同的法律效力。现行的发盘形式有绝对发盘（absolute offer）和条件发盘（conditional firm offer），习惯上分别称为实盘（firm offer）和虚盘（offer without engagement）。

（1）绝对发盘

在一项发盘中写有"Firm"字样的均可视为绝对发盘。

绝对发盘是指具有绝对成交的意图，主要条款明确、肯定、完整而无保留，具有法律效力。发盘方不能撤回或更改发盘中的任何条件，接受发盘的一方也不能试图让发盘方改变条件。

绝对发盘时，发盘人规定了对方接受并答复的期限，即时限（time limit for reply）。

（2）条件发盘

条件发盘，是指发盘方在发盘中对其内容附带某些"保留条件"（subjects），所列各项条件仅供双方进行磋商，接受发盘方可对发盘中的条件提出更改建议的发盘方式。

在条件发盘中，没有"Firm"字样，也不规定答复时限，在发盘中的各项条件达成协议之前，条件发盘对双方不具约束力。因此，内容相同的条件发盘可向几个不同的接受方同时发出，就其内容进行反复的探讨和修改。

3）还盘

还盘（counter offer）是指接受发盘的一方对发盘中的一个条件做出修改或提出自己的新条件，并向发盘人反馈的工作过程。

还盘的目的在于要求对方更改对自己不利的，或在合同执行上不可行的洽租条件。这时，要仔细审查对方发盘的内容，决定哪些可以接受，哪些不能接受，需要进行修改和补充，并逐一提出。

4）接受

接受（acceptance），又称受盘，是指明确接受或确认对方所报的各项租船条件。这是租船程序的最后阶段。

最后一次还盘的全部内容被接受，就是租船业务成交的标志，各种洽租条件对双方都具有法律约束力。

有效的接受必须在发盘或还盘规定的时限内作出，且不能有保留条件；若时限已过，则欲接受的一方必须要求另一方再次确认才能生效。

5）签约

正式的租船合同是在合同主要条款被双方接受后开始拟制的。接受后，双方共同商定的条款已产生约束双方的效力。按照国际惯例，在条件允许的情况下，双方应签署一份"确认备忘书"（fixture note），作为简式的租船合同，即签约（conclusion of charter party）。确认备忘书没有固定的格式，一般包括以下内容：

① 确认备忘书签订日期。
② 船名或可替代船舶。
③ 签约双方的名称和地址。
④ 货物名称和数量。
⑤ 装卸港名称及受载期。
⑥ 装卸费用负担责任。
⑦ 运费或租金率、支付方法。
⑧ 有关费用的分担（港口使费、税收等）。
⑨ 所采用标准租船合同的名称。
⑩ 其他约定特殊事项。
⑪ 双方当事人或其代表的签字。

2.4　海运进出口业务

2.4.1　进口业务

海运进口业务是指根据国际贸易合同中有关运输条件，把向国外的订货加以组织，通过海运方式运进国内的一种业务。

凡以 CIF 或 CFR 术语签订的进口合同，由国外卖方办理租船订舱工作；以 FOB 术语签订的进口合同，则由买方办理租船订舱工作，派船前往国外港口接运。由于经营外贸业务的公司或有外贸经营权的企业本身不掌握运输工具，运输工作主要依靠国内外有关运输部门，因此，这是一项复杂的运输组织工作。外贸部门或其运输代理要根据国际贸易合同的规定，妥善组织、安排运输，使船货相互适应，密切配合，按时、按质、按量完成进口运输任务。

1. 租船订舱

按照国际贸易合同的规定，负责货物运输的一方，要根据货物的性质和数量来决定租船或订舱。大宗货物需要整船装运的，洽租适当的船舶承运；而小批量的杂货，大多向班轮公司订舱。不论租船还是订舱，均需办理租船或订舱手续。除个别情况外，一般均委托货运代理来办理。在我国，一般是委托中国对外贸易运输（集团）总公司及其分公司来办理。在办理委托时，委托人需填写"进口租船订舱联系单"（以下简称"联系单"），并提出具体要求。联系单的内容一般包括货名、重量、尺码、合同号、包装种类、装卸港口、交货期、买货条款、发货人名称和地址、电传号等项目。如有其他特殊要求，也应在联系单中注明。填写联系单时，应注意以下几点。

① 货名、重量、尺码、包装、件数要用中英文两种文字填写。对重量一项，应填毛重。

② "买货条款"一栏要与贸易合同条款相一致。对合同中的装运条件另有规定的，要在联系单上详细列明，以便划分责任、风险和费用。

③ 贵重物品要列明其售价。

④ 危险货物要注明危险品性质和《国际海运危险货物规则》的页码及联合国编码。《国际海运危险货物规则》把危险品分为爆炸品、气体、易燃液体、易燃固体、氧化剂和有机氧化物、有毒和有感染性的物质、放射性物品、腐蚀性物品和其他危险物品九大类。在填联系单时，还需注明其类别。填写货物品名时，必须用其学名（技术名称），不要使用其俗名。对易燃液体，还必须注明其闪点（flash point）。

⑤ 联系单的内容必须与贸易合同完全一致，如租整船，还须附贸易合同副本。

2. 掌握船舶动态

掌握进口货物船舶动态，对于装卸港的工作安排，尤其是对卸货港的卸船工作安排极为重要。船舶动态主要包括船名、船籍、船舶性质、装卸港顺序、预抵港日期和该船所载货物的名称及数量等方面的信息。船舶动态的信息来源可以是各船公司提供的船期表、国外发货人寄来的装船通知、单证资料、发货电报及有关单位编制的进口船舶动态资料等。

3. 收集和整理单证

进口货物运输单证一般包括商务单证和船务单证两大类。商务单证有贸易合同正本或副本、发票、提单、装箱单、品质证明书和保险单等。船务单证主要有载货清单、货物积载图、租船合同或提单副本。如果是航次租船，还应有装卸准备就绪通知书、装货事实记录、装卸货物时间表等，以便计算滞期费和速遣费。

单证多由装货港的代理和港口轮船代理公司、银行、国外发货人提供。近洋航线的单证也可由进口船舶随船携带。

进口货物的各种单证是港口进行卸货、报关、报验、交接和疏运等工作不可缺少的资料。因此，负责运输的部门收到单证后，应与进口合同核对。若份数不够，要及时复制，分发给有关单位，以便船只到港后，各单位相互配合，共同做好接卸、疏运等工作。

4. 报关

进口货物需向海关报关，填制"进口货物报关单"（以下简称"报关单"）。报关单的内容主要有船名、贸易国别、货名、标记、件数、重量、金额、经营单位、运杂费和保险费等。货主凭报关单、发票、品质证明书等单证向海关申报进口。办理报关的进口货物，经海关查验放行，交纳进口关税后，方可提运。

根据《中华人民共和国海关法》（以下简称《海关法》）第二十四条的规定，进口货物应当自运输工具申报进境之日起 14 日内向海关申报。超过上述规定期限未向海关申报的，由海关征收滞纳金。

非贸易进口货物的货主，需填制"免领许可证进口物品验放凭证"，连同有关证件，向海关申报查验放行。

凡不在港口查验放行的贸易货物的货主，需填制"国外货物转运准单"，向港口海关申报，经海关同意并监管运至目的地，由目的地海关查验放行。

对国外免费赠送的样品，需填制"进口非贸易样品申报单"，附发票一份，向海关申报。如果是使领馆物品，则凭使领馆或有关单位证明文件向海关申报。

5. 报验

进口货物按《中华人民共和国进出口商品检验法》（以下简称《商检法》）的规定，必须向商检机构申请办理检验、鉴定手续，查验进口商品是否符合我国规定或订货合同的有关规定，以保护买方利益。

报验进口货物需填写"进口商品检验申请单"，同时需提供订货合同、发票、提单、装箱单、理货清单、质保书、说明书、验收单、到货通知单等资料。

凡列入"商检机构实施检验的进出口商品种类表"（以下简称"种类表"）的进口商品，需接受法定检验。但表内所列商品如属援助物资、礼品、样品及其他非贸易物品，一般可免检。

6. 监卸和交接

通常由船方申请理货，负责把进口货物按提单、标记点清件数，验看包装情况，分批拨交收货人。监卸人员一般是收货人的代表，履行现场监卸任务。监卸人员要与理货人员密切配合，把好货物数量和质量关。港方卸货人员应按票卸货，严禁不正常操作和混卸。已卸存库场的货物应按提单、标记分别码垛、堆放。对船边现提货物和危险品货物，应根据卸货进度及时与车、船方面有关人员联系，做好衔接工作，防止因卸货与拨运工作脱节而产生"等车卸货"或"车到等工"的现象。对重点货物，如规格复杂的各种钢材、机械、零配件等，要由专人负责，以防错乱。货物从大船卸毕后，要检查有无漏损情况，在卸货中如发现短损，应及时向船方或港方办理有效签证，并共同做好验残工作。验残时要注意查清以下事项：

① 货物内包装的残损和异状。
② 货物损失的具体数量、重量和程度及受损货物或短少货物的型号、规格。
③ 判断并确定货物致残或短少的原因。

在验残时，应坚持实事求是，分清责任方，以维护国家的利益。

7. 代运

为了解决收货人在卸货港无机构和人员的困难，并使进口货物能及时运进港口，保证港口畅通，防止出现压港、压船、压货现象，各港口接卸单位可接受收货人的委托，代为办理进口货物到达国内港口后的国内转运业务，这称为代运。

代运进口货物如包装完整、外表无异状、件数相符，一般不在港口办理申请检验手续。如发现代运进口货物短少、残损或外表有异状，接卸单位除应在港口取得有关证件并做好残损记录外，还应由收货人按有关责任人的不同情况分别处理。货到目的地后，收货人应与承运人办理交接手续。如发现货物不符或有残损、短少时，应取得承运人的商务记录或普通记录，直接向承运人或责任方索赔。

8. 保险

对于我国进口商以 FOB 或 CFR 条件成交的进口货物，由该进口商办理保险。该进口商在收到发货人的装船通知后，应立即办理投保手续。目前，为简化手续和防止发生漏保现象，一般采用预约保险的办法，由我国进口商与保险公司签订进口货物预约保险合同。

2.4.2 出口业务

海运出口货物运输业务是指根据国际贸易合同中的运输条件，把销售给国外客户的出口货物加以组织和安排，通过海运方式运到国外目的港的一种业务。

凡以 CIF 和 CFR 条件签订的出口合同，都由卖方安排运输。卖方应根据国际贸易合同中规定的交货日期安排运输工作。如果凭信用证结汇，卖方须收到信用证后方可安排运输。

1. 审核信用证中的装运条款

为使出运工作顺利进行，卖方在收到信用证后，要对其进行严格审核。如果发现信用证中的有关条款与国际贸易合同不符，应及时要求买方修改信用证。

审核信用证中有关的装运条款，要重点审核装运期、结汇期、装运港、目的港、转船和分批装运，以及是否指定船公司、船名、船籍和船级等。要根据我国政策、国际惯例及货物出运前的实际情况，决定接受、修改还是拒绝信用证中的有关运输条款。

2. 备货、报验和领证

卖方收到信用证后，要按照信用证上规定的交货期，按时、按质、按量准备出口货物，并按照合同及信用证的要求对货物进行包装、刷唛，做好申请报验和领证工作。

对需要经商检机构检验出证的出口货物，在货物备齐后，应向商检机构申请检验，取得合格的检验证书。

3. 租船和订舱

履行以 CIF 和 CFR 价格条件对外成交的出口贸易合同，由卖方派船装运出口货物。卖方要按照合同或信用证规定的交货期（或装运期），办理租船、订舱手续。对出口数量多、需要整船装运的大宗货物，应洽租适当的船舶装运；对成交批量不大的件杂货，则应洽订班轮舱位。租整船运输出口货物，一般是委托租船经纪人在国际租船市场上洽租所需船舶。在我国，一般委托中国外运集团所属的中国租船公司来办理租船业务。

洽订班轮舱位,应向船公司或其代理人提出订舱委托单,经船公司同意后,向托运人签发装货单,运输合同即告成立。

4. 出口货物集中港区

洽订船舶或舱位后,卖方应在规定的时间内将符合装船条件的出口货物发运到港区内指定的仓库或货场,以待装船。向港区集中时,应按照卸货港口的先后和货物积载顺序发货,以便按先后次序装船。处理大宗出口货物,可联系港区提前发货。对于可以直接装船的货物,按照装船时间将货物直接送达港区船边现装,以简化进出仓的手续,节省费用。对于需要特殊运输工具、起重设备和舱位的特殊商品,应事先安排调运、标记、配载船名、装货单号等各项内容,做到单货相符和船货相符。同时,还要注意发货质量,如果发现货物外包装有破损现象,卖方要负责修理或调换。

5. 出口报关和装船

货物集中到港区后,把编制好的出口货物报关单连同装货单、发票、装箱单、商检证、外销合同、外汇核销单等有关单证向海关申报出口,经海关人员查验合格放行后,方可装船。

海关查验放行后,卖方应与港务部门和理货人员联系,做好装船前的准备和交接工作。卖方的现场工作人员应严格按照港口的规章与港方办妥交接手续,做好现场记录,以便分清船、港、货三方的责任。在办理交接的过程中,如果出现货物数量短少或包装破损、污染等状况,应由卖方补齐、换货、修理或者更换包装。

在装船过程中,卖方应派人员进行监督,随时掌握装船情况和处理装船过程中发生的问题。对舱容紧、配货多的船只,应联系港方和船方配合,合理装载,以充分利用舱容,防止货物被退关。如果舱位确实不足,应安排快到期的急运货物优先装船;对于必须退关的货物,应及时联系有关单位设法处理。

监督装船的人员对一级危险品、重大件、贵重品、特种商品和驳船来货的船边接卸、直装工作,要随时掌握情况,防止接卸和装船脱节,对装船过程中发生的货损,应取得责任方的签证,并联系卖方做好货物调换和包装修整工作。

6. 投保

如果合同规定需要在装船时发出装船通知,由国外买方自办保险,卖方应及时发出装船通知。如果因卖方延迟或没有发出装船通知,导致买方不能及时或没有投保而造成的损失,卖方应承担责任。如果合同规定由卖方负责投保,一般应在船舶配妥后即予投保。保险金额通常是以发票的 CIF 价加成投保(加成数根据买卖双方约定,如未约定,则一般加 10%投保)。

7. 支付运费

船方为正确核收运费,在出口货物集中到港区仓库或库场后,申请商检机构对其进行衡量。对需要预付运费的出口货物,船方或其代理人必须在收取运费后签给卖方运费预付的提单。如属到付运费的货物,则应在提单上注明运费到付,其运费由船方卸货港代理在买方提货前向其收取。

2.5 海运提单

2.5.1 提单概述

提单是在国际海上货物运输,尤其是班轮运输中使用的一种重要的单证。

海运提单样式如图 2-2 和图 2-3 所示。

Shipper		B/L NO.	
		PIL	
		PACIFIC INTERNATION LINES (PTE) LTD (Incorporated in Singapore) **COMBINED TRANSPORT BILL OF LADING**	
Consignee		Received in apparent good order and condition except as otherwise noted the total number of container or other packages or units enumerated below for transportation from the place of receipt to the place of delivery subject to the terms hereof. One of the signed Bills of Lading must be surrendered duly endorsed in exchange for the Goods or delivery order. On presentation of this document (duly) endorsed to the Carrier by or on behalf of the Holder, the rights and liabilities arising in accordance with the terms hereof shall (without prejudice to any rule of common law or statute rendering them binding on the Merchant) become binding in all respects between the Carrier and the Holder as though the contract evidenced hereby had been made between them. **SEE TERMS ON ORIGINAL B/L**	
Notify Party			
Vessel and Voyage Number	Port of Loading	Port of Discharge	
Place of Receipt	Place of Delivery	Number of Original B/L	
PARTICULARS AS DECLARED BY SHIPPER – CARRIER NOT RESPONSIBLE			
Container No./Seal No. Marks & Numbers	No. of Container / Packages / Description of Goods	Gross Weight (kilos)	Measurement (cu-metres)
FREIGHT & CHARGES	Number of Containers/Packages (in words)		
	Shipped on Board Date		
	Place and Date of Issue		
	In Witness Whereof this number of Original Bills of Lading stated above all of the tenor and date one of which being accomplished the others to stand void. for **PACIFIC INTERNATIONAL LINES (PTE) LTD** as Carrier		

图 2-2 海运提单样式 1

1. Shipper		B/L No. SCOISG7564	
		中远集装箱运输有限公司 COSCO CONTAINER LINES TLX: 33057 COSCO CN FAX: +86(021) 6545 8984 **ORIGINAL** Port-to-Port or Combined Transport **BILL OF LADING**	
2. Consignee			
3. Notify Party (It is agreed that no responsibility shall attach to the Carrier or his agents for failure to notify)		RECEIVED in external apparent good order and condition except as other wise noted. The total number of packages or unites stuffed in the container, the description of the goods and the weights shown in this Bill of Lading are furnished by the Merchants, and which the carrier has no reasonable means of checking and is not a part of this Bill of Lading contract. The carrier has issued the number of Bills of Lading stated below, all of this tenor and date, one of the original Bills of Lading must be surrendered and endorsed or signed against the delivery of the shipment and whereupon any other original Bills of Lading shall be void. The Merchants agree to be bound by the terms and conditions of this Bill of Lading as if each had personally signed this Bill of Lading. See clause 4 on the back of this Bill of Lading. *Applicable only when document used as a combined transport Bill of Lading.	
4. Combined Transport * Pre-carriage by	5. Combined Transport* Place of Receipt		
6. Ocean Vessel Voy. No.	7. Port of Loading		
8. Port of Discharge (CNF)BANGKOK ,THAILAND	9. Combined Transport * Place of Delivery		

Marks & No. Container / Seal No.	No. of Containers or Packages	Description of Goods	Gross Weight	Measurement

Description of Contents for Shipper's Use Only

10. Total Number of Containers and/or Packages (in words)

11. Freight & Charges	Revenue Tons	Rate	Per	Prepaid	Collect

Rate	Prepaid at	Payable at	Place and Date of Issue
	Total Prepaid	No. of Original B/L	Signed for the Carrier, COSCO CONTAINER LINES

图 2-3 海运提单样式 2

1. 定义

《中华人民共和国海商法》（以下简称《海商法》）规定，提单是指用以证明海上货物运输合同和货物由承运人接管或装船，以及承运人据以保证交付货物的单证。提单中载明的向记名人交付货物，或者按照指示人的指示交付货物，或者向提单持有人交付货物的条款，构成承运人据以交付货物的保证。这一定义明确地说明了提单的性质与作用。

提单一经承运人签发，即表明承运人已将货物装上船或已确认接管货物，保证按照提单条款规定的责任和义务运输货物，并保证在目的港凭本提单将货物交付给合法的提单所有人。

2. 作用

1）提单是证明承运人已经接管货物或货物已经装船的货物收据

提单作为货物收据（receipt for the goods shipped），不仅证明收到货物的种类、数量、标志和外表状况，而且证明收到货物的时间。

提单作为货物收据的效力，视其在托运人或收货人手中而有所不同。对托运人来说，提单只是承运人依据托运人所列提单内容收到货物的初步证据。换言之，如果承运人有确实证据证明其在事实上未收到货物，或者在收货时实际收到的货物与提单所列的情况有差异，承运人可以通过一定方式减轻或者免除自己的赔偿责任。但对善意接受提单的包括收货人在内的第三方，提单是承运人已按托运人所列内容收到货物的绝对证据。承运人不能提出相反的证据否定提单内所记载的内容。

2）提单是承运人保证凭以交付货物和可以转让的物权凭证

承运人或其代理人在目的港交付货物时，必须向提单持有人交货。在这种情况下，即使是真正的收货人，如果不能递交正本提单，承运人可以拒绝对其放行货物。否则，承运人将会承担很大的风险。

提单具有物权凭证（document of title）的功能，使提单所代表的物权可以随着提单的转移而转移，提单所规定的权利和义务也随着提单的转移而转移。提单的转让是受到时间制约的，即在办理提货手续前转让才有效，并须办理背书手续。提单可以连续背书，连续转让，但一经办理提货手续后，该提单就不能转让了。

3）提单是承运人与托运人之间所订货物运输合同的证明

在班轮运输中，提单只是运输合同存在的证明（evidence of the contract of carriage），而不是运输合同。其理由是，构成运输合同的主要项目诸如船名、开航日期、航线、停靠港及其他有关货运条件都是事先公布，而且是众所周知的；至于运价和运输条件也是承运人预先规定的，提单条款仅是承运人单方面制定的，而且提单也是承运人单方签发的。因此，从合同法的基本原理来看，它不具备合同的基本条件。另外，提单的签发是在合同成立之后，它只是在履行运输合同的过程中出现的一种证据；而在托运人向承运人或其代理人订舱，承运人或其代理人在装货单上盖章确认时，承托双方的合同关系就已经成立，对彼此都有约束。

3. 分类

1）按货物是否已装船划分

（1）已装船提单

已装船提单（On Board B/L），是指整票货物全部装船后，由承运人或其代理人向托运人签发的注明货物已经装船的提单，该提单上除了载明其他通常事项外，还须注明装运船舶名称和货物实际装船完毕的日期。

(2) 收货待运提单

收货待运提单（Received for Shipment B/L），又称待装提单，是指承运人虽已收到货物但尚未装船，应托运人要求而向其签发的提单。由于该种提单上没有明确的装船日期，而且往往又不注明装运船的船名。因此，在跟单信用证的支付方式下，银行一般不接受这种提单。

2) 按收货人的抬头不同划分

(1) 记名提单

记名提单（Straight B/L），是指在提单收货人一项内具体填上特定的收货人名称的提单。记名提单只能由提单上所指定的收货人提取货物。除非托运人另有指示，否则如果将货物交给提单指定之外的人，即使占有提单，承运人仍须负责。

(2) 不记名提单

不记名提单（Open B/L），又称空白提单，是指记明应向提单持有人交付货物的提单。托运人在"收货人"一项只填写"交予持有人"（To Bearer）。这样，谁持有提单，谁就拥有货物的所有权，不需要任何背书手续即可转让。

(3) 指示提单

指示提单（Order B/L），是指依照记名人的指示或不记名人的指示交付货物的提单。

① 记名指示按照发出指示的人不同可分为托运人指示（To the Order of the Shipper）、收货人指示（To the Order of the Consignee）和银行指示（To the Order of the Bank）等情况。

② 不记名指示是在收货人一项内未注明凭谁的指示交付货物，而只记有"凭"（To Order）的字样。这种情况一般应视为托运人的指示，只有当托运人做出指定背书或空白背书后才可转让于其他人。

3) 按对货物外表状况有无批注划分

(1) 清洁提单

清洁提单（Clean B/L），是指没有任何有关货物残损、包装不良或其他有碍结汇的批注的提单。

事实上，提单正面已印有"上列外表状况良好的货物已装船"的字样。若承运人或其代理人在签发提单时未加任何批注，则表明承运人确认货物装船时外表状况良好这一事实，承运人必须在目的港将接受装船时外表状况良好的同样货物交付给收货人。

(2) 不清洁提单

不清洁提单（Unclean B/L），是指承运人在提单上记有货物及包装状况不良或存在缺陷等批注的提单，如水湿、油渍、污损、锈蚀等。承运人通过批注，声明货物是在外表状况不良的情况下装船的，在目的港交付货物时，若发现货物损坏可归因于这些批注，可以减轻或免除自己的赔偿责任。

4) 按不同的运输方式划分

(1) 直达提单

直达提单（Direct B/L），是指货物从装货港装船后，中途不经转船而直接抵达目的港卸货的提单。

(2) 转运提单

转运提单（Transshipment B/L），是指在装货港装货的船舶不直接驶达货物的目的港，而要在中途港换装其他船舶运抵目的港，由承运人为这种货物运输签发的提单。

(3) 多式联运提单

多式联运提单（Combined Transport B/L），是指货物由两种或两种以上不同运输方式共同完成全程运输时所签发的提单，这种提单主要用于集装箱运输。多式联运提单一般由承担海运区段运输的船公司签发。但是，若经买卖双方同意，并通过信用证明确规定，也可以由其他承运人，甚至无船公共承运人（non-vessel operations common carrier，NVOCC）签发。

5）按商业习惯划分

(1) 倒签提单

由于货物实际装船完毕日期迟于信用证规定的装运日期，若仍按实际装船日期签发提单，肯定影响结汇，为了使签发提单日期与信用证规定的装运日期相吻合，以便结汇，承运人应托运人的要求，在提单上仍按信用证规定的装运日期签发，这种提单称为"倒签提单"（Anti-dated B/L）。

(2) 预借提单

预借提单（Advanced B/L），是指由于信用证规定的装运期和交单结汇期已到，货主因故未能及时备妥货物或尚未装船完毕的，应托运人要求而由承运人或其代理人提前签发的已装船的清洁提单。

2.5.2 提单的正面内容和背面条款

1. 有关提单的国际公约

20世纪初期，国际上还没有有关提单的国际公约，各航运公司不断在提单的背面列明扩大免责范围、减轻自己义务的条款，严重地危害了货主的利益，也不利于国际航运的有序发展，关于明确承运人的最低义务和责任的要求已成为国际贸易和国际贸易运输各方面密切关注的问题，相关运输法规的制定势在必行。

1）海牙规则

1924年8月25日在比利时召开的由26国代表出席的外交会议上制定了《统一提单若干法律规定的国际公约》（International Convention for the Unification of Certain Rules Relating to Bills of Lading），又称《海牙规则》（Hague Rules）。《海牙规则》于1931年6月2日起生效，它是第一部有关提单法律规定的国际公约。

《海牙规则》共16条，明确规定了承运人最低限度的义务和责任，制止了承运人利用契约自由的原则扩大免责范围、任意减轻承运人义务的现象，使国际海上件杂货运输有了一个统一的法律规定。

2）维斯比规则

自1931年生效以来，《海牙规则》虽然得到海运国家比较广泛的认可，但也暴露了一些问题。《海牙规则》存在的主要问题包括过多维护承运人的利益，赔偿责任限额太低，对于裸装货的计算缺乏明确的规定，适用范围不够广泛，对于新兴的集装箱运输的责任问题还是空白等。上述问题的存在，迫切要求对《海牙规则》的相关条款进行修订。

为了解决上述问题，1968年2月23日在比利时布鲁塞尔召开的外交会议上，通过了《关于修订〈统一提单若干法律规定的国际公约〉的议定书》，又称《维斯比规则》（Visby Rules），该规则于1977年6月起生效。

《维斯比规则》共17条，对《海牙规则》的修改内容主要包括明确善意受让提单人的法律地位，延长了诉讼时效，提高了承运人赔偿责任限额及制定双重计费标准，扩大了公约的适用范围等。

综上所述，《维斯比规则》对《海牙规则》做了一些有益的修改，使其在一定程度上有利于承运双方走向利益的均衡，并适应了集装箱运输的发展要求。但是，在承运人的运输责任方面仍维持《海牙规则》体系，对船长船员的航海和管理船舶过失免责的规定丝毫没有触动。因此，发展中国家仍迫切要求对《海牙规则》进行根本性的修改。

3）汉堡规则

《1978年联合国海上货物运输公约》，又称《汉堡规则》（Hamburg Rules），是1978年3月6日—31日在汉堡召开的联合国海上货物运输公约外交会议审议通过的。它的制定过程也是发展中国家在航运领域中争取建立新经济秩序的斗争之一。

《汉堡规则》除了保留《维斯比规则》的修改内容外，在下列各方面作了带有根本性的变革：

① 推行完全过失责任制，删去了争议最大的航行过失免责条款及其他列明的免责条款。
② 承运人的责任期间从装船至卸船改为从接管货物到交付货物。
③ 明确规定了承运人迟延交付的责任，将赔偿责任限额提高了1/4。
④ 规定托运人为了换取清洁提单而向承运人出具承担赔偿责任的保函的效力。

加入《汉堡规则》的国家现有20多个，已超过规定的20国的生效要件。《汉堡规则》已于1992年11月生效，但海运大国均未加入该规则。目前，缔约国拥有的船队总吨位尚不足全球航运总吨位的2%，缺乏国际普遍性。

2. 提单的正面内容

1）确认条款

该条款是承运人表示在货物或集装箱外表状态良好的条件下接受货物或集装箱，并同意承担按照提单所列条款，将货物或集装箱从装货港或起运地运往卸货港或交货地，把货物交付给收货人的责任的条款。

该条款英文措辞通常为："Received in apparent good order and condition except as other wise noted the total number of containers or other packages or units enumerated below for transportation from the place of receipt to the place of delivery subject to the terms and conditions hereof."。

2）不知条款

该条款是承运人表示没有适当的方法对所接受的货物或集装箱进行检查，所有货物的重量、尺码、标志、品质等都由托运人提供，并不承担责任的条款。但是，"不知条款"并不一定有效。

该条款的英文措辞通常为："Weight, measure, marks, numbers, quality, contents and value if mentioned in this BILL of Lading are to be considered unknown unless the contrary has been expressly acknowledged and agreed to. The signing of this Bill of Lading is not to be considered as such an agreement."。

3）承诺条款

该条款是承运人表示承认提单是运输合同成立的证明，承诺按照提单条款的规定承担义务和享受权利，而且也要求货主承诺接受提单条款制约的条款。由于提单条款是承运人单方拟定的，该条款为表明货主接受提单也就接受了提单条款的制约，所以该条款也称代拟条款。

该条款的英文措辞通常为:"On presentation of this Bill of Lading duly endorsed to the Carrier by or on behalf of the holder of the Bill of Lading, the rights and liabilities arising in accordance with the terms and conditions here of shall, without prejudice to any rule of common law or statute rendering them of the Bill of Lading as though the contract evidenced hereby had been made between them."。

4) 签署条款

该条款是承运人表明签发提单(正本)的份数,各份提单具有相同效力,其中一份完成提货后其余各份自行失效和提取货物必须交出经背书的一份提单以换取货物或提货单的条款。

该条款的英文措辞通常为:"One original Bill of Lading must be surrendered duly endorsed in exchange for the goods or delivery order. In witness whereof the number of original Bill of Lading stated under have been signed, all of this tenor and date, one of which being accomplished, the others to stand void."。

3. 提单的背面条款

提单的背面条款一般分为强制性条款和任意性条款两类。强制性条款的内容不能违反有关国家法规、国际公约或港口惯例的规定,否则是无效的。任意性条款是相关国家立法、国际公约和国际惯例没有明确规定,允许承运人自行拟订的条款。相关国际公约或国家法规中所规定的提单的背面条款包括以下几个方面。

1) 首要条款和提单的适用法律

首要条款(paramount clause)用以明确本提单适用法律的条款。

由于有关国际公约如《海牙规则》《维斯比规则》《汉堡规则》都或多或少存在适用范围过窄的问题,许多承运人在提单背面条款中列有提单适用法律或公约的内容。

2) 定义条款

定义条款(definition)是对与提单有关术语的含义和范围作出明确规定的条款。

3) 承运人责任条款

承运人责任条款(carries's responsibility)是用以明确承运人承运货物过程中应承担的责任的条款。由于提单的首要条款规定有提单所使用的法律,而有关提单的国际公约或各国法律规定了承运人的责任,所以凡是列有首要条款或类似首要条款的提单都可以不再以明示条款将承运人的责任列于提单条款之中。

4) 承运人责任期间条款

责任期间条款(period of responsibility)是指承运人对货物运输承担责任的起止时间的条款,各承运人的提单条款中都列有该条款。

按照《海牙规则》和《维斯比规则》的规定,承运人的责任期间是"在货物装上船舶开始至卸离船舶为止的一段时间"。而《汉堡规则》将承运人的责任期间扩展到"包括在装货港、在运输途中及在卸货港、货物在承运人掌管下的全部期间",即从接管货物时开始至交付货物时为止。这无疑延长了承运人的责任期间,加重了承运人的责任。

5) 承运人赔偿责任限制条款

承运人赔偿责任限制(limit of liability)是指已明确承运人对货物的灭失和损坏负有赔偿责任,应支付赔偿金时,承运人对每件或每单位货物支付赔偿金的最高限额。

各国立法和国际公约都对承运人赔偿责任限制作出了相关规定，一方面是为了减轻承运人的责任，避免承运人承担过大的损失；另一方面也是为了禁止承运人任意减轻应承担的赔偿责任。例如，《海牙规则》规定每件或每单位 100 英镑；《维斯比规则》规定每件或每单位 666.67 个特别提款权或毛重每千克 2 个特别提款权，并按照其中高者计算；而《汉堡规则》规定每件或每单位 835 个特别提款权或毛重每千克 2.5 个特别提款权，以两者中较高的数额为准。

6) 特定货物条款

特定货物条款是用以明确承运人对运输一些特定货物时应承担的责任和享有的权利，或为减轻或为免除某些责任而作出规定的条款。当运输一些特殊性质或对运输和保管有特殊要求的货物时，就会在提单中找到相应的条款，如舱面货（deck cargo）、活动物（live animals）、危险货物（dangerous goods）、冷藏货（refrigerated goods）、木材（timber）、钢铁（iron and steel）、重大件（heavy lifts and awkward cargo）等特定货物。

此外，提单背面还列有许多其他条款：分立契约、赔偿与抗辩、免责事项；承运人的运价本；索赔通知与时效；承运人的集装箱；托运人的集装箱；货方的责任；运费与费用；承运人检查货物；留置权；通知与交付；货主装箱的整箱货；共同海损与救助；互有过失碰撞责任；管辖权；新杰森条款等。

2.5.3 提单业务

1. 提单的填制

提单是班轮运输中的重要单证。提单所记载的事项是否准确无误，不但关系承运人的利益，还影响承运人的信誉。因此，提单不仅字迹要清晰、整齐，而且内容要完整、正确。

① 提单正面印明承运人的全名。

② 提单的名称。

③ 提单号码。提单上必须注明承运人及其代理人规定的提单编号，以便核查，否则提单无效。

④ 托运人。即发货人，一般为 L/C 的受益人，也可是第三方。如发货人为出口商，此处填写出口商名称、地址。

⑤ 收货人。即提单抬头人，应严格按照合同及 L/C 具体规定填写。

⑥ 被通知方。一般按照 L/C 规定填写被通知方详细的名称、地址。

⑦ 一程船名。如货物需要转运，在这一栏填写第一程船的船名；如果货物不需转运，此栏留空。

⑧ 收货地点。收货地点指向船方实际交货的地点。如货物需要转运，在这一栏填写收货的港口名称或地点；如果货物不需转运，此栏留空。

⑨ 船名、航次。均按配舱回单填写。没有航次的船舶可不填航次。货装直达船时，直接填写直达船名；货物需要转运，填写第二程船的船名；采用联合运输方式转运集装箱时，应注明海运船名和一种运输方式的运输工具的名称。

⑩ 装货港。填写实际装运货物的港口的名称。应严格按照 L/C 的规定与要求。

⑪ 卸货港。在直达运输情况下，填写目的港；在转运情况下填写转运港。对于 L/C 中尚未确定目的港的情况，提单上应按照 L/C 填写。

⑫ 交货地。即最终目的地，如果目的地是目的港，此栏可空白。

⑬ 集装箱号。填写集装箱号,若无,填"N/M"。
⑭ 唛头及号码。
⑮ 集装箱数或最大包装的件数。集装箱数或其他形式最大包装的件数。
⑯ 货名。货名与托运单内容完全一致。所使用文字按 L/C 要求。如无特殊说明,用英文填写。
⑰ 毛重。一般填写货物的总毛重,以千克表示。
⑱ 尺码。一般填写货物的总尺码,以立方米表示。
⑲ 大写件数。用大写表示集装箱数或其他形式最大包装的件数。与 15 栏数字一致。由数字、单位和 ONLY 组成。如"SAY FOUR HUNDRED FIFTY CAPTONS ONLY"。
⑳ 提单签发的份数。
㉑ 运费。除非 L/C 另有规定,提单上一般不必列出运费的具体金额。
㉒ 提单签发日期、地点。提单签发日期不得迟于货物装运期。在备运提单下,提单签发日期为承运人收到货物的日期。在已装船提单下,提单签发日期与装船日期一致,为货物全部装上船的日期。提单签发地点指货物实际装运的港口或接受监管的地点。
㉓ 承运人签章。提单上必须由承运人本人或其代理的签章才能生效。
㉔ 如果信用证规定提供已装船提单,必须由船长签字并注明开船时间和"LADEN ON BOARD"或"SHIPPED ON BOAED"字样。

2. 提单的签发

提单作为货物收据,是划分承运人与托运人责任界限的重要证据。提单必须根据货物装船后大副签字的收货单,经过签署手续才能生效。签发提单是承运人的重要业务之一。因此,承运人应该恪尽职守,对提单所记载的各项内容进行仔细的核对、审查。

1)提单签发人

提单的签发人包括承运人、船长和经承运人授权的代理人。

承运人作为海上货物运输合同的当事人并承担运输责任,当然有权签发提单。船长是承运人的法定代理人,不必经过承运人的授权,就有权签发提单,并且与承运人本人签发的提单具有同样的法律效力。

目前,在国际航运中,尤其是班轮货物运输中,常常由承运人的代理人签发提单,但代理人必须经由承运人授权方能行使提单签发权,经授权的代理人签署提单与承运人签署提单一样有效。

2)提单的签发日期

提单的签发日期应与提单上所列货物实际装船完毕的时间,即收货单签发的日期一致。

在国际贸易中,买卖双方通常把签发提单的日期看作卖方向买方交货的日期。若违反这一原则,如倒签提单或预借提单,有可能构成对第三者的欺诈,导致买方拒绝收货,进而提出索赔,产生国际贸易合同中买卖双方、运输合同中承运人与货方间的法律纠纷。

此外,只有货物装船后,才能核查货物的外表状况是否良好,件数是否与单据的记载相符。如果货物尚未装船就签发已装船的清洁提单,就会增加承运人的风险。

3)提单的份数

提单有正本提单和副本提单之分。

在实际业务中，提单的遗失、被窃或在流转中因意外事故而灭失都会影响货物的顺利交接。同时，为了维护提单受让人的利益，使其了解全套正本提单的份数，按航运惯例，通常签发正本提单一式两至三份，并分别记载在所签发的各份正本提单上。每份正本提单具有同等效力，收货人凭其中一份提取货物后，其他各份自动失效。

副本提单的份数可视托运人的需要而定。副本提单不能作为物权凭证或背书转让，只能供有关作业做参考依据。

提单签发的地点原则上应是装货地点，一般是在装货港或货物集中地签发。

3. 提单的更正与补发

1) 提单的更正

实际业务中，由于信用证要求的条件发生变化，或货物的实际装载情况与订舱托运时的内容不相符，或托运人订舱申报的内容有错误，需要对提单相关内容进行更正。

在货物装船后，提单签发前，承运人一般都会同意托运人提出的更正提单的合理要求，重新缮制提单。

如果货物已经装船且提单已经签发后，托运人才提出更正提单的要求，承运人或其代理人就要考虑各方面的关系后，才能决定是否同意更改。如果更改内容不影响其他提单关系人的利益，可以同意更改；如果更改的内容涉及其他提单关系人的利益，或影响承运人的交货条件，就需要征得有关方的同意，才能更改并收回原签提单。因提单更正所产生的费用和损失，应由提出提单更正要求的一方来负担。

2) 提单的补发

对提单的补发也应视不同情况给予不同的处理。

① 如果正本提单结汇后遗失，无须另行补发提单，只要依照一定的法定程序将提单声明作废，收货人在卸货港凭副本提单和具有信誉的保证人（如银行）出具的保证书就可以提取货物。

② 如果提单在结汇前遗失，应由托运人提供书面担保，经承运人同意后补签新提单并另行编号。同时，依照一定的法定程序声明之前的提单作废，并通知承运人在卸货港的分公司或代理人。

本章总结

重点词汇

海洋运输　载重吨位　班轮运输　租船运输　海运提单

1. 讲述港口的概念、组成及分类，查询全球前十大港口排名、我国前十大港口排名。
2. 查询世界主要海运航线，并在世界地图中展示。

计算练习

1. 某公司装运 50 箱农业机械到汉堡港，每箱毛重 120 千克，体积为 120 厘米×45 厘米×

32厘米,该货运费计算标准为W/M(10级),基本费率为230美元,另加燃油附加费25%,港口拥挤费15%,应付多少运费?

解:根据求积载系数得出运费按M计算。

$$运费 = 运输吨 \times 等级运费率 \times (1+附加费率)$$
$$= 0.173 \times 50 \times 230 \times (1+25\%+15\%) = 2\,785.3(美元)$$

2. 某货物按运价表规定,以W/M Ad Val选择法计费,以1立方米体积或1公吨重量为一运费吨,由甲地至乙地的基本运费费率为每运费吨25美元加1.5%。现装运一批该种货物,体积为4立方米,毛重为3.6公吨,其FOB价值为8 000美元。应付多少运费?

解:按三种标准试算如下:

"W":25×3.6=90(美元)

"M":25×4=100(美元)

"Ad Val":8 000×1.5%=120(美元)

三者比较,以"Ad Val"的运费较高。所以,该批货物的运费为120美元。

试算时,也可以作M/W比较:4立方米和3.6公吨比较,先淘汰"W",而后作"M"和"Ad Val"的比较。试算比较,这样可省略一次试算过程。

3. 我方向某外国公司出口商品(货号H208)共4公吨。该货每件毛重40千克,体积为0.03立方米,海运运费按W/M(12级)计算,装中远公司班轮出口到卡拉奇,查运价表从中国口岸到卡拉奇的12级货运费为每运费吨60美元,另加港口附加费10%,燃油附加费5%,试计算运费。

解:货物体积=(4 000/40)×0.03=3(立方米),重量=4公吨

按重量计费:

$$运费 = 4 \times 60 \times (1+10\%+5\%) = 276(美元)$$

案例一

天堂进出口有限责任公司(以下简称"天堂公司")购进一批圣诞节用的火鸡,信用证规定于11月30日前装货,由承运人所属"伊丽莎白"号货轮承运上述货物。该轮于12月3日才抵达装货港,承运人接受发货人的保函,授权其代理人签发了11月30日已装船的清洁提单。发货人凭全套单证从开证行取得全部货款。

12月15日,天堂公司持承运人签发的提单到合同指定的港口提货时,发现该提单所记载的船舶还未抵港。直到12月26日提单所记载的货物才运抵目的港。由于销售季节已过,给天堂公司造成巨大的损失,该公司的国内销售商对其提出索赔。

天堂公司认为,承运人未能按信用证规定的装船期限如期装货,却签发了与信用证一致的提单,属于欺诈行为,应对由此造成的一切损失承担责任。承运人认为,货物未能如期运抵目的港交货,是因所属"伊丽莎白"号货轮在某港锚地停泊时遇暴雨和台风,该轮抛锚与另外一艘锚地待泊的油轮相撞,造成该轮及部分集装箱严重受损。该轮不得不进行紧急修理,于12月11日续航。而提单所载的全部货物最终完好地运抵交货港,并置于天堂公司控制之下,由于不可抗力造成承运人不能如期交货,承运人已恪尽职守,完成了应尽的责任和义务,迟延交货纯属人力不可抗拒原因所致,故不应承担赔偿责任。

问题：
① 承运人签发的提单属于何种提单？其后果如何？
② 承运人可否以不可抗力为由减轻或免除责任？为什么？

案例解析：
① 承运人签发的是倒签提单。承运人应当承担损害赔偿，并且不得援引免责和责任限制的权利。

本案主要涉及收货人（天堂公司）与承运人之间海上货物运输的法律关系。这种运输关系是通过提单这种单证来表现的。依我国《海商法》的规定，货物由承运人接收或者装船后，应托运人的要求，承运人应当签发提单。提单签发的日期应为装船的日期。

在本案中，信用证规定货物于11月30日前装船。实际上，船舶在12月3日才到达装货港。承运人接受保函，签发了已装船的清洁提单。很显然，这属于倒签提单。

② 承运人不可以不可抗力为由免除或减轻责任。

在贸易实践中，提单的签发日期是信用证付款的一个条件。倒签提单是在明知货物未装船的情况下签发的，属于一种欺诈行为。承运人倒签提单的做法掩盖了提单签发时的真实情况，将面临承担由此而产生的损害赔偿责任，并丧失了免责和责任限制的权利。

案例二

山东某公司向国外出口一批花生仁，国外客户开来不可撤销信用证，证中的装运条款规定："Shipment from Chinese port to Singapore in May, partial shipment prohibited."山东某公司因货源不足，先于5月15日在青岛港将200公吨花生仁装"东风"轮，取得一套提单；后又在烟台联系到一批货源，在该公司承担相关费用的前提下，该轮船又驶往烟台港装了300公吨花生仁于同一轮船，5月20日取得有关提单。然后在信用证有效期内将两套单据交银行议付，银行以分批装运、单证不符为由拒付货款。

问题：银行的拒付是否合理？为什么？

案例解析：
分批装运是指一个合同项下的货物，分若干批或若干期装运。在大宗货物或成交数量较大的交易中，买卖双方根据交货数量、运输条件和市场等因素，可在合同中规定分批装运条款。《跟单信用证统一惯例》（UCP 600）规定："运输单据表面上注明货物是使用同一运输单据装运并经同一路线运输的，即使每套运输单据注明的装运日期不同，以及/或装运港、监管地不同，只要运输单据注明的目的地相同，也不视为分批装运。"在本案中，虽然合同和信用证中禁止分批装运，但案件中所出现的情况显然不是分批装运，因此，银行的拒付是不合理的。

案例三

3月3日，红杉服装有限责任公司（以下简称"红杉公司"）委托南洋运输公司发运一批货物。货物装船后，南洋运输公司签发了提单，托运人是红杉公司，承运人是南洋运输公司，收货人是克拉丽莎公司，起运港是青岛港，目的港是阿姆斯特丹港，运输支付方式是预付。红杉公司与南洋运输公司签订的书面协议约定,红杉公司在取得该批货物的退税凭证、外汇核销单等文件后,支付海运费2万美元。后来,南洋运输公司通知红杉公司付款赎单,不肯先付运费。于是,南洋运输公司也不肯向红杉公司先提交该批货物的退税凭证、外汇核销单等文件。

7月5日,南洋运输公司向海事法院起诉,请求法院判令红杉公司支付运费2万美元。

问题:红杉公司是否有先支付运费的义务?

案例解析:

红杉公司没有先支付运费的义务。

① 支付海运费一般有到付和预付两种方式。《海商法》规定,托运人应当按照约定向承运人支付运费。托运人与承运人可以约定运费由收货人支付;但是,此项约定应当在运输单证中载明。

如果预付运费,在海运实际操作中,承运人一般采取付款赎单的方式,将出口退税、外汇核销单等文件作为预付运费的担保。但是,在多数情况下,出口退税的金额远小于预付运费,导致托运人或货主不肯付款赎单。

② 后履行抗辩权,是指在依照合同的约定,或者法律的约定,负有后履行义务的当事人,在负有先履行义务的当事人未履行义务,或者履行义务有重大瑕疵的情况下,为了保护自己的合同利益,拒绝履行自己的相应义务的权利。《中华人民共和国民法典》(以下简称《民法典》)规定,当事人互负债务,有先后履行顺序,应当先履行债务一方未履行的,后履行一方有权拒绝其履行要求。先履行一方履行债务不符合约定的,后履行一方有权拒绝其相应的履行要求。后履行抗辩权又称为违约救济权。

③ 在本案中,双方书面签订的协议中约定,红杉公司在取得退税凭证、外汇核销单等文件后支付运费,而南洋运输公司至今未向红杉公司交付上述文件,未履行其应先履行的义务,所以红杉公司未向南洋运输公司支付运费,是行使其后履行抗辩权。南洋运输公司则丧失了运用该抗辩权保护自己收取预付运费的权利。

南洋运输公司应当对后履行抗辩权加以重视,双方在签订合同时,也可以运用后履行抗辩权保护自己的利益。南洋运输公司应该在书面协议中约定,托运人在支付预付运费后再交付出口退税、外汇核销单等文件。

案例四

7月12日,中国丰和贸易公司(以下简称"丰和公司")与美国威克特贸易有限公司(以下简称"威克特公司")签订了一项出口货物的合同。合同中,双方约定货物的装船日期为9月底,以信用证方式结算货款。合同签订后,丰和公司委托我国宏盛船务公司(以下简称"宏盛公司")运送货物到目的港美国纽约。

宏盛公司所属的Z轮在青岛港将货物装船后,签发了正本提单一式三份。

10月28日,Z轮抵达目的港,宏盛公司通知威克特公司提货,因威克特公司不能出示正本提单,宏盛公司没有向其交付货物。

11月4日,威克特公司向宏盛公司出具一份G银行印制的"提货担保书"。该担保书在保证单位栏记载"上述货物由敝公司进口,倘因敝公司未凭正本提单先行提货致使贵公司遭受任何损失,敝公司负责赔偿。敝公司收到上述提单后将立即交还贵公司换回此担保书"

的字样,并有威克特公司的盖章和负责人的签字。在银行签署栏记载"兹证明上述承诺之履行",有"G银行"的字样,盖G银行国际部的业务专用章。

宏盛公司接受提货担保书,给威克特公司签发了提货单。威克特公司取得提货单后,委托R公司报关。因R公司伪报货物名称,该批货物被海关没收。威克特公司没有付款赎单,提单被退回丰和公司。

次年1月6日,丰和公司持正本提单以错误交货为由,对宏盛公司提起诉讼,要求赔偿货价损失、利息和其他费用。法院于次年2月20日作出判决,宏盛公司向丰和公司支付货价损失,并承担托运人所发生的律师费。

次年3月16日,宏盛公司致函G银行,要求其履行担保义务。G银行于3月22日复函称,G银行开出的信用证,按威克特公司的要求,已做撤证处理,且得到议付及受益人的默许,G银行无须履行此信用证下的款项支付责任。宏盛公司致函威克特公司,要求其履行担保义务,也遭到拒绝。

宏盛公司于次年5月10日向海事法院提起诉讼,认为威克特公司和G银行向宏盛公司出具提货担保书,提取了货物。威克特公司至今未将该批货物的正本提单还给宏盛公司。该批货物的托运人持正本提单以错误交货为由对宏盛公司提起诉讼,要求宏盛公司赔偿货架损失、利息和其他费用。因此请求海事法院判令威克特公司和G银行赔偿货款损失,承担宏盛公司在该诉讼中所发生的双方律师费,以及上述款项的利息,并承担本案的诉讼费。

威克特公司答辩称,本公司出具担保书,宏盛公司接受担保而放货,宏盛公司本身有过错;当时货物还在保税仓库,没有放行,不构成走私,海关处罚欠妥。该批货物由R公司代理进口,应追加R公司参加本案诉讼。G银行答辩称,担保书中只注明"证明上述承诺之履行",并没有担保内容,根据有关规定,G银行不应承担担保责任。

问题:
① 威克特公司向宏盛公司出具的提货担保书是否有效?
② 宏盛公司是否承担无单放货的责任?
③ G银行是否在此担保中承担责任?

案例解析:

本案所涉提货担保书,存在两个法律关系,一是宏盛公司与威克特公司之间的提货协议;另一个是宏盛公司与G银行之间的保证合同关系。

① 按照国际公约或有关国家运输法律的规定,收货人要取得提货单提取货物应以正本提单交换为前提条件。但是,在班轮运输中,有时因提单邮寄延误而出现提单到达的时间迟于船舶到港时间的情况;或因提单遗失或被窃;或者是当船舶到港时,作为押汇的跟单票据的提单已到达进口地银行,只因为汇票的兑现期限的关系,收货人暂时还拿不到提单,因而造成收货人无法凭提单提货的局面。这时,按照一般的航运习惯,常由收货人开具保证书,以保证书交换提货单,然后持提货单提取货物。这种交付货物的方式又称凭保证书交付货物。本案的判决正面肯定了提货保证书的法律效力。威克特公司作为贸易合同的买方和提单上的通知方,在货物已经抵港而提单还未到达的情况下,要求提货,并承诺如因其未凭提单提货而造成承运人的任何损失,由其负责赔偿。威克特公司的这一行为并不是想非法占有该批货物,也不构成对任何第三方的欺诈,是善意的。因此,威克特公司与宏盛公司的提货协议合法有效,对双方有约束力。

② 凭保证书交付货物只是为了收货人和承运人双方的便利，使货物的交付工作能迅速完成而采用的一种商业做法。在承运人实际收回提单以前，虽然可以根据保证书将因凭保证书交付货物而发生的损失转嫁给收货人或保证银行，但是作为违反运输合同的义务，承运人对正当的提单持有人仍负有赔偿一切损失责任的风险。因此，宏盛公司必须向丰和公司支付货价损失，并承担托运人所发生的律师费。

③ 法律意义上的保证必须是债权人和债务人以外的第三人作出的。债务人本身作出的履行债务的承诺不属于保证。所以，实质上，威克特公司不是保证人，而是债务人。真正的保证人是 G 银行。虽然 G 银行与宏盛公司之间没有订立独立的、完整的保证合同，但保证的意思表示是显而易见的，双方的保证合同关系是成立的。将威克特公司的承诺视为保证，不符合保证的法律特征，而应将 G 银行视为保证人。

案例五

我国 A 外贸公司通过 B 运输公司将一个 40 英尺的集装箱货物经上海运到美国长滩，再运抵美国的内陆城市利沃尼亚，双方口头商定，通过美国的大陆桥运输，全程包干运费 USD 4 000。可是货到不久，美国客商向 A 外贸公司发来传真称，提单上注明"运费已付"，为什么船公司又向他收取了港口附加费、燃料附加费和集装箱拖运费共计 USD 600？

B 运输公司答复称，提单上没有注明运费包括港口附加费、燃料附加费的批注，所以另外收取；提单上注明的是 CT/CY 而不是 D/D，而要求把集装箱运到指定地点，需额外收取服务费。

问题：在本案中，托运人应吸取哪些教训？

案例解析：

海运提单是托运人和承运人之间的运输契约，所以在签发提单时，承运人为了保障自己的利益，常常要加上一些批注。而托运人在确认提单时，一定要认真审查，如发现有些条款不合理，应及时提出并予以纠正。

第 3 章

国际铁路货物运输

学习目标

- 了解铁路的发展概况。
- 掌握国际铁路货物联运的含义与特点。
- 了解国际铁路运输的有关规章。
- 了解国际铁路联运进出口货物程序。
- 了解对香港地区铁路运输的一般程序。
- 掌握国际铁路货物联运运单的制作。
- 了解国际铁路货物运输的分布。

3.1 铁路货物运输概况

3.1.1 铁路货物运输概述

1. 概念

铁路运输（rail transport）有狭义和广义之分，狭义上通常是指一种以具有轮对的车辆沿铁路轨道运行，以达到以运送旅客或货物为目的的陆上运输方式；广义上的铁路运输包括磁悬浮列车、缆车、索道等并非使用车轮形式，但仍然沿特定轨道运行的运输方式，统称轨道运输或轨道交通。轨道交通在国际货物运输中的地位仅次于海洋运输。

2. 种类

铁路货物运输种类即铁路货物运输方式。按照我国铁路技术条件，现行的铁路货物运输种类分为整车、零担和集装箱三种。整车适于运输大宗货物；零担适于运输小批量的零星货物；集装箱适于运输精密、贵重、易损的货物。

3. 特点

铁路是国民经济的大动脉，铁路货物运输是现代运输业的主要方式之一。与其他运输方式相比，铁路货物运输具有安全程度高、运输速度快、运输距离长、运输能力大、运输成本低等优点，而且具有污染小、潜能大、不受天气条件影响的优势，是公路、水运、航空、管道运输所无法比拟的。

① 准确性和连续性强。铁路货物运输几乎不受气候影响，一年四季可以不分昼夜进行

定期的、有规律的、准确的运转。

② 运输速度较快。货车时速一般在 100 千米左右，远远高于海上运输。

③ 运输量比较大。一组可载货列车一般能运送 3 000～5 000 吨货物，远远高于航空运输或汽车运输。

④ 运输成本较低。运送同样货物铁路运输费用仅为汽车运输费用的几分之一到十几分之一；运输耗油约是汽车运输的 1/2。

⑤ 铁路运输安全可靠，风险远比海上运输小。

⑥ 初期投资大。铁路运输需要铺设轨道、建造桥梁和隧道，建路工程艰巨复杂；需要消耗大量钢材、木材；需要占用土地，初期投资大大超过其他运输方式。

另外，铁路运输由运输、机务、车辆、工务、电务等业务部门组成，要具备较强的准确性和连贯性，各业务部门之间必须协调一致，这就要求在运输指挥方面实行统筹安排、统一领导。

4. 车辆的主要组成部分

铁路车辆类型很多，构造各不相同，但从结构原理分析，车辆一般均由下列五部分组成。

1）车体及车底架

车体是容纳旅客或货物的部分，固装在车底架上。车底架是车体的基础，由各种纵向梁和横向梁组成。车体与车底架构成一个整体，支撑在转向架上。

2）转向架

由两个或两个以上的轮对组成，并安装弹簧及其他部件，组成一个独立结构的小车，称为转向架。转向架设在车底架下部，是车辆的走行部分，它承受车辆的重量并在钢轨上行驶。

3）车钩缓冲装置

由车钩及缓冲装置等部件组成，安装在车底架两端的中梁上，将机车车辆连挂在一起，成为一组列车，并传递牵引力，缓和各车辆之间的冲击。

4）制动装置

制动装置的功用是保证高速运行的列车能减速，并在规定的距离内停车。

5）车内设备

车内设备主要是指在客车上为旅客提供旅行必需的设备，如供水、暖气、通风、照明及空气调节等装置。货车内部设备一般比较简单，主要是根据各货车的用途而设的附属装置。

5. 铁路车辆标记

为了表示车辆的类型及其特征，便于使用和运行管理，在每一个铁路车辆车体外侧都应具备规定的标记。

一般常见的标记主要有以下几种。

① 路徽。凡铁路车辆均有人民铁道的路徽。

② 车号。车号是识别车辆最基本的标记。车号包括型号及号码。型号又有基本型号和辅助型号两种。基本型号代表车辆种类，用汉语拼音字母表示。辅助型号表示车辆的构造形式，用阿拉伯数字和汉语拼音组合而成。号码编在车辆的基本型号和辅助型号之后。车辆号码是按车种和载重分别依次编号。

③ 配属标记。对固定配属的车辆，应标上所属铁路局和车辆段的简称，如"京局京段"

表示北京铁路局北京车辆段的配属车。

④ 载重。即车辆允许的最大装载重量,以吨位单位。

⑤ 自重。即车辆本身的重量,以吨位单位。

⑥ 容积。为货车(平车除外)可供装载货物的容量,以立方米为单位。

⑦ 车辆全长。车辆全长指车辆两端钩舌内侧的距离,以米为单位。在实际业务中,习惯将车辆的长度换算成车辆的辆数,即用全长除以 11 米所得的商表示车辆的换算长度。

⑧ 特殊标记。根据货车的构造及设备情况,在车辆上涂打各种特殊标记。

3.1.2 铁路货物运输的发展

1. 世界铁路货物运输发展概况

希腊是第一个拥有路轨运输的国家,2 000 年前古希腊有马拉的车沿着轨道运行。19 世纪 20 年代,英格兰史托顿至达灵顿的铁路成为第一条蒸汽火车铁路。后来的利物浦至曼彻斯特铁路更显示了铁路巨大的发展潜力。很快,铁路便在英国乃至世界各地通行起来,发展非常迅速,成为世界交通近一个世纪的领导者。

第一次世界大战前夕,世界铁路总里程已增加到 110 万千米,20 世纪 20 年代,增加到 127 万千米。第二次世界大战后,以柴油和电力驱动的火车逐渐取代蒸汽火车。20 世纪 60 年代起,多个国家均建设高速铁路。货运铁路也连接至港口,并与船运合作,以货柜运送大量货物以降低成本。

铁路运输发展的主要趋势已转变为运输设备现代化、运输管理自动化。这个趋势突出表现为,以电力机车和内燃机车逐步代替蒸汽机车,实现了牵引动力的电气化和内燃化。与此同时,各国加快了复线、无缝铁路和重型钢轨的铺设,并采用了现代化通信设备,特别是电子计算机的应用使铁路营运管理工作逐步走上了自动化的道路。

2. 我国铁路货物运输发展概况

我国第一条铁路吴淞铁路(上海—吴淞)全长 15 千米,1876 年由英国人兴建于上海,后被清朝地方官员买回并拆毁。正式使用的第一条铁路和蒸汽机车则是由李鸿章兴办的开滦公司煤矿所建。中国自建的铁路是于 1881 年修建的唐胥铁路(唐山—胥各庄),全长 10 千米,后延至天津,总计 130 千米,1888 年通车。中国工程师詹天佑自行设计建造的京张铁路——北京至张家口,全长 201 千米,4 年内完工,工程艰巨,其中一段在 22 千米内开通了 4 条隧道,仅八达岭隧道就长达 1 091 米。青龙桥站附近坡度已达 33‰,为克服列车爬坡极限,詹天佑设计了"人"字形铁路,迂回越过八达岭,写下了中国铁路史上光辉的一页。旧中国共修建了 21 000 多千米的铁路。

新中国成立后,铁路建设迅速发展。20 世纪 90 年代,中国已有铁路 52 000 千米,仅次于美国、俄罗斯、加拿大和印度,居世界第五位。40 多年,我国铁路的发展进入了一个快车道,特别是 2006 年中国铁路"登上了新高度,迈向了新里程"。2006 年,世界海拔最高的高原铁路——青藏铁路全线通车。截至 2022 年年底,我国铁路营运里程达 15.5 万千米,其中,高铁营运里程超过 4.2 万千米。沪昆高铁全线运营,云桂铁路、渝万高铁等重大项目相继投产;中西部铁路营业里程扩充至 9.5 万千米。目前,中国已拥有仅次于美国的全球第二大铁路网,以及全球最大规模的高铁铁路网和快速铁路线。

3.2 国际铁路联运经营方式及进出口业务

3.2.1 国际铁路联运概述

1. 含义

国际货物铁路联运,简称国际联运,它是使用一份统一的国际联运票据,无须发货人、收货人参加,而由铁路部门负责办理两个或两个以上国家铁路全程送达的货物运输方式。

从概念中可以看出国际联运的三个要点:首先是票据统一,在整个联运的过程中使用的是一份统一的票据;其次是由铁路部门负责从接货到交货的全过程运输,即便是在由一国铁路向另一国铁路移交货物时也无须发货人、收货人的参与;最后是两个或两个以上国家的铁路运输。

国际铁路联运牵涉面广,从发货站发运货物时起,须经过出口国的国境站,经过国的进口和出口国境站,直到进口国的进口国境站,环节多,交接复杂。因此,为使联运货物顺利运送,要求每批货物的包装要适合长途运输的要求,票据要规范、清晰,随附各项单证必须齐全、完备,运送车辆为国际列车,设备必须完好无损。

2. 特点

1) 参加国多

凡是办理国际联运,都要涉及两个或两个以上的国家,有时还要通过与《国际铁路货物联运协定》有关的国家,向与此协定无关的西北欧国家办理发送,才能完成全程的运送工作,最后运到目的地。

2) 要求高

由于国际联运参加国多,涉及多个国家的铁路、车站和国境站,有时还要收转参加,这就要求每批货物的流程必须高标准、严要求,符合有关规章和协议的规定,否则将造成货损、货差、延迟交货等运输事故。

3) 运距远

国际联运货物至少有两个国家参加,因此运距较长,有时还要过境其他国家,特别是通过俄罗斯铁路运送的,运距长达 8 000 多千米。

4) 运输时间短、成本低

由于国际铁路联运的始发站和最终目的站大多是内陆车站,或发货人、收货人的铁路专用线,货物直接从发货人的专用线或就近的车站发出,直接到达收货人的专用线或就近的车站,从而使运输时间比海运短,运输成本比海运低。这在从中国发往伊朗、阿富汗、东欧国家、芬兰及相反方向的货物运输上,表现得特别明显。

5) 涉及面广、手续复杂

国际联运不仅涉及几个国家的铁路、车站和国境站,而且涉及外贸、海关、商检、发货人、收货人等各个方面,同时,各国的规章制度又不同,所以办理起来手续复杂。

3.2.2 国际铁路货物运输的有关规章

各铁路局和国境站及发货人、收货人在办理国际铁路货物联运业务时,必须遵守国际铁路货物运输的有关规章。

1. 国际货协

《国际铁路货物联运协定》（简称《国际货协》），是参加该协定的各国铁路和发货人、收货人办理货物联运时都必须遵守的基本条件，它规定了货物的运送条件、运送组织、运送费用计算核收办法以及与发货人、收货人之间的权利和义务等问题。

2. 统一货价

《国际铁路货物联运统一过境运价规程》（简称《统一货价》）规定了过境参加国统一货价的铁路办理货物运送手续、过境运送费用和杂费的计算、过境铁路里程表和货物运费计算表等。

3. 国境铁路协定

"国境铁路协定"由两个相邻国家的铁路部门签订，规定办理联运货物交接的国境站、车站及货物交接的条件和办法，交接列车和机车运行办法，服务办法等具体问题。

4. 国境铁路会议议定书

根据国境铁路协定的规定，两个相邻国家的铁路部门需定期召开国境铁路会议，对执行协定中的有关问题进行协商，签订"国境铁路会议议定书"。其主要内容包括双方铁路之间关于行车组织、旅客运送、货物运送、车辆交接及其他有关问题，也有涉及发货人、收货人权利和义务的规定。各发货人、收货人和铁路部门必须共同贯彻执行。

我国与俄罗斯、蒙古、哈萨克斯坦、朝鲜、越南均分别签订"国境铁路协定""国境铁路会议议定书"。

5. 铁路货物运价规则

"铁路货物运价规则"是各国的国内铁路运价规则，国际铁路货物联运运费的计收分为三段，中间段为过境段，运价按照《统一货价》规定计收；发送铁路和到达铁路两段各自按照其国内铁路规定的费率计收运费。

各国铁路都制定有自己的铁路货物运价规则，可简称为国内价规，例如，我国原铁道部颁布的《铁路货物运价规则》，就是办理国际铁路货物联运时国内段货物运送费用计算和核收的依据。

3.2.3 国际铁路货物联运基本运送条件

1. 国际铁路货物联运的范围

1）同参加《国际货协》国家铁路部门之间的货物运送

参加《国际货协》各国铁路部门办理联运的车站，除阿尔巴尼亚、朝鲜外，凡开办国内货运营业的车站，都可办理国际铁路货物联运。朝鲜铁路仅部分车站开办国际铁路货物联运，其货物运送按朝鲜铁路货物联运站的规定办理。

《国际货协》铁路间的货物运输使用一份运单在发货站发运，由铁路在最终到达站将货物交付收货人。在同一铁路轨距国家间，用发送国原列车直接过轨；在不同轨距国家间，则在换装站或国境站进行换装或更换另一轨距的货车轮对或使用变距轮对。在铁路不连接的《国际货协》参加国铁路之间，其货物运送可通过参加国某一车站运用其他运输工具转运。阿尔巴尼亚铁路与其他国的铁路不连接，可以通过布达佩斯车站由发货人、收货人委托的收转人领取后，用其运输工具转运到阿尔巴尼亚。

2）同未参加《国际货协》国家铁路间的货物运送

发货人在发送站用国际货协票据办理至参加《国际货协》的最后一个过境铁路的出口

国境站的运送，由国境站站长（或发货人、收货人）委托的收转人办理转送至最终到站。

3）通过港口的货物运送

朝鲜、蒙古、俄罗斯和越南等国，通过中国铁路大连、新港、黄埔等港口站向阿尔巴尼亚或日本等国发货，或向相反方向发货时，发货站和港口间用国际货协票据办理的，由发货人或发货人委托在港口站的收转人办理转发送。

2. 国境站的联检机构

由于国际铁路联运货物的车、货交接和换装作业都是在国境站办理的，因此，在国境站设有联检机构。

1）国际铁路货物联运交接所

国际铁路货物联运交接所的任务包括以下几个方面。

① 办理联运进出口货物、车辆的交接、换装、发运。

② 办理交接运送单据的审核、翻译、过境运费的查核、计算。

③ 会同邻国铁路交付人员，共同处理货物交接中发生的问题。

2）海关

海关的任务是征收关税和查禁走私，进行实际的、明确的监督管理。

3）国境站商检

国境站商检的任务是办理商品检查验放工作，接受收货人、发货人的委托，办理各项公证、鉴定业务。

4）动植物检疫所

动植物检疫所的任务是对动植物、动植物产品及其运输工具实施监督检疫和处理工作。

5）边防检查站

边防检查站的任务是对过境人员及护照、行李物品、交通运输工具和所运载的物品实施边防检查。

6）卫生和食品卫生检疫所

卫生和食品卫生检疫所的任务是对运载工具和食品、食品添加剂及食品容器等进行卫生监督管理。

7）中国外运集团口岸分公司

中国外运集团口岸分公司主要承担对货物进行发运、转运、联运、口岸交接、分拨、报关、报验，以及集装箱的中转、拆箱等业务。

3.2.4　国际铁路联运出口货物程序

1. 国际铁路联运出口货物计划的编制

国际铁路联运出口货物计划分为年度运量计划和月度要车计划。

1）年度运量计划

为衔接年度各国铁路间进出口货物的交接运量，每年年初，由铁路合作组织召开中国、哈萨克斯坦、朝鲜、蒙古、俄罗斯、越南、乌兹别克斯坦七国铁路和外贸部门代表参加的运量计划例会，商定本年度分国别、口岸、品类、季度的外贸进出口运量。会前由中国外运集团编制国际铁路联运年度运量计划，并与国家口岸管理办公室、国铁集团等有关部门平衡确定后，提交例会，在例会上，与各国最后商定。年度运量计划安排是月度要车计划和各铁路口岸货物交接运量的主要依据。

2）月度要车计划

国际铁路联运月度要车计划是中国外运集团与国铁集团共同平衡确定的指令性运输计划，包括整车、零担、大型集装箱三种类别。

具体编报程序如下：

① 编制国际联运月度要车计划表。

② 分别报送国铁集团和商务部。

③ 商务部汇总、审核后与国铁集团平衡核定。

④ 国际铁路联运月度要车计划需要经过商务部和国铁集团两部平衡核定，并经有关国家铁路部门确认以后，商务部通知各地商务厅（局）和各进出口总公司。各地商务厅（局）和各进出口总公司再分别转告所属发货单位。各铁路局（车站）将国铁集团批准的国际铁路联运月度要车计划分别通知各发货单位。

国际铁路联运月度要车计划批准后，各发货单位应按照铁路部门的规定，向各发货站提出旬度计划，发货站于每旬度开始前，将确认的旬度计划通知各发货单位执行。

凡发运整车货物，都需具备铁路部门批准的月度要车计划；零担货物则不需要向铁路部门编报月度要车计划，但发货人必须事先办理托运手续。国际铁路联运月度要车计划批准后，应当力争按计划执行。

2. 国际铁路联运出口货物的程序

1）托运前的工作

凡属国际铁路联运的出口货物，在托运前必须将货物的包装和标记严格按照合同中的有关条款、《国际货协》和议定书中的条项办理。

2）货物的托运

发货人在托运货物时，应向车站提出联运运单和运单副本，以此作为货物托运的书面申请。车站接到联运运单后，应认真审核，对整车货物应检查是否有批准的月度、旬度要车计划和日要车计划。检查联运运单各项内容是否正确，以确认是否可以承运。车站一经在联运运单上签证，写明货物应进入车站的日期和装车日期，即表示受理了托运。发货人按签证指定的日期将货物搬入车站或指定的货位，并由铁路根据联运运单的记载查对实货，认为符合《国际货协》和有关规章制度的规定的，车站方可予以承认。整车货物一般在装车完毕后，发货站在联运运单上加盖承运日期戳，即表示货物已经承运。

对于零担货物的发运，发货人在托运时，不需编制月度、旬度要车计划，可凭货运单向车站申请托运，车站受理托运后，发货人按签证指定的日期，将货物搬进货场，送到指定的货位上。经查验、过磅后，即交铁路保管。从车站将发货人托运的货物连同联运运单一同接受完毕，并在联运运单加盖承运日期戳，即表示货物已经承运。铁路对承运后的货物负保管、装车发运的责任。

总之，承运是铁路负责运送货物的开始，表示铁路开始对发货人托运的货物承担运送义务，并承担运送上的一切责任。

3）货物的交接

（1）货物的实际交接

联运出口货物的实际交接在国境站进行。口岸外运公司接到铁路交接所传递的运送票据后，依据联运运单审核其附带的各种单证份数是否齐全，内容是否正确。如遇矛盾或不符等缺陷，则根据有关单证或函电通知订正、补充。

（2）报关报验

运送单证经审核无误后，将出口货物明细单截留三份（易腐烂变质货物截留两份），然后将有关运送单证送各联检单位审核放行。

（3）货物的交接

单证手续齐备的列车出境后，交付国在邻国国境站的工作人员，会同接收方铁路的工作人员，共同进行票据和货物的交接，依据交接单进行对照检查。货物交接分为一般货物铁路交接和易腐烂变质货物贸易双方的交接；也可以分为凭铅封交接和按实物交接两种情况。

凭铅封交接的货物，根据铅封的站名、号码或发货人简称进行交接。交接时检查封印是否有效或丢失，印文内容、字迹是否清晰，同交接单的记载是否相符，车辆左右两侧铅封是否一致等内容。然后，由双方铁路部门凭完整的铅封办理交接手续。按实物交接的货物具体可以分为只按货物重量、只按货物件数及按货现状交接三种方式。同时，在办理货物交接时，交付方必须编制货物交接单，没有编制交接单的货物，在国境站不得办理交接。

4）货物的交付

国际联运的出口货物抵达到达站后，铁路应通知联运运单中所记载的收货人领取货物。在收货人付清联运运单中所记载的一切应付运送费用后，铁路必须将货物连同联运运单交付给收货人。收货人必须支付运送费用并领取货物。收货人只有在货物因毁或腐坏而使质量发生变化，以致部分货物或全部货物不能按原用途使用时，才可以拒领货物。收货人领取货物时，应在联运运单上填记货物领取日期，并加盖收货戳记。

3.2.5 国际铁路联运进口货物程序

1. 货物的发运

进口货物的发运工作由国外发货人根据合同规定，向该国铁路车站办理。根据《国际货协》规定，通过《国际货协》缔约国的铁路联运进口货物，国外发货人向其铁路公司办理托运时，一切手续和规定均按《国际货协》和各国国内规章办理。我国进口公司及运输部门在联运进口货物发运前应做如下几方面工作。

① 确定货物到达站。国内订货部门应提供确切的到达站的车站名称和到达路局的名称，除个别在国境站设有机构单位以外，均不得以我国国境站或换装站为到达站，也不得以对方国境站为到达站。

② 正确制定进口贸易合同的有关条款。在采用铁路联运方式进口货物时，为保证货物运输的顺利进行，在制定买卖合同条款时应当对与铁路运输有关的条款予以特别注意，使之符合铁路部门的有关规定。

③ 正确编制货物的运输标志。各部门对外订货签约时，必须按照商务部的统一规定编制运输标志，不得颠倒顺序和增加内容，否则会造成错发、错运事故。

④ 向国境站寄送合同资料。进口单位对外签订合同，应及时将合同的中文副本、附件、补充协议书、变更申请书、确认函电、交货清单等寄送国境站外运机构。在这些资料中必须要有以下内容：合同号、订货号、品名、规格、数量、单价、经由国境站、到达路局、到达站、唛头、包装及运输条件等。事后如有某种变更事项，也应及时将变更资料抄送外运机构。

2. 货物的交接和分拨

进口货物列车到达国境站后,由铁路部门会同海关接车,双方铁路部门根据列车长提供的货物交接单办理交接,海关对货物执行监管。

对于小额订货,国外发货人集中托运、以我国国境站为到站、外运机构为收货人的,以及国外铁路部门将发货人集中托运、以我国国境站为到站的,外运机构在接货后应负责办理分拨、分运业务。在分拨、分运中发现有货损、货差情况,如果属于铁路部门责任,应找铁路部门出具商务记录;如果属于发货人责任,应及时通知有关进口单位向发货人索赔。

3. 货物的交付

联运进口货物抵达到站后,铁路部门根据运单或随附运单的进口货物通知单所记载的实际收货人发出货物到达通知单,通知收货人领取货物。收货人收到到货通知后,必须到车站领取货物并支付运送费用。在收货人付清运单所载的一切应付费用后,铁路部门必须将货物连同运单一起交付收货人。

收货人领取货物时,应在运单"货物交付收货人"栏内填记货物领取日期,并加盖收货戳记,收货人只有在货物因毁损或腐坏而使质量发生变化,以致部分货物或全部货物不能按原有用途使用时,才可以拒绝领取货物。在运单中所载的货物短少时,收货人也应首先按运单向铁路部门支付全部应付款额,在收货人的赔偿请求获得确认后,再索回未能交付货物部分的已付款额。

3.2.6 国际铁路货物联运运费的计算

国际铁路货物联运运送费用包括货物运费、押运人乘车费、杂费和其他费用。

1. 运送费用核收的规定

1)《国际货协》各铁路间运送费用核收的原则

① 发送铁路的运送费用,在发货站向发货人或根据发送铁路国内现行规定核收。

② 到达铁路的运送费用,在到达站向收货人或根据到达铁路国内现行规定核收。

③ 过境铁路的运送费用,按《统一货价》在发货站向发货人或在到达站向收货人核收。

2)《国际货协》与非《国际货协》铁路间运送费用核收的规定

① 发送铁路和到达铁路的运送费用与《国际货协》各铁路间收费标准相同。

② 过境铁路的运送费用,参加《国际货协》并实行《统一货价》各过境铁路的运送费用,在发货站向发货人或在到达站向收货人核收;但办理转送国家铁路的运送费用,可以在发货站向发货人或在到达站向收货人核收。过境非《国际货协》铁路的运送费用,在到达站向收货人或在发货站向发货人核收。

3) 通过过境铁路港口站的货物运送费用核收的规定

从参加《国际货协》并实行《统一货价》的国家,通过另一个实行《统一货价》的过境铁路港口站,向其他国家和相反方向运送货物时,不论这些国家是否参加《统一货价》,都可用国际货协票据办理货物运送,只能办理至过境铁路港口站为止或从这个站起开始办理。

从参加《国际货协》铁路发货站至过境铁路港口站的运送费用,在发货站向发货人核收;在相反方向运送时,在到达站向收货人核收。在过境铁路港口站所发生的杂费和其他费用,在任何情况下,都在这些港口车站向发货人或收货人的代理人核收。过境铁路的运送费用，按《统一货价》规定计收。

2. 国际铁路货物联运国内段运费的计算

根据《国际货协》的规定，我国通过国际铁路联运的进出口货物，其国内段运费的核收应按照我国《铁路货物运价规则》进行计算。运费计算的程序如下。

① 根据"货物运价里程表"确定从发货站至到达站的运价里程。

② 根据货运单上填写的货物品名查找"货物品名检查表"，确定适用的运价号。

③ 根据运价里程和运价号在"货物运价率表"中查出相应的运价率。

④ 按《铁路货物运价规则》确定的计费重量与该批货物适用的运价率相乘，算出该批货物的运费。

3. 国际铁路货物联运过境运费的计算

国际铁路货物联运过境运费是按照《统一货价》的规定计算的。运费计算的程序如下。

① 根据货运单记载的应通过的国境站，在《统一货价》中的"过境里程表"中分别找出货物所通过的各个国家的过境里程。

② 根据货物品名，查找《统一货价》中的"通用货物品名表"，确定所运货物适用的运价等级。

③ 根据货物运价等级和各过境路的运送里程，在《统一货价》中找出符合该批货物的运价率。

④ 《统一货价》对过境货物运费的计算是以慢运整车货物的运费额为基本运费额，其他种别的货物运费则在基本运费额的基础上分别乘以不同的加成率。

3.3 对港澳地区的铁路货物运输

3.3.1 对香港地区的铁路运输

该地区是我国同世界各国、各地区经贸往来的重要通道之一，也是我国换取现汇的重要场所，占我国出口创汇额的20%以上。因此，做好对港澳地区的运输工作是我国外贸运输的重点之一。

1. 供港货物铁路运输交接口岸概况

1）深圳口岸概况

深圳市位于广东省东南部，是京九、广九铁路的交接站。

深圳与香港毗邻，其铁路、公路均与九龙相连。铁路有深圳北站（货运站）和深圳站（客运站）。内地各省市铁路发往香港的整车和零担货物车，均在深圳北站进行解体、编组及必要的装卸作业和联检作业。深圳北站共有40多条股道，可容纳车量为700车左右，具有一定的装卸能力。

由深圳北站岔出一条专用线，通往深圳新开发的笋岗仓库区，专用线终端有外运仓库。深圳北站南面的深圳站是香港出入境旅客中转换车及以包裹办理进出口货物的车站。深圳站向南有罗湖桥，它是内地与香港的分界处。

深圳站以东的文锦渡桥是公路的进出口岸，汽车运输的货物经由文锦渡公路进出口。

中国外运集团深圳公司（以下简称"深圳外运分公司"）是各外贸专业公司在深圳口

岸的货运代理，负责其货物的进出口业务。内地各省、市、自治区的外贸专业公司，由铁路经深圳口岸，或铁路转公路的出口货物（除活畜禽鱼类由各省自办外），均由深圳外运分公司接受委托，办理接货、报关、查验、过轨等中转运输手续。其他发货单位的出口货物、使领馆物资、展品，以及其他非贸易物资也委托深圳外运分公司代办中转运输业务。此外，深圳外运分公司还接受各省、市、自治区外贸专业公司的普通件杂货的进出口、库存、装箱、中转等业务。

2）港段铁路概况

港段铁路为京九、九广铁路的一部分，自边境罗湖车站起，途经上水、粉岭、大埔、大学、大炭、大围、九龙塘、旺角至九龙车站，全长34千米。

香港铁路有4个卸货点，其中最大的卸货点是九龙车站的红磡货场，绝大部分杂货都在此卸车。货场可容纳200多辆车，可供卸车的货车位有100多个。何文田货场专供卸活畜禽，有48个卸车的车位。沙田车站的百适货场，专用线每天可卸杂货的车位有20个。旺角车站每天可卸杂货的车位有30个。

九广铁路公司对货车只办理行车和调车作业，不办理货运业务。目前，港段铁路的货运业务，包括接货、托运、调度、组织装卸、交货，均由香港中旅货运有限公司承包。香港中旅货运有限公司是深圳外运分公司在香港的货运代理。

2. 对香港地区铁路运输的特点

对香港地区铁路运输不同于国际铁路联运，也不同于一般的国内运输，而是一种特定的运输方式。

1）以租车方式为主

对香港地区的铁路运输是由大陆段和港九段两部分铁路运输组成的，所以出口单位在发送地车站将货物托运至深圳北站，收货人为深圳外运分公司；货车到达深圳北站后，由深圳外运分公司作为各地出口单位的代理，向铁路租车过轨，交付租车费并办理出口报关等手续。经海关放行过轨后，由香港中旅货运有限公司作为深圳外运分公司在香港的货运代理，在港段铁路罗湖车站另行起票托运至九龙，货物到达九龙站后，由其负责卸货并交收货人。承运人签发"承运货物收据"，作为向银行结汇的凭证。

2）运输工作计划多变

有相当数量的商品，特别是鲜活商品要根据香港市场的情况随时调节，在各个发运口岸要按一定的配额均衡发运，做到"优质、适量、均衡、应时"地供应香港市场。因此，对香港地区的运输要求较一般国际铁路联运和对外出口要高。

3）运输计划主要是编制月度计划

发送货物的各省、市、自治区根据成交、备货及香港市场的情况，按当时铁路部门规定的报送时间，向各铁路局办理、下达月铁路要车手续。经汇总，于每月10日前报送中国外运集团。各铁路局于当月14日提出下月计划分配方案，25日前批准计划。

3. 对香港地区铁路运输的一般程序

1）发货人办理境内铁路运输托运手续

发货人提前5天向当地外运公司办理委托手续。当地外运公司接受委托单证、审查合格后寄送深圳外运分公司。发货人向深圳外运分公司拍发起运电报，深圳外运公司接到到车预告电报后核对，抄给香港方面，以便中途做好接车准备。

（1）运装车中应注意的问题

① 高度的限制。装载高度从轨面算起，不得高于 4.5 米。

② 重量限制。目前，香港铁路有限公司规定，每节车厢总重（自重+货重）不得超过 72 吨。

③ 货物均衡发运。供港商品中配额商品占相当比重，此类商品必须按月配额，按日均衡发送。因为香港地区市场容量有限，到货过多，造成销售困难，只得降价出售。均衡发货既能满足香港市场的需求，又能获得较高利润。

（2）主要单证

① 供港货物委托书。这是发货人转运、报关、接货的依据和委托承运的依据，也是发货人核算运输费用的凭证。一式五份，要求在发运前预寄。

② 出口货物报关单。这是向海关申报的依据，一式两份。来料加工、进料加工及补偿贸易货物一式三份，还要随报关单附上合同副本，同时根据信用证、寄发商检证、文物出口证明书、许可证等。

③ 起运电报。这是货物发往深圳的确报，它使深圳口岸和驻港机构做好接运准备，同时，还可以作为补做单证的依据。起运电报不是可有可无的资料，没有电报，无法抽单配证、申请报验，香港中旅货运有限公司也不能提前通知收货人办理赎单手续。

④ 承运货物收据。这是由各地外运公司以货物代理的身份向外贸公司签发的，负责发货站至香港的全程运输，是向银行结汇的凭证，相当于国际联运单副本，代表货物所有权，是香港收货人的提货凭证。

⑤ 铁路运单。这是发货人与铁路部门办理由发货点至深圳北站间的境内段运输契约，因仅限境内段，所以不起提单的作用。

2）运行组织、口岸交接

① 运行组织包括快运货物列车、直达列车和成组运输。

目前，我国开行的三趟快运货物列车是 8751 次、8753 次、8755 次，主要运输活家畜、冻肉水产、瓜果蔬菜等。8751 次逢单日由武汉江岸始发，双日由长沙东始发，承担湖南、湖北供港物资的发运任务；8753 次由上海新龙华始发，承担江苏、上海、浙江、江西等省市供港物资的发运任务；8755 次由郑州北站始发，承担河南省及东北、西北、华北地区经郑州中转供港物资的发运任务。供港货物铁路运输交接口岸为罗湖口岸，目前，港段铁路为京九、广九铁路的一部分，自边境罗湖车站起，途经上水、粉岭、大埔、大学、大炭、大围、九龙塘、旺角至九龙车站，全长 45 千米。

② 口岸交接。铁路到达深圳的外贸出口货物有三种方式：原车过轨（占 80%～90%）、卸车（存储）经公路出口和卸车后存外贸仓库再装火车出口。深圳外运分公司办理杂货，中国外运集团总公司工作组和转运站办理活畜禽。

3）港段接卸

（1）港段铁路有关运输机构及其业务范围

① 九广铁路公司。九广铁路公司主要是将深圳过轨的各班货车由罗湖车站拉到九龙，装有不同商品的货车分别送进红磡及何文田货场。

② 香港中旅货运有限公司。香港的铁路货运业务中的接货、托运、调度、交货均由该公司承担，它是深圳外运分公司在香港的货运代理，双方是委托代理的关系。

③ 运输行。运输行是香港的私商，过去作为外运公司的代理在香港承办铁路货物运输业务。现在和香港中旅货运有限公司有业务联系的运输行主要有 7 家，分别是新联、开源、永达、良友、大陆、金利信、文联等运输行。

④ 华润（集团）有限公司储运部。作为贸易部门的代表，华润集团公司储运部负责供港物资的全面运输工作，归口管理内地各驻港贸易机构，包括五丰行、德信行、华运公司等的储运工作。

（2）香港铁路的接卸作业

货车到达深圳后，深圳外运分公司填报"当天车辆过轨货物通知单"（预报），交给香港中旅货运有限公司罗湖办事处，该公司派人过桥取送。货车过轨后，罗湖办事处根据九广铁路公司提供的过轨车号，填制过轨确报，然后到现场逐个核对车号，并进行适当处理，如加固、扎铁丝、重加脱落的铅封等，并向九广铁路公司起票托运。九广铁路公司派机车过桥，将在深圳站编好的列车牵引到罗湖站，从罗湖发车时，香港中旅货运有限公司和有关运输行的罗湖办事处登车押运，每班 1～2 人，一直押到九龙。一天最大通过能力可以达到 220～250 车，按照不同的商品调至规定的卸货地点，派理货员在车边将货物交给客户。

香港的卸货点没有货场，卸货时全部采取火（火车）车（汽车）直取或车（火车）船直取的方式。汽车不来，火车就不能卸。因此，如果委托书、电报不齐，填写不准确、不清楚，香港中旅货运有限公司就无法通知客户提货，必然造成积压。为了避免香港段积压待卸，往往要卸货入仓。按香港地区惯例，货物一经入仓，起码支付一个月的仓租，不仅使客商蒙受损失，还影响发货人的信誉。

4）运输的结算方法

各地经深圳口岸转运香港地区的铁路货物运输经过了两段运输，因此，运费也是分段计算的，境内按人民币计算，香港按港币计算，一切费用均由发货人支付。

深圳口岸的中转费用，整车货物按实际开支，零担货物按定额费用每吨 10 元支付。货物中转后，由深圳外运分公司向有关发货单位结算，劳务费按中国外运集团制定的劳务费率收取。

港段运杂费用先由香港中旅货运有限公司垫付，待货物在香港交付完毕后，由香港中旅货运有限公司开列费用清单并向发货人结算。有关发货人收到香港中旅货运有限公司的费用清单并核对无误后，5 天之内向当地结汇银行申请外汇，汇还香港中旅货运有限公司。

3.3.2 对澳门地区的铁路运输

澳门与内地没有铁路直通。内地各省（区、市）运往澳门的出口货物，先由铁路运至广州。整车货物到广州南站新风码头 42 道专用线；零担货物到广州南站；危险品零担到广州吉山站；集装箱和快件到广州火车站。

收货人均为中国外运广东有限公司。货物到达广州后，由该公司办理水路或公路的中转，运至澳门。货物到达澳门后，由南光集团运输部负责接收货物并交付收货人。

广东省的地方物资和一部分不适合水运的内地出口物资，可用汽车经拱北口岸运至澳门。

3.4 国际货物铁路联运运单及添附文件

3.4.1 国际铁路货物联运运单

国际铁路货物联运运单是发货人与铁路之间缔结的运输契约,它规定了铁路与发、收货人在货物运送中的权利、义务和责任,对铁路和发货人、收货人都具有法律效力。

1. 联运运单的组成

第一张——运单正本,是货物的运送契约。它随同货物至到达站并连同第五张(货物到达通知单)和货物一起交给收货人。

第二张——运行报单,是参加联运的各国铁路办理货物交接、划分运送责任及清算运送费用、统计运量和运输收入的原始依据。它随同货物至到达站,并留存至到达站。

第三张——运单副本。与运送企业缔结后交给发货人,但它不具有运单的效力,仅证明货物已由铁路承运。发货人可凭此副本向收货人结算货款。行使变更运输要求及在联运运单全部灭失时,凭此向铁路提出赔偿要求。

第四张——货物交付单。随同货物至到达站,并留存至到达站。

第五张——货物到达通知单。随同货物至到达站,并同运单正本和货物一起交给收货人。

第一张和第五张、第二张和第四张在左边相连,第一张至第三张的背面均详细记载了向发货人、收货人核收运杂费的事项;第四张、第五张背面供铁路在运送过程中添记必要的事项,如发货人、收货人变更运送契约的事项,货物运送或交付阻碍商务记录的编制等。此外,还有为发送铁路和过境铁路准备的必要份数的补充运行报单。

2. 联运运单的填写

运单正面未画粗线的各栏由发货人填写,现将发货人填写的各栏说明如下。

第1栏,发货人及其通信地址。

填写发货人的名称及其通信地址。发货人只能是一个自然人或法人。由中国、朝鲜、越南发货时,准许填写这些国家规定的发货人及其通信地址的代号。

第2栏,合同号码。

填写出口单位和进口单位签订的供货合同号码。

第3栏,发货站。

填写运价规程中所载发货站全称。

第4栏,发货人的特别声明。

发货人可在该栏中填写自己的声明。例如,关于对联运运单的修改及易腐烂变质货物的运送条件等。

第5栏,收货人及其通信地址。

注明收货人的名称及其通信地址,收货人只能是一个自然人或法人。从《国际货协》的参加铁路向未参加《国际货协》的铁路发货,并且由站长办理转发送时,则在收货人及其通信地址栏填写"站长"。

第6栏,对铁路无约束效力的记载。

发货人可以对该批货物作出记载，该项记载仅作为对收货人的通知，铁路不承担任何义务和责任。

第7栏，通过的国境站。

注明货物应通过的发送铁路和过境铁路的出口国国境站。如有可能从一个出口国国境站通过邻国的几个进口国国境站，在办理货物运送时，根据发货人注明的通过国国境站确定的线路，注明运送所要通过的进口国国境站。

第8栏，到达铁路和到达站。

在斜线之前，应注明到达铁路的简称；在斜线之后，应用印刷体字母（中文用正楷粗体字）注明运价规程上到达站的全称。运往朝鲜的货物，还应注明到站的数字代号。运往非货协国的货物并由站长办理转发时，记载《国际货协》参加铁路最后过境铁路的出口国境站，并在该站站名后记载："由铁路继续办理转发送至_____铁路_____站。"

第9～11栏的一般说明。

填写第9～11栏事项时，可不受各栏间竖线的严格限制。但是，有关货物事项的填写顺序，应严格符合各栏的排列次序。

第9栏，记号、标记、号码。

填写每件货物上的记号、标记和号码。货物如装在集装箱内，则还要填写集装箱号码。

第10栏，包装种类。

填写包装的具体种类，如纸箱、木桶等，不能笼统地填"箱""桶"。如用集装箱运输，则记载集装箱。

第11栏，货物名称。

货物名称应按《国际货协》的规定填写，或按发送铁路或发送铁路和到达铁路现行的"国内运价规程品名表"的规定填写，但是需要注明货物的状态和特征。两国间的货物运送，可按两国商定的"直通运价规程品名表"中的名称填写。

在"货物名称"字样下面专设的栏内填写"通用货物品名表"规定的六位数字代码。

填写全部事项时，若篇幅不足，则应添附补充清单。

第12栏，件数。

注明一批货物的件数。

用敞车类货车运送不盖篷布或盖有篷布而未加封的货物，其总件数超过100件时，或运送仅按重量不按件数计的小型无包装制品时，注明"堆装"，不注件数。

第13栏，发货人确定的重量（千克）。

注明货物的总重量。

第14栏，共计件数（大写）。

用大写填写第12栏中所记载的件数。

第15栏，共计重量（大写）。

用大写填写第13栏中所记载的总重量。

第16栏，发货人签字。

发货人应签字证明列入运单中的所有事项正确无误。发货人的签字也可用印刷的方法或加盖戳记处理。

第17栏，互换托盘。

该栏内的记载事项仅与互换托盘有关。

注明托盘互换办法，并分别注明平式托盘和箱式托盘的数量。

第18栏，种类、类型。

在发送集装箱货物时，应注明集装箱的种类和类型。

使用运送用具时，应注明该用具的种类。

第19栏，所属者及号码。

运送集装箱时，应注明集装箱所属记号和号码。对不属于铁路的集装箱，应在集装箱号码之后注明大写字母"P"。

使用属于铁路的运送用具时，应注明运送用具所属记号和号码。使用不属于铁路的运送用具时，应注明大写字母"P"。

第20栏，发货人负担下列过境铁路的费用。

如发货人负担过境铁路的运送费用，填写所负担过境铁路名称的简称；如发货人不负担任何一个过境铁路的运送费用，填写"无"字。

第21栏，办理种别。

办理种别分为整车、零担、大吨位集装箱，并将不需要者划掉。

第22栏，由何方装车。

发货人应在运单该栏内注明由谁装车，并将不需要者划掉。

第23栏，发货人添附的文件。

注明发货人在联运运单上添附的所有文件的名称和份数。

第24栏，货物的声明价格。

用大写注明以瑞士法郎表示的货物价格。

第27~30栏的一般说明。

用于记载使用车辆的事项，只有在运送整车货物时填写。至于各栏是由发货人填写还是由铁路车站填写，则视由何方装车而定。

第45栏，铅封个数和记号。

填写车辆或集装箱上施加的封印个数和所有记号。至于铅封的个数和记号，视由何方施封而由发货人或铁路车站填写。

第48栏，确定重量的方法。

注明确定重量的方法。例如，用轨道衡、按标准重量、按货件上标记重量等。由发货人确定货物重量时，发货人应在该栏注明确定重量的方法。

3.4.2 添附文件

我国出口货物必须添附出口货物明细单和出口货物报关单、出口外汇核销单。另外，根据规定和合同要求，还要添附出口许可证、品质证明书、商检证、卫生检疫证、动植物检查证明，以及装箱单、磅码单、化验单、产地证、发运清单。这些文件只限与联运运单所记载的货物有关，将添附文件名称和份数记入联运运单"发货人添附文件"栏内，并同联运运单一起至国境站。这些文件不能邮寄，货物在国境站的报关手续由中国外运集团口岸分公司代为办理。

铁路没有义务检查发货人在联运运单上所附的文件是否正确和齐全。对由于没有添附文件或文件不齐全、不正确而产生的后果，发货人应对铁路负责，并承担货物及车辆滞留可能产生的一切费用。由于铁路过失而使发货人在运单上已做记载的添附文件丢失，则铁路应对其后果负责。

本章总结

重点词汇

铁路线路　整车货物　零担货物　国际铁路联运　国际铁路货物联运运单

内蒙古自治区呼和浩特市新城诚信经销部以每千克 1.76 元收购葵花籽 34 650 千克，共 770 件，委托呼和浩特火车站客货服务公司运输到化鱼山火车站所属的芜湖西站，交安徽省芜湖市果品食杂公司收货。到站卸货时，收货人发现车厢内有严重异味，拒收货物。新城诚信经销部因此遭受经济损失，要求化鱼山火车站赔偿全部损失，按货价、包装费及运费等共计 68 179.50 元。该批货物取样送卫生部食品卫生监督检验所检验。检验结论是，在装载货物车厢内的残存物中检出 3911（剧毒农药）；在包装葵花籽的麻袋中检出 3911。经铁路到站顺查，发现该车皮于 10 月 18 日曾装运过 3911。卸车后，该车皮被送回到郑州东站经洗刷消毒后又投入使用。

问题：化鱼山火车站应承担赔偿责任吗？

案例解析：

收货人在货物从有严重异味的车皮中卸出，在无法查明异味产生的原因及程度的情况下，予以拒收，是合理的。郑州东站对装运过剧毒农药的车皮洗刷消毒不彻底，呼和浩特火车站使用明显有异味的车皮装运葵花籽，是造成货物包装被污染的直接原因。责任应由铁路货物运输合同中的承运人承担。化鱼山火车站作为芜湖西站的主管部门，又是代表承运人对原告的赔偿要求进行处理的单位，应当承担赔偿责任。依照《中华人民共和国民法典》的规定，承运方应对运输过程中货物的污染，按货物的实际损失（包括包装费、运杂费）赔偿。本案的实际损失应按原告支出的葵花籽收购价、包装费及运杂费，由被告赔偿。

查阅我国的国际铁路通道，并在世界地图上展示。

第 4 章

国际航空货物运输

学习目标

- 了解国际航空货物运输的基本知识。
- 掌握国际航空运输组织。
- 熟悉现行的主要航空货运方式。
- 熟悉航空运输的进出口程序。
- 熟悉航空运单的作用、分类和内容。
- 掌握一般货物运价、特种货物运价、等级货物运价的内容。

4.1 国际航空运输概况

4.1.1 国际航空货物运输概述

1. 概念

航空运输（air transportation），是使用飞机、直升机及其他航空器运送人员、货物、邮件的一种运输方式，具有快速、机动的特点，是现代旅客运输，尤其是远程旅客运输的重要方式，也是国际贸易中的贵重物品、鲜活货物和精密仪器不可缺少的运输方式。

航空运输始于1871年。普法战争中的法国人用气球把政府官员和物资、邮件等运出被普军围困的巴黎。1918年5月5日，飞机运输首次出现，航线为纽约—华盛顿—芝加哥。同年6月8日，伦敦与巴黎之间开始定期邮政航班飞行。20世纪30年代有了民用运输机，各种技术性能不断改进，航空工业的发展促进航空运输的发展。第二次世界大战结束后，在世界范围内逐渐建立了航线网，以各国主要城市为起讫点的世界航线网遍及各大洲。

2. 特点

国际航空货物运输虽然起步较晚，但发展极为迅速，这与它所具备的许多特点有关。与其他运输方式相比，其具有以下特点。

1）运送速度快

现代喷气式运输机时速一般都在900千米左右，大型喷气式飞机时速可达1 000千米左右。航空线路不受地面条件限制，一般可在两点间直线飞行，航程比地面短得多，而且运程越远，快速的特点就越显著。

2）安全准确

航空运输管理制度比较完善，货物的破损率低，可保证运输的质量。例如，使用空运集装箱，较之其他运输方式则更为安全。飞机航行有一定的班期，可保证按时到达。

3）手续简便

航空运输为了体现其快捷、便利的特点，为托运人提供了简便的托运手续，也可以由货运代理上门取货并为其办理一切运输手续。

4）准军事性

人类的航空活动首先投入军事领域，而后才转为民用。现代战争中制空权的掌握是取得战争主动地位的重要因素。因此，很多国家在法律中规定，航空运输企业所拥有的机群和相关人员在服务于国民经济建设的同时，作为军事后备力量，在战时或紧急状态时，民用航空即可依照法定程序被国家征用，服务于军事上的需求。

5）资金、技术、风险密集性

航空运输业是一个高投入的产业，无论运输工具，还是其他运输设备都价值昂贵、成本巨大。任何一个国家的政府和组织都没有相应的财力，像贴补城市公共交通一样去补贴本国的航空运输企业。出于这个原因，航空运输业在世界各国都被认为不属于社会公益事业，都必须以盈利为目标才能维持其正常运营和发展。

3. 航空运输要素

1）航空区划

与其他各种运输方式不同的是，国际航空货物运输中与运费有关的各项规章制度、运费水平都是由国际航空运输协会（International Air Transport Association，IATA）统一协调、制定的。为确定不同的运价水平，在充分考虑了世界上各个不同国家、地区的社会经济、贸易发展水平后，国际航协将全球分成三个区域，称为"国际航空运输协会运价协调区（IATA Traffic Conference Areas）"简称为航协区。每个航协区内又分成几个亚区。由于航协区的划分主要从航空运输业务的角度考虑，依据的是不同地区的经济、社会及商业条件，因此和我们熟悉的世界行政区划有所不同。

2）航空代码

在航空货运的整个流程中，由于单证的大小限制，大量使用代码，主要包括国家代码、城市代码、机场代码和航空公司代码，以达到使相关单据简洁、节省空间和方便识别等目的。国家代码用两字码表示，如"CN"表示中国，"GB"表示英国。城市和机场用三字代码，如"PEK"表示中国首都国际机场，"NRT"表示东京成田机场。

3）航空港

航空港，俗称机场，又称航空站，是供飞机起飞、降落和停放，以及组织、保障飞机活动的场所。通常航空港配有以下设施：跑道与滑行道、停机坪、助航系统（包括通信、气象、雷达、电子及目视助航设备等）、输油系统、维护修理基地（为航空器做归航以后或起飞以前的例行检查、维护、保养和修理），以及其他各种公共设施（包括供水、供电、通信交通、消防系统等）。

4）航空器

航空器即我们熟知的飞机。目前，世界上使用的航空器主要由空中客车、波音、福克、麦道生产的各型号飞机及苏联时期生产的"安"系列飞机，中国近些年来也开始生产大型飞机。

5）航线

航线是经过批准开辟的连接两个或几个地点进行定期或不定期飞行，经营运输业务的航空交通线。航线规定了航线的明确方向、经停地点及航路的宽度和飞行的高度层。为了飞行安全、维持空中交通秩序，民航从事运输飞行，必须按照规定的航线飞行。

世界上最繁忙的航线有：西欧—北美间的北大西洋航空线、西欧—中东—远东航空线、远东—北美间的北太平洋航空线。

我国主要在北京、上海、天津、沈阳、大连、哈尔滨、青岛、广州、南宁、昆明和乌鲁木齐等机场接办国际航空货运任务。

6）航班

飞机由始发站起飞按照规定的航线经过经停站至终点站作运输飞行称为航班。航班要根据班机时刻表在规定的航线上使用规定的机型，按照规定的日期、规定的时刻飞行。

4.1.2 国际航空运输组织

1. 国际民用航空组织

国际民用航空组织（International Civil Aviation Organization，ICAO），简称国际民航组织，成立于1947年4月4日，是联合国下属的专门机构之一，也是政府间的国际航空机构。其总部设在加拿大的蒙特利尔。截至2022年有缔约国193个，成员国大会是最高权力机关，常设机构是理事会，由大会选出的成员国组成。该组织还在墨西哥、开罗等地设有7个地区办事处，作为国际民航组织和成员国之间的联络机关。

1）宗旨

① 保证全世界国际民用航空安全、有序地发展。

② 为和平用途的航空器提供设计方案和操作技术。

③ 鼓励发展国际民用航空应用的航路、机场和航行设施。

④ 满足世界人民对安全、正常、有效和经济的航空运输的需要。

⑤ 防止因不合理的竞争而造成经济上的浪费。

⑥ 保证缔约各国的权利充分受到尊重，每一缔约国均有经营国际空运企业的机会。

⑦ 避免缔约各国之间的差别待遇。

⑧ 促进国际航行的飞行安全。

⑨ 普遍促进国际民用航空在各方面的发展。

2）主要活动

① 统一国际民航技术标准和国际航行规则。

② 协调世界各国国际航空运输的方针政策，推动多边航空协定的制定，简化联运手续，汇编各种民航业务统计，制定航路导航设施和机场设施服务收费的原则。

③ 研究与国际航空运输有关的国际航空公法和影响国际民航的私法中的问题。

④ 利用联合国开发计划署的技术援助资金，向发展中国家提供民航技术援助。

⑤ 组织联营公海上或主权未定地区的导航设施与服务法规。

2. 国际航空运输协会

国际航空运输协会（International Air Transport Association，IATA），简称国际航协，是一个由世界各国航空公司所组成的大型国际民间组织，总部设在加拿大蒙特利尔，执行机构设在日内瓦。1945 年 4 月 16 日在哈瓦那会议上修改并通过了草案章程后，国际航协成立。其最高权力机构是年会。

国际航协的主要任务是，促进航空运输企业的发展、国际航空运输企业间的合作，以及与国际民航组织和其他国际组织的合作。

2021 年 10 月，在美国波士顿举办的第 77 届国际航协年度大会上，首次修订了国际航协章程的语言条款，中文也成为国际航协章程语言条款 76 年来唯一增加的语言，原来的语言包括英语、法语、西班牙语和阿拉伯语四个创始语言。

1）性质

国际航协是一个航空企业的行业联盟，属非官方性质组织。但是，由于世界上大多数国家的航空公司是国家所有，即使非国有的航空公司也受到所属国政府的强力干预或控制，因此，国际航协实际上是一个半官方组织。它制定运价的活动，也必须在各国政府授权下进行，它下属的清算所对全世界联运票价的结算是一项有助于世界航空运输发展的公益事业，因而国际航协发挥着通过航空运输企业协调和沟通政府间政策、解决实际运作困难的重要作用。

2）宗旨

国际航协的宗旨是"为了世界人民的利益，促进安全、正常和经济的航空运输，扶植航空交通，并研究与此有关的问题"；"为直接或间接从事国际航空运输工作的各空运企业提供合作的途径"；"与国际民航组织及其他国际组织协力合作"。凡国际民航组织成员国的任何空运企业，经其政府许可都可成为会员。从事国际飞行的空运企业为正式会员，只经营国内航班业务的为准会员。

3）主要活动

① 协商制定国际航空客货运价。

② 统一国际航空运输规章制度。

③ 通过清算所，统一结算各会员间及会员与非会员间联运业务账目。

④ 开展业务代理。

⑤ 进行技术合作。

⑥ 协助各会员公司改善机场布局和程序、标准，以提高机场运营效率等。

3. 国际货运代理协会联合会

国际货运代理协会联合会（International Federation of Freight Forwarders Association，FIATA）是非营利的国际货运代理行业组织。其会员不仅限于货运代理企业，还包括海关、船务代理和空运代理、仓库、卡车集中托运等部门，这些部门都是国际空运输的一部分。FIATA 下设委员会中，航空运输委员会是唯一的永久性机构。

4.1.3 国际航空运输代理

国际航空运输的当事人主要有发货人、收货人、航空公司（承运人）和航空货运代理公司（代理人）。

1. 航空公司

航空公司必须拥有飞机，无论是简单的载人飞机，还是现代化大型喷气式飞机，只有拥有飞机，并以此从事航空运输活动的，才能称为航空公司。

航空公司接受与其能力相适应的航空运输业务，包括旅客运输业务和货物运输业务。

多数航空公司有定期航班，像在我国开航的法航、日航、德航、瑞航、联航等。有些则无定期航班，只提供包机服务，如卢森堡货运航空公司、马丁航空公司等。这些航空公司拥有货机，对于运输大批量货物、超限货物、活种畜等十分方便。

2. 航空货运代理公司

航空货运代理公司从事航空货物在交给航空公司之前的揽货、接货、报关、订舱，以及在目的地从航空公司手中接货、报关、交付或送货上门等业务。航空货运代理公司可以是货主的代理，也可以是航空公司的代理，或者二者兼是。

1）经营出口货运所提供的服务

航空货运代理公司在经营出口货运时，可向发货人提供下列服务。

① 提供交通工具把货物从发货人那里收集起来，向海关报关，按时将货物交到机场。

② 按空运委托书要求，缮制航空运单，并计算好航空运单上列明的各项费用，保证商业发票及其他单证符合航空运输及目的地海关的要求。

③ 代发货人办理保险、结汇等有关业务及查询服务。

2）经营进口货运所提供的服务

航空货运代理公司办理进口货物时，可向收货人提供下列服务。

① 从航空公司接收到货单证及货物，并缮制进口报关单，代收货人报关。

② 垫付到付运费及其他有关费用，办理进口货物转运业务。

③ 提供送货上门服务和信息及查询服务。

从事航空货运代理业务必须具有广泛的商品知识，了解有关的法律和规章、各项费用及所需单证，还必须充分了解货物在进行集中托运时的尺码、货物的比重、飞机机舱的可装容积和有关重量限制，以及中转站点的转运手续要求等。一旦处理不当，就会造成经济损失和不良后果。空运货物一般价值高、时间紧，因此，航空货运代理公司的工作必须谨慎、认真。

4.2 航空运输方式

4.2.1 班机运输

班机运输是指在固定航线上定期航行的航班。一般航空公司都使用客货混合型飞机，一方面搭载旅客，另一方面运送少量货物。一些较大的航空公司在某些航线上开展定期的货运航班，使用全货机运输。

班机运输一般具有以下特点。

① 班机由于固定航线、固定停靠港和定期开航，因此，国际的空运货物多使用班机运输方式，以便安全、迅速地到达世界上各通航地点。

② 便利收货人、发货人，可确切掌握货物起运和到达的时间，这对市场上急需的商品、鲜活易腐货物及贵重商品的运送是非常有利的。

③ 班机运输一般是客货混载，因此舱位有限，不能使大批量的货物及时出运，往往需要分期分批运输。这是班机运输的不足之处。

4.2.2 包机运输

包机运输是指航空公司按照约定的条件和费率,将整架飞机租给一个或若干个包机人,从一个或几个航空站装运货物到达指定目的地。包机运输适合大宗货物的运输,费率低于班机,但运送时间则比班机要长。包机运输方式可分为整机包机和部分包机两类。

包机运输有以下优点。

① 解决了班机舱位不足的矛盾。
② 货物全部由包机运出,节省时间与多次发货的手续。
③ 弥补了没有直达航班的不足,且不用中转。
④ 减少了货损、货差或丢失的现象。
⑤ 在空运旺季缓解了航班紧张的状况。
⑥ 解决了海鲜、活动物的运输问题。

1. 整机包机

整机包机,包租整架飞机,是指航空公司按照与包机人事先约定的条件及费用,将整架飞机租给包机人,从一个或几个航空港装运货物至目的地。

1) 包机人

包机人一般要在货物装运前一个月与航空公司联系,以便航空公司安排运力,并向起降机场及有关政府部门申请、办理过境或入境的有关手续。

2) 包机的费用

包机的费用是一次一议,随国际市场供求行情的变化而变化。原则上,包机运费是按每一飞行千米的固定费率来核收,并按每一飞行千米费用的 80% 收取空放费。因此,大批量货物使用包机时,均要争取来回程都有货载,这样费用比较低。如果只使用单程,运费则比较高。

2. 部分包机

1) 部分包机的含义

由几家航空货运代理公司或发货人联合包租一架飞机,或者由航空公司把一架飞机的舱位分别出租给几家航空货运代理公司装载货物的运货方式,就是部分包机。适用于托运不足一架整飞机,但是货量又比较大且贵重的货物运输。

2) 部分包机与班机的比较

① 部分包机时间比班机长。尽管部分包机有固定时间表,但往往因其他原因不能按时起飞。
② 各国政府为了保护本国航空公司的利益,常常对从事包机业务的外国航空公司实行各种限制。如把包机的活动范围限制在一个比较狭窄的区域;降落地点也受到限制,必须降落在非指定地点以外的其他地点时,一定要向当地政府有关部门申请,获得同意后才能降落。例如,需要办理申请入境、通过领空和降落地点等一系列手续。

4.2.3 集中托运

1. 集中托运的概念

对于集中托运的货物,班机或包机运输的方式都可以采用。集中托运是指航空货运代理公司将若干批单独发运的货物集中成一批向航空公司办理托运,填写一份总运单送至同一目的地,然后由其委托当地的代理人负责分发给各个实际收货人。这种托运方式可以降低运费,是航空货运代理的主要业务之一。

航空公司有按不同重量标准公布的多种运费,这就使航空货运代理公司可以把从不同的发货人那里收集的小件货物集中起来后,使用航空公司最便宜的运价。一般来说,每笔货物越多、越重,按每千克或每磅收取的运费就越低。例如,有 10 批货物,每批 40 千克,每批单独发送,按航空公司的运价,每千克为 50 欧元,这 10 批货物的运费为 2 万欧元;如果将这 10 批货物集中起来,按 400 千克作为一笔货物发出,使用一个运单则每千克运价为 30 欧元,运费总额为 1.2 万欧元,可节省 8 000 欧元。这种集中托运业务在国际航空运输界中比较普遍,也是航空货运代理的主要业务之一。

2. 集中托运的具体做法

第一步,将每一票货物分别制定航空运输分运单,即出具货运代理的运单。

第二步,将所有货物区分方向,按照目的地相同的同一国家、同一城市来集中,制定航空公司的总运单。总运单的发货人和收货人均为航空货运代理公司。

第三步,打出该总运单项下的货运清单,即这一总运单有几个分运单,号码各是什么,其件数、重量各为多少等。

第四步,把该总运单和货运清单作为一整票货物交给航空公司。一个总运单可视货物的具体情况附分运单(可以是一个分运单,也可以是多个分运单)。例如,一个总运单内有 10 个分运单,说明这一总运单内有 10 票货,发给 10 个不同的收货人。

第五步,货物到达目的地站机场后,当地的货运代理公司作为总运单的收货人负责接货、分拨。按不同的分运单制定各自的报关单据并代理报关,为实际收货人办理有关接货和送货事宜。

第六步,实际收货人在分运单上签收以后,目的站货运代理公司以此向发货的货运代理公司反馈到货信息。

3. 集中托运的限制

① 集中托运只适合办理普通货物,对于等级运价的货物,如贵重物品、危险品、活动物及文物等,不能办理集中托运。

② 目的地相同或临近的可以办理,如某一国家或地区,其他则不宜办理。例如,不能把目的地为日本的货发到欧洲。

4. 集中托运的优点

1)节省运费

航空货运代理公司的集中托运运价一般低于国际航协的运价。发货人可得到低于其他航空公司的运价,从而节省费用。

2)提供方便

将货物集中托运,可使货物到达航空公司目的站以外的地方,从而延伸了航空公司的服务,方便了货主。

3)提早结汇

发货人将货物交给航空货运代理公司以后,即可取得分运单。这时,发货人就可以持分运单到银行办理结汇了。

集中托运已在世界范围内普遍开展。目前,已形成了一个完善的、有效的服务系统。集中托运为促进国际贸易发展和科技文化交流发挥了重要的作用。集中托运已成为我国进出口货物的主要运输方式之一。

4.2.4 联运方式

陆/空联运是火车、飞机和卡车的联合运输方式,简称 TAT(train-air-truck);或者是火车、飞机的联合运输方式,简称 TA(train-air)。

我国空运的出口货物通常采用陆/空联运方式。这是因为我国幅员辽阔,而国际航空港口岸主要有北京、上海、广州等地。虽然省会城市和一些主要城市每天都有班机飞往上海、北京、广州,但班机所带的货量有限,费用比较高。如果采用国内包机,费用更高。因此,在货量较大的情况下,往往采用陆运至航空口岸,再与国际航班衔接。由于汽车具有机动灵活的特点,在运送时间上更有保障,因此,一般都采用 TAT 方式组织出运。

我国长江以南地区的外运分公司目前办理陆/空联运的具体做法是,用火车、卡车或船将货物运至香港,利用香港航班多、到欧美国家运价低的条件(普通货物),把货物从香港运到目的地,或运到中转地。然后,再通过当地代理,用卡车送到目的地。长江以北地区的公司多采用火车或卡车将货物送至北京、上海的航空口岸出运。

陆/空联运货物在香港的收转人为华夏空运有限公司。发运前,要事先与其联系,满足华夏空运有限公司对单证的要求,以便提前订舱。各地发货时,可使用外运公司的航空分运单,也可以使用承运货物收据。有关单据上要注明是转口货,并加盖陆/空联运字样的标记,以加速周转和避免香港特区征税。

4.2.5 航空快运

航空快运又称快件、速递、快递,是专门经营该项业务的航空货运代理公司,派专人以最快的速度,在货主、机场、客户之间运输和交接货物的运输服务业务。航空快运特别适用于急需的药品和医疗器械、贵重物品、图纸资料、货样、单证和杂志等小件物品,是目前国际航空运输中最快捷的运输方式。该项业务是国际上两个航空货运代理公司通过航空公司进行的。

1. 航空快运业务的形式

办理航空快运的手续与普通货物航空运输是一样的,都必须向航空公司托运货物,并以航空运单作为交接货物的依据。所以,许多国家经营该项业务的公司都隶属于航空公司。有一些快运公司是从航空公司派生出来的,也有不少快运公司兼办普通的航空货运业务。

航空快运业务主要有以下 3 种形式。

① 机场到机场。发货人在机场把货物交给快运公司,并通知收货人到目的地机场取货。

② 门到门服务。由快运公司派人到发货人所在地取货,直接送到机场交予航空公司,并通知目的地快运公司按时取货,并交收货人。货送完毕,立即将由收货人签字的回执交予发货人,或向发货人电告货物交接时间及签收姓名等情况。

③ 专人派送。由快运公司派人随机送货,直至货物安全送达收货人手中。

2. 航空快运业务的特点

① 快捷、灵便。整个运输过程有专人负责,货物衔接时间大大缩短。

② 安全、可靠。快运途中对货物的监管从未中断,从登门取货到送货上门,服务周到,

并代办各种运输及报关手续，使货主有安全感。

③ 送交有回音。快运公司在接收和交接时均有签收，可以及时提供货物交接信息。

④ 查询快且有结果。快运公司大都配有各种通信设备，对快运货物的查询，能做到及时答复。

3. 国际著名的快递公司

1) UPS

1907年8月28日，美国联合包裹服务公司（UPS）作为一家信使公司，成立于美国华盛顿州西雅图市。现在的全球总部位于美国加利福尼亚州亚特兰大市。作为世界上最大的快递承运商与包裹递送公司，UPS也是专业的运输、物流、资本与电子商务服务的领导者，在世界上200多个国家和地区管理着物流、资金流与信息流，成为全球领先的供应链解决方案供应商。

1988年，UPS与拥有40多年业务经验的中国外运集团签署了服务协议。1996年5月，UPS同中国外运集团在北京建立了中国的合资企业。

2) FedEx

美国联邦快递公司（FedEx）成立于1971年，总部位于美国田纳西州的孟菲斯。公司最初叫FDX，2000年更名为FedEx。全球有1 162个服务中心，能为220个国家和地区提供快速、可靠、及时的快递运输服务。服务范围涵盖占全球国民生产总值90%的区域，能在24小时到48小时之内，提供门到门、代为清关的国际快递服务。公司无与伦比的航线权及基础设施使其成为全球最大的快递公司。

1984年，FedEx与中国外运集团签订了国际货代合同，开始进入中国快递市场。合同到期后，先与大通国际快递，后与中国大田集团合作。

现在FedEx的发展战略是"全方位的服务，最广泛的选择"。近年来，FedEx收购了多家以运输为主的公司，就是为了加强公司的整个物流体系，并通过旗下多家独立营运的附属公司提供综合供应链服务。

3) DHL

敦豪航空货运公司（DHL）于1969年在美国加利福尼亚成立，总部设在比利时布鲁塞尔。现由德国邮政全球网络（DPWN）拥有100%的股权。2003年德国邮政全球网络在整合敦豪环球快递、德国邮政欧洲快递的基础上，形成了一个统一的品牌——DHL。2005年9月，德国邮政全球网络收购了英国最大的物流企业——英运物流，一跃成为全球第一大航空、海运和合约物流公司。

DHL于1986年12月1日在北京与中国外运集团建立了合资公司——中外运敦豪国际航空快件有限公司。目前，该公司在国内拥有4个口岸作业中心和7个直航口岸作业中心，服务覆盖300多个城市。

4.3 国际航空运输进出口业务

4.3.1 国际航空运输进口货物程序

1. 接受委托，备妥单据

各专业进出口公司将订购单或合同副本及其他所需单据，如进出口许可证、免税证明、订购卡片等，寄交中国外运集团以备报关使用。中国外运集团将这些资料存入计算机，并将信息通知其发货人所在国的货运代理公司。外国航空运代理公司登门揽货，并承办发运工作。

2. 接收货物，申报海关

① 外国货运代理公司将发货信息通知口岸外运公司。

② 货物到达后，口岸外运公司从航空公司接收航空运单及随附文件，并检验货物，做到单证相符。如单证不符，则向航空公司交涉；如货物损坏，由航空公司出具货物破损记录，以备索赔。

③ 根据海关对进出口货物的要求，填制进出口货物报关单，随附必要的单据，如商业发票、装箱单、进出口许可证、免税证明、订购卡片等。如有货物单据缺乏，无法报关，中国外运集团要及时通知收货人邮寄，或请其自行处理报关，以免超过海关规定的报关时间，缴纳海关滞纳金。

④ 按照收货人要求，代垫有关进口税、关税和运费。中国外运集团在交付货物后，向收货人收回代垫费用及垫款手续费。

⑤ 集中托运的货物用分运单报关，单票货物用航空运单报关。

⑥ 办理完海关手续后，通知收货人取货或接受委托送货上门。

3. 转运货物

到达口岸以外的城市的货物，需要办理转运手续的，涉及下列程序。

① 可以在口岸所在地海关报关的货物，就地报关；必须在最终目的地报关的货物，转运前要办监管手续，填制海关转运准单，与随附有关单据，交予海关做成关封，与货物同时转运。

② 口岸外运公司与内地公司配合，选用合理的运输方式，及时、准确、安全地将货物转至目的地，交收货人。内地公司经当地海关同意后，可派车辆承运海关监管货物。

③ 用国内民航转运内地的货物，按照民航国内货物运输的规定办理。

4. 注意事项

进口危险品货物要单独保管和存放，根据原国家商检局、民航总局、国家计委、外经贸部 1995 年初联合颁布实施的《空运进出口危险货物包装检验管理办法》的规定办理。

4.3.2 国际航空运输出口货物程序

1. 接受委托，预订舱位

从发货人取得必要的出口单据，安排运输工具取货，或由发货人送货到指定地点，并与单证认真核对。

2. 申报海关

① 报关单据一般为商业发票、装箱单、商检证、出口货物报关单。有的商品则需要动植物检疫证书，或产地证、出口外汇核销单、外销合同等。

② 在海关验收完货物，在报关单上盖验收章后，集中托运人缮制航空分运单。

③ 将收货人提供的货物随行单据订在运单后面。

④ 将制作好的运单标签贴在每一件货物上。

⑤ 持缮制完的航空运单到海关报关，放行。

⑥ 将盖有海关放行章的运单与货物交予航空公司，航空公司验收单、货无误后，在交接单上签字。

⑦ 对于集中托运的货物，需要电传通知国外代理的内容，包括航班号、运单号、品名、件数、毛重、收货人等。

3. 口岸外运公司与内地公司出口运输工作的衔接

① 内地公司提前将要发运货物的品名、件数、毛重及时间要求通知口岸外运公司，并制作航空分运单，与其他单据一起寄出，或与货一同交给口岸外运公司。

② 内地公司将货物按照规定的时间运至口岸。

③ 口岸外运公司设专人承接内地公司运交的货物。

④ 口岸外运公司负责向航空公司订舱；通知内地公司航班号、运单号或总运单号。内地公司将航班号、运单号打在分运单上，将分运单交予发货人办理结汇。对于单票发运的货物，口岸外运公司要打电话或通过电传等通知发运情况，并将运单正本及副本用挂号信寄交内地公司。

4. 货物出口的运输

小批量样品等一般采用以集中托运为主的办法；对于批量较大的货物，则采用以单票发运为主的办法。

4.4 航空运单

航空运单是承运人与托运人之间缔结航空运输合同的文件，也是由承运人或其代理人出具的货物收据。但它不具有物权凭证的性质，既不能转让，也不能凭此提取货物。收货人提货必须凭航空公司发出的提货通知单。

航空运单与海运提单有很大的不同，但与国际铁路联运运单相似。

4.4.1 航空运单的作用

1. 承运合同

航空运单一旦签发，即成为签署承运合同的书面证据，该承运合同必须由发货人或其代理人与承运人或其代理人签署后方能生效。如果该代理人既是承运人的代理，又是发货人的代理，就要在运单上签署两次。

2. 接收货物的证明

当发货人将货物发出后，承运人或其代理人将第一份航空运单的正本（Original — for the Shipper）交给发货人（托运人），作为接收其货物的证明。

3. 运费账单

航空运单可作为运费账单和发票，因为它分别记载着属于收货人（或发货人）应负担的费用及属于代理的费用。承运人将航空运单的第二份正本（Original — for the Issuing Carrier）自己留存，作为收取运费的凭证。

4. 收货人核收货物的依据

第三份航空运单正本注明"Original — for the Consignee"，由航空公司随即交收货人，收货人据此核收货物。

5. 报关单据

航空货物到达目的地后，在报关时，航空运输单据是海关放行查验的基本单证。

6. 保险证书

如果承运人承办保险，而发货人又要求承运人代办保险，那么航空运单即为保险证书。

7. 承运人内部业务的依据

航空运单是承运人在办理该运单项下货物的发货、转运、交付的依据，承运人根据运单上所记载的有关内容办理这些事项。

航空运单正本一式三份，副本至少六份。正本运单第一份交托运人作为货物收据；第二份由承运人留存，作为记账凭证；第三份则随货同行，到目的地后交给收货人作为接收货物的依据。三份正本分别用蓝色、绿色、粉红色纸张印成，以供识别。副本则分别发送给代理人、目的港及第一承运人、第二承运人、第三承运人作为收存和提货收据。除提货收据为黄色外，其余副本均为白色。航空运单上的号码，前三位数字是航空公司代码。例如，中国国际航空公司的代码为999，后面为运单顺序号。

4.4.2 航空运单的分类

1. 航空主运单

凡由航空公司签发的航空运单，称为航空主运单，它是航空公司据以办理货物运输和交付的依据，是航空公司和托运人订立的运输合同。每一批航空运输的货物都有自己相对应的航空主运单。

2. 航空分运单

集中托运人在办理集中托运业务时，签发的航空运单称作航空分运单。航空分运单是集中托运人与托运人之间的货物运输合同。合同的双方是货主和集中托运人，货主与航空公司没有直接的契约关系，也没有直接的货物交接关系。

4.4.3 航空运单的内容

各航空公司所使用的航空运单大多借鉴国际航协所推荐的标准格式，差别不大。所以，这里介绍这种标准格式（又称中性运单）的填写。

① 货运单号码：编号的前三位为各国航空公司的代号，如中国国际航空公司的代码就是999。

② 发货人姓名、住址：填写发货人姓名、地址、所在国家及联络方法。

③ 发货人账号：只在必要时填写。

④ 收货人姓名及住址：填写收货人姓名、地址、所在国家及联络方法。与海运提单不同，因为航空运单不可转让，所以"凭指示"之类的字样不得出现。

⑤ 收货人账号：只在必要时填写。

⑥ 承运人的代理人名称及城市。

⑦ 代理人的国际航协会代码：若运单由承运人的代理人签发，可填写实际代理人名称和城市名；若运单直接由承运人本人签发，此栏可不填。

⑧ 代理人账号。

⑨ 始发站机场及指定航线：一般只填写飞机场名称。

⑩ 支付信息：此栏只有在采用特殊付款方式时才填写。如运费预付、到付或发货人结算使用信用卡号、账号及其他必要的情况。

⑪ 转运机场/首程船/路线及目的地：货物运输途中需转运时按实际情况填写。

⑫ 货币及费用代码：即用支付费用使用的货币的货币国际标准代码表示，如 USD、HKD 等，费用代码可以不填。

⑬ 运费及声明价值费：若是预付在"PPD"栏下打"×"，若是到付在"COLL"栏下打"×"。需要注意的是，航空货物运输中的运费与声明价值费的支付方式必须一致，不能分别支付。

⑭ 其他费用：也有预付和到付两种支付方式。

⑮ 运输声明价值：在此栏填入发货人要求的用于运输的声明价值。如果发货人不要求声明价值，则填入"NVD"。

⑯ 海关声明价值：发货人在此栏填入对海关的声明价值；或者填入"NCV"，表明没有声明价值。

⑰ 目的地机场：填写最终目的地机场的全称。

⑱ 航班及日期：填入货物所搭乘航班及日期。

⑲ 保险金额：只有在航空公司提供代保险业务而客户也有此需要时才填写。

⑳ 操作信息：一般填入承运人对货物处理的有关注意事项，如"Shipper's Certification for Live Animals"（托运人提供活动物证明）等。

㉑ 货物件数和运价组成点：填入货物包装件数，如 10 包即填"10"。当需要组成比例运价或分段相加运价时，在此栏填入运价组成点机场的国际航协代码。

㉒ 毛重：填入货物总毛重。

㉓ 重量单位：可选择千克或磅。

㉔ 运价等级：针对不同的航空运价共有 6 种代码，它们是 M（起码运费）、C（特种运价）、S（高于普通货物运价的等级货物运价）、R（低于普通货物运价的等级货物运价）、N（45 千克以下货物适用的普通货物运价）、Q（45 千克以上货物适用的普通货物运价）。

㉕ 商品代码：在使用特种运价时，需要在此栏填写商品代码。

㉖ 计费重量：此栏填入航空公司据以计算运费的计费重量，该重量可以与货物毛重相同，也可以不同。

㉗ 运价：填入该货物适用的费率。

㉘ 运费总额：此栏数值应为起码运费值或者运价与计费重量两栏数值的乘积。

㉙ 货物的品名、数量，含尺码或体积：货物的尺码应以厘米或英寸为单位，尺寸分别以货物最长、最宽、最高边为基础。体积则是上述三边的乘积，单位为立方厘米或立方英寸。

㉚ 其他费用：指除运费和声明价值附加费以外的其他费用。根据国际航协规则，各项费用分别用三个英文字母表示。其中，前两个字母是某项费用的代码，如运单费表示为 AW。第三个字母是 C 或 A，分别表示费用应支付给承运人（carrier）或货运代理人（agent）。

㉛ 声报价值费：一般不填。此价值是承运人赔偿责任的最高限额。

㉜ 因代理人需要而产生的费用：一般不填。

㉝ 因承运人需要而产生的费用：一般填写"As Arranged"。

㉞ 需预付或到付的费用总额：指预付或待付的费用及其他费用总额，可填写"As Arranged"。

㉟ 发货人的签字。

㊱ 签单时间（日期）、地点、承运人或其代理人的签字。

以上所有内容不一定要全部填入航空运单，国际航协也并未反对在航空运单中写入其他所需内容。但这种标准化的单证对航空货运经营人提高工作效率、促进航空货运业向电子商务的方向迈进有着积极的意义。

4.5 航空货物运价与费用

4.5.1 基本概述

1. 基本概念

1）航空运价

航空承运人为运输货物对规定的重量单位收取的费用称为航空运价。其仅指机场与机场间的空中费用，不包括承运人、代理人或机场收取的其他费用。货物的航空运价一般以始发地的本国货币为准，有的国家以美元计价。

航空运价可以分为4类：一般货物运价、特种货物运价、等级货物运价和择优使用航空运价。

2）航空运费

航空运费（weight charge）是指航空公司将一票货物自始发地机场运至目的地机场所收取的航空运输费用。这一费用根据每票货物所使用的运价和货物的计费重量计算而得。

3）起码运费

起码运费（minimum charges）是航空公司办理一批货物所能接受的最低运费，是航空公司在考虑办理即使很小的一批货物也会产生的固定费用后制定的。

如果承运人收取的运费低于起码运费，就不能弥补运送成本。因此，航空公司通常规定，无论所运送的货物适用哪一种航空运价，所计算出来的运费总额都不得低于起码运费。若计算出的数值低于起码运费，则以起码运费计收，另有规定者除外。

[例4-1] A点至B点，普通货物4千克，M级运费为37.5元，而45千克以下的货物运价N级运费为7.5元，求应收费用。

解：

$$7.5 \times 4 = 30（元）$$

计算结果小于M级运费，此批货物应收运费37.5元。

在航空货运中，除以上介绍的直达运价外，还有一种特殊的运价，即成组货物运价（unit load devices，ULD），适用于托盘或集装箱货物。

2. 航空运输区的划分

各航空公司按国际航协所制定的三个区划费率收取国际航空运费。

1）一区

一区（TC1）包括北美、中美、南美、格陵兰、百慕大和夏威夷群岛。

2）二区

二区（TC2）由整个欧洲大陆及毗邻岛屿、冰岛、亚速尔群岛、非洲大陆和毗邻岛屿、亚洲的伊朗及伊朗以西地区组成。

3）三区

三区（TC3）由整个亚洲大陆及毗邻岛屿（已包括在二区的部分除外）、澳大利亚、新西兰及毗邻岛屿、太平洋岛屿（已包括在一区的部分除外）组成。

3. 计费重量

在计算一笔航空货物运费时，要考虑计费重量、有关的运价和费用和货物的声明价值三个因素。

一架飞机所能装载的货物是受飞机的载重量和仓容限制的。重量大、体积小的货物，往往受飞机的载重量限制，而舱容可能装不满，结果就是可能有多余的容积未被利用，而这时航空公司已无法再装货。而轻泡货和体积大的货物，往往会有载重量未达额定限度，而舱容已满的情况，结果会产生多余的载重量（航空公司已无法再装货了）。

根据上述情况，航空公司规定在货物体积小、重量大的情况下，就将该批货物的实际毛重作为计算重量的标准；在货物体积大、重量小的情况下，就以该批货物的体积重量作为计费重量标准。

1）实际毛重

实际毛重（actual weight）指一批货物包括包装在内的实际总重量，即货物毛重。用实际毛重作为计量单位的是那些重量大而体积小的货物，如机械、金属零件等。这些货物称为重货。

当实际毛重用千克表示时，计费重量的最小单位为 0.5 千克，超过 0.5 千克按 1 千克计算。计费重量要根据每批货物的实际毛重与体积重量的比较来确定，1 千克相当于 6 000 立方厘米或 366 立方英寸。

2）体积重量

体积大、重量相对小的货物，称为轻泡货。凡重量 1 千克、体积超过 6 000 立方厘米的货物，均为轻泡货物。轻泡货物以体积重量（measurement weight）作为计费重量。体积重量的计算方法如下。

① 分别测出货物的最长、最宽、最高的部分，尾数采用四舍五入法。三者相乘算出其体积。

② 将体积折算成千克。

3）体积与重量的确定

确定计费重量的原则是，计费重量选择实际毛重和体积重量中较高的一个。因此，首先应计算出实际毛重和体积重量。例如，一批货物的实际毛重是 250 千克，体积是 1 908 900 立方厘米，则可计算计费重量约为 318.2 千克。

4）集中托运货物的计费重量

在进行集中托运时，一批货物由几件不同的货物组成，有轻泡货物，也有重货，其计费重量则采用整批货物的总毛重或总的体积重量，按两者中较高的一个计算。

4.5.2 一般货物运价

1. 定义及分类

一般货物运价（general cargo rates，GCR），是使用最为广泛的一种运价。当一批货物不能适用特种货物运价，也不属于等级货物时，就应该使用一般货物运价。

通常，各航空公司公布的一般货物运价，针对所承运货物数量的不同，运价的分类如下。

① 45 千克以下，运价类别代号为 N（normal rate）。

② 45 千克以上（含 45 千克），运价类别代号为 Q（quantity rate）。

③ 45 千克以上的，可分为 100 千克、200 千克、250 千克、300 千克、500 千克、1 000 千克、2 000 千克等多个收费重量分界点，但运价类别代号仍以 Q 表示。

2. 运费计算方法

货物运费一般是以货物的实际毛重或体积重量，乘以相应的重量等级运价得出的。但还要用据此得出的运费与其较高的重量等级分界点所计算出的运费相比，取其中较低者。

[例 4-2] PEK（北京）到 SXB（斯特拉斯堡）的运价分类如下。

N：18 元；Q：14.81 元；300 千克，13.54 元；500 千克，11.95 元。

普货一件 38 千克从 PEK 运到 SXB，计算运费。

解：

$$18 \times 38 = 684（元）$$
$$14.81 \times 45 = 666.45（元）$$

取其中低者，所以该件货物可按 45 千克以上运价算得的运费 666.45 元收取。

[例 4-3] 机械设备自 PEK 运至 SXB，毛重 450 千克，计算运费。

解：

$$13.54 \times 450 = 6\ 093（元）$$
$$11.95 \times 500 = 5\ 975（元）$$

取其中低者，所以该件货物可按 500 千克以上运价算得的运费 5 975 元收取。

4.5.3 特种货物运价

特种货物运价（specific commodity rates，SCR），通常是承运人根据在某一航线上经常运输某一种类货物的托运人的请求，或为促进某地区间某一种类货物的运输，经国际航协同意，所提供的优惠运价。

国际航协在公布特种货物运价时，将货物划分为以下类型。

① 0001～0999：食用动物和植物产品。

② 1000～1999：活动物和非食用动物及植物产品。

③ 2000～2999：纺织品、纤维及其制品。

④ 3000～3999：金属及其制品，但不包括机械、车辆和电器设备。

⑤ 4000～4999：机械、车辆和电器设备。

⑥ 5000～5999：非金属矿物质及其制品。

⑦ 6000～6999：化工品及相关产品。

⑧ 7000～7999：纸张、芦苇、橡胶和木材制品。
⑨ 8000～8999：精密仪器、器械及配件。
⑩ 9000～9999：其他货物。

其中，每一组又细分为 10 个小组，每个小组再细分。这样，几乎所有的商品都有一个对应的组号，公布特种货物运价时，只要指出本运价适用于哪一组货物就可以了。

因为承运人制定特种运价的初衷是使运价更具竞争力，吸引更多客户使用航空货运形式，使航空公司的运力得到更充分的利用，所以特种货物运价比一般货物运价要低。因此，适用特种货物运价的货物，除了满足航线和货物种类的要求外，还必须达到承运人所规定的起码运量（如 100 千克）。如果货量不足，而托运人又希望适用特种运价，那么货物的计费重量就要以所规定的起码运量（100 千克）为准，该批货物的运费，就是计费重量（在此是起码运量）与所适用的特种货物运价的乘积。

4.5.4 等级货物运价

等级货物运价（commodity classification rates，CCR），是指适用于指定地区内部或地区之间的少数货物运输。通常表示为在普通货物运价的基础上，增加或减少一定的百分比。

适用等级货物运价的货物通常有以下几种。
① 活动物、活动物的集装箱和笼子。
② 贵重物品。
③ 尸体或骨灰。
④ 报纸、杂志、期刊、书籍、商品目录、盲人和聋哑人专用设备。
⑤ 作为货物托运的行李。

其中，①～③项通常在一般货物运价的基础上，增加一定的百分比；④⑤项在一般货物运价的基础上，减少一定的百分比。

4.5.5 择优使用航空运价

选择运价的目的是为发货人提供最低的运价。在三种运价中使用特种货物运价计算出的运费，通常是比较低的。

[**例 4-4**] 一批活热带鱼毛重 120 千克，体积 0.504 立方米，从 A 点运到 B 点，计算运费。

解：三种运价的计算如下。
GCR：$9.00 \times 120 = 1\,080$（元）
CCR：$16.7 \times 120 = 2\,004$（元）
SCR：$1\,024$ 元（起码重量为 100 千克）

根据以上计算比较，这批活热带鱼的运费应按特种商品运价计算的运费收取。选择运价时，首先使用特种货物运价，其次是等级货物运价和一般货物运价。当然也有例外，当使用等级货物运价或一般货物运价所产生的运费低于特种货物运价时，就可以使用等级货物运价或一般货物运价。

[**例 4-5**] 一箱编制机毛重 180 千克，体积 1 立方米，从 A 点运至 B 点，计算运费。

解：三种运费的计算如下。

GCR　1.30×180=234（元）
CCR　不属于等级商品。
SCR　4 787元（起码重量为1 000千克）
根据计算比较，该箱编制机运费应按一般货物运价计算的运费收取。

4.5.6　有关航空运价的其他规定

1. 各种不同的航空运价和费用的共同点

① 运价是指从一机场到另一机场，而且只适用于单一方向。
② 不包括其他额外费用，如提货、报关、交接和仓储费用等。
③ 运价通常使用当地货币公布。
④ 运价一般以千克或磅为计算单位。
⑤ 航空运单中的运价是按出具运单之日所使用的运价。

2. 声明价值附加费

与海洋运输或铁路运输的承运人相似，航空承运人也要求将自己对货方的责任限制在一定的范围内，以限制经营风险。

在《统一国际航空运输某些规则公约》（以下简称《华沙公约》）中，对由于航空承运人自身的疏忽或故意行为造成的货物的灭失、损坏或延迟，规定了最高赔偿责任限额，这一金额一般理解为每千克20美元或每磅9.07英镑或其他等值货币。

如果货物的价值超过了上述价值，增加了航空承运人的责任，航空承运人要收取声明价值附加费。否则，即使出现更多的损失，航空承运人对超出的部分也不承担赔偿责任。

货物的声明价值是针对整件货物而言的，不允许对货物的某部分声明价值。声明价值附加费的收取依据货物的实际毛重，计算公式为：

声明价值附加费=（货物价值−货物毛重×20美元/千克）×声明价值附加费费率

声明价值附加费的费率通常为0.5%。大多数航空公司在规定附加费费率的同时，还要规定声明价值附加费的最低收费标准。如果根据上述公式计算出来的声明价值附加费低于航空公司的最低标准，则托运人要按照航空公司的最低标准缴纳声明价值附加费。

3. 向海关声明价值

这种声明可能是任何金额的价值，但一般与所运货物的发票金额相符。如果发货人不愿意表明其货物的价值，而且出口国海关可以接受此种情况，只需在航空运单上有关栏中填写无商业价值（no commercial value，NCV）。

4. 运费到付

航空承运人接受发货人的委托，在货物到达目的地后，把货物交收货人的同时，代为收回运单上规定的金额，称为运费到付。

运费到付的金额，由航空承运人或代理人填入航空运单"运费到付"栏内，在金额前填上相应的货币名称。

凡是运费到付的货物，承运人以航空运单上运费和生命价值附加费等费用总额的2%～5%向收货人收取运费到付服务费。各航空公司和各地区的运费到付服务费不同。中国民航部门每票收取不低于20元人民币的服务费，此规定自1981年10月在全球范围内实施。

5. 其他费用

其他费用包括地面运费、航空运单制单费、中转手续费等。

本章总结

重点词汇

班机运输　包机运输　集中托运　联合运输　航空快运　航空运单　一般货物运价　特种货物运价

一票货运代理引发的运费争议案

意大利代理商陈伟明与汇泰公司签订了丝绸服装贸易合同。4月23日，陈伟明与意大利国际货运咨询责任有限公司米兰分公司（以下简称"IFC公司"）签订了一份委托运输合同。合同签订后，陈伟明于同年4月29日传真告知汇泰公司的中介中发公司通知汇泰公司，称此次出口货物包括以后的出口货物都交由IFC公司承运，运费由其在米兰提货时支付。为便于订舱发运，汇泰公司按照陈伟明的要求改用东方航空公司（以下简称"东航"）的"国际货物托运书"。汇泰公司于同年5月至9月间先后7次按照陈伟明的指示将货物送到上海虹桥机场华讯公司的仓库。该公司签收了货物，随后代填并签发了6票东航货运主运单，还委托华丽空运有限公司上海分公司签发一票中国国际航空公司主运单。7票货物于同年5月至9月间陆续运到米兰，陈伟明先后向IFC米兰公司支付了全程空陆运费、清关费及杂费，提取了货物。22个月后，华讯公司致函汇泰公司称，当时汇泰公司委托IFC公司，但IFC公司与华讯公司有代理协议，现IFC公司将收款权移交给华讯公司，要求汇泰公司按照航空分运单支付上海到米兰7票货的全程空运费101 712.824美元，汇泰公司以运费由外商支付，本公司无支付运费义务为由拒付，双方酿成纠纷。华讯公司向浙江省湖州市中级人民法院起诉，要求汇泰公司支付航空分运单记载的全程空运费记滞纳金共计126 123.904美元。

问题：根据本章内容对案例进行分析。

案例解析：

本案中汇泰公司将货物送到华讯公司在上海虹桥机场的仓库，其名称亦被填入航空分运单托运人栏内，但不能因此认为双方构成委托运输关系。按照本案《委托运输合同》的约定，汇泰公司应向IFC公司交付货物，汇泰公司将货物送到华讯公司仓库是按照IFC公司要求将货物送到指定地点的行为，并非向华讯公司托运，汇泰公司只是按照陈伟明的指示向IFC公司交货的付货人。华讯公司接收货物，填制航空货运单并不是接受汇泰公司的委托，而是作为IFC公司的发货代理将IFC公司收到的货物向航空公司托运的行为。根据我国参加的《华沙公约》的规定，在没有相反的证据时，航空货运单是订立合同、接收货物和承运条件的证明。本案作为东航销售代理的华讯公司虽然签发了航空货运单，但本案有陈伟明与IFC米兰公司按照《委托运输合同》履行支付空运费交付货物的事实相反的证据，从而否定了航空分运单作为合同的证明效力。该分运单只是作为证明 IFC 公司收到并发运本案货物的收据。而且华讯公司在 5 月至 9 月间陆续发送货物后，一直未将作为运输合同凭证的航空分运单正本托运人联交给汇泰公司，22 个月后才向汇泰公司主张运费。这种违反《华沙公约》有关规定和不符合国际航空货运代理行业惯例的做法亦说明华讯公司不认为与汇泰公司之间存在委托运输关系。所以，一切费用应由华讯公司负责。

第 5 章

国际集装箱运输

学习目标

- 了解集装箱的概念、种类。
- 掌握集装箱的装载与交接方式。
- 熟悉集装箱运输的进出口程序。
- 了解集装箱运输单证及运输费用。

5.1 集装箱运输概述

5.1.1 集装箱运输的概念和特点

集装箱运输最早出现在美国，20 世纪 60 年代末推广至世界各地。近年来，我国的集装箱运输发展迅速，已在大连、天津、青岛、上海、广州等海港建立了集装箱码头，提高了海港的吞吐能力和现代化水平。

1. 基本概念

1）集装箱

集装箱（container）是指具有一定规格和强度的专为周转使用的大型货箱。集装箱的英文原义是"容器"，但并不是所有的容器都可以称为集装箱，它除了能装载货物外，还需要适应许多特殊要求。

国际标准化组织 104 技术委员会根据保证集装箱在装卸、堆放和运输过程中的安全需要，在货物集装箱的定义中，提出作为运输设备的货物集装箱应具备以下条件。

① 具有耐久性，其坚固强度足以反复使用。
② 为便于商品运送而专门设计的，在一种或多种运输方式中无须中途换装。
③ 设有便于装卸和搬运，特别是便于从一种运输方式转移至另一种运输方式的装置。
④ 设计时应注意便于货物装满或卸空。
⑤ 内容积为 1 立方米或 1 立方米以上。

2）集装箱运输

集装箱运输是将多种多样的杂货集装于具有统一长、宽、高规格的箱体内进行运输。这些集装箱既可装船利用水路运输，也可通过铁路、公路运输，中途更换车船不必把货物取出,可以提高装卸效率,有利于机械化操作,减少繁重的体力劳动,减少货物的损失,简化包装和理货手续,加快车船周转,降低运输成本。同时,集装箱运输可做到从发货人的仓库直接送到收货人的仓库,不必利用中转仓库,实行"门到门"的运输服务。

集装箱运输采用专门装载货物集装箱,通过海洋、内河、铁路、公路等运输方式进行"门到门"的联合运输,是物质装备基础较强、技术较先进的现代化运输方式。它在装卸、运输与中转全过程中实行机械化、标准化、系列化和专业化。集装箱运输目前已是世界上发展最快且较为广泛的运输形式之一。

2. 集装箱标准化

为促进集装箱运输业的发展,国际标准化组织制定了集装箱国际标准。联合国也组织有关机构起草了国际集装箱海关公约和安全公约,对国际集装箱的试验、检查、认可、结构、安全条件、海关手续等进行规定,并于1972年通过了这两个公约。

目前,国际上通用的标准集装箱主要有两种:一种是20英尺的,另一种是40英尺的。20英尺集装箱的设计总重为24吨,箱子自重约为2吨,净载货重22吨,但一般船公司将其限制在18~20吨,容积约为36立方米。40英尺集装箱设计总重约为30.5吨,净载货重26吨,一般限制在20~22吨,容积约为72立方米,适用于积载因素较大的货物。集装箱类型见表5-1。

表5-1 集装箱类型

箱类中文名称	箱类英文缩写	装载货物类型
普柜	GP	普货
高柜/超高柜	HC/HQ	体积大的货物
框架集装箱	FR	重型机械等
开顶集装箱	OT	重型机械等大型货物,特别适合平板玻璃
保温冷冻集装箱	RF	需要温度控制的货物
罐式集装箱	TK	酒类、油类等液体货物

3. 特点

1) 高效率

将尺寸各异的小件货物装进标准规格的大型"容器"内,以集装箱为单元进行运输,大大提高了运输效率。据统计,集装箱的装卸由于使用集装箱吊装桥而使装卸效率比传统件杂货提高约4倍。此外,周转速度加快也提高了港口设施、设备的利用率,场站也因集装箱可以码垛堆高,节省面积,货主也可实现资金的快速周转。

2) 高质量

集装箱具有坚固、密封的特点,运输过程中箱内货物不易受外界恶劣天气影响而损坏,也不易在装卸过程中损坏、短少。货物经得起多次搬运、装卸,从而使货物破损大大减少。

3) 资本密集

集装箱运输需要建立一个复杂的运输系统。现代化的集装箱船舶造价约为一般杂货船的4倍,并需要配有充足的集装箱,其保有量应为满载箱量的3倍。在集装箱运输系统内,还需要建设大量集装箱专用码头,发展网络式集装箱堆场、货运站和内陆运输系统。因此,世界上较大的集装箱运输公司相对集中在发达国家。

4) 可实现门到门的服务

由于集装箱运输承运人拥有较发达的运输网络,可以突破传统的分段独立运作方式,通过国际多式联运实现全程一站到底的"门到门"服务方式,大大方便了货主,集装箱运输成为受广大货主欢迎的新的运输方式。

4. 集装箱运输的关系方

① 无船经营人(non-vessel operating common carrier, NVOCC):专门经营集装货运的揽货、装箱、内陆运输及经营中转站或内陆站业务。

② 实际承运人(actual carrier):掌握运输工具并参与集装箱运输的承运人。通常拥有大量集装箱,以利于集装箱的周转、调拨、管理及集装箱与车船机的衔接。

③ 集装箱租赁公司(container leasing company):专门经营集装箱出租业务的公司。集装箱所有人为出租的一方,使用人(一般是船公司或货主)为承租的一方,双方签订租赁合同。由出租人提供合格的集装箱交由承租人在约定范围内使用。

④ 集装箱码头/堆场(container yard, CY):办理集装箱重箱或空箱装卸、转运、保管、交接的场所。

⑤ 集装箱货运站(container freight station, CFS):办理拼箱货的交接、配箱积载后,将箱子送往集装箱堆场,并接收集装箱堆场交来的进口货箱,进行拆箱、理货、保管,最后分拨给各收货人。

5.1.2 集装箱的种类

随着杂货运输日趋集装箱化,越来越多的货物选择这种先进的运输方式。为适应装载不同种类货物的需要,出现了不同种类的集装箱。这些集装箱不仅外观不同,而且结构、强度、尺寸等也不尽相同。

1. 按用途划分

1) 干货集装箱

干货集装箱(dry cargo container),又称杂货集装箱、通用集装箱。这是一种除冷冻货、活动物、植物外,不需要调节温度,在尺寸、重量等方面均适于装在箱内的货物均可使用的集装箱。在所有集装箱种类中,这种集装箱所占的比重最大,国际标准化组织建议的标准集装箱系列指的就是这类集装箱。

干货集装箱的式样很多,使用时应注意所用集装箱的容积和最大负荷,特别是在使用20英尺和40英尺集装箱时尤需注意这一点。干货集装箱适用于各种件杂货,包括日用百货、食品、机械、仪器、家电用品、医药及各种贵重物品等。

2) 散货集装箱

散货集装箱(bulk container),是一种用以装载大豆、大米、面粉、饲料及水泥、化学制品等散装粉末状或颗粒状货物的集装箱。使用散货集装箱可以节约数量可观的包装费用,并提高装卸效率。

散货集装箱在箱顶设置2~3个装货口,货物可以用漏斗或传输带经装货口装入集装箱。集装箱的箱底有的做成漏斗形,在卸货时可以使货物从漏斗门自动流出;也有从箱门处卸货,为了防止开门时货物急剧倾出造成危险,一般将箱门分为上、下两半开启,并在箱门上设置许多小开口，卸货时只需打开下半部的门，货物就能自动缓慢地流出。

3) 冷藏集装箱

冷藏集装箱（reefer container），是一种专为运输需要保持一定温度的冷冻货或低温货而设计的集装箱。它分为带有制冷机组的内藏式机械冷藏集装箱和没有制冷机组的外置式机械冷藏集装箱。外置式机械冷藏集装箱只设有冷气吸入口和排气口，由船上或仓库的制冷装置和固定管路供应冷气。

冷藏集装箱适用于装载冷冻食品、新鲜水果或特种化工产品等。冷藏集装箱造价较高，为普通干货箱的几倍，需要比较大的资金投入；营运费用也较高，除应支付修理、洗涤费用外，每次装箱前还应检验冷冻装置，并定期进行维护；集装箱船上装载冷藏集装箱的箱位也有限，再加上冷藏集装箱在航线上往返货源不平衡，所以经营冷藏集装箱运输的经济效益并不是很好。

4) 通风集装箱

通风集装箱（ventilated container），是一种为装运不需要冷冻且具有呼吸作用的水果、蔬菜等类货物而设计的集装箱。一般在侧壁或端壁上设有通风孔，如果将通风孔关闭，可作为干货集装箱使用。

5) 开顶集装箱

开顶集装箱（open top container），又称敞顶集装箱，这是一种没有箱顶的集装箱，但是有可折式顶梁支撑的帆布、塑料布或涂塑布组成的顶篷，其他构件与干货集装箱类似。开顶集装箱适于装载较高的大型货物，如钢铁、木材，特别是玻璃板等易碎的重货。货物积载时，必须使用起重机将货物从顶部装入箱内或从顶部将货物吊出。为了使货物在运输中不发生移动，箱内底板两侧常相对埋入几个索环，用来穿过绳索，捆绑箱内货物。

6) 框架式集装箱

框架式集装箱（flat rack container），又称台架式集装箱。这是一种没有箱顶和侧壁，甚至有的端壁也可卸下，只留箱底和四角柱来承受货载的集装箱。

为了保持其纵向强度，箱底较厚。在下侧梁和角柱上设有系环，可把装载的货物捆绑牢固。这种集装箱从前、后、左、右及上方均可进行装卸作业。框架式集装箱主要装载重型机械、钢材、钢管等形状不一的货物。由于不具有水密性，怕湿的货物不适合使用此类集装箱。

如果将四角柱拆下（仅有底板），也可作平台式集装箱使用。平台式集装箱是由具有较强承载能力的下底板组成的一种特殊结构的集装箱，装卸作业方便，适于装载长大件、重大件的货物。在集装箱船的舱面上，几个平台式集装箱可以拼成一个大平台，适合于装载更大的货物。

7) 罐式集装箱

罐式集装箱（Tank Container），是一种专供装运液体货（如酒类、油类及液状化工品等货物）而设置的集装箱。这种集装箱具有适于装载液体货物的特殊结构和设备，它由罐体和箱体架两部分组成，罐体用于装液体散货，箱体架用来支撑和固定罐体。罐体的外壁采用保温材料，起到隔热的作用，内壁必须要研磨抛光以避免液体残留于壁面。装货时，货物由液罐顶部的装货孔进入；卸货时，货物由排出孔靠重力作用自行流出，或用油泵由顶部装货孔吸出。

另外，还有一些适用货类范围更狭窄的特殊集装箱，如专门为装运小型轿车而设计的汽车集装箱（car container），通常设计成上下两部分，可以装载两层小汽车，箱底还专门设有绑扎设备和防滑钢板，防止汽车在箱内移动；动物集装箱（live stock container），它以铁网或铁栏为侧壁，可通风并带有喂料、除臭装置，用于装载活动物；备有两层底，用以储藏渗漏液体，专运生皮等带液汁、有渗漏性货物的集装箱等。

2. 按制造材料划分

集装箱在装卸、存放和运输过程中，经常受到各种外力的作用和环境的影响，必须符合既能保护箱内货物的安全，又能承受外力的要求。因此，集装箱的制造材料要有足够的强度和刚度，应尽量采用重量轻、强度高、耐用、维修成本低的材料，并且材料既要价格低廉，又要便于取得。从目前采用的集装箱材料看，一个集装箱往往不是由一种材料制成的，而是以某一种材料为主，在箱子的不同结构处采用不同的材料。

按照主体材料的不同，集装箱可分为以下几种。

1) 钢制集装箱

钢制集装箱的箱壁板和框架都是用钢材制成的。最大的优点是结构牢、强度高、水密性和焊接性好，并且不易损坏，价格低。但抗腐蚀性较差，而且箱子自重较大，这是钢制集装箱的不足之处。

2) 不锈钢制集装箱

不锈钢制集装箱的主要优点是强度高、不生锈、耐腐蚀性好；缺点是造价高、投资大。罐式集装箱多采用不锈钢制作。

3) 铝制集装箱

铝制集装箱又可分为两种：一种是钢架铝板；另一种是仅框架两端用钢材，其余采用铝材。这类集装箱最主要的优点是自重轻、弹性好、不易变形、不生锈，并且外表美观。但是铝制集装箱受碰撞时容易损坏，而且造价也比较高。

4) 玻璃钢制集装箱

玻璃钢制集装箱是在钢制框架上装上玻璃钢复合板构成的。主要优点是隔热性、防腐性和耐化学性均较好，并且集装箱内容积较大，修理简便、易清扫等。但是这类集装箱自重较大，造价较高。

此外，集装箱还可以按照其所有权的不同分为船公司箱、货主箱和出租箱；按集装箱是否装载货物分为空箱（没有货载）和重箱（有货载）。

5.1.3　集装箱运输工具设备

集装箱可以借助于船舶、火车、汽车和飞机等运输工具完成主要的运输任务。而在码头、车站、机场、仓库间的短途搬运通常由跨运车、铲车、龙门吊及底盘车等完成。

跨运车是一种有腿的、自身带动力的小型门式起重机，可以跨在集装箱上将其抓住而行走运送，主要用于在码头前沿、堆场、仓库之间往返运送集装箱，也可用于装卸汽车和拖车上的集装箱。

铲车又称叉车，是码头上广泛采用的一种搬运机械，主要用于搬运20英尺以下的小型集装箱内的装卸货物。

龙门吊又称高架吊车，可滑行于铺设在码头前沿与泊位平行的轨道上，也有装胶轮不在轨道上行驶的。龙门吊适合于堆高作业，一般可堆箱 5 层高。

底盘车是一种不带动力的设备。通常，集装箱可直接装在底盘上，用牵引车牵引作业，比较灵活，适合"门到门"运输。不足之处是，每一个集装箱带一台底盘车，不宜叠放，占地面积大。

5.2 集装箱运输装载与交接

5.2.1 集装箱货物的分类

1. 按适箱化程度

虽然集装箱运输具有显著的优越性，集装箱化的程度也在迅速提高，但并不是所有的货物都适合集装箱运输，按国际贸易的分类品目，运输中的所有货物可分为 56 种品目，最适合集装箱运输的货物有 32 种，占总数的 57%，其余为边缘集装箱化或不适合集装箱化的货物。

1）最适合集装箱化货物

最适合集装箱化货物，是指货物价值较高，对运费的承担能力也较高的商品，其尺寸与重量都适合装入集装箱，通常具有较高的装箱效率。同时，这些货物也比较容易损坏或被盗。最适合集装箱化的货物包括纺织品、食品、药品、塑料及其制品、酒类、各种小型电器、光学仪器、小五金等。

2）适合集装箱化货物

适合集装箱化货物，此类货物一般价值并不太高，对运费的承担能力也比最适合集装箱化货物低一些，通常不易损坏或被盗。此类货物有金属制品、电线、电缆、皮革、纸浆、炭精、罐装植物油、煤焦油等。

3）边缘集装箱化货物

边缘集装箱化货物，又称临界集装箱化货物，这类货物从技术上来说是可以装入集装箱的，但由于货物的价格低廉，运价也比较便宜，从经济上来看，用集装箱装运反而不合算，或者就货物的外形、包装而言，进行集装箱化的难度比较大，如钢锭、生铁、原木、砖瓦等。

4）不适合集装箱化货物

不适合集装箱化货物，此类货物从技术上来看是不能装入集装箱的，如桥梁、铁塔、大型发电机等设备，其尺度往往超出了集装箱的最大尺寸；或者货流量太大，如果使用专用运输工具来运输，装卸效率和经济效益更高，如原油、矿砂、原糖等均由专用散货船装运。

2. 按能否装满整个集装箱

1）整箱货

整箱货（full container cargo load，FCL），是指数量较多，足够装满一个或数个整箱的货物。通常是发货人自行装箱，负责填写装箱单，并由海关加铅封的货物。整箱货涉及一个发货人、一个收货人。

2）拼箱货

拼箱货（lessthan container cargo load，LCL），是指批量很小，不能装满一个整箱，需要与其他货主的货物拼装在一个集装箱内的货物。通常由集装箱货运站负责装箱,并负责填写装箱单和场站收据。拼箱货往往涉及多个发货人、收货人。

为了迅速、顺利地完成货物的装箱作业,必须做好集装箱装箱前的准备工作、集装箱的检查工作,以及了解装箱时应注意的一般事项。这些因素对集装箱能否被充分、有效地利用,货物是否能安全、可靠地运抵目的地,具有十分重要的意义。

5.2.2 集装箱货物的装载

为确保货运质量,做好集装箱箱内货物的积载工作是很重要的,许多货损事故的发生都是装箱不当所致的。货物在集装箱内的堆装、系固等工作看起来简单,但由于集装箱货物在整个运输过程中涉及多种运输方式,特别是在海运区段的风险很大,货损事故难免发生。货物积载、装箱不当不仅会造成货损事故,还会给运输工具及装卸机械等设备造成损坏。集装箱货物在积载、堆装时应注意以下事项。

1. 货物的性质与混载

不同件杂货混装在同一个集装箱内时,应根据货物的性质、重量、外包装的强度、货物的特性等情况,合理混载,避免因货物的性质和包装相互抵触而发生事故,如有水分的货物和干燥货物的混载、强臭货物与具有吸臭性的货物的混载、危险货物的混载等,均会使货物质量发生变化,造成货运事故。

2. 重量的分配

货物在箱子内的重量分布应均衡。

一方面,沿纵向和横向重量分布应均匀。如果箱子某一部位或某一端装载的负荷过重,在搬运、装卸作业时,容易引起集装箱倾斜、装卸搬运工具损坏等事故;集装箱底部结构也可能因局部负荷过大而发生弯曲或脱开的危险;此外,在陆上运输时,如存在上述情况,拖车前后轮的负荷差异过大,在行驶中容易发生故障。

另一方面,沿高度方向重量分布应均匀或下重上轻,即将重货装在箱子底部,轻货则装在箱子上部;将包装牢固的货物装在箱子底部,包装不牢的货物装在箱子上部。在进行货物堆码时,则应根据货物的包装强度,决定货物的堆码层数,对于易碎货物要特别注意其承载能力。

3. 货物绑扎固定

货物的装载要严密整齐,货物之间不留有空隙,这样不仅可充分利用箱内容积,也可防止货物相互碰撞而造成损坏。绑扎固定对于缓冲运输中产生的冲击和震动是十分有效的,因此,在装载重货时都必须加以绑扎,对靠箱门附近的货物要采取系固措施。

实际中,由于对靠箱门附近的货物没有采取系固措施,发生货物倒塌,造成货物损坏和人身伤亡的事故时有发生。因此,在装箱完毕关箱前应采取措施,防止箱口附近货物的倒塌。

4. 缓冲材料的使用

货物与货物之间也可以加隔板或隔垫材料,避免货物相互擦伤、沾湿、污损。另外,为使箱内下层货物不致被压坏,并使负荷均匀分布,应在货物之间垫入缓冲材料,如木板、缓冲垫、空气垫等。

5. 其他注意事项

① 应使用清洁、干燥的垫料（如胶合板、草席、缓冲器材、隔垫板等），如使用潮湿的垫料，易发生货损事故。

② 应根据货物的不同种类、性质、包装，选用不同规格的集装箱，选用的箱子应符合国际标准，经过严格的检查，并具有检验部门发给的合格证书。

③ 不要接收包装已损坏的货物。

④ 要按照"不可倒置""禁止横装"等指示标志进行装载。

⑤ 集装箱内货物的总重量不能超过集装箱的额定载重量。

5.2.3 集装箱货物的交接

1. 交接形态

在集装箱运输中，货方（发货人、收货人）与承运方货物交接的基本形态有两种：整箱交接与拼箱交接。

1）整箱交接

整箱交接（full container load, FCL）是指发货人与承运人交接的是一个（或多个）装满货物的集装箱。当发货人的货物能装满一个（或多个）集装箱时一般采用整箱交接的方式。在整箱交接的方式下，发货人自行装箱并办好海关加封等手续，承运人接收的是外表状态良好、铅封完整的集装箱。货物运抵目的地时，承运人将集装箱原状交付收货人，收货人自行将货物从箱中掏出。整箱交接集装箱中的货物，一般只有一个发货人，一个收货人。

2）拼箱交接

拼箱交接（less container load, LCL）是指发货人将各自小量货物交给承运人，由承运人根据流向相同的原则将这些货物装入同一个集装箱进行运输的交接形式。在拼箱交接形式下，承运人或其代理人从发货人手中接收货物并组织装箱运输，运到目的地交货地点时，承运人或集装箱代理人将货物从箱中掏出，以原来的形态向各收货人交付。在这种交接形态下，每个集装箱的货物有多个发货人和多个收货人。拼箱货物的交接和装箱要在码头集装箱货运站、内陆货运站、中转站和铁路办理站等地进行。

在货物交接中，有时也会出现这两种交接形态结合的情况，即承运人以整箱形态接收货物，而以拼箱形态交付货物（每个货箱中的货物只有一个发货人，但有多个收货人），或者相反（每个箱中的货物有多个发货人，而只有一个收货人）。

2. 交接地点

集装箱货物的交接地点有三类，即集装箱堆场（CY）、集装箱货运站（CFS）和发货人或收货人的工厂或仓库。

1）集装箱堆场

集装箱堆场交接包括集装箱码头堆场交接和集装箱内陆堆场交接。

集装箱码头堆场交接是指发货人将在工厂、仓库装好货物的集装箱运到装运港码头集装箱堆场，承运人（集装箱运输经营人）或其代理人在集装箱码头堆场接收货物，运输责任开始。货物运达卸货港后，承运人在集装箱码头堆场向收货人整箱交付货物，运输责任终止。

集装箱内陆堆场交接是指在集装箱内陆货站堆场、中转站或办理站的堆场的交接，这种交接方式适用于国际多式联运方式。在内陆堆场交接时，货主与多式联运经营人或其代理人在集装箱内陆堆场办理交接手续，货物交接后，由多式联运经营人或其代理人负责将货物从堆场运到码头堆场。集装箱内陆堆场交接也是整箱交接。

2) 集装箱货运站

集装箱货运站一般包括集装箱码头的货运站、集装箱内陆货运站、中转站和集装箱办理站。集装箱货运站交接一般是拼箱交接。因此，集装箱货运站交接意味着发货人自行负责将货物送到集装箱货运站，集装箱经营人或其代理人在集装箱货运站以货物的原有形态接收货物并负责安排装箱，然后组织海上运输或陆海联运、陆空联运或海空联运的多式联运。货物运到目的地货运站后，多式联运经营人或其代理人负责拆箱并以货物的原有形态向收货人交付。收货人自行负责提货后的事宜。

3) 发货人或收货人的工厂或仓库

发货人或收货人的工厂或仓库交接是指多式联运经营人或集装箱运输经营人在发货人的工厂或仓库接收货物，在发货人的工厂或仓库交付货物。门到门交接的货物都是整箱交接，由发货人或收货人自行装（拆）箱。运输经营人负责自接收货物地点到交付货物地点的全程运输。

3. 交接方式

在集装箱运输中，根据货物的实际交接地点不同，集装箱货物的交接有多种方式。在不同的交接方式中，集装箱运输经营人与货主承担的责任、义务不同，集装箱运输经营人运输组织的内容、范围也不同。

1) 整箱交/整箱收

（1）门到门

门到门交接方式是指运输经营人由发货人的工厂或仓库接管货物，负责将货物运至收货人的工厂或仓库交付。在这种交付方式下，货物都是整箱交接的。

（2）门到场

门到场交接方式是指运输经营人在发货人的工厂或仓库接管货物，并负责将货物运至卸货港码头堆场或其内陆堆场，在堆场处向收货人交付货物。在这种交接方式下，货物也都是整箱交接的。

（3）场到门

场到门交接方式是指运输经营人在装货港的码头堆场或其内陆堆场接管货物（整箱货），并负责把货物运至收货人的工厂或仓库向收货人交付货物。在这种交付方式下，货物的交接形态都是整箱的。

（4）场到场

场到场交接方式是指运输经营人在装货港的码头堆场或其内陆堆场接管货物（整箱货），并负责运至卸货港码头堆场或其内陆堆场，在堆场向收货人交付货物（整箱货）。货物的交接形态也都是整箱交接的。

2) 整箱交/拆箱收

（1）门到站

门到站交接方式是指运输经营人在发货人的工厂或仓库接管货物，并负责将货物运至卸货港码头的集装箱货运站或其在内陆地区的货运站，经拆箱后向各收货人交付货物。在这种交接方式下，运输经营人是以整箱形态接管货物，并以拆箱形态交付货物的。

（2）场到站

场到站交接方式是指运输经营人在装货港的码头堆场或其内陆堆场接管货物（整箱货），并负责运至卸货港码头集装箱货运站或其在内陆地区的集装箱货运站，经拆箱后向收货人交付货物。在这种交接方式下，运输经营人是以整箱形态接管货物，并以拆箱形态交付货物的。

3）拼箱交/整箱收

（1）站到门

站到门交接方式是指运输经营人在装货港码头的集装箱货运站或内陆集装箱货运站接管货物，经拼箱后，负责运至收货人的工厂或仓库交付货物（整箱货）。在这种交接方式下，运输经营人是以拼箱形态接管货物，并以整箱形态交付货物的。

（2）站到场

站到场交接方式是指运输经营人在装货港码头或内陆的集装箱货运站接管货物，经拼箱后，负责运至卸货港码头或内陆地区的堆场交付货物（整箱货）。在这种方式下，运输经营人是以拼箱形态接管货物，并以整箱形态交付货物的。

4）拼箱交/拆箱收

站到站交接方式是指运输经营人在装货港码头或内陆地区的集装箱货运站接管货物，经拼箱后，负责运至卸货港码头或其内陆地区的集装箱货运站，经拆箱后，向收货人交付货物。在这种方式下，货物的交接形态都是拼箱的。

以上9种交接方式是集装箱货物的基本交接方式。除装货港码头堆场（或装货港码头的集装箱货运站）到卸货港码头堆场（或卸货港码头集装箱货运站）交接方式适用于海运单一方式运输（包括海上转运和海海联运）外，其他交接方式都属于集装箱货物多式联运下的交接方式。

5.3 集装箱运输进出口业务

集装箱运输的进出口货运程序与传统的杂货班轮运输的进出口货运程序大体一致。只是因为采用了集装箱作为运载工具，增加了空箱和重箱的发放和接收、集装箱的装箱和拆箱等作业，并补充了一些与其相适应的集装箱特有的单证。此外，集装箱货物的交接方式多种多样，所以不同交接方式下的货运流程也不尽相同。

5.3.1 集装箱出口货运程序

1. 订舱

订舱是指托运人或其代理人向承运人或其代理机构等申请货物运输，承运人对此申请给予承诺的行为。发货人（在FOB价格条件下，也可以是收货人）应根据贸易合同或信用证条款的规定，在货物出运之前的一定时间内，填制订舱单向船公司或其代理人或经营集装箱运输的其他人提出订舱的申请。很多情况下，发货人委托货运代理办理有关订舱的业务。

2. 承运

承运是指船公司或其代理人或经营集装箱运输的其他人接受订舱或托运申请的行为。

船公司或其代理人或负责运输的其他人根据货主的订舱申请，考虑其航线、船舶、运输要求、港口条件、运输时间等方面能否满足发货人的要求，从而决定是否接受订舱申请。一旦接受托运申请后，应审核托运单，确认无误后，在装货单联上签章，表明承运货物。同时，应根据托运单编制订舱清单，然后分送集装箱码头堆场、集装箱货运站，据此办理空箱的发放及重箱的交接、保管及装船等一系列业务工作。

3. 发放空箱

一般来说，集装箱是由船公司免费提供给货主或集装箱货运站使用的，货主自备箱的比例较小。

整箱货运输时，空箱由发货人到指定的集装箱码头堆场领取；拼箱货运输时，则由集装箱货运站负责领取空箱。在领取空箱时，必须提交集装箱发放通知书。办理交接时，应与集装箱码头堆场对集装箱及其附属设备的外表状况进行检查，并分别在设备交接单上签字确认。

4. 货物装箱

集装箱货物有整箱货和拼箱货之分，其各自的装箱作业也不相同。在整箱货的情况下，货主自行完成货物的装箱，并填制装箱单。对于拼箱货，发货人将不足一整箱的货物运至集装箱货运站。货运站根据订舱清单的资料，核对无误后接管货物，并签发场站收据给发货人；集装箱货运站将分属于不同货主的零星货物拼装到同一个集装箱内，并填制装箱单。

5. 整箱货交接

发货人自行负责装箱的整箱货，通过内陆运输运至集装箱码头堆场。码头堆场对重箱进行检验后，与货主共同在设备交接单上签字确认，并根据订舱清单，核对场站收据和装箱单，接收货物。

6. 交接签证

集装箱码头堆场在验收货箱后，即在场站收据上签字，并将签署的场站收据交还给发货人，由发货人据此换取提单。

7. 换取提单

发货人凭经集装箱堆场或货运站的经办人员签署的场站收据，向集装箱运输经营人或其代理人换取提单，然后去银行结汇货款。

8. 装船

集装箱码头堆场或集装箱装卸区根据待装的货箱情况，制定装船计划，在船舶到港前将待装集装箱移至前方堆场，船靠泊后完成装船作业。

5.3.2 集装箱进口货运程序

集装箱的进口货运包括卸货、接运、报关、报验、转运等多项业务，涉及多种运输方式的承运人、港口、海关、检验检疫等管理机构，其主要货运程序如下。

1. 卸船准备

在卸货港的船公司或其代理人在收到装货港的船公司或其代理人寄来的有关单证后，就开始进行一系列的准备工作。

船舶到港前，船公司在卸货港的代理人要联系集装箱码头堆场，为船舶进港、卸货及货物的交接做好准备工作；联系集装箱货运站，为拼箱货的拆箱作业做好准备工作。此外，船公司在卸货港的代理人还要向收货人发出进口货物的提货通知书,通知收货人做好提货准备。

2. 卸船拆箱

卸货港码头堆场根据装货港寄送的相关单证,制定卸船计划。船舶进港靠泊后,进行卸船作业。一般来说,集装箱从船上卸下来后,如果是在堆场的整箱交接,则将集装箱安置在码头后方堆场,向收货人发出到货通知;如果是集装箱拼箱货,则需要先将集装箱运送到指定的集装箱货运站,进行拆箱、分票、整理后,再发出到货通知,要求收货人及时来提取货物。

3. 换取提货单

收货人收到到货通知后,凭此通知和正本提单向船公司或其代理人换取提货单。船公司或其代理人将各单据进行核查,审核无误后,收回到货通知和正本提单,签发提货单给收货人。如果是运费到付的方式,换单前还要付清运费。

实际业务中,由于种种原因(如提单流转慢),货已到港,但收货人还未得到提单,急于提取货物的收货人往往出具保证书来换取提货单,等收到提单后再注销保证书。

4. 报关、报验

根据国家有关法律、法规的规定,进口货物办理验放手续后,收货人才能提取货物。因此,收货人在换取了提货单后,还必须凭提货单和其他报关单证,及时办理有关报关、报验手续。

5. 交付货物

经海关验收,并在提货单上加盖海关放行章后,收货人就可以在指定的地点凭收货单提取货物,完成货物的交付。整箱货的交付是在集装箱堆场进行的;拼箱货的交付是在集装箱货运站完成的。堆场或货运站凭海关放行的提货单,与收货人结清有关费用(在货运过程中可能产生的相关费用,如滞期费、保管费、再次搬运费等)后交付货物。

在交付整箱货或拼箱货时,集装箱堆场或集装箱货运站的经办人员还必须会同货主或货主的代理人检查集装箱或货物的外表状况,填制集装箱设备交接单(出场),双方在记载了货物状况的交货记录上签字,作为交接证明,各持一份。

5.4 集装箱运输单证及运输费用

5.4.1 集装箱运输单证

1. 集装箱货物托运单

集装箱货物托运单(booking note,B/N),是由托运人根据贸易合同和信用证的有关内容向承运人或其代理人办理货物运输的书面凭证。托运单详细记载了有关货物情况、运输要求等内容。

在集装箱运输中,为简化手续,是以场站收据(dock receipt,D/R)联单的第一联作为集装箱货物的托运单,该联单由货主或货主委托货运代理缮制,并送交船公司或其代理人订舱。

2. 场站收据

场站收据又称港站收据或码头收据,是船公司委托集装箱堆场、集装箱货运站在收到整箱货或拼箱货后,签发给托运人以证明收到货物、托运人可凭以换取提单的单据。

根据运输业务的需要,通常设计为一式十联,各联用途如下:

① 第一联，白色托运单（货主留底）。
② 第二联，白色托运单（船代留底）。
③ 第三联，白色运费通知（1）。
④ 第四联，白色运费通知（2）。
⑤ 第五联，白色场站收据副本（1）——装货单联。
⑥ 第五联附页，白色出口货物港务费申请书。
⑦ 第六联，浅红色场站收据副本（2）——大副联。
⑧ 第七联，黄色正本场站收据。
⑨ 第八联，白色外理联。
⑩ 第九联，白色配舱回单（1）。
⑪ 第十联，白色配舱回单（2）。

以上一式十联，船公司或其代理人接受订舱后在托运单上加填船名、航次及编号，并在第五联装货单上盖章，表示确认订舱，然后将第二联至第四联留存，其余各联全部退还货主或货运代理公司。

货代将第五联、第五联附页、第六联、第七联共4联留作报关之用。

第九联或第十联交托运人（货主）做配舱回执，其余供内部各环节使用。

场站收据联单虽有十联之多，其核心单据则为第五联、第六联和第七联。

第五联是装货单联。经承运人确认后的装货单盖有船公司或其代理人的图章，是船公司发给船上负责人员和集装箱装卸作业区收货物的指令，也是船上大副凭以收货的依据。报关时，海关查核后也在此联盖放行章，因此，又称关单；装货单联和大副联在货物交接结束后，由码头堆场留存；货物装船完毕后，将大副联交予船方大副。

第七联是正本场站收据（黄色纸张，便于辨认，俗称"黄联"）。集装箱堆场或集装箱货运站验收集装箱或货物后，如果没有异常，由集装箱码头堆场或货运站在正本场站收据上签章，退回货主或货运代理公司，据以签发提单。如果集装箱或货物的实际状况与单据记载不符，或外表状况有缺陷，则需在场站收据上作出批注后，退还给货主或货运代理公司。

3. 集装箱设备交接单

集装箱设备交接单（equipment interchange receipt，EIR），是集装箱进出港区、场站时，用箱人（或运箱人）与管箱人（或其代理人）之间交接集装箱及其附属设备的凭证，兼有凭以发放集装箱的功能。在日常业务中被简称为"设备交接单"。设备交接单既是一种交接凭证，又是一种发放凭证，对集装箱运输，特别是对箱务管理起着重要作用。

设备交接单有多种用途，在集装箱货物出口运输中，它主要是货主或货运代理公司领取空箱出场及运送重箱进场装船的交接凭证。货主或货运代理公司在向船公司或其代理人订舱并取得装货单后，可向船方领取设备交接单。

4. 集装箱装箱单

集装箱装箱单（container load plan，CLP），是详细记载集装箱内所装货物的名称、数量、尺码、重量和标志等内容的单据。

装箱单一式五联，码头堆场、承运人、船代各一联，发货人、装箱人两联。整箱货的装箱单由发货人填制，拼箱货的装箱单由作为装箱人的集装箱货运站填制。

发货人或货运站将货物装箱，缮制装箱单一式五联后，连同装箱货物一起送至集装箱堆场。集装箱堆场的业务人员在五联单上签收后，留下码头堆场联、船代联和承运人联，将发货人联、装箱人联退还给送交集装箱的发货人或集装箱货运站。发货人或集装箱货运站除自留一份备查外，将另一份寄交收货人或卸箱港的集装箱货运站，供拆箱时使用。

5. 提货通知书

提货通知书（delivery notice），是在卸货港的船公司或其代理人向收货人或通知人发出的船舶预计到港时间的通知。它是根据船舶的动态及装货港的船公司或其代理人寄来的单据资料编制的。

卸货港的船公司或其代理人向收货人或通知人发出提货通知书的目的在于要求收货人事先做好提货准备，以便集装箱货物到港后能尽快疏运出港，避免在港口堆场的长期存放，使集装箱堆场能更充分地发挥中转、换装的作用。

6. 到货通知书

到货通知书（arrival notice），是船公司在卸货港的代理人在集装箱已经卸入堆场，或拼箱货已移至集装箱货运站，并做好交接准备后，向收货人或通知人发出的要求其及时提取货物的书面通知。收货人可凭到货通知书和正本提单到船公司在卸货港的代理人处换取提货单。

到货通知书通常是提货单联单的第一联。

提货通知书是在船舶到港卸货之前发出的，船公司通知收货人船舶预计到港时间，做好提货准备。它是船公司为使货运程序能顺利完成而发出的单据，该单据的发出是否及时、收货人是否收到该通知，船公司并不承担责任。而到货通知书是在船舶已经到港卸货，集装箱进入集装箱堆场或货运站，处于可交付状态后，船公司再向收货人发出的，它是办理进口货运手续的必要单据。

7. 提货单

提货单（delivery order，D/O），又称交货记录，是收货人或货运代理公司据以向集装箱堆场或集装箱货运站提取货物的凭证。

虽然收货人或货运代理公司提取货物是以正本提单为交换条件的，但在实际业务中，通常是收货人或货运代理公司先凭正本提单向卸货港的船公司或其代理人换取提货单，再持提货单到集装箱堆场或集装箱货运站提取货物。

提货单一式五联。

① 第一联，到货通知书。

② 第二联，提货单。

③ 第三联，费用账单（蓝色）。

④ 第四联，费用账单（红色）。

⑤ 第五联，交货记录。

8. 其他单证

① 卸货报告（outturn report）。

② 待提集装箱（货物）报告（report of undelivery container）。

5.4.2 集装箱运输费用

1. 内陆运费

1）拖车费

传统的卡车运输是以车的标准吨位按里程计算并计收运费的，计费单位是箱·千米。在往返线路上,重去空回或空去重回的,收单程运费;往返距离不等的按远者计算;专程运送空箱的按单程计收费用。

集装箱拖车运费通常都定有一个基本运距,超过此运距的,可享受运费减成;达不到此运距的,实行运费加成。

2) 火车运费

目前,我国的铁路集装箱专用车很少,一般都用 50 吨或 60 吨车皮装运两个 20 英尺箱或一个 40 英尺箱,按 40 吨收取 9 号运费。用这种办法运集装箱,铁路局每个车皮要少收 10~20 吨的运费。此前,我国已进行过专用列车试验,结果表明其运费水平高于目前的 9 号运费,低于同区段的卡车运费。

3) 内河运费

内河主要指长江下游的主要港口(武汉、九江、芜湖、南京、张家港和南通)。为了尽快建立内河集装箱运输网络,应当制定和完善运费体系。

4) 拼箱服务费

拼箱服务费主要包括集装箱货运站到集装箱堆场之间的空、重箱的运输、理货,集装箱货运站内的搬运、分票、堆存、装拆箱及签发站收据、装箱单制作等各项费用。

拼箱服务费一般按运费吨位作为单位。

5) 堆场服务费

堆场服务费又称码头管理费,包括在装货港集装箱堆场接收来自货主或集装箱货运站的整箱货,以及堆存和搬运至装卸桥下的费用。多数船公司将这部分费用包括在海洋运费中。堆场服务费另行支付的(不包含在运费中),都以运费吨为单位。

6) 集装箱机器设备使用费

当货主使用的集装箱及底盘车由承运人提供时,就会发生集装箱机器设备使用费。另外,还有集装箱从底盘车上吊上吊下的费用,以及延滞费。

2. 集装箱海运运费

目前,集装箱海上运价体系基本上分为两大类:一类是用件杂货运费计算,即以每运费吨为单位,也称散货价;另一类是以每个集装箱为计费单位,也称包箱价。

1) 件杂货基本费率加附加费

(1) 基本费率

集装箱件杂货海运运费参照传统件杂货物运价,以运费吨为计算单位。目前,多数航线采用等级费率。

(2) 附加费

除传统件杂货所收的常规附加费之外,还要加收一些与集装箱货物运输有关的附加费。如集装箱附加费,即在航线等级费率基础上增加的附加费;支线船附加费,常见于集装箱支线运输。

2) 包箱费率

(1) 杂货包箱费率

杂货包箱费率(freight for all kinds,FAC)是指对每一集装箱不分货类统一收取的费率。

(2) 集装箱包箱费率

集装箱包箱费率(freight for class,FCS)是指按不同货物等级制定的包箱费率。货物等级是 1~20 级，但级差较小。一般低价货费率高于传统运输费率，高价货费率则低于传统运输费率；同一等级货物，实重货运价高于体积货运价。

（3）基础包箱费率

基础包箱费率（freight for class basis，FCB）是指既按不同货物等级或货类，又按计算标准制定的费率。同一级费率因计算标准不同，费率也不同。如 8~10 级、CY/CY 交接方式、20 英尺集装箱货物如按重量计费为 1 500 美元，如按尺码计费则为 1 450 美元。

3）最低运费

① 规定最低运费等级。如中远集团规定以 7 级货为最低收费等级，低于 7 级货均按 7 级收费。

② 规定最低运费吨。如远东航运公司规定，20 英尺箱最低运费吨实重货为 17.5 吨，尺码货为 21.5 立方米，W/M 为 21.5 运费吨。

③ 规定最低箱载利用率。

4）最高运费

（1）规定最高计费吨

当货物体积超过集装箱通常载货容积时，仍按标准体积收费。若按等级包箱费率计费，而箱内等级不同时，则可免较低货物等级的运费。

（2）规定最高计费等级

不高于该货物等级的货物，均以规定的最高计费等级收费。

5）集装箱附加费

不论按上述哪种费率收费，集装箱运输都要加收附加费。例如，变更目的港附加费、变更交货方式附加费、重件附加费、港口附加费、选卸附加费等。这些附加费可视为海洋运费的组成部分。

本章总结

重点词汇

集装箱　集装箱运输　场站收据　集装箱货物托运单

盛辉货运代理公司（以下简称"盛辉货代"）作为多式联运经营人，承接了一批从四川出口至英国伦敦的红茶。货物从成都装上火车起运后，盛辉货代便签发了多式联运提单。3 月中旬，盛辉货代分别向一程船的船务代理和集装箱站发出装箱通知单，并通知一程船公司 B。3 月 20 日，货物运抵某港口，当天即转入集装箱站库房等待装箱，并由该站办妥报关手续，海关验证后放行。

当时，由于集装箱站缺少二程船公司的空箱而无法装箱，经联系，次日二程船公司的船务代理将两个空箱送至港口集装箱站。双方未办理必要的交接手续，盛辉货代收下后即装箱，然后马上载入一程船运往香港转由二程船运至伦敦。

4 月底，货抵伦敦，收货人发现箱体上贴有毒品标记，并由有关当局在箱内检查出残留剧毒物,结果货物被扣留并全部销毁。

5月,收货人向多式联运经营人提出索赔,金额近2万英镑,后经协商,盛辉货代减赔一半金额。

问题: 根据本章的相关内容对案例进行分析。

案例解析:

集装箱在装载货物之前,都必须经过严格的检查。一旦使用了有缺陷的集装箱,轻则导致货损,重则造成箱毁人亡的严重事故。所以,对集装箱的检查是货物安全运输的基本条件之一。发货人、承运人和其他关系人在相互交接时,应对集装箱进行严格检查,内容包括外部检查、内部检查、箱门检查、清洁检查及附属件的检查。

在此案例中,除了船公司及其代理人的责任外,作为多式联运经营人的盛辉货代也是有责任的,该公司没有坚持集装箱的正规交接手续,对检验箱的重要性缺乏应有的认识。

多式联运经营人对全程运输承担责任。

盛辉货代签发多式联运提单时,便成为多式联运经营人,所以要对货物的全程运输承担责任。在运输过程中如发生货损货差,货主可以直接找多式联运经营人索赔,所以,多式联运经营人必须清醒地认识到,自己一旦签发了多式联运提单,就意味着将要承担运输的责任。当然,货代公司赔付后,尚可向责任人追偿。

此外,货代公司既然承担了多式联运经营人的责任,也应享有多式联运经营人的权利,尤其是享有赔偿责任限制的权利。

世界上主要集装箱的运输干线有哪些?

第 6 章

国际多式联运

学习目标

- 理解国际多式联运的定义、特征。
- 了解国际多式联运经营人。
- 掌握国际多式联运的方式。
- 熟悉多式联运单证内容。

6.1 国际多式联运概述

6.1.1 定义

国际多式联运是在国际集装箱运输的基础上发展起来的一种新型运输形式,它是以集装箱为媒介,把公路、铁路、水路和航空等传统的运输方式有机地结合起来,组成一个综合、连贯的运输系统,以便更好地实现"门到门"运输,为货主提供经济、合理、迅速、安全、便捷的运输服务。在国际贸易中,由于85%~90%的货物是通过海运完成的,海运在国际多式联运中占据主导地位。

1980年《联合国国际货物多式联运公约》(*United Nations Convention on International Multi-modal Transport of Goods*,以下简称《多式联运公约》)规定:"国际多式联运,是指按照多式联运合同,以至少两种不同的运输方式,由多式联运经营人将货物从一国境内接管货物的地点运至另一国境内指定交付货物的地点。"

国际多式联运英文表达方式有 inter modal transport(IMT)、multi-modal transport(MMT)或 combined transport 等几种。《多式联运公约》中使用了 multi-modal transport(MMT),国际商会《多式联运单证统一规则》中则使用了 combined transport。

6.1.2 国际多式联运的特征

国际多式联运是将不同的运输方式有机地组合在一起的一体化运输方式,它的快速发展主要在于其具有各单一运输方式所无法比拟的优势。

① 国际多式联运经营人必须与发货人订立多式联运合同。国际多式联运合同明确了国际多式联运经营人与货主之间的合同关系,是确定两者之间权利、义务、责任、豁免的依

据。这是国际多式联运的主要特征，也是区分国际多式联运与传统运输方式的重要依据。国际多式联运经营人在履行国际多式联运合同时，也可以与实际承运人订立分运合同，实际承运人负责全程或部分区段的实际运输。但分运合同的承运人与货主之间没有任何合同关系。

② 国际多式联运经营人不仅是订立国际多式联运合同的当事人，也是不同运输方式的组织人，还是国际多式联运单证的签发人。国际多式联运经营人作为一个独立的法律实体，对货物负有履行合同的责任并承担自接收货物起到交付货物时止的全程运输责任，以及对货物在运输中因灭失、损坏、迟延交付所造成的损失负赔偿责任。无论货物在运输过程中的哪一个区段发生灭失或损坏，货主都可向国际多式联运经营人提出索赔要求。

③ 国际多式联运的货物必须是国际运输的货物。多式联运可以分为国际多式联运和国内多式联运。国际多式联运完成的必须是跨国境的运输。这不仅与国内多式联运相区别，更重要的是涉及国际法的适用问题。

④ 国际多式联运必须是至少两种不同运输方式的连续运输。众所周知，每种运输方式的特点和优势各不相同。水路运输具有运量大、成本低的优点，适于长距离的国际运输；公路运输则具有机动灵活，便于实现货物"门到门"运输的特点；铁路运输的主要优点是不受气候影响，可深入内陆和横贯内陆，实现货物的准时运输；而航空运输的主要优点是可实现货物的快速运输。国际多式联运正是综合利用了各种运输方式的优点，提供更快速、安全、高效的运输服务，在世界各主要国家和地区得到了广泛的应用。

⑤ 国际多式联运必须是全程单一运费费率。国际多式联运经营人签发一张国际多式联运单证，并制定国际多式联运单一费率，依此计收全程运费。国际多式联运单证是指证明国际多式联运合同及国际多式联运经营人接收货物并负责按合同条款交付货物所签发的单据，也是一种物权证明和有价证券。

国际多式联运经营人在对货主负全程运输责任的基础上，制定一个从货物发运地至目的地的全程单一费率，并以包干形式一次性向货主收取，全程单一费率通常包括运输成本（各运输区段的运杂费）、经营管理成本（如制单费、通信费等）和合理的利润。

6.1.3 联合国国际货物多式联运公约

《多式联运公约》是 1980 年 5 月 24 日在日内瓦举行的联合国国际联运会议第二次会议上，经与会的 84 个联合国贸易与发展会议成员国一致通过的。

《多式联运公约》全文共 40 条和一个附件。该公约在结构上分为总则、单据、联运人的赔偿责任、发货人的赔偿责任、索赔和诉讼、补充规定、海关事项和最后条款 8 个部分。该公约的主要内容如下。

① 国际多式联运合同双方当事人的法律地位。国际多式联运合同的双方当事人分别为联运经营人和发货人。根据该公约第 1 条的规定，联运经营人是以"本人"的身份同发货人签订国际多式联运合同的当事人，并不是发货人的代理人或代表，也不是参与国际多式联运的承运人的代理人或代表。联运经营人负有履行整个联运合同的责任，并以"本人"的身份对联运的全过程负责。因此，在发货人将货物交由联运经营人收管后，不论货物在运输过程中的哪个阶段发生灭失或损坏，联运经营人均须以"本人"的身份直接赔偿。

② 国际多式联运合同和国际多式联运单证。按照《多式联运公约》的有关规定，国际多式联运合同是指国际多式联运经营人凭以收取运费、负责完成或组织完成国际多式联运的

合同。国际多式联运单证是指证明国际多式联运合同及证明国际多式联运经营人接管货物并负责按照合同条款交付货物的单证。根据该公约第5条的规定，联运经营人在接管货物时，应签发国际多式联运单证。依照发货人的选择，可以是可转让的，也可以是不可转让的。国际多式联运单证中应当包括15项内容，包括货物的品类、标志、包数或件数、货物的毛重、危险货物的性质、货物的外表状况、联运人的名称和地址、发货人的名称、收货人的名称、联运经营人接管货物的地点和日期、交货地点、国际多式联运单证的签发地点和日期、联运经营人或其授权人的签字等。不过，国际多式联运单证中若缺少上述内容中的一项或数项，并不影响其作为国际多式联运单证的法律性质。

③ 国际多式联运经营人的赔偿责任。《多式联运公约》的第三部分是关于联运经营人赔偿责任的规定。联运经营人对国际多式联运单证项下货物的责任期间，是从其接管该货物之时起至交付货物时为止。该公约对联运经营人的赔偿责任采取了"推定过失原则"，即除非联运人能证明他和他的受雇人或代理人为避免损害事故的发生及其后果已经采取了一切所能合理要求的措施，否则就推定联运经营人是有过失的，因此，应对货物在其掌管期间所发生的灭失、损坏或延迟交货，负赔偿责任。

④ 发货人的赔偿责任。《多式联运公约》的第四部分是关于发货人赔偿责任的规定。如果国际多式联运经营人遭受的损失是由于发货人的过失或疏忽，或者其受雇人或代理人在其受雇范围内行事时的过失或疏忽造成的，发货人对这种损失应负赔偿责任。如果损失是由于发货人的受雇人或代理人本身的过失或疏忽所造成的，该受雇人或代理人对这种损失应负赔偿责任。

⑤ 索赔与诉讼。《多式联运公约》的第五部分是关于索赔和诉讼的规定。该部分规定的内容由灭失、损坏或延迟交货的通知，诉讼时效，管辖和仲裁4个方面构成。

⑥ 海关事项。对于多式联运货物的过境，公约规定缔约国海关对运输途中的货物一般不做检查，以方便多式联运业务的顺利进行。

6.2 国际多式联运经营人

6.2.1 内涵

根据《多式联运公约》的规定："多式联运经营人（multi-modal transport operator，MTO）是指本人或通过其代表与发货人订立多式联运合同的任何人，它是事主，而不是发货人的代理人或代表，或参加多式联运的承运人的代理人或代表，并且负有履行合同的责任。"

国际多式联运经营人可以分为两种：一种为有船承运人为国际多式联运经营人，另一种为无船承运人为国际多式联运经营人。前者在接收货物后，不但要负责海上运输，还须安排汽车、火车与飞机的运输，对此国际多式联运经营人往往再委托给其他相应的承运人来运输，对交接过程中可能产生的装卸和包装储藏业务，也委托给有关行业办理。但是，这个国际多式联运经营人必须对货主负整个运输过程中产生的责任。后者在接收货物后，将运输委托给各种方式运输承运人进行，但本人对货主仍应负责。无船国际多式联运经营人不拥有船舶，通常是内陆运输承运人、仓储业者或其他从事陆上货物运输中某一环节的人。也就是说，无船经营人往往拥有除船舶以外一定的运输工具。

由此可见，在国际多式联运中，国际多式联运经营人与发货人、代理人、各类受雇人，以及各区段的实际承运人之间有着复杂的法律关系，在不同的运输合同中有着不同的法律地位。

① 国际多式联运经营人以本人的身份与发货人订立国际多式联运合同，签发国际多式联运单证。根据国际多式联运合同，国际多式联运经营人负责完成或组织完成全程运输，并对全程运输负责。

② 国际多式联运经营人以本人的身份完成某一运输区段或几个运输区段的实际运输，而作为实际承运人，其只对自己承担区段的货物运输负责。

③ 国际多式联运经营人以本人的身份与承担实际运输区段的其他承运人订立分运合同，以完成其他区段的运输。在这类合同中，国际多式联运经营人既是发货人，又是收货人。

④ 国际多式联运经营人以本人的身份与各类运输合同的运输代理人订立委托代理合同，由代理人完成运输或其他相关的业务。国际多式联运经营人在委托合同中处于委托人的法律地位。

⑤ 国际多式联运经营人以本人的名义与国际货物多式联运过程中所要涉及的各有关单位订立相应的合同。在这些合同中，国际多式联运经营人是以货主的身份履行义务并承担责任的。

从以上的分析可以看出，在国际多式联运的全过程或其中的一个环节中，国际多式联运经营人是以不同身份来承担责任、履行义务的。对于货主来说，国际多式联运经营人是货物的承运人；对于区段实际承运人来说，国际多式联运经营人又是货物的托运人。

6.2.2 特征

① 国际多式联运经营人本人或其代表必须就多式联运的货物与货主本人或其代表订立多式联运合同，而且该合同至少使用两种不同运输方式完成货物全程运输，同时合同中的货物是国际货物。

② 国际多式联运经营人从货主或其代表处接管货物时起即签发国际多式联运单据，并对接管的货物开始负有责任。国际多式联运经营人需要把不同特点的运输方式有机地整合在一起，完成或组织完成全程运输，并对全程运输负责。

③ 国际多式联运经营人必须承担国际多式联运合同规定的与运输或其他服务有关的责任，并保证将货物交给国际多式联运单证的持有人或单证中指定的收货人。

④ 对于运输全过程中所发生的货物灭失或损害，国际多式联运经营人首先对货物受损人负责，并应具有足够的赔偿能力。

⑤ 国际多式联运经营人应具备多式联运所需要的技术能力，并确保自己签发的国际多式联运单证的流通性，使其作为有价证券在经济上具有令人信服的担保程度。

6.2.3 国际多式联运经营人的类型

根据是否拥有船舶，国际多式联运经营人可以分为以船舶运输为主的国际多式联运经营人和无船国际多式联运经营人。

1. 船舶运输经营人为国际多式联运经营人

船舶运输经营人传统上只提供港到港的船舶运输服务，并承担货物在此期间的责任。随着集装箱运输的发展，许多船舶运输经营人将服务从港口向两端延伸，通过与其他运输方式的承运人订立分运合同来组织完成国际多式联运。

2. 无船承运人为国际多式联运经营人

无船承运人（non-vessel operating common carrier，NVOCC），是指在集装箱运输中，经营集装箱货运的揽货、装箱、拆箱、内陆运输及集装箱货运站或内陆集装箱货运站，但不经营船舶的无运输工具的承运人。

在集装箱多式联运中，联运经营人可以由参与某一运输区段的实际承运人来担任，如海运承运人、陆运承运人（包括公路、铁路承运人），也可以由不参与实际运输的经营者充当，这就是通常所说的无船承运人。无船承运人是随着集装箱多式联运的发展而出现的联运经营人。无船承运人若根据本国法律向政府主管部门登记，并在其监督下进行活动，则在法律地位上相当于实际的船舶经营人。

1）无船承运人的主要特征

① 是国际贸易合同的当事人。
② 在法律上有权订立运输合同。
③ 本人不拥有运输工具。
④ 有权签发提单，并受提单条款的约束。
⑤ 由于与托运人订立运输合同，所以对货物全程运输负责。
⑥ 具有双重身份：对货物托运人来说，是承运人或运输经营人；而对实际运输货物的承运人而言，又是货物托运人。

2）无船承运人经营的业务范围

① 作为承运人签发货运提单，并因签发提单而对货物托运人负责。
② 代表托运人承办订舱业务，根据货物托运人的要求和货物的具体情况，洽订运输工具。
③ 承办货物交接。无船承运人根据托运人的委托，在指定地点接收货物，转交承运人或其他人，并在交接过程中为托运人办理理货、检验、报关等手续。
④ 代办库场业务。

6.2.4　国际多式联运经营人的责任

在单一运输方式下，承运人只对自己完成的运输区段负责，并适用该区段的相关法规。但在国际多式联运方式下，国际多式联运经营人要对全程运输过程中造成的货物损坏、灭失或迟延交付承担责任。而不同运输方式既存的公约或法规都有很大的差别，不能适用于国际多式联运，必须另外确定国际多式联运经营人的责任。

国际商会的《多式联运单证统一规则》对国际多式联运经营人的相关责任做出明确规定。由于这一规则是由民间组织确立的，没有强制性。在我国，需要按照《中华人民共和国民法典》第十九章运输合同中涉及的要求执行。

1. 责任基础

《多式联运公约》对国际多式联运经营人的赔偿责任采取推定过失或疏忽的原则，即除非国际多式联运经营人能证明他和他的受雇人为避免损失和事故的发生已经采取了一切合理的措施，否则就推定国际多式联运经营人有疏忽或过失，国际多式联运经营人就应对货物在其掌握期间发生的灭失、损坏或迟延交付负赔偿责任。

2. 责任期间

《多式联运公约》根据国际多式联运的特点，规定了国际多式联运经营人的责任期间是"自其接管货物之时起到交付货物时为止"。

国际多式联运经营人交付货物、终止责任的形式有以下三种。

① 货物交付收货人。

② 如果收货人不向国际多式联运经营人提取货物，则按照国际多式联运合同或按照交货地点适用的法律或特定行业惯例，将货物置于收货人支配之下。

③ 将货物交给根据交货地点适用的法律或规章必须向其交付的当局或第三方。

在上述期间，货物视为在国际多式联运经营人掌管之下。如果货到目的港，收货人由于种种原因不肯提货，则国际多式联运经营人将货物按第二种、第三种交货形式的规定交货，即视为向收货人交货，从而终止对货物的责任。

3. 责任限额

《多式联运公约》关于国际多式联运经营人的责任限额，规定如下。

① 国际多式联运若包括海运在内，国际多式联运经营人对货物的灭失或损坏造成的损失负赔偿责任，其赔偿责任按灭失或损坏的货物的每包或其他货运单位计不得超过920个记账单位（特别提款权），或按毛重每千克计不得超过2.75个记账单位，以较高者为准。

② 国际多式联运如果根据合同不包括海上或内河运输，则国际多式联运经营人的赔偿责任按灭失或损坏货物毛重每千克不得超过8.33个记账单位。

③ 国际多式联运经营人对延迟交货造成损失所负的赔偿责任限额，相当于对延迟交付的货物应付运费的2.5倍，但不得超过国际多式联运合同规定的应付运费的总额。

4. 责任形式

1）责任分担制

责任分担制（burden sharing system），也称分段责任制，是多式联运经营人对货主并不承担全程运输责任，仅对自己完成的区段货物运输负责，各区段的责任原则按区段适用的法律予以确定。由于这种责任形式与多式联运的基本特征相矛盾，因而只要多式联运经营人签发全程多式联运单据，即使在多式联运单据中声称采取这种形式，也可能会被法院判定此种约定无效而要求多式联运经营人承担全程运输责任。

2）网状责任制

网状责任制（network liability system），指多式联运经营人尽管对全程运输负责，但对货运事故的赔偿原则仍按不同运输区段经常使用的法律规定，当无法确定货运事故发生区段时，则按海运法规或双方约定原则加以赔偿。目前，几乎所有的多式联运单据均采取这种赔偿责任形式。因此，无论是货主还是多式联运经营人，都必须掌握现行国际公约或国内法律对每种运输方式下承托双方的权利、义务与责任所做的规定。

3）统一责任制

统一责任制（uniform liability system），指多式联运经营人对货主赔偿时不考虑各区段运输方式的种类及其所适用的法律，而是对全程运输按一个统一的原则并一律按一个约定的责任限额进行赔偿。该责任制度的确定，可以由合约约定，也可以由强制性的国际公约或国内法确定。

4）经修订的统一责任制

《多式联运公约》中的经修订的统一责任制（modified uniform liability system），也称为"混合责任制"，是介于统一责任制与网状责任制之间的责任制。其基本内容为：国际多式联运经营人对全程货物灭失、损坏或延迟交付按照《多式联运公约》规定的或运输区段所适用法律规定的赔偿原则进行赔偿，就高不就低。这种责任制度的使用会引起多式联运形式下的赔偿关系复杂化，也对现有的运输法律体系产生一定的冲击，这也是《多式联运公约》至今尚未生效的主要原因之一。

5. 责任限制的丧失

《多式联运公约》明确规定了国际多式联运经营人在一定的情况下将丧失责任限制。如经证明，货物的灭失、损坏或延迟交付是由于国际多式联运经营人有意造成或明知可能造成而毫不在意的作为或不作为所引起的，则国际多式联运经营人无权享受该公约所规定的赔偿责任限制的利益。

此外，货物的灭失、损坏或延迟交付是由于国际多式联运经营人的受雇人或代理人或履行国际多式联运合同而使用其服务的其他人有意造成或明知可能造成而毫不在意的作为或不作为所引起的，则该受雇人、代理人或其他人无权享受该公约所规定的赔偿责任限制的利益。

《多式联运公约》的规定保证了货物所有人无论根据运输合同还是根据侵权行为提起诉讼都可以得到适用，避免了货物所有人以侵权行为提起诉讼，而绕过责任限制。

6.3 国际多式联运方式

6.3.1 海陆联运

海陆联运是国际多式联运的主要方式，也是远东、欧洲方向国际多式联运采用的主要组织形式之一。它是以海运为主要运输方式，以航运公司为主体，签发国际多式联运提单，与航线两端的内陆运输部门联合开展联运业务。海陆联运又可分为船舶与汽车联运、船舶与火车联运两种。货物以海运方式从一国运至另一国，而在出口国和进口国的内陆运输则由公路或铁路运输来完成。由于公路运输的运费较高、经济运输距离较短，对于陆运距离长的货物运输，其竞争力不如船舶与火车联运，但是它可以实现"门到门"的运输。对于长距离的内陆运输则主要采用船舶与火车联运。

6.3.2 陆桥运输

陆桥运输是指利用横贯大陆的铁路（公路）运输系统，作为中间桥梁，把大陆两端的海洋连接起来的集装箱连贯运输方式。简单地说，就是两边是海运，中间是陆运，大陆把海洋连接起来，形成海陆联运，而大陆起到了"桥"的作用，所以称之为"陆桥"。而海陆联运中的大陆运输部分就称为"陆桥运输"。

陆桥运输主要有以下特点。

① 采用海陆联运方式，全程由海运段和陆运段组成。

② 比全程海运运程短，但需增加装卸次数。在某一区域陆桥运输能否存在和发展，主要取决于它与全程海运相比在运输费用和运输时间等方面的综合竞争力。

目前，世界上比较有影响的陆桥运输线路有西伯利亚大陆桥、新亚欧大陆桥和北美陆桥。

1. 西伯利亚大陆桥

西伯利亚大陆桥是指使用国际标准集装箱，将货物由远东海运到俄罗斯东部港口，经跨越欧亚大陆的西伯利亚铁路运至波罗的海沿岸港口，再采用铁路、公路或海运运到欧洲各地的国际多式联运的运输线路。

西伯利亚大陆桥是世界最著名的国际集装箱多式联运组织线路之一，也是目前世界上最长的一条陆桥运输线。它是远东—欧洲之间运输距离最短的一条运输线，可实行集装箱的"门到门"运输。目前，远东海运到俄罗斯东部港口的货物经西伯利亚大陆桥往返欧洲、亚洲间的路线主要有三条。

1）铁路—铁路线

经西伯利亚铁路运至西部出境站，再转运欧洲或伊朗铁路，运到欧洲各地，或按反方向运输。

2）铁路—海路线

经西伯利亚铁路运至莫斯科，经支线铁路运输到波罗的海或黑海沿岸港口，再换装船舶，海运至西欧、北欧或巴尔干地区的港口，或按反方向运输。

3）铁路—公路线

经西伯利亚铁路运至西部出境站，再转公路运往欧洲各地，或按反方向运输。

西伯利亚大陆桥是较典型的一条国际多式联运线路。它大大缩短了远东到欧洲的运输距离，节省了运输时间。从远东经俄罗斯太平洋沿岸港口去欧洲的陆桥运输线全长 13 000 千米。而相应的全程水路运输距离（经苏伊士运河）约为 20 000 千米。

2. 新亚欧大陆桥

为了满足对外贸易运输的发展需要，我国对某些国家和地区已开始提供新亚欧大陆桥运输服务。1990 年 9 月 12 日，随着中国兰新铁路与哈萨克斯坦土西铁路接轨，连接亚欧的第二座大陆桥正式贯通，并于 1993 年正式运营。

新亚欧大陆桥东起中国连云港，西至荷兰鹿特丹，途经哈萨克斯坦、乌兹别克斯坦、吉尔吉斯斯坦、塔吉克斯坦、俄罗斯、白俄罗斯、波兰、德国和荷兰等国，全长 10 900 千米。该陆桥为亚欧开展国际多式联运提供了一条便捷的国际通道。远东至西欧经新亚欧大陆桥比经苏伊士运河的全程海运航线缩短运距 8 000 千米，比通过巴拿马运河缩短运距 11 000 千米。

3. 北美陆桥

北美洲幅员辽阔，海岸线长，地理位置优越，铁路和公路运输系统也十分发达，非常适宜开展陆桥运输。

1）北美大陆桥

北美大陆桥是指利用北美的铁路开展从远东到欧洲的国际多式联运。该陆桥运输包括美国大陆桥运输和加拿大大陆桥运输。

（1）美国大陆桥

美国大陆桥有两条陆运运输线路：一条是从西部太平洋沿岸至东部大西洋沿岸的铁路和

公路运输线；另一条是从西部太平洋沿岸至东南部墨西哥湾沿岸的铁路和公路运输线。美国大陆桥于1971年由经营远东—欧洲航线的船公司和铁路承运人联合开办"海陆海"国际多式联运线，后来美国几家班轮公司也投入营运。这些集团均以国际多式联运经营人的身份，签发国际多式联运单证，对全程运输负责。

（2）加拿大大陆桥

加拿大大陆桥与美国大陆桥相似，由船公司把货物海运至温哥华，经铁路运到蒙特利尔或哈利法克斯，再与大西洋海运相接。由于加拿大大陆桥的运输成本较美国大陆桥运输成本高，又难以确保二程船在太平洋航线的舱位等问题，加拿大大陆桥的使用远远不及美国大陆桥。

北美大陆桥是世界上历史最悠久、影响最大、服务范围最广的陆桥运输线。据统计，从远东到北美东海岸的货物有50%以上是采用双层列车进行运输的，因为采用这种陆桥运输方式比采用全程海运方式通常要快1～2周。例如，集装箱货物从日本东京到欧洲鹿特丹港，采用全程海运（经巴拿马运河或苏伊士运河）通常需5～6周，而采用北美大陆桥运输仅需3周左右。

随着美国和加拿大大陆桥运输的成功营运，北美其他地区也开展了大陆桥运输。墨西哥大陆桥就是其中之一。该大陆桥横跨特万特佩克地峡，连接太平洋沿岸的萨利纳克鲁斯港和墨西哥湾沿岸的夸察夸尔科斯港，陆上距离近300千米。墨西哥大陆桥于1982年开始营运，目前，其服务范围还很有限，对其他港口和大陆桥运输的影响还很小。

2）美国小陆桥

目前，美国小陆桥主要开展集装箱运输，包括以下线路。

① 远东海运到美国西海岸（太平洋沿岸）港口，转陆运至东海岸（大西洋沿岸）地区，或其相反方向。

② 远东海运到美国西海岸（太平洋沿岸）港口，转陆运至东南部墨西哥湾地区，或其相反方向。

③ 欧洲海运到美国东海岸（大西洋沿岸）地区，转陆运至西海岸（太平洋沿岸）地区，或其相反方向。

④ 欧洲海运到美国东海岸（大西洋沿岸）港口，转陆运至墨西哥湾地区，或其相反方向。

小陆桥运输的发展，把远东到美国东海岸地区的货物都吸引到西海岸，使现有太平洋航线货运量大幅度增加。由于航线的合理经营，许多船公司停止向美国东海岸安排直达船，而经小陆桥运输，这样既可降低运输成本，又缩短了运输时间，还可以享有大批量运输的利益。

但小陆桥运输也存在一些不足之处，如铁路运费较高、往返程货源不平衡，以及东海岸铁路本身的问题等。

3）美国微桥

美国微桥又称为半陆桥运输，与小陆桥运输基本相似，只是其交货地点在美国内陆地区，只利用陆桥的一部分把海运与内陆铁路运输连接起来。

对于由美国东部内陆地区运往远东的货物，如果采用小陆桥运输，首先要通过国内运输运至东海岸，再通过国内铁路运输从东海岸港口运至西海岸港口，最后换装船舶海运至远东。如果从内陆地区直接以国际货运单运至西海岸港口转运,不仅避免了双重港口的中转和收费,还缩短了运输时间。而远东到美国内陆地区的货物,也可以海运至美国西海岸,换装铁路后直接运到内陆城市(如芝加哥、匹兹堡等),不需要进入东海岸港口。于是,由铁路、船公司、海关及商检等部门共同协商,在行政上、法规上采取一定的措施,形成了美国微桥运输。

6.3.3 海空联运

海空联运又被称作空桥运输,是将海运和空运有机地组织在一起的国际多式联运形式。它的运输时间比全程海运短,而运输费用比全程空运便宜。在运输组织的方式上,与陆桥运输不同。陆桥运输在整个货运过程中使用的是同一个集装箱,不需要换装,而空桥运输的货物通常要在航空港装入航空集装箱。

海空联运一般以海运为主,只是最终交货运输区段采用空运来完成,主要组织线路如下。

① 远东—欧洲。以温哥华、西雅图、洛杉矶、旧金山等太平洋沿岸港口为中转地;或以曼谷、新加坡、符拉迪沃斯托克(海参崴)为中转地。

② 远东—中南美洲。以迈阿密、洛杉矶、温哥华为中转地。

③ 远东—中东、非洲。以曼谷为中转地,运输至中东和非洲;或者以马赛为中转地运输至非洲。

6.4 国际多式联运单证

由于国际多式联运与单一运输方式不同,办理货物运输的单证和手续也有所不同。除按一般集装箱货物运输的做法办理外,在制单和单证流转等方面,应从信用证开始,注意是否与国际多式联运条件相符,及时、正确地缮制和递送单据,避免因某一环节脱节而失掉全盘。

6.4.1 国际多式联运单证的内容、转让及证据效力

国际多式联运经营人在接收集装箱货物时,应由本人或其授权的人签发国际多式联运单证(multimodal transport document,MTD)。国际多式联运单证并不是国际多式联运合同,而是国际多式联运合同的证明,也是国际多式联运经营人收到货物的收据和凭其交货的凭证。这种单证应发货人的选择可以是可转让单证,也可以是不可转让的单证。

1. 国际多式联运单证的内容

对于国际多式联运单证的记载内容,《多式联运公约》及我国的《国际集装箱多式联运管理规则》都做了具体规定。根据我国的《国际集装箱多式联运管理规则》的规定,国际多式联运单证应当载明下列事项。

① 货物名称、种类、件数、重量、尺寸、外表状况、包装形式。

② 集装箱箱号、箱型、数量、封志号。

③ 危险货物、冷冻货物等特种货物应载明其特性、注意事项。

④ 国际多式联运经营人名称和主营业场所。

⑤ 托运人名称。

⑥ 国际多式联运单证表明的收货人。
⑦ 接收货物的日期、地点。
⑧ 交付货物的地点和约定的日期。
⑨ 国际多式联运经营人或其授权人的签字及单证的签发日期、地点。
⑩ 交接方式、运费的支付、约定的运达期限、货物中转地点。
⑪ 在不违背我国有关法律、法规的前提下，双方同意列入的其他事项。

当然，缺少上述事项中的一项或数项，并不影响该单证作为国际多式联运单证的法律效力。

《多式联运公约》对国际多式联运单证所规定的内容与上述规则基本相同，只是公约中还规定国际多式联运单证应包括下列内容。

① 表示该国际多式联运单证为可转让或不可转让的声明。
② 预计经过的路线、运输方式和转运地点等，如在签发国际多式联运单据时已经确知。
③ 遵守《多式联运公约》的声明。

上述事项归纳起来有四大内容，一是涉及当事人的记载；二是对货物的记载；三是有关运输的记载；四是运输遵守包括公约在内的法律的声明。

2. 国际多式联运单证的转让

国际多式联运单证分为可转让的国际多式联运单证和不可转让的国际多式联运单证。可转让的国际多式联运单证和提单一样具有流通性，这是此类单证区别于其他运输单证的主要标志之一。

根据《多式联运公约》的要求，如果发货人要求国际多式联运经营人签发可以转让的国际多式联运单证，则应在此类单证上列明转让方法，如列明按指示或向持票人交付。如列明按指示交付，需经背书后转让；如列明向持票人交付，无须背书即可转让。

此外，如签发一套一份以上的正本，应注明正本份数；如签发多份副本，每份副本均应注明"不可转让副本"字样。对于签发一套一份以上的可转让国际多式联运单证正本的情况，如国际多式联运经营人或其代表已按照其中一份正本交货，该国际多式联运经营人便已履行其交货责任。

不可转让的国际多式联运单证没有流通性。国际多式联运经营人凭单证上记载的收货人而向其交货。按照《多式联运公约》的规定，国际多式联运单证以不可转让的方式签发时，应指明记名的收货人。同时规定，国际多式联运经营人将货物交给此种不可转让的国际多式联运单证所指明的记名收货人或经收货人以书面正式指定的其他人后，该国际多式联运经营人即已履行交货责任。

3. 国际多式联运单证的证据效力

国际多式联运单证的证据效力主要表现在它是该单证所载明的货物由国际多式联运经营人接管的初步证据。由此可见，作为国际多式联运合同证明的国际多式联运单证，其记载事项与其证据效力是密切相关的。国际多式联运单证主要对以下几个方面起到证明作用。

① 当事人本身的记载。
② 有关货物状况的记载。
③ 有关运输情况的记载。
④ 有关法律约束方面的记载。

根据《多式联运公约》的规定，国际多式联运经营人对国际多式联运单证中的有关记载事项可以作出保留。该公约规定，如果国际多式联运经营人或其代表知道或有合理的根据怀疑国际多式联运单证所列货物的品种、主要标志、包数或件数、重量或数量等事项没有准确地表明实际接管的货物的状况或无适当方法进行核对，该国际多式联运经营人或其代表则应在国际多式联运单证上做出保留，注明不符之处、怀疑的根据或无适当的核对方法。如果国际多式联运经营人或其代表未在国际多式联运单证上对货物的外表状况加以批注，则应视为其已在国际多式联运单证上注明货物的外表状况良好。

国际多式联运经营人如在单证上对有关货物或运输加了批注，其证据效力就会产生疑问。国际多式联运单证有了这种批注后，便丧失了其作为货物收据的作用；对发货人来说，这种单证已不能作为国际多式联运经营人收到单证上所列货物的证明，不能成为初步证据；对收货人来说，这种单证已失去了其应有的意义，是不能被接受的。

如果国际多式联运单证上没有这种保留性批注，其记载事项的证据效力是完全的，对发货人来说是初步证据，但国际多式联运经营人可举证予以推翻。不过，根据《多式联运公约》的规定，如果国际多式联运单证是以可转让方式签发的，而且已转让给信赖该单证所载明的货物状况的、包括收货人在内的第三方时，该单证就构成了最终证据，国际多式联运经营人提出的反证不予接受。

如果国际多式联运经营人意图诈骗，在国际多式联运单证上列入有关货物的不实资料或其他规定应载明的任何资料，该联运经营人则不得享有《多式联运公约》规定的赔偿责任限额，而需负责赔偿包括收货人在内的第三方因信赖该单证所载明的货物的状况行事而遭受的任何损失、损坏或费用。

6.4.2　关于信用证条款

国际多式联运项下的信用证条款，与其他运输方式项下的信用证条款相比，有以下三点变动。

① 通过银行议付，不再使用船公司签发的清洁已装船提单，而是凭国际多式联运经营人或经其授权的人签发的联运提单。

② 由于国际多式联运一般都采用集装箱运输，除特殊情况外，信用证上应有装集装箱的条款。

③ 由银行转单改为国际多式联运经营人直寄收货人，目的是使收货人及其代理人及早取得装箱单证和报关时必备的商务单证，从而加快在目的港的提箱速度和交货速度。

信用证字句大体为："装箱单证（发票、装箱单、产地证、出口国海关发票等）应交由国际多式联运经营人，送给收货人或其代理。"在发货人递交上述单证后，有时出于结汇需要，国际多式联运经营人可以出具收到上述单证并已寄出的证明。

6.4.3　缮制海运提单及联运提单

由于国际多式联运多为"门到门"的运输，所以货物在港口装船后，均应同时签发海运提单与联运提单。这是国际多式联运与单一海运的根本区别。

1. 海运提单的缮制

发货人为国际多式联运经营人、收货人及通知方，一般为国际多式联运经营人的国外代理,海运提单由船公司代理签发。

2. 联运提单的缮制

联运提单上的收货人和发货人是实际的收货人、发货人。通知方则是目的港或最终交货地点收货人指定的代理人。联运提单上除列明装货港、卸货港外,还要列明收货地、交货地或最终目的地、第一程运输工具,以及海运船名及航次等。联运提单需按信用证规定缮制,由国际多式联运经营人签发。

6.4.4 其他单证

其他单证主要是指信用证规定的船务单证和商务单证。

这些单证的份数也按信用证中的规定并由发货人提供。除将上述海运提单正本和联运提单正本分别递交国际多式联运经营人的国外代理和买方(收货人)外,还应将联运提单副本和海运提单副本,连同装箱单、发票、产地证明等单证,分别递交国际多式联运经营人的国外代理及买方。这些单证要在船抵达卸货港之前,寄到国外代理和买方手中,以便国外代理办理货物转运,并将信息通知最终目的地的收货人。同时,也有利于收货人与其代理取得联系。

本章总结

重点词汇

国际多式联运 国际多式联运经营人 国际多式联运单证

课堂讨论

什么是 OCP 运输,OCP 运输有什么特点?

案例一

发货人将 680 包茶叶委托给某货运代理公司,安排货物自上海经美国小陆桥运往纽约。货物由货运代理公司装入一 20 英尺集装箱,然后委托某船公司承运。船公司接管货物后签发清洁提单。货物运抵纽约,外表状况良好,铅封完整,但箱内少了 100 包茶叶。货主向货运代理公司起诉,诉其短交货物。

问题:货代公司是否应承担责任?

案例解析:

在本案例中,货运代理公司作为国际多式联运经营人对从发货人手中接收的货物应全程负责,即应如数交给收货人,何况货物是由货运代理公司装箱,更应对箱内货物负责。本案的索赔性质应该说属于责任保险范围,如果货运代理公司投保了责任险,可向保险人索赔。至于可否向船公司索赔,则取决于货运代理公司能否举证货物短少是在海上运输中发生的,否则船公司不负赔偿责任。因为在集装箱整箱运输中,承运人通常对箱内所装货物不进行核查(依据集装箱提单中的承运人不知条款)。尽管船公司签发了清洁提单,但并无义务检查货物,也不应该对提单中注明的箱内货物数量负责。

案例二

11月,福建南平福盈电池有限公司(以下称"买方")与韩国NOCKET电子有限公司(以下称"卖方")签订一份总价为3 775 420美元的LR03型碱性圆柱状电池生产的进口合同。卖方于11月21日向原告韩国第一火灾保险公司投保了该批货物海运一切险。上述货物于11月23日装上"金龙"轮自A港开往香港,同日第一被告香港宏意船务企业有限公司的代理在首尔签发清洁已装船提单,载明货物分装9个集装箱,毛重为60 180千克,总件数为21箱;同时批注CY/CY;背面条款规定有关承运人的权利、义务、责任和免费适用《海牙规则》(在托运人订舱随附的包装单上,列明了每一箱号内装货物的品名、数量、重量,其中第16号和第17号箱重均为8 250千克,但提单上未具体载明哪个集装箱下货物件数或重量);12月8日,第二被告恒辉船务有限公司在香港签发二程提单,其签发的集装箱装箱单上却列明重量为4 629千克(据称此数据是第一被告所供)。

12月23日,二程船"利风"轮将货物安全运抵目的港。次日卸货后,第三被告福州港务公司在将集装箱装上卡车运往集装箱堆场途中,在卸下完全相同的另一个集装箱后,司机在未将转锁装置重新锁上的情况下,继续朝前运送,结果在180°转弯时,第4002501号集装箱从拖车上翻倒在地,致使内装第16号、第17号木箱包装的机器设备严重损坏。次年1月13日,经公证检验人理算确认货损金额为456 765美元。原告理赔后取得代为追偿权并于次年12月12日向厦门海事法院起诉三被告。

问题:根据本章有关内容对本案例进行分析。

案例解析:

由于集装箱运输承运人与国际多式联运经营人对货物的责任期间实质上完全一样,而法律已对国际多式联营经营人在不同区段适用之法律做了明确规定(适用网状责任制),即若货损发生于公路货运期间,或铁路货运期间,或航空货运期间,应适用与公路、铁路、航空有关的法律法规,除非货损发生期间不明或无法确定;集装箱运输的承运人其集装箱内陆集散站有的离港区很远,这与国际多式联运经营人所经营的公路运输完全一样,即便自船边至港区内的集装箱堆场仅数百米或数千米,其运输与公路运输没有任何实质差异。法律赋予承运人在海上运输及装卸作业期间发生的货损予以免责,原因在于在该期间承运人所承担的风险远比陆地上大得多。本案适用的法律应为《民法典》,同时可参照使用《公路货物运输合同实施细则》。承运人应负实际货损赔偿之责,且无权主张任何责任限制。

此外,对集装箱货物而论,若提单未载明内装货物件数或件数很少,只要集装箱货重超过333.35千克,货方即有权选择按"千克"限制承运人赔偿限额,即以"件或单位"或以"千克"为标准进行责任限制,法定以两者较高者为准。

案例三

四川自贡Z公司与奥地利B公司签订了购买5台注塑机的合同。合同中的运输条款规定,采用国际多式联运方式;包装条款要求对货物进行妥善包装,以适应长途运输。随后,Z公司委托四川兴昌货代公司作为国际多式联运经营人,通过其总公司的大陆桥运输网络,委托华欧公司为国外段的实际承运人。

5台注塑机共分两批装运,其中首批4台于次年2月28日从奥地利起运,5月6日运抵成都。经商检,因包装不良造成部分零件损坏,Z公司据此向B公司提出索赔。

第二批 1 台，分装在一个 40 英尺开顶箱和一个 20 英尺标准箱内，于 4 月 25 日从奥地利起运，6 月 25 日运抵成都。兴昌货代公司接到报关后，用卡车转运自贡。6 月 27 日在运往自贡的途中（距成都 99 千米处）翻车，造成 40 英尺集装箱倾覆，所载货物被抛出，严重损坏。Z 公司拒绝验收货物，提出金额高达 9 万多美元的索赔。

事故发生后，兴昌货代公司迅速派人赶赴现场认真勘察，并做了详细的商务记录，拍摄了大量的现场照片。经对大量证据的考证分析，兴昌货代公司认为 B 公司没有履行贸易合同中包装条款规定，将设备裸装于箱内，而未进行有效加固，致使设备在经长途运输后发生移位，重心偏离导致翻车。因此，兴昌货代公司认为造成此次事故的主要责任在于 B 公司，并向其提出索赔。

问题：奥地利 B 公司是否对此货运事故负责？

案例解析：

本案最终以集装箱内包装不符合合同规定而由托运人奥地利 B 公司承担赔偿责任，从而免除了国际多式联运经营人兴昌货代公司的责任。

① 发货人的义务。《多式联运公约》就发货人的义务做了具体规定：发货人托运的货物，应当妥善包装，并向国际多式联运经营人保证，货物装运时所提供的货物的品名、标志、包装、件数、重量或体积的正确性。

② 发货人的责任。《多式联运公约》中对发货人的赔偿责任一般原则的规定是：如果国际多式联运经营人遭受的损失是由于发货人的过失或疏忽，或者他的受雇人或代理人在其受雇范围内行事时的过失或疏忽所造成的，发货人对这种损失应负赔偿责任。

发货人的赔偿责任一般包括对于自行装箱不当、记载不妥引起的货损，以及国际多式联运经营人和第三者的损失负责赔偿。而国际多式联运经营人对集装箱内的货物包装不负责任，中途如因包装不良造成的货损可以豁免责任。

③ 国际多式联运经营人的责任。国际多式联运经营人对全程运输承担责任。但在发货人装箱的情况下，要明确造成货物损坏的原因。国际多式联运经营人经过充分准备，召集货主、代理商、保险公司、银行及商检等部门的有关人员，对事故发生的原因进行了全面的分析，向有关部门出示了货物没有包装、违约裸装、装载加固不符合长途运输要求的证据，从而维护了自己的利益。

第 7 章

国际公路、内河、管道、邮政运输

学习目标

- 了解国际公路运输。
- 了解国际内河运输。
- 了解国际管道运输。
- 了解国际邮政运输。

7.1 国际公路运输

7.1.1 公路运输的概念与特点

1. 概念

公路运输是指在公路上运送旅客和货物的运输方式,是交通运输系统的组成部分之一。其主要承担短途客货运输。现代公路运输工具主要是汽车。因此,公路运输一般即指汽车运输。在地势崎岖、人烟稀少、铁路和水运不发达的边远地区,公路为主要运输方式,起着运输干线的作用。

公路运输是 19 世纪末随着现代汽车的诞生而产生的。初期主要承担短途运输业务。第一次世界大战后,基于汽车工业的发展和公路里程的增加,公路运输走向快速发展的阶段,不仅是短途运输的主力,并进入长途运输的领域。第二次世界大战后,公路运输发展迅速。许多欧洲国家和美国、日本等国已建成比较发达的公路网,汽车工业又为其提供了雄厚的物质基础,促使公路运输在运输业中跃至主导地位。发达国家公路运输完成的客货周转量占各种运输方式总周转量的 90% 左右。

2. 特点

公路运输以汽车为运输工具,机动灵活、使用方便,能深入厂矿、铁路车站、码头、农村、山区等各点,加之公路网纵横交错、布局稠密。因此,公路运输既是联系点与点之间的主要运输方式,也是面上的运输方式。公路运输事业投资较少,回收快,设备容易更新;一般来说,公路的技术要求较低,受到破坏后较易恢复。因此,公路运输对国民经济和社会发展,以及战时的军事运输,都起着重要的作用。但公路运输也有其局限性,主要是所用汽车与铁路车辆、船舶等相比,装载量小,单位运输量的能源消耗大,运输成本高,容易发生交通事故，排放污染物和产生噪声污染等，造成汽车公害。这些都有赖于科学技术的进步和组织管理工作的进一步改善。

一些国家的公路运输已逐步取代铁路运输的地位，成为长途客运，乃至货运的重要运输方式。公路运输的主要任务是：出口物资的收购入库和集中港、站；进口物资的疏运；国际多式联运的首、尾段运输；边境贸易的过境运输；供港澳物资或通过港澳中转货物的运输等。因此，公路运输具有以下明显的专业特点。

① 点多面广，季节性强。
② 运距短，单程货多。
③ 鲜活易腐食品要随产随运，有很强的时间性。
④ 运输任务不均衡，突击任务多。
⑤ 集装箱运输发展迅速，公路运输集装箱比重增大。
⑥ 边境公路运输政策性强。

其局限是运输成本高、运载量小。在许多经济发达国家，随着高速公路的大量出现，集装箱直达运输的推广及汽车大型化的发展，公路运输在载重量、运输成本等方面的缺点正逐步得到改善。

7.1.2 公路和汽车

公路运输主要由公路和汽车两部分组成。

1. 公路

1）按管理系统划分

按管理系统划分，公路可分为国家公路、省级公路、县级公路、乡级公路和专用公路。

2）按交通流量及使用任务、性质划分

① 高速公路，能适应年均昼夜汽车通过量为 25 000 辆以上，专供汽车分道高速行驶，并全部控制非机动车辆和行人出入。
② 一级公路，能适应年均昼夜汽车通过量为 5 000～25 000 辆，可供汽车分道行驶，并部分控制非机动车辆和行人出入。
③ 二级公路，能适应各种车辆折算成载货汽车年均昼夜通过量为 2 000～5 000 辆。
④ 三级公路，能适应各种车辆折算成载货汽车年均昼夜通过量为 2 000 辆以下。
⑤ 四级公路，能适应各种车辆折算成载货汽车年均昼夜通过量为 200 辆以下。

2. 汽车

1）按使用的燃料划分

① 汽油车。
② 柴油车。

2）按设计用途划分

① 乘坐车，如吉普车、小轿车、旅行车（8～12 座）、中型客车（15～22 座）、大型客车（40 座以上）。
② 载货汽车，又可分为：轻型车（3 吨以下）、中型车（3～8 吨）、重型车（8 吨以上）、特种车（如起重车、消防车、集装箱挂车）、自卸车（一般自卸车、矿用自卸车和集装箱自装自卸车）等。

3）按车辆对道路的适应能力划分

① 普通汽车，两轮驱动，只适宜在路况较好的道路上行驶。

② 越野汽车，全驱动，能在坏路甚至是无路时行驶。

在国际货物公路运输中，主要使用大中型载货汽车和集装箱牵引车及挂车。

7.1.3 公路运输的经营方式

在市场经济条件下，我国公路运输的组织形式有以下 4 种。

1. 公共运输

公共运输部门专门经营汽车货物运输业务，并以整个社会为服务对象。其经营方式如下。

① 定期路线。不论货载多少，在固定路线上按时间表行驶。

② 定线不定期路线。在固定路线上视货载情况，派车行驶。

③ 定区不定期路线。在固定的区域内根据货载需要，派车行驶。

2. 契约运输

按照双方签订的运输契约运送货物。与公路运输部门签订契约的一般都是大的工矿企业，常年运量较大且稳定。契约期限一般都比较长，短的有半年、一年，长的可达数年。按契约规定，托运人保证提供一定的货运量，承运人保证提供所需运力。

3. 自用运输

工厂、企业、机关利用自备汽车专门运送自己的物资和产品，一般不对外经营。

4. 汽车货运代理

汽车货运代理本身不掌握货源，也不掌握运输工具。它们以中间人的身份，一面向货主提货，一面向运输公司托运，借此收取手续费和佣金。有的汽车货运代理专门从事向货主揽取零星货载，加以归纳集中成为整车货物，然后自己以托运人的名义向运输公司托运，赚取零担和整车货物运费的差额。

为了提高公路运输效率和降低运输成本，公路运输的组织形式和方法不断有新的发展。拖挂运输是以汽车列车取代普通载货汽车运输货物，可以增大车辆的载重量。汽车列车是由牵引车或汽车与挂车组成，两者间能摘能挂，既可按需要灵活调配车辆，又可实行甩挂运输。甩挂运输是指汽车列车按预定的计划，在各装卸作业点甩下并挂上指定的挂车，继续运行的一种组织方式。可使载货汽车（或牵引车）的停歇时间缩短到最低限度，从而最大限度地利用牵引能力，提高运输效能。集中运输是由一个汽车运输单位把货物从一个发货点（车站、码头、仓库等）运往多个收货点，或从多个收货点运往一个收货点的一种货物运输组织方式。实行汽车集中运输，可以加强货运工作计划，有利于统一调度车辆，减少车辆空驶，改善运输质量，提高经济效率。

在"一带一路"倡议的大背景下，我国在国际公路运输领域加快了区域性国际合作步伐，制定了国家标准《汽车货运代理服务质量要求》，并于 2020 年 10 月 1 日实施。

7.1.4 公路运输运费计算

公路运费一般有两种计算标准，一种是按货物等级规定基本运费费率，另一种是以路面等级规定基本运价。凡是一条运输路线包含两种或两种以上的等级公路时，则以实际行驶里程分别计算运价。特殊道路，如山岭、河床、原野地段，则由承托双方另议商定。

公路运费费率分为整车（full container load，FCL）和零担（less than container load，LCL）两种，后者一般比前者高 30%~50%，按我国公路运输部门的规定，一次托运货物在两吨半以上的为整车运输，适用整车费率；不满两吨半的为零担运输，适用零担费率。凡 1 千克重的货物，体积超过 4 立方分米的为轻泡货物（或尺码货物）。整车轻泡货物的运费按装载车辆核定吨位计算；零担轻泡货物，按其长、宽、高计算体积，每 4 立方分米折合 1 千克，以千克为计费单位。此外，尚有包车费率，即按车辆使用时间（小时或天）计算。

7.1.5 国际公路货物运输公约和协定

为了统一公路运输所使用的单证和承运人的责任，联合国所属的欧洲经济委员会负责草拟了《国际公路货物运输合同公约》（International Road Freight Convention），并于 1956 年 5 月 19 日，在日内瓦由欧洲 17 个国家参加的会议上一致通过。《国际公路货物运输合同公约》共有 12 章 51 条，在适用范围、承运人责任、合同的签订与履行、索赔和诉讼及连续承运人履行合同等方面做了较为详细的规定。

此外，为了有利于开展集装箱联合运输，使集装箱能原封不动通过经由国，联合国所属的欧洲经济委员会成员国于 1956 年缔结了《关于集装箱的关税协定》。参加该协定的签字国有欧洲 21 个国家和欧洲以外的 7 个国家。该协定的宗旨是，相互允许集装箱免税过境。

在《关于集装箱的关税协定》的基础上，根据欧洲经济委员会的倡议，还缔结了《国际公路车辆运输规则》（Transport International Router，TIR）。根据该规则规定，集装箱的公路运输承运人，如持有 TIR 手册，允许由发运地到达目的地，在海关的签封下，中途可不受检查、不支付关税，也可不提供押金。

TIR 手册由有关国家政府批准的运输团体发行，这些团体大都是参加国际公路联合会的成员。它们必须保证监督其所属运输企业遵守海关法规和其他规则。协定的正式名称是《根据 TIR 手册进行国际货物运输的有关关税协定》（Customs Convention on the International Transport of Goods under Cover of TIR Carnets）。该协定有欧洲 23 个国家参加，并已从 1960 年开始实施。

《国际公路货物运输合同公约》和相关协定有地区性限制，但它们仍不失为当前开展国家公路运输的重要国际公约和协定，对今后国际公路运输的发展具有一定的影响力。

7.1.6 国际公路运输业务

1. 业务分类

1）出口货物的集港（站）运输

出口货物的集港（站）运输是指出口商品由原产地（收购站或加工厂）到外贸中转仓库，再到港口仓库乃至船边（铁路专用线或航空收货点）的运输。

2）进口货物的疏港（站）运输

进口货物的疏港（站）运输是指按进口货物代理人的委托，将进口货物由港（站）运达指定交货地点。

3）国际多式联运的首末段运输

国际多式联运的首末段运输是指国际多式联运国内段的运输，即将出口货物由内陆装箱点装运至出口港（站），将进口货物由港（站）运至最终交货地的运输。

4) 边境公路过境运输

边境公路过境运输在我国与毗邻国家（地区）设有直通公路过境口岸的地区，如广东的深圳、珠海，新疆的吐尔尕特、霍尔果斯，黑龙江的漠河、黑河，吉林的珲春、三河村等，经向海关申请办理指定车辆、驾驶员和过境路线，在海关规定的指定地点停留，接受海关监督和检查，按有关规定办理报验、完税、放行后运达目的地的运输。

5) 特种货物运输

特种货物运输是指超限笨重物品、危险品、鲜活商品等的运输，要使用专门车辆，并向有关管理部门办理准运证后，方可起运。

6) 一般社会物资运输

在保证外贸进出口货物运输需要的前提下，国际货物运输车队参与一般社会物资的运输，以增加企业的经济效益。

2. 业务程序

1) 一般程序

汽车运输业务的一般程序包括接受托运—计划调车—按单监装承运—监卸—按单交接—签收—结算。

① 外运车队设有专职业务员，主动深入各专业公司，上门办理托运手续，并积极做社会调查，广揽货源，充分发挥运输潜力。

② 计划调度员根据货物托运计划、运输合同、车辆技术状况、当月车辆维修计划及货源流向的道路、装卸现场条件等，编制车辆调配最佳方案，下达出车通知书（运输单或路单）。

③ 认真做好货物的交接。驾驶员在接收货物时，必须点件监装，按规程装车，保证单证齐全。到站交接后，驾驶员必须填写运输作业单并由收货人签收。签收后的运输作业单交回车队统计，作为收费凭证。

2) 集装箱运输程序

（1）出口货物集装箱运输

① 托运人填报托运单。

② 集装箱货运站根据调度计划填装箱通知单。

③ 接到通知后，由集装箱货运站的理货员安排装箱作业，并报海关验关，在海关监督下完成装箱作业并封关。

④ 货物在海关放行后，调度员按计划派车，把集装箱托运至指定交货点，支付签收。

（2）进口货物集装箱运输

① 托运人填报进口货物托运单，并前往集装箱货运站领取码头收据。

② 凭码头收据，填写海关进口货物报关单，向海关报验。

③ 海关放行后，由调度员填写派车单，把集装箱运至指定收货地点，交接验收。

3) 边境公路过境汽车货物运输流程

随着我国国际贸易的不断发展，通过边境公路的过境运输业务也逐渐增加。边境公路过境运输可分为进口运输和出口运输两部分。

（1）出口货物公路过境运输

① 托运人填报托运单并提交有关出口许可证。

② 车队凭委托书及许可证，填制海关出口货物报关单，向出境口岸报关。
③ 海关征税验关后，将货物封关，运送至指定境外交货点交接。

(2) 进口货物公路过境运输

① 托运人向我国外运机构驻外办事处办理托运手续。
② 驻外机构接收后，通知国内驻口岸机构，并安排具备过境承运的外运车队，派车前往装货，驻口岸办事处向收货人索取进口许可证，填报海关进口货物报关单，向口岸海关报验放行。
③ 海关验关征税放行后，按托运委托书的要求，将货物运送至指定地点，交收货人签收。

3. 特种货物运输注意事项

1) 超限笨重货物运输

超限笨重货物运输需要平板货车、单轴挂车及其他特种车辆装运。在运送超限笨重货物时，必须注意以下事项。

① 出具货物出场技术资料，证明物件的体积、质量，说明运送注意事项；对超出正常装载规定的货物，应取得交通监管部门及有关部门的同意后，才能起运。
② 派车前，需了解行车有关路况，以及装卸现场的可操作性。
③ 要明确经过的公路、桥涵、渡口、隧道的可承载性。
④ 运送时，要悬挂红色标志。必要时，要有专门车辆引路。

2) 鲜活易腐货物运输

鲜活易腐货物运输要注意以下几点。

① 加强收货人与发货人之间的协作，使运输环环紧扣，争取以最快的速度将货物运往目的地。
② 快卸快装，严禁乱摔乱扔，保持清洁卫生。
③ 检查卫生检疫证件。

3) 危险品货物运输

危险品货物运输必须遵照交通运输部颁布的《汽车危险货物运输规则》，并注意以下事项。

① 运输只限于该规则内列载的品名。
② 严格执行运输危险品货物防护、防范的规定，认真检查托运单，检验包装。
③ 选择政治可靠、技术良好、熟悉道路的驾驶员承运。途中不得搭乘其他人员，必须按规定的线路和时间行驶。在装运过程中，若出现漏散现象，应按防护办法及时采取措施补救。

4. 商务事故及处理

汽车运输承运的货物由托运人交承运人开始，承运人即对所运货物负全部责任，直至承运人将货物交收货人为止。这一段时间称为承运责任期。货物在承运责任期内，因装卸、运送、保管、交付过程不妥当而发生的货物损坏或丢失事故，称作商务事故，即货损货差。

1) 承运责任期内可能由承运方造成的商务事故

大致有以下几种情况应引起注意。

① 破损,即装卸时操作不当引起货物损坏。
② 污染,即装卸不当引起货物被他物污染。
③ 湿损,即阴雨雪天使货物受潮损坏。
④ 短少失落,即因被盗窃、丢失、事故等造成货物损坏失落。
⑤ 因驾驶员违章驾驶,造成交通事故所发生的货差货损。

2) 在货物交接中可能造成的商务事故

如果手续不清,在货物交接中也会造成责任商务事故。因此,必须注意以下几点。

① 驾驶员必须亲自点数、监装、核对货物的票数、唛头、品种、件数及卸货点,发现不符,立即纠正。
② 运达目的地时,如发现货物短少等情况,应认真审核,等待处理。
③ 运送外贸物资有很强的时间性,因此,在接受托运时,要明确交货时间。
④ 运送贵重、精密及易发生货损的货物时,要与货主协商,及时向保险公司投保。

3) 责任事故划分

对于下列原因造成的损失,承运方不负责任。

① 由不可抗力所致的货损。
② 包装完好,但内部损坏、变质、短少者。
③ 违反国家法令或规定,被有关部门查扣、弃置或其他处理。
④ 货物抵达到达站,收货人逾期提货或局部提取造成的货损。
⑤ 有随车押送人员负责中途保管照料的。

4) 货损货差赔偿办法

① 按实际损失价赔偿。
② 由于装卸原因造成的损失,由装卸部门负责赔偿。
③ 事故查清后,是经济赔偿的,要由托运人或收货人填写事故赔偿书,报有关主管部门审核赔偿。
④ 商务事故处理完毕,向保险公司办理索赔手续。

5) 事故大小的划分

① 重大事故,即货物染毒或危险品发生事故,造成人身死亡或货物损失在 1 万元以上的。
② 大事故,即造成人身严重中毒或货物损失在 5 000 元以上的。
③ 恶性事故,即发生票货分离,涉及国际多式联运过境物资、极端保密物资发生丢失、损坏,损失金额在 1 000 元以上的。

7.1.7 国际道路货物运单

为了规范国际道路运输经营活动,2022 年交通运输部颁布了《国际道路运输管理规定》,规定中对"国际道路货物运单"式样做出了明确的规定,并要求出入境汽车应随车携带国际汽车运输行车许可证、国际汽车运输特别行车许可证、国际道路运输国籍识别标志和国际道路运输有关牌证等。国际道路货物运单如图 7-1 所示。

第7章 国际公路、内河、管道、邮政运输

国际道路货物运单

(CHN) №: 000000

1.发货人 名称 国籍		2.收货人 名称 国籍
3.装货地点 国家　　　　　市 街道		4.卸货地点 国家　　　　　市 街道

5.货物标记和号码	6.件数	7.包装种类	8.货物名称	9.体积(m³)	10.毛重(kg)

11.发货人指示
  a.进/出口许可证号码：　　　　　从　　　　　在　　　　　海关
  b.货物声明价值
  c.发货人随附单证
  d.订单或合同号　　　　　　　包括运费交货点
  e.其他指示　　　　　　　　　不包括运费交货点

12.运送特殊条件	13.应付运费			
	发货人	运费	币别	收货人
14.承运人意见				
15.承运人	共计			

16.编制日期　　　　　　　　　17.收到本运单货物日期
  到达装货　时　分　　　　　　18.到达卸货　时　分
  离去　　　时　分　　　　　　　离去　　　时　分
  发货人签字盖章　　　　　　　　收货人签字盖章
  承运人签字盖章

19.车辆号牌　　　车辆吨位　　　20.运输里程　　　过境里程
  司机姓名　　　拖挂车号　　　　收货人境内里程
  行车许可证号　　路单号　　　　共计

21.海关机构记载：　　　　　　　22.收货人可能提出的意见：

说明：1.本运单使用中文和相应国家文字印制。2.本运单一般使用一式四联单。第一联：存根；第二联：始发地海关；第三联：口岸地海关；第四联：随车携带。（如是过境运输可印制6～8联的运单，供过境海关留存）

图 7-1　国际道路货物运单

7.2 国际内河运输

7.2.1 内河运输概述

1. 内河运输的含义

内河运输（inland water transportation），是指船舶在江河航线之间经营客运和货运业务。它是水上运输的一个重要组成部分，也是连接内陆腹地（inland area）和沿海地区（coastal region）的纽带。它具有运量大、投资少、成本低、耗能少的特点，可以直达河海。内河运输对一个国家的国民经济和生产力布局起着至关重要的作用，所以世界各国都十分重视内河运力开发和建设。

2. 内河运输的发展

历史上，内河运输是人类较早采用的一种重要的运输方式。早期人类受征服自然能力的限制，只能利用自然河道。后来，逐渐掌握了河流的运动规律，才开始整治河道，挖掘运河，建筑河坝，使用河流满足人类运输的需要。经过人为改造后的现代内河航道，水流平稳，宽阔水深，一些内河可以容纳海轮直驶上游。

在早期的内河运输中，运行的船舶单一。尽管后人改进了船舶的结构，增大了载重量吨位，但载重量仍有一定的限度。19世纪中叶，拖带方法的采用使内河运输量成倍增长。内河运输的驳船主要使用拖船带动，称为拖带法。拖带法成为内河运输发展的一个重要的里程碑。

以20世纪发生的两次科技革命为背景，造船工业得到突飞猛进的发展，船舶的结构、性能日趋完善。在现代运输中，载驳船的出现把内河驳船运输与海洋运输紧密衔接为一体，减少了中间环节，降低了运输成本，提高了航运效率。内河运输适宜装运大宗货物，如矿砂、粮食、化肥、煤炭等，而且由于航运平稳，在运送石油等危险货物时也较安全。

随着今后物流业的发展，内河航运被纳入物流链和独立的供应链管理的一部分，特别是内河集疏运系统与海运系统的构建对于国际海运进出口贸易、跨区域消费品配送将更具优势。

3. 内河运输的成本

沿海运输和远洋运输相比，船舶吨位较小。它的成本除计算客、货运换算成本以外，还按照运输的不同种类计算运输分类成本。运输种类主要有以下几种：客运为客轮客运；货运为拖驳货运；油运为油轮油运、拖驳油运；排运为拖轮排运。内河运输费用支出一般分为船舶费用和港埠费用。船舶费用指运输船舶的各项费用，包括船员工资、提取修理费、事故损失和其他费用。港埠费用是指为分配由运输船舶负担的港埠费用，以及直接支付外单位的港口费用。内河运输成本以月、季、年为成本计算周期。一般来说，船舶费用应按不同船舶类型归集，对于吨位较大的船舶也可单独进行单船归集。在计算运输分类成本时，应将按船舶类型归集的船舶费用在各运输种类之间进行分配。

7.2.2 内河运输的船舶

相对于海洋，内河吃水浅、河道狭、弯度多、水位涨落幅度大。因此，内河航船的结构和用途与海轮有所不同。内河使用的船舶主要有以下 4 种。

1. 内河货船

内河货船是指本身带动力,有货舱可供装货的船舶。这是内河运输的主要工具。内河货船的载重吨位、长度和吃水深浅,视河道条件而异,但一般均比海船小。内河货船具有使用方便、调度灵活的特点,但载重量小、成本高。因此,只用来经营内河定期船。

2. 拖船和推船

拖船和推船都是动力船,本身一般不装载货物,而是起拖带和推动驳船的作用。前者在驳船前面,拖带驳船前进;后者在驳船后面,顶推驳船前行。以前,内河运输的驳船主要使用拖船带动。因为顶推法较拖带法具有阻力小、推力大、操纵性能强的优点,目前,推船已逐渐取代拖船,成为内河运输的发展方向。

3. 驳船

内河驳船按有无动力可分为机动驳船和非机动驳船,以拖带法和顶推法为标准,可以分为拖驳船和推驳船。推驳船是一种有一定尺度的标准型驳船,便于编队分节。驳船上没有舵、锚、生活设施和救生设备,整个驳船是一个长方形的货舱,以供装货。近年来,驳船的发展具有标准化、系列化和专业化的特点。

4. 河/海型船

河/海型船既可在内河又可在沿海航行,现已发展成为一种独立的船型。在结构上,除了吃水较浅外,类似于海轮。

7.2.3 我国的内河运输

早在 4 500 年前,中国就能制造舟楫,商代即已有帆船;夏、商、周时,黄河已为重要运粮干线。春秋战国时代开凿了鸿沟、邗沟,秦代修通了灵渠,至隋代则开通了南北大运河,从而形成中国古代水运的兴盛时期。明代郑和七下西洋,为世界航海史册增添了光辉的一页。总之,在内河航运和远洋航海方面,中国在历史上都曾处于世界领先地位。

我国河流众多,河流总长为 43 万千米,多年平均径流量为 27 115 亿立方米,占亚洲径流量的 20%。丰富的水运资源和环境为我国水运的发展提供了优良的自然环境。截至 2021 年年底,我国内河航道的通航里程有 12.8 万千米,其中高级航道超过 1.6 万千米,拥有生产用码头泊位 20 867 个,万吨级及以上的泊位有 26 597 个,基本形成了长三角、津冀、粤港澳等世界级的港口群。近年来,中国水运业已形成了布局合理、层次分明、功能齐全、优势互补的港口体系;同时,全国高等级航道网也基本形成。中国大陆港口(货物)吞吐量和集装箱吞吐量连续多年保持世界第一。

7.3 国际管道运输

7.3.1 管道运输概述

1. 管道运输的定义

管道运输(pipeline transportation),是利用管道输送气体、液体和粉末状固体的一种特殊运输方式,它随着石油原油的生产而产生。管道运输与普通货物运输的形态不同。普通货物运输是随着运输工具的移动被运送到目的地,而作为管道运输的运输工具本身的管道是固定不动的,只是货物本身在管道内移动。管道运输是运输通道和运输工具合二为一的运输方式。

管道运输始于19世纪中叶,1859年美国宾夕法尼亚州建成了第一条原油输送管道。20世纪以来,伴随着第二次世界大战后石油工业的发展,管道建设进入了一个新的阶段。各产油国竞相兴建大量油气管道。从20世纪60年代开始,输油管道的发展趋于采用大管径、长距离,并逐渐建成成品油输送的管网系统。同时,开始了用管道输送水煤浆的尝试。

目前,在全球能源产品的运输中,管道运输占有较大的比重。近年来,管道运输也被进一步研究开发用于散状物料、成件货物、集装物料运输,并发展了容器式管道输送系统。管道运输是国民经济综合运输的重要组成部分之一,也是衡量一个国家的能源业与运输业是否发达的一个特征。目前,长距离、大管径的油气管道均由独立的运营管理企业负责经营和管理。

2. 管道运输的特点

1) 运量大

输油管线可以源源不断地完成输送任务。根据其管径的大小不同,每年的运输量可达数百万吨到几千万吨,甚至超过亿吨。

2) 占地少

管道运输建设实践证明,运输管道埋藏在地下的部分占管道总长度的95%以上。因此,管道运输占地少,分别为公路的3%和铁路的10%左右。在交通运输规划系统中,优先考虑管道运输方案,对于节约土地资源意义重大。

3) 建设周期短、费用低

国内外交通运输系统建设的实践表明,管道运输系统的建设周期与相同运量的铁路建设周期相比,一般要短1/3以上。我国自行铺设的大庆至秦皇岛全长1 152千米的输油管道,用时23个月,而若要建设一条同样运输量的铁路,至少需要3年时间。统计资料表明,管道建设费用比铁路低近60%。

4) 安全可靠、连续性强

石油、天然气易燃、易爆、易挥发、易泄漏,采用管道运输的方式可以避免以上危险。同时,由于油气泄漏导致的大气、水和土壤污染也可大大减少。可见,管道运输符合运输绿色化的要求。此外,管道大都埋藏于地下,恶劣多变的气候对其影响小,可以确保运输长期、安全、稳定地进行。

5) 耗能少、成本低、效益好

发达国家采用管道运输石油,能耗不足铁路的1/7,在大量运输时的运输成本与水运接近。因此,在无水条件下,管道运输是一种最节能的运输方式。

管道运输还是一个连续的工程,运输系统不存在空载行程,因此系统的运输效率高。理论和实践都已经表明,管道口径越大,运输距离越远,运输量越大,运输成本就越低。以石油管道运输为例,管道运输、水路运输、铁路运输的运输成本之比为1∶1∶1.7。

6) 灵活性差

管道运输除承运的货物比较单一外,也不容许随便扩展管线,实现"门到门"的灵活运输服务。一般来说,管道运输常常要与铁路运输、汽车运输、水路运输配合,才能完成全程输送。

管道运输的上述特点决定了它适合于单向、定点、量大的流体状货物（如石油、油气、水煤浆、某些化学制品原料等）的运输，而且利用容器包装运送固态的货物（如粮食、沙石、邮件等）也有良好的发展前景。

3. 管道运输的类别

1）按照铺设工程划分

管道运输就其铺设工程可分为架空管道、地面管道和地下管道。其中，以地下管道的应用最为普遍。视地形情况，一条管道可能三者兼而有之。

2）按照地理范围划分

管道运输就其地理范围可分为原油管道、成品油管道和系泊管道。从油矿至聚油塔或炼油厂，称为原油管道；从炼油厂至海港或集散中心，称为成品油管道；从海港至海上浮筒，称为系泊管道。

3）按照运输对象划分

管道运输就其运输对象可分为液体管道、气体管道和水浆管道。此外，管道运输同铁路运输和公路运输一样，也有干线和支线之分。

4）按照运输方式划分

① 把散状或粉尘状物料与液体或气体混合后沿管道运输，这种与液体混合的方式叫作浆液运输。它适用于煤、天然沥青、矿砂、木屑、浆料等货种。由于这种方案受物料性质、颗粒大小与重量等因素的限制，运输距离不能太长，同时能耗较多，对管道的磨损也较大。

② 用密封容器装散状物料，放在管道的液流中，或用专用载货容器车装散状物料，置于管道气流中，靠压力差的作用运送物料。这种用容器车进行管道运输的方法，能运送大量不同种类的货物。

管道运输由于管道路线和运输是固定的，所以运输费用的计算比较简单。按油类的不同品种规格规定不同的费率标准，其计算标准多数以桶为单位，也有以吨为单位的，且均规定每个批量的最低托运量。

7.3.2　世界管道运输现状

管道运输主要用于能源输送，除普遍用于石油、天然气、液化石油气、化工原料等的输送外，还用于煤浆、煤层气、矿石等的运输。近年来，虽受新冠疫情、全球油气贸易波动、地缘政治等因素影响，全球油气管道建设仍持续推进。截至 2021 年年底，全球在役管道总里程约 202 万千米，其中天然气管道约 135 万千米（占比 67%），原油管道约 40 万千米（占比 20%），成品油管道约 27 万千米（占比 13%）。未来，全球油气管道建设仍以天然气管道为主。在发达国家，成品油的远距离运输主要靠管道，欧美发达国家和中东产油区的油品运输现已全部实现了管道化。

目前，世界管道运输网分布很不均匀，主要集中在北美、欧洲、俄罗斯和中东，除中东外的亚洲其他地区、非洲和拉丁美洲的管道运输业相对较为落后。

1. 北美

美国是世界上最大的石油消费国和主要的生产国之一，石油消费的一半以上依赖进口，由于本国石油资源高度集中在墨西哥湾沿岸和阿拉斯加的北冰洋沿岸地区，为了向非产油区供应油气，美国修建了长达 29 万多千米的输油管道和 30 多万千米的输气管道，其各类管道总长度位居世界第一，也是世界上管道技术最为先进的国家。

早在第二次世界大战期间的 1943 年，美国就修建了两条当时世界上最长的管道：一条是从得克萨斯州到宾夕法尼亚州的原油管道，全长 2 158 千米，管径 600 毫米；另一条是从得克萨斯州到新泽西州的成品油管道，全长 2 745 千米，管径 500 毫米。第二次世界大战后，美国的管道运输业继续高速发展，目前，其管道运输量已占到了全国货运总量的 20% 以上，是世界上管道工业最发达的国家之一。

北美省际输油管道是北美地区最长的原油管道，它北起加拿大的埃德蒙顿，南到美国的布法罗，贯穿了加拿大和美国，全长 2 856 千米，沿全线分布着众多泵站，管道日输送量达 3 000 多万升。

1977 年，美国建成了纵贯阿拉斯加州的输油管道，这是一条在高纬度严寒地区修建的大口径管道，它伸入北极圈，当时引起了全世界的瞩目。阿拉斯加管道北起北冰洋沿岸的普拉德霍湾（这里的石油占美国石油可开采量的 1/3），南至太平洋沿岸的瓦尔迪兹港，穿越了三条山脉、300 多条大小河流和近 650 千米的冻土带，全长 1 287 千米，管径 1 220 毫米，年输油量在 4 000 万吨以上，全线采用计算机控制，是美国最长的现代化输油管道，也是世界上最为先进的管道之一。美国的科洛尼尔成品油管道系统，全长 4 610 多千米，是世界上最长的成品油管道。

除油气管道外，美国还拥有较多输送煤浆的管道。美国 1970 年建成的黑梅萨煤浆管道，南起亚利桑那州卡因塔露天煤矿，北至内华达州莫哈夫电厂，全长 439 千米，管径为 457 毫米和 305 毫米，年输煤量为 450 万吨，是目前世界上输煤量最大的一条管道。

加拿大的油气管道业也十分发达。加拿大拥有总长超过 3.5 万千米的输油管道，密集的管网把落基山东麓的产油区与消费区（中央诸省和太平洋沿岸）连接起来，并与美国的管道网相连。加拿大还拥有横贯全国的泛加输气管道，管道总长 8 510 千米，管径从 500 毫米到 1 000 毫米，年输气量达 300 亿立方米，是世界上最长的输气管道。

2. 欧洲和俄罗斯

在欧洲主要发达国家，油气运输已实现管网化。自发现北海油田后，欧洲陆续新建了一批大口径（管径在 1 000 毫米以上）的高压力管道，管道长度已超过一万千米，现在仍是世界上油气管道建设的热点地区之一。

俄罗斯现有的石油管网总长 5 万多千米，由于国土辽阔，横贯俄罗斯大陆的每条输油管道的干线长度，一般均在 3 500～4 000 千米。由于许多输油管道都已老化或超期服役，俄罗斯输油管道系统的运行效率偏低，为了适应俄罗斯大规模出口原油的需要，这些管道大都需要进行大修和综合改造。

3. 中东地区

中东是世界上最大的产油区和石油出口区，也是油气管道密布的地区。

沙特阿拉伯在 1987 年建成了东起波斯湾沿岸的阿卜凯克，向西横越阿拉伯半岛后，到达红海岸边的延布港，全长 1 200 千米、管径 1 219 毫米的大口径长输原油管道。该管道仅在 1988 年输油量即达 1.1 亿吨，至今，年输油量仍保持在 9 000 多万吨，是世界上运量最大的石油管道。伊朗的阿瓦士—阿加贾里—加拉维管道，全长仅 248 千米，但其第一期工程年输油量就达到了 7 500 万吨。

中东地区比较重要的管道还有从伊拉克北方油田基尔库克到土耳其的地中海港口城市杰伊汉的跨国石油管道。伊拉克战争前，该管道每天的输油能力高达 90 万桶，2003 年伊拉克战争爆发后，该管道被迫关闭。2003 年 8 月，该管道短暂重启曾导致国际油价每桶暴跌一美元左右。

4. 世界海底管道

除了陆上管道外，世界海底管道业也十分发达。目前，世界上较长的海底管道多分布在北欧地区，运输从北海油田开发的油气资源。

挪威是欧洲仅次于俄罗斯的第二大天然气出口国，也是世界上海底管道最多的国家之一。世界上已建成的最长的海底管道，就是从挪威开发的北海海上油田到比利时泽布吕赫的海底天然气管道，该管道全长 814 千米，管径 1 016 毫米。

自 1865 年美国建成世界上第一条输油管道至今，管道运输业已有近 140 年的历史。美国的"潮水输油管"在世界运输史上引发的一场运输业大革命，已经使油气管道运输成为继公路、铁路、空运、海运之外的世界第五大运输体系。

7.3.3 中国管道运输现状

早在公元前 3 世纪，中国就创造了利用竹子连接成管道输送卤水的运输方式，可以说这是世界管道运输的开端。到 19 世纪末，四川自流井输送天然气和卤水的竹子管道长达 200 多千米。但现代化管道运输则是自 20 世纪 50 年代以来才得到发展的。

我国最早的一条石油管道于 20 世纪 40 年代初期铺设，从印度边境通往我国云南昆明，由于该管道质量较差，效率很低，使用时间不长便弃之不用了。1974 年 12 月 27 日，中国第一条"地下大动脉"——大庆油田至秦皇岛输油管道建成输油，这条管道全长 1 152 千米，对中国运输技术的发展和国民经济建设起到重要作用。

随着中国石油工业的发展，管道运输业也得到了相应的发展。从 20 世纪 70 年代初开始，中国展开了大规模的长距离输油管道的建设，逐步实现了原油运输由铁路为主转向以管道运输为主。我国已建成的原油长输管道总长达一万多千米，各油田所产原油的 80% 均由管道外输。天然气长输管道总长近万千米，承担着全国各油（气）田 100% 的天然气运输任务。管道运输业已成为继铁路、公路、水运、航空之后的第五大运输行业。

2021 年，受国际油价大幅增长、地方炼油行业整顿、国内新冠疫情得到有效控制、"双碳"目标引领国内能源加快转型、北方地区清洁取暖持续推进等多重因素叠加影响，我国石油市场增长减速，据统计，2021 年中国原油资源供应总量达到 7.14 亿吨，其中国内生产 1.99 亿吨，比上年增长 2.4%，进口总量为 5.13 亿吨，比上年下降 5.4%，原油加工总量为 7.04 亿吨，与上年相比增长 4.3%。

截至 2021 年年底，我国建成油气长输管道里程累计达到 15.0 万千米。其中，天然气管道里程约 8.9 万千米，占比 59.33%，原油管道里程约 3.1 万千米，占比 20.67%，成品油管道里程约 3.0 万千米，占比 20%。预计未来天然气需求继续保持增长态势，"十四五"期间天然气基础设施建设加快；碳达峰、碳中和战略目标顶层设计出台，将进一步推动天然气"全国一张网"体系加快完善；省级管网改革将成为未来油气行业重点改革方向。

7.4 国际邮政运输

世界各国的邮政业务均由国家办理,而且均兼办邮包运输业务。世界各国邮政之间订有协定和公约,通过这些协定和公约,使邮件包裹的传递畅通无阻,四通八达,形成全球性的邮政运输网,从而使国际邮政运输成为国际贸易中普遍采用的运输方式之一。

7.4.1 国际邮政运输概述

1. 概念

邮政运输(parcel post transport),是指通过邮局寄交进出口货物的一种运输方式。邮政运输比较简便,只要卖方根据买卖合同中双方约定的条件和邮局的有关规定向邮局办理寄送包裹手续,付清邮费,取得收据,就可完成交货任务。

国际邮政运输(international parcel post transport)是一种具有国际多式联运性质的运输方式。一件国际邮件一般要经过两个以上国家的邮政局和两种以上不同运输方式的联合作业才能完成。

国际邮政运输分为普通邮包和航空邮包两种,对每件邮包的重量和体积都有一定的限制。例如,一般规定每件长度不得超过 1 米,重量不得超过 20 千克,但各国规定也不完全相同,可随时向邮局查问。邮政运输一般适合于重量轻、体积小的货物,如精密仪器、机械零件、药品、样品和各种生产上急需的物品。

2. 特点

国际邮政运输是国际贸易运输不可缺少的渠道,具有以下几个特点。

1)广泛的国际性

国际邮政运输是在国与国之间进行的。在多数情况下,国际邮件需要经过一个或几个国家经转。各国相互经转对方的国际邮件,是在平等互利、协作配合的基础上,遵照国际邮政公约和协定的规定进行的。

为确保邮政运输安全、迅速、准确地传送,在办理国际邮政运输时,必须熟悉并严格遵守本国和国际的各项规章和制度。

2)国际多式联运性质

国际邮政运输通常需要经过两个或两个以上国家的邮政部门,以及两种或两种以上不同运输方式的联合作业。从邮政托运人的角度来说,它只要向邮政部门照章办理一次托运,一次付清足额邮资,在取得一张包裹收据后,全部手续即告完备。至于邮件运送、交接、保管、传递等一切事宜,均由各国邮政部门负责办理。

邮件运抵目的地,收件人可凭邮政部门到件通知和收据向邮政部门提取邮件。所以,国际邮政运输就其性质而论,具有国际多式联运的性质。

3)实现了"门到门"运输

世界各国的邮政网络如繁星满天密布,邮件可在当地就近向邮政部门办理,邮件到达目的地后,收件人也可在当地就近邮政部门提取。所以,邮政运输实现了"门到门"服务。

4)运输任务不同

相较于其他国际货运方式,国际邮政运输的特点集中反映在运输的任务上。国际邮政运输的任务是通过国际邮件的传递，沟通和加强各国人民之间的通信联系，促进相互的政治、经济、文化交流。这与国际贸易形成的大量货物运输差异明显。

5）运输的标的不同

由于邮政业的规定及受邮政高运费的影响（相比于公路、海洋等运输方式），国际邮政运输只适用于重量轻、体积小的商品，如精密仪器、机器零件、金银首饰、药品，以及各种样品和零星物品等，而不宜运送成批量的货物，而且国际邮政对邮件的重量和体积均有限制。

3. 影响邮政运输规划的主要因素

邮政运输是一个涉及多种因素的综合性复杂系统，下面分析影响邮政运输规划的主要因素。

1）邮路结构

邮路结构是实现邮件异地转移的基础设施。它是在交通运输网络的基础上，按照一定的要求，挑选出来适合邮政运输的道路集合。在我国不同的地域，邮路等级有着很大的差别。相对来说，东南部交通运输网络发达，邮路等级较高，而西部地区则相对落后，邮路状况不甚理想。另外，由于自然灾害造成的邮路断路也时有发生。

邮政运输网路可分为干线网和省内网。干线网主要针对全国一、二级邮区中心局间的邮件运输，省内网则主要面对省内二、三级邮区中心局间的邮件运输。

2）运输工具

运输工具是实现邮件异地转移的载体，是以一定的邮路结构为基础的。我国邮政运输主要依赖于委办，特别是干线运输，需要依托航空和铁路部门提供的运能支持，车辆开行时刻、停靠站点和容间大小都不具备自主权。虽然经过一定时间的积累，自办邮路有了很大的发展，但主要还是通过汽车邮路来完成部分省内邮件的运输。另外，邮件运输还涉及少量的轮船运输。

3）邮件种类和流量流向

就运输环节而言，我国将邮件按时限要求大致划分为快件和普件，针对不同的邮件类别实施相应的运输计划。快件主要强调传递时限短，普件着重考虑邮件运输成本的降低。对于不同的邮件种类，其运输评价指标不一样。另外，邮件流量流向区域性差别大，邮件总量与流量流向随机变化，季节性强，变化幅度大。

4）时限

时限是衡量邮政运输质量的重要指标。由于实物邮件的异地转移是邮政运输的基本内容，邮政运输中的每一个环节都有严格的处理时限标准，而且端到端有一个总的时限标准。通常，邮政运输在整个邮政通信作业过程中所占的时限比例较大，因此，花在邮政运输中的时间是邮政运输路由规划时需要着重考虑的一个评价因素。影响时限标准实现的主要因素是运输时间和转运时间。

7.4.2 万国邮政联盟

万国邮政联盟（Universal Postal Union，UPU），简称"万国邮联"，是商定国际邮政事务的政府间国际组织。它成立于1874年，1948年成为联合国专门机构。其宗旨是根据《万国邮政联盟组织法》的规定，组成一个国际邮政领域的组织机构，以便相互交换邮件；组织和改善国际邮政业务,以便有利于国际合作的发展;推广先进经验,给予会员国邮政技术的援助。

万国邮联的组织机构有邮政联盟大会和执行理事会、邮政经营理事会和国际局等机构。其中,国际局为邮联的中央办事机构,设在瑞士伯尔尼。国际局的主要任务是对各国邮政进行联络,提供情报和咨询,负责大会筹备工作和准备各项年度工作报告等。

中国于1914年加入该组织。1972年,万国邮联恢复中国合法席位。自1974年以来,中国参加了历届万国邮联大会,并当选历届邮政经营理事会理事国,除两届轮空外,均当选行政理事会理事国。1999年8月23日至9月15日,万国邮联第22届大会在北京举行。

2016年10月,在土耳其伊斯坦布尔举行的第26届万国邮联大会上,我国成功当选新一届万国邮联行政理事会和邮政经营理事会理事国,这对于推动我国邮政深度参与国际邮政事务、扩大我国在邮政领域影响、推动我国邮政业发展"走出去"战略实施和加强我国"一带一路"建设、"中欧班列"实施,将具有重要的作用。

2021年8月,在科特迪瓦阿比让举行的第27届万国邮联大会上,我国成功连任新一届万国邮联行政理事会和邮政经营理事会理事国,当选邮政经营理事会副主席国。

7.4.3 邮包种类、邮资和单证

1. 邮包分类

国际邮件按运输方法分为水陆路邮件和航空邮件,按内容性质和经营方式分为函件和包裹两大类。

按照我国邮政部门的规定,邮政包裹又可细分为以下几种。

1)普通包裹

凡适于邮递的物品,除违反规定禁寄和限寄的以外,都可以作为包裹寄送。

2)脆弱包裹

脆弱包裹是指容易破损和需要小心处理的包裹,如玻璃器皿、古玩等。

3)保价包裹

保价包裹是指邮政部门按寄件人申明的价值,承担补偿责任的包裹。一般适于邮递贵重物品,如金银首饰、珠宝、工艺品等。

另外,邮政包裹如以航空方式邮递,即分别称为航空普通包裹、航空脆弱包裹和航空保价包裹。

2. 邮资和单证

邮资是邮政局为提供邮递服务而收取的费用。各国对邮资采取的政策各有不同。有些国家把邮政收入作为国家外汇收入来源之一;有些国家要求邮政自给自足,收支大致相抵;有些国家则对邮政实行国家财政补贴。从而形成了世界各国不同的邮资水平。我国的邮资水平属于偏低类。

邮政部门在收寄包裹时,均给予寄件人执据,所以包裹邮件属于给据邮件。给据邮件均可以办理附寄邮件回执。回执是邮件投交收件人,作为收到凭证的邮件。回执可以按普通、挂号或航空寄送。

根据《万国邮政公约》(*Universal Convention of Post*)的规定,国际邮资应按照与金法郎接近的等价折成其本国货币。邮联以金法郎为单位,规定了基本邮资,以此为基础,允许各

国可按基本国情增减。增减幅度最高可增加70%，最低可减少50%。国际邮资均按重量分级为其计算标准。邮资由基本邮资和特别邮资两部分组成。基本邮资是指邮件经水路运往寄达国应付的邮资，也是特别邮资计算的基础。基本邮资费率是根据不同邮件种类和国家地区制定的，邮政局对每一邮件都要照章收取基本邮资。特别邮资是为某项附加手续或责任而收取的邮资，如挂号费、回执费、保价费等，是在基本邮资的基础上按每件加收的，但是保价邮资须另按所保价值计收。

邮政运输的主要单证是邮政收据（post receipt）。它是邮政局收到寄件人的邮件后所出具的凭证，也是邮件灭失或损坏时凭以向邮政局索赔的凭证，也是收件人提取邮件的凭证。

3. 邮政运输的有关规定

1）禁寄限寄范围

国际邮件内容，除必须遵照国际一般禁止或限制寄递的规定外，还必须遵照本国禁止和限制出口的规定，以及寄达国禁止和限制进口和经转国禁止和限制过境的规定。

武器、弹药、爆炸品、受管制的无线电器材、货币、票据和证券、黄金、白银、白金、珍贵文化古玩、内容涉及国家机密和不准出口的印刷品、手稿等，均属于禁止出口的物品。

限制出口物品指有规章数量或经批准方许可向外寄递的物品，如粮食、油料等，每次每件以1千克为限。对商业性行为的邮件，则按进出口贸易管理条例规定的办法，如规定需要附许可证邮递的物品，寄件人必须向有关当地对外贸易管理机构申请领取许可证，以便海关凭此放行。有些物品，如肉类、种子、昆虫标本等按规定须附卫生检疫证书。

2）有关重量、尺寸、封装和封面书写要求规定

按照国际和我国邮政规定，每件邮包重量不得超过20千克，长度不得超过1米。邮件封装视邮件内所装物品性质的不同，要求亦有所不同。对封装总的要求以符合邮递方便、安全并保护邮件不受损坏为原则。对封面书写则要求清楚、正确、完整，以利准确、迅速和安全地邮递。

4. 邮政运输的责任范围

根据邮政法规，寄件人应遵守邮政有关规定，办理邮件委托手续并照章交付邮资；邮政部门负有安全、准确、迅速完成接受委托的邮递责任，并对邮件的灭失、短少、损坏负有补偿责任。但非因邮政部门的过失所造成的邮件灭失、短少、损坏，邮政部门可免于负责。凡由于下列原因所造成的损失，邮政部门可免于负责。

① 不可抗力。
② 寄达邮局按法令予以扣留或没收的。
③ 违反禁限寄规定而被主管当局没收或销毁的。
④ 寄达国声明对普通包裹不负补偿费任的。
⑤ 属于寄件人的过失，所寄物品性质不符，以及邮件封装不妥。
⑥ 虚报保价金额。
⑦ 属于海关监督查验所做的决定。
⑧ 寄件人未在规定期限内办理查询的。关于补偿范围和补偿金额：凡保价包裹和普通包裹，邮政部门都负责予以补偿，对保价包裹的补偿金额，最多不超过货价金额。普通包裹的补偿金额，每件不超过一定标准，如实际损失低于该标准，则按实际损失补偿。

本章总结

重点词汇
公路汽车　内河运输　管道运输　邮政运输

货物迟交，责任应由谁来负

8月4日，山东某工贸公司与广州一进出口公司签订买卖合同，出售一批价值20万元的瓷器。为了方便运输和交货，山东工贸公司与青岛某运输公司签订运输合约，其中规定，运输公司尽可能在8月6日前将货物送抵广州，装货完毕后，山东工贸公司将发货单一并交予运营司机，但是由于突遇暴风骤雨，三天后，即8月7日才到达目的地，延误了装船，并且广州进出口公司在开箱验货时发现部分瓷器损毁，便拒付货款。在多次协调未果的情况下，山东工贸公司将运输公司告上法庭，要求其赔偿经济损失。

问题：本案例中的运输公司是否应承担赔偿责任？

案例解析：

本案的焦点问题在于，交货日期的延误和瓷器的损毁是否是运输公司应承担的责任。

货物是公路运输的对象，运输部门在承运责任期内，应将承运的物资完整、无损地送到目的地。货物的交接就是责任的转移。案例中山东工贸公司已将货物完整交予承运人，从而造成了责任的转移。另外，车辆在行驶途中因震动和颠簸产生的各种作用力，会因驾驶操作不当、道路路面标准低劣、车辆技术状况不佳等因素而加剧。因此，车辆在行驶时，应尽可能设法减少或避免货物与货物、货物与容器、货物与车厢之间发生的碰撞、摩擦或冲击。

一般来说，在承运责任期发生的货损运输部门应付有相应的责任，并应按有关规定赔偿托运单位的经济损失。但是有些事故的发生不完全是运输公司的过失，如由于人力不可抗拒的自然灾害，或货物本身性质发生变化及货物在运送途中的自然减量等。

本案例就属于人力不可抗拒因素而导致货物的交接迟延，所以运输部门不承担全部的法律责任。但是在承运货物时，运输部门应及时通知买方或者卖方货物状况、交货日期可能出现迟延等一些必要的准确信息。运输部门没有告知广州进出口公司瓷器可能延交，使进出口公司没有时间采取必要的补救措施，导致了出口业务的失败。就此一点运输公司也应承担一定的责任。

下篇　国际货物运输保险

第 8 章

保 险 概 述

学习目标

- 熟悉保险的定义及种类。
- 了解保险合同的概念、特征、主体和客体。
- 熟悉保险合同的内容。

8.1 风 险 概 述

8.1.1 风险的含义

风险（risk），是指某一事件发生的不确定性（uncertainty）。它强调某一事件在一定时期、一定范围内可能发生，也可能不发生。简单地讲，任何事情只要将来有可能出现不同的结果，这就是风险。风险普遍存在于人们的日常生活和生产经营中。可以用数学语言将风险描述为，在一定时间内某个事件 X 发生的概率介于 0 与 1 的开区间，即 $P(X) \in (0, 1)$。

8.1.2 风险的种类

风险可从不同的角度予以分类，常见的有以下几种分类法。

1. 按照风险的性质分类

① 纯粹风险（pure risk），是指只有损失可能而无获利机会的风险。各类自然灾害及意外事故，如地震、洪水、海啸、火灾、爆炸、船舶碰撞等均属于纯粹风险。纯粹风险所致损失是"绝对"的，其发生只会带来财产损毁及人身伤亡的不利后果，是社会财富的净损失，因而没有人愿意主动接受此类风险。

② 投机风险（speculative risk），是指既有损失可能也有获利机会的风险。例如，股票、外汇买卖的风险即为投机风险，它既可能给买卖主体造成损失，也可能带来收益。由于投机风险所致损失是"相对"的，对个体而言，存在获利的可能，因而会有一些人为追求利益而主动冒此风险。

2. 按风险涉及的对象分类

按风险涉及的对象，可将风险分为财产风险、责任风险、信用风险和人身风险。

① 财产风险（property risk），是指导致财产损毁、灭失和贬值的风险。例如，企业机器设备因火灾而被焚毁，货物在运输途中因船舶触礁而被浸湿等均属于财产风险。

② 责任风险（liability risk），是指根据合同或法律上的规定，因个人或团体的疏忽、过失造成他人的财产损失或人身伤亡而应承担经济赔偿责任的风险。例如，司机驾驶汽车时违反交通法规撞到行人致其伤亡，发生医疗事故造成病人病情加重或死亡等均属责任风险导致的责任事故，责任方应承担经济赔偿责任。

③ 信用风险（credit risk），是指在经济交往中，由于义务人违约或违法行为而给权利人造成经济损失的风险。例如，进口商没有按贸易合同的规定向出口商支付货款，而使出口商遭受经济损失，即为信用风险。

④ 人身风险（personal risk），是指疾病、意外事故等可能导致人的伤残、死亡或丧失劳动能力的风险。

8.1.3 风险的特征

风险是指未来结果的多样性和不确定性。由于保险对于风险的研究只考虑损失的情况而不涉及受益的情况，因此，从保险的角度来看，风险是指客观存在的发生损失的不确定性。风险具有以下 3 个特征。

1. 风险的客观性

风险的客观性是指风险客观地存在于日常生活的方方面面。

2. 风险的损失性

人们关心风险、研究风险，是因为风险与损失密切相关。客观存在的风险一旦发生往往给人们造成财产损失和人身伤亡。

3. 风险的不确定性

风险的不确定性是指风险一旦发生，造成的损失具有不确定性，即是否造成损失不确定，损失程度的大小不确定，造成损失的时间、地点不确定，造成损失的原因不确定。风险的不确定性要求人们掌握并运用各种方法，在可能的条件下对风险进行测量，以便采用相应的手段管理风险。

8.1.4 风险管理对策

随着人类对风险认识的不断深入，人们通过探索处理与应对风险的最佳方法，以求尽可能降低风险成本，实现经济效益最大化，由此逐渐形成了风险管理。风险管理是指利用各种自然资源和技术手段对导致人们利益损失的风险事件的认识、防范、控制和处理，并予以消除的过程。一般可将风险管理对策分为风险控制法和风险财务处理法两大类。

1. 风险控制法

风险控制法（risk control method），是指通过采取各种措施降低损失频率和减轻损失程度，重点在于改变引起风险事故和扩大损失的各种条件。

1）风险避免

风险避免（risk avoidance），是指设法回避某类风险事件所致损失发生的可能性。例如，工厂生产某种危险品可能导致爆炸事故,若不能预先采取有效措施避免事故发生,工厂往往通过不生产这种危险品以避免风险。

风险避免是风险管理中最简单易行和经济安全的方法,但也是一种消极的方式,往往意味着利润的丧失和企业发展的停顿,而且这一方法的采用存在限制条件,并非所有的风险都是可以避免的。例如,货物无论采用公路运输、铁路运输、海洋运输还是航空运输均存在运输风险。

2) 损失控制

损失控制(loss control),是指减少损失产生频率和降低损失程度的一种积极、主动的风险处理方法,包括损失事先预防和损失事后抑制两种方式。

① 损失事先预防(loss prevention),是指在损失发生前采取措施消除或减少各项风险因素。例如,安装避雷针、设计防火结构、建造防沙防风林带,以及开展安全生产教育等均是事先预防风险的手段。

② 损失事后抑制(loss reduction),是指在事故发生后为减少损失程度而采取的各项措施。例如,安装火灾报警器和自动喷淋系统,一旦发生火灾即可及早知晓并自动灭火,减少经济损失。

3) 非保险风险转移

非保险风险转移(non-insurance risk transfer),是指通过一定方式将可能发生的风险事故损失转移给其他人承担,风险本身并未发生变化。例如,预测股市行情即将下跌时,通过出售股票以转嫁股价下跌的风险损失;又如,承包商在承包合同中规定建造过程中发生自然灾害等不可抗力的损失由建筑方承担等。

2. 风险财务处理法

风险财务处理法(risk financier method),是指在财务上做出预先安排以降低风险成本。风险财务处理法包括风险自担和保险两种方式。

1) 风险自担

风险自担(assumption of risk),是指自己承担一定的风险损失,可分为被动承担和主动承担两种形式。被动承担是指企业事先并未预计某种风险发生的可能性,因而在发生风险事故后,只能自己承担风险成本。主动承担是指企业事先知晓某种风险的存在,经过合理的判断和谨慎的研究分析,以提取准备金或基金的方式,有计划地承担风险。

一般而言,当风险的损失频率和所致损失程度不高时,比较适合采用风险自担的方式。从国际经验看,如果企业经济实力不强,自身承担损失的能力有限,通常不采取自担风险的方式,而经济实力强的企业往往选择风险自担。

2) 保险

保险(insurance),是指企业与保险公司订立保险合同,通过缴纳确定金额的保险费,将风险可能造成的不确定的损失转移给保险公司。企业通过保险,只需缴纳小额的保险费即可换取潜在的大额的风险损失的经济保障,是风险处理最经济的方式之一。

8.2 保险概述

8.2.1 保险的定义

根据《中华人民共和国保险法》（以下简称《保险法》）保险是指投保人根据保险合同的约定，向保险人支付保险费，保险人对于合同约定的可能发生的事故因其发生所造成的财产损失承担赔偿保险金责任，或者当被保险人死亡、伤残、疾病或达到合同约定的年龄、期限时，承担给付保险金的商业保险行为。

由此可见，保险的定义可以从两个方面来理解：一是从法律角度出发，保险是投保人和保险人之间的经济合同行为，彼此之间通过保险合同明确规定各自享有的权利和承担的义务，其中投保人应按合同规定缴纳保险费，保险人应在合同约定的事故或条件发生时履行损失赔偿或给付保险金责任；二是从经济角度出发，保险可被定义为一种经济补偿制度，保险人通过集中众多投保人所缴纳的保险费形成保险基金，同时集合了可能发生的众多同质风险，通过科学的数理计算，将个别被保险人可能遭受的损失在所有参加保险的被保险人中予以分摊，从而得以进行经济损失补偿。

本书所探讨的保险，是一般意义的保险，仅指商业保险，即保险合同当事人通过订立保险合同而建立的民事法律关系。

8.2.2 保险的种类

根据理论和实践的需要，保险的分类标准主要有以下几种。

1. 以实施方式为标准划分

根据实施方式可将保险划分为自愿保险和强制保险。

1）自愿保险

自愿保险（voluntary insurance），是指投保人与保险人在平等自愿、彼此合意基础上建立双方的保险关系。自愿保险的特点是，投保人有权根据自己的意愿决定是否投保、向谁投保、投保险别及投保金额、保险期限及是否退保等事项；保险人也有权决定是否接受投保人的投保申请，以及决定承保的金额和保险期限等保险条件。自愿保险是保险的基本形式，大部分商业保险均为自愿保险。

2）强制保险

强制保险（compulsory insurance），又称法定保险，是指保险双方当事人根据国家法律、法规或行政命令的规定而形成的保险关系。强制保险的特点是，保险关系建立的依据是国家立法，只要是在规定范围内的民事主体均需投保该保险，而无权根据自己的意愿决定是否投保。

有些种类的强制保险仅要求投保人必须获得规定的保险，而不限制其按自己的意愿选择保险公司。例如，在我国，汽车第三者责任保险属于强制保险，由各商业保险公司承办，被保险人可依据自己对保险公司的评价自主选择保险公司。有些种类的强制保险形式，则要求投保人必须向指定的保险人投保。国际上普遍实行的是第一类强制保险，投保人只需持有规定险种的保险单即可，而不强制其向谁投保。

一般而言，国家实行强制保险是为了保护社会公共利益，维护社会秩序安定。例如，世界各国普遍实行汽车第三者责任强制保险，其目的是使交通事故受害者得到应有补偿，避免由于肇事者个人经济能力的不足而损害受害者的合法权益。

2. 以保险保障对象为标准划分

按保险保障对象（保险标的）为标准，可将保险划分为财产保险、责任保险、信用与保证保险和人身保险。

1）财产保险

财产保险（property insurance），是指以财产及其相关利益为保险标的，保险人对因保险事故发生导致的财产损失进行补偿的保险。财产保险有狭义和广义之分。狭义的财产保险是指以各种有形财产及其相关利益为保险标的的保险。广义的财产保险包括狭义的财产保险、责任保险和信用保险。本书所要分析的是狭义的财产保险。

(1) 火灾保险

火灾保险（fire insurance），简称火险，是指保险人对于保险标的因火灾所导致的损失负责补偿的一种财产保险。火灾是财产面临的最基本和最主要的风险，早期的财产保险主要是针对火灾对于各种财产所造成的损坏。随着保险经营技术的发展，如今保险人已将火灾保险单的责任范围扩展至包括各种自然灾害和意外事故造成的保险财产的损失，但国际保险市场习惯上仍将对一般的固定资产和流动资产的保险称为火灾保险。目前，我国不再采用火灾保险的名称，而改称为财产保险，包括企业财产保险、家庭财产保险等。

(2) 海上保险

海上保险（marine insurance），简称水险，是指保险人对海上保险标的因海上风险所导致的损失或赔偿责任提供经济保障的一种保险。在所有保险种类中，海上保险的历史最为悠久，其保险标的的范围随着保险经营技术的发展而不断变化。早期的海上保险的保险标的包括船舶、货物和运费三类。目前，海上保险的保险标的扩展至与航海有关的财产、利益、责任，以及与海上运输没有直接关系的海上作业、海上资源开发等工程项目，如海上石油开发保险、海上养殖业保险等。

(3) 货物运输保险

货物运输保险（cargo transportation insurance），是指保险人对运输途中的货物遭受保单承保的各类风险而导致的损失提供保险保障的保险。根据货物运输采用的方式不同，货物运输保险可分为海洋运输货物保险、陆上运输货物保险、航空运输货物保险和邮包运输保险等。

(4) 运输工具保险

运输工具保险（conveyance insurance），是指以各类运输工具，包括汽车、船舶、飞机、火车等作为保险标的的保险。保险人对承保的运输工具因保单承保风险造成的损失负赔偿责任。其中，汽车保险是指以汽车作为保险标的的保险，其内容包括汽车损失保险和汽车第三者责任保险。前者主要承保汽车车身因各类灾害事故而导致的损失；后者承保被保险人因汽车事故而应承担的对第三者的经济损害赔偿责任。汽车保险在保险市场上的地位非常重要，目前，世界非寿险保费收入中，汽车保险的保费收入占60%以上。

（5）工程保险

工程保险（engineering insurance），是指对进行中的建筑工程项目、安装工程项目及工程运行中的机器设备等面临的风险提供经济保障的一种保险，分为建筑工程和安装工程两类。工程保险属于综合性的保险，其保障的风险包括财产风险和责任风险。与普通财产保险相比，工程保险承保的风险更为巨大和复杂，而且涉及的风险往往是高科技风险，这对工程保险的承保技术、承保手段和承保能力提出了更高的要求。

（6）农业保险

农业保险（agriculture insurance），是指以种植业和养殖业为保险标的，对其在生长、哺育、成长过程中因遭受自然灾害或意外事故导致的经济损失提供损失补偿的一种保险，其险种包括农作物保险、森林保险、经济林和园林苗圃保险、牲畜保险、家禽保险和水产养殖保险等。受农业风险较大、农业的经济收入偏低等客观因素的制约，农业保险一般不适宜采用商业保险的经营方式。

2）责任保险

责任保险（liability insurance），是指以被保险人对他人依法应承担的民事损害赔偿责任为保险标的的保险。按承保责任的不同，责任保险可分为公众责任保险、产品责任保险、职业责任保险和雇主责任保险等。

（1）公众责任保险

公众责任保险（public liability insurance），又称普通责任保险，是责任保险中独立的、适用范围最为广泛的保险类别，主要承保企业、机关、团体、家庭、个人及各种组织在固定的场所因疏忽、过失行为而造成他人的人身伤害或财产损失，依法承担经济赔偿责任。

（2）产品责任保险

产品责任保险（product liability insurance），是指承保产品制造者、销售者因其生产、销售或修理的产品存在缺陷，致使他人遭受人身伤害或财产损失，因而依法应承担的经济赔偿责任的一种保险。

产品责任保险只承保产品事故导致的被保险人依法应承担的经济损害赔偿责任，对产品本身损失并不承担赔偿责任，但它与产品有着内在的联系，产品质量愈好，其风险就愈小。由于产品是连续不断地生产和销售的，所以产品责任保险的保险期限虽为一年，但它强调续保的连续性和保险的长期性。

产品责任保险是在第二次世界大战后，特别是在20世纪70年代以后，首先在欧美发达国家开始举办并迅速普及起来的。我国于1980年开始办理产品责任保险，如今已成为支持外贸出口的重要手段之一。

（3）职业责任保险

职业责任保险（professional liability insurance），是指承保各种专业技术人员因工作上的疏忽或过失造成合同对方或他人的人身伤害或财产损失而依法应承担经济赔偿责任的一种保险。职业责任保险一般由提供各种专业技术服务的单位，如医院、律师事务所、会计师事务所等投保，适用于医生、药剂师、工程师、设计师、律师和会计师等专业技术工作者。

（4）雇主责任保险

雇主责任保险（employer's liability insurance）承保被保险人的雇员（包括短期工、临时工、季节工和学徒工）在受雇过程中从事保险单所载明的与被保险人的业务有关的工作时，遭受意外而致人身伤残、死亡或患与业务有关的职业性疾病，而依法或根据雇佣合同应由被保险人承担的经济赔偿责任。

3）信用与保证保险

信用与保证保险（credit&bond insurance）保障的是经济合同所规定的有形财产或预期应得的经济利益，是一种担保性质的业务。按照担保对象的不同，信用与保证保险可分为信用保险和保证保险。

（1）信用保险

信用保险（credit insurance），是权利人要求保险人担保对方（被保证人）信用的一种保险。信用保险的投保人为信用保险关系中的权利人，如卖方担心买方不付款即可投保买方信用保险。常见的信用保险险种包括出口信用保险和投资保险。

（2）保证保险

保证保险（bond insurance），是被保证人根据权利人的要求，请求保险人担保自己信用的一种保险。保证保险的保险人代被保证人向权利人提供担保，如果由于被保证人不履行合同或有违法行为，致使权利人受到经济损失，由其负责赔偿。保证保险的险种主要包括忠诚保证保险和履约保证保险。

4）人身保险

人身保险（personal insurance），是指以人的寿命或身体为保险标的的保险，保险人对被保险人在死亡、伤残、疾病或达到保险合同约定的年龄、期限时承担给付保险金责任。人身保险包括人寿保险、意外伤害保险和健康保险等险种。

（1）人寿保险

人寿保险（life insurance），是指以人的生存或死亡作为保险给付条件的保险，当被保险人在保险期满继续生存或在保险期内死亡时，保险人应按保险合同约定承担给付保险金责任。以给付条件为标准，人寿保险可分为死亡保险、生存保险和两全保险。

（2）意外伤害保险

意外伤害保险（personal accident insurance），是指以被保险人因遭遇非本意的、外来的、突然的意外事故而致死亡或伤残为保险金给付条件的人身保险。意外伤害保险可以单独办理，也可以附加于其他人身保险合同内作为一种附加保险。

（3）健康保险

健康保险（health insurance），是指以疾病、分娩或意外事故伤害所致的医疗费用或收入损失为保险责任的人身保险。

3. 以保险业务承保方式为标准划分

以保险业务承保方式为标准，保险可分为原保险、再保险、共同保险和重复保险，下面简要介绍原保险和再保险。

1）原保险

原保险（orginal insurance），是相对于再保险而言的，是指以个人或团体为投保人与保险人直接签订保险合同，建立保险关系的保险形式。在原保险关系中，保险需求者将其风险转嫁给保险人，接受业务的保险人在保险事故发生时直接承担损失赔偿或保险金给付责任。

2）再保险

再保险（re-insurance），又称分保，是指保险人将其承担的保险业务部分转移给其他保险人承保的一种保险形式。原保险中的保险人接受个人或团体的投保申请，订立保险合同后，转而以投保人的身份，将原保险业务的部分风险责任转嫁给其他保险人承担，从而建立了再保险关系。

8.3　保险的起源与发展

保险是随着社会生产力的发展，尤其是经济的发展和技术的进步而逐步发展起来的。

8.3.1　保险的起源

人类在漫长的历史发展进程中，为了抵御自然灾害和意外事故，保障自身的生产和生活正常进行，逐渐产生了保险的萌芽。例如，古巴比伦的《汉谟拉比法典》中规定，商人雇用销货员去国外港口售货，若该销货员顺利归来，商人可收取一半的利润；若销货员没有回来，或者回来时既无货又无利润，商人可以没收其财产作为赔偿，若仍不足，可将其妻子和子女作为奴隶偿债。但如果货物被强盗掠夺，则可免除销货员的赔偿责任。又如，在古罗马，由于修造大型土木工程，许多石匠死于意外事故。因此，产生了互助会，参加者需缴纳一定的会费，用以支付会员死亡、受伤的多种费用支出。

在各类保险中，海上保险的历史最为悠久，近代保险也首先是从海上保险发展而来的。学术界普遍认为，海上保险的起源与共同海损和船舶（货物）抵押贷款制度有关。

1. 共同海损

早在4 000多年前，处于亚欧要冲的罗德岛一带经济相对发达，贸易活动非常活跃，因其特殊的地理位置，海上运输是最为便利的运输方式。由于当时船舶的构造非常简陋，抵御海上风浪的能力很弱，海难事故频繁发生，航海被认为是一种冒险活动。当船舶在航行途中遭遇风浪而遇险时，为避免船舶和货物同归于尽，有时需要减轻船舶的载重，尽快驶离险境；有时则须保持船舶平衡，避免倾覆。为达此目的，往往需要抛弃船上的部分货物。由于抛货行为能使船货最终避免沉入大海而受益，为使被抛弃货物的货主能从受益方获得补偿，在当地商人中间逐渐形成了共同遵循的"一人为众，众为一人"的原则。这一原则后来被公元前916年制定的《罗地安海商法》所采用，该法明文规定，凡因减轻船舶载重抛弃入海的货物，如为全体利益而损失，需由全体分摊归还。这一原则后又被533年制定的《查士丁尼法典》采纳，至今仍贯彻于共同海损的处理原则中。因此，共同海损损失分摊的原则被大部分学者认为是海上保险的萌芽。

2. 船舶（货物）抵押贷款制度

海上贸易的发达，带来了船舶抵押贷款和货物抵押贷款制度。公元前8世纪，在海上借款活动中，有这样一种做法：当船舶航行在外急需用款时，船长以船舶及船上货物为抵押，向当地商人贷款。如果船舶安全到达目的地，则需归还本金和利息；如果船舶中途沉没，债权即告消失。后来这一做法逐渐规范化，就形成了船舶（货物）抵押贷款制度。由于债权人承担了航海风险,因此,抵押贷款的利息比一般贷款利息要高,高出一般利息的部分,实质上就是最早形式的海上保险费。《查士丁尼法典》肯定了这一贷款方法并将贷款利率限制在12%,而当时的一般贷款利率为6%。后来,抵押贷款的利率越来越高,甚至高达本金的1/4~1/3,因此,在1200年,被罗马教皇下令禁止。

8.3.2 现代海上保险制度的形成

现代海上保险起源于意大利。11世纪末,意大利成为东西方贸易中心。由于交通便利,商品经济发达,意大利商人控制了东西方的贸易。意大利的伦巴第商人不仅掌握了当时的金融业、贸易业,还经营海上保险业,至14世纪中期,意大利已经出现了类似于现代保险形式的海上保险活动。现已发现的世界上最古老的保险单是一名叫乔治·勒克维伦的商人于1347年10月23日出立的一份航程保险单,承保"圣·克勒拉"号轮从热那亚驶往马乔卡的保险,这份保单现仍保存在热那亚博物馆。

美洲新大陆被发现后,贸易中心逐渐从地中海区域转移至大西洋沿岸,海上保险制度也自意大利传入葡萄牙、西班牙,后又经法国、西班牙传入荷兰、德国、英国等国。16世纪以前,英国的对外贸易先是操纵在威尼斯和汉莎同盟的商人手里,其后又为意大利伦巴第人所掌握。从1554年起,英国女王收回了原先掌握在商人手中的贸易权。特许英国商人组建贸易公司,促进了英国海上贸易和海上保险的发展。1575年,英国女王特许在皇家交易所设立保险商会,专门办理保险单的登记业务和标准保险单的制定。1601年,伊丽莎白女王颁布了英国第一部海上保险法。17世纪的资产阶级革命,使英国的经济迅速发展,大规模的殖民掠夺使英国逐渐成为世界的贸易、航海和保险中心。1720年,英国女王颁布法令,规定除个人经营外,禁止任何其他公司和商业团体从事海上保险业,授予皇家交易保险公司和伦敦保险公司经营海上保险的专利权。1824年,英国政府撤销了1720年的保险经营专利权,大量资金开始涌入海上保险市场,新的保险公司纷纷成立。至1884年,经营海上保险业务的保险公司共同组织了伦敦保险人协会,制定海上保险通用的协会条款及处理共同事项。

1906年,英国《海上保险法》颁布,这部法律是由英国王室法庭首席法官曼斯非尔德利用20年的时间收集上千个海上保险判例,并结合国际惯例起草而成的。它详细地规定和解释了海上保险的定义、基本原则和赔偿标准等内容,还将劳合社制定的船舶货物运输保险单(S.G.保险单)列为英国法定的海上保险标准保险单。这一法规在全球保险界引起很大反响,被各国奉为经典而纷纷效仿,S.G.保险单也被世界各国视为海上保险单的基本格式而采纳。至此,现代海上保险制度已经形成,并不断地得到发展。

在英国近代海上保险的发展过程中,有一个对世界保险业至今仍有重要影响的保险组织——劳合社。1688年,一个名叫爱德华·劳埃德的人在伦敦的泰晤士河畔开了一家咖啡馆。由于劳埃德咖啡馆临近码头、海关和港务局的特殊地理位置,很快就成了船长、船东、商人、银行老板、放高利贷者、经纪人和海关办事员聚集的地方。客人们在咖啡馆中经常边喝咖啡边交换有关航运和贸易的消息,有时也顺便洽谈业务,吸引保险商人经常前往,与船东和贸易商洽谈保险业务。店主为招揽顾客,于1696年开始出版小报《劳埃德新闻》,主要报道一些海运、贸易信息。1734年,咖啡馆开始出版《劳合动态》,发布航海和贸易信息,该报成为英国历史最悠久的报纸之一,至今仍在出版。随着顾客的日益增多，劳埃德咖啡馆已不适应业务洽谈的需要，1771年，劳合社另选地址专门进行海上保险交易。1871年，英国议会通过决议，承认劳合社为一个个人组成的无限责任的保险社团组织，劳合社取得了法人资格。1874年，劳合社迁至皇家交易所，正式成为英国海上保险的交易中心。1911年，只允许劳合社成员从事海上保险业务的限制被取消，劳合社成员可从事一切保险业务。

至今，劳合社已成为国际保险市场上具有强大势力的保险组织，其业务范围几乎遍及所有险种。从劳合社的组织性质来看，它并不是保险公司，而是一家保险社团，它本身不承保业务，也不对其成员的业务负责，只是向其提供交易场所及进行交易的有关服务，在劳合社投保是向其成员，即劳合社承保人投保。按劳合社的规定，投保人必须通过劳合社的经纪人代找承包人，投保人与承包人并不直接见面，所有事项均通过劳合社经纪人安排。

8.4 保险合同

8.4.1 保险合同的概念

合同是平等主体的自然人、法人、其他组织之间设立、变更和终止民事法律关系的协议。保险合同属于合同的一种，是保险关系双方当事人为实现经济保障目的，明确相互之间权利、义务的一种具有法律约束力的书面协议。按照协议，投保人向保险人支付保险费，保险人在保险标的遭受约定事故时承担经济赔偿责任，或者在约定事件出现时履行给付保险金的义务。

一般来说，保险合同分为两种不同的类型：一种是补偿性合同，它是以补偿经济损失为目的的。当保险标的遭遇约定的保险事故的时候，由保险人根据保险合同的规定，对被保险人的损失给予补偿，如财产保险合同。另一种是给付性合同，它是以支付保险金为目的的。当发生保险合同约定的事件或保险期限到期时，由保险人根据保险合同的规定，向被保险人或受益人给付保险金，如人寿保险合同。

8.4.2 保险合同的特征

保险合同属于合同的一种形式，具有合同的一般法律特征，即保险合同必须合法。双方当事人必须具有平等的法律地位且意思表示一致。但保险合同又是一种特殊的民商合同，具有一些独有的法律特征。

1. 保险合同是双务合同

合同有单务合同和双务合同之分。在单务合同中，当事人一方仅享有权利，另一方仅负有义务。而双务合同则是当事人双方都享有权利和承担义务，一方的权利即为对方的义务。保险合同属于双务合同，投保人负有按约定给付保险费的义务，保险人则负有当保险事故发生时给付保险金的义务。但保险合同与一般的双务合同有所不同，在一般的双务合同，如买卖合同中，买方给付价金之后，卖方应依合同规定给付标的物，不存在其他任何条件。但保险合同的保险人在投保人给付保险费之后，只有在保险事故发生后，才履行保险金给付义务。换言之，保险人履行保险金给付义务以保险事故作为停止条件，因此，保险合同是附停止条件的合同。

在国外，英美法系的一些学者认为保险合同是一种单务合同。理由是在保险合同成立时，仅有投保人一方负有给付保险费的义务；保险合同成立后，保险人一方承诺在保险事故发生后给付保险金，而不能强制投保人有任何义务，因此，保险合同是单务合同。

2. 保险合同是射幸性合同

射幸性合同，是指合同当事人一方的履行有赖于偶然事件的发生。保险合同是射幸性合同，对于投保人来说，其支付一定数额的保险费，在保险事故发生时，可获得大大超过所付保险费数额的保险金；如果保险事故不发生，则丧失所交付的保险费。对于保险人来说，保险事故发生后，其支付的保险金数额将大大超过保险费的收入；如果保险事故不发生，则获得保险费的利益，而无支付保险金的责任。保险合同的射幸性是由危险事故的不确定性决定的，这在财产保险合同中表现得尤为明显；而在人寿保险中，因为保险人给付保险金的义务是确定的，只是时间问题，故其具有储蓄性，射幸性较弱。

保险合同虽是一种射幸性合同，但它与赌博有着本质的区别。因为这种射幸性质是对单个保险合同而言的，保险事业并非投机性事业。就保险业承保的全部保险合同来看，保险费总额与保险金总额的关系是以精确的数理计算为基础的，原则上收入与支出保持平衡。因此，从总体上来看，保险合同不存在偶然性。

3. 保险合同是最大诚信合同

合同的订立及履行要遵守诚实信用原则。保险合同的诚信度要比一般合同高，所以称为最大诚信合同。诚实信用原则要求投保人对订立和履行保险合同过程中的一切重要事实和情况作出真实、可靠的陈述，不能有任何隐瞒和虚假陈述。

对保险合同的最大诚信要求，在最早的海上保险中就已存在。海上保险的标的是海上运输中的财产，危险性较大，而且远在海外，保险人在承保前无法进行实际勘察，只能根据投保人提供的情况予以承保，这就要求当事人具有超过一般交易合同的最大诚信。目前，各国的保险立法亦对此作出了明确规定。《中华人民共和国保险法》第十七条规定，投保人故意隐瞒事实，不履行如实告知义务的，或者因过失未履行如实告知义务，足以影响保险人决定是否同意承保或者提高保险费率的，保险人有权解除保险合同。另外，在《财产保险合同条例》中，对投保人的如实告知义务、危险增加的通知义务、出险的通知义务等作出了具体规定，这些都是保险合同的最大诚信要求在立法中的体现。

4. 保险合同是要式合同

合同有要式合同和不要式合同之分。要式合同是指在法律上具备一定的形式和手续的合同；反之，在法律上不要求具备一定的形式和手续的合同，称为不要式合同。各国的保险惯例均将保险合同作成保险单，而且在保险立法上亦有规定。《财产保险合同条例》规定，投保人提出投保要求，填具投保单，经与保险人商定交付保险费办法并经保险人签章承保后，保险合同即告成立，保险人应根据保险合同及时向投保人出具保险单或者保险凭证。由此可见，保险合同是采取书面形式的要式合同，换言之，保险合同是以保险单或保险凭证作为保险合同的书面形式。

值得说明的是，强调保险合同为要式合同，并非指保险合同在作成或交付保险单或保险凭证后才能成立。首先，保险合同在当事人双方意思表示一致时即告成立。其次，在实践中，如果保险合同当事人在意思表示一致后，保险单或保险凭证作成交付之前即发生保险事故，保险人仍应承担保险责任。如果强调保险合同于保险单或保险凭证作成之后生效，则与保险分散危险、消化损失、维护社会经济生活稳定的宗旨相违背。保险合同即属于这类要式合同。

5. 保险合同是附合性合同

附合性合同由一方当事人提出合同的主要内容，另一方只是作出取与舍的决定，一般没有商议变更的余地。保险合同就是具有这种特点的合同，保险人依一定的根据，制定出保险合同的基本条款；投保人依照该条款，或同意接受，或不同意投保，但无权修改通用的某项条款。如果有必要修改或变更保险单的某项内容，也只准采用保险人事先准备好的附加条款或附属保险单，而不能依自己的意思自由规定保险合同的内容。

随着保险事业的发展及各国保险业务的交流与协作的加强，保险业务量大幅增加，要求保险手续迅速、简洁。同时，由于保险经营的特殊性，保险合同逐渐趋向技术化、标准化和定型化。但这一发展也使合同自由受到限制，保险单或保险凭证从某种意义上只是保险人一方的片面文件，一些内容很难解释为当事人双方经自愿协商意思表示一致的结果。因此，在司法实践中，保险人与被保险人对于保险合同发生纠纷时，法院要作出有利于被保险人的解释，以保护被保险人的利益。而且要求保险单的制定要力求周密、合理，经主管机关审批后方能实施。

8.4.3 保险合同的主体和客体

1. 保险合同的主体

保险合同的主体是指参加保险合同并且享有权利和承担义务的人，包括保险合同的当事人和关系人。

1）保险合同的当事人

① 保险人（insurer），又称承保人，是保险合同当事人的一方，是设计保险合同、收取保险费，并且在保险事故发生时，对被保险人承担损失赔偿或给付保险金的主体。我国《保险法》规定，保险人是指与投保人订立保险合同，并承担赔偿或者给付保险金责任的保险公司。

② 投保人（applicant），又称要保人，是保险合同当事人的另一方，是与保险人订立保险合同并负有交纳保险费义务的主体。投保人既可以是法人，也可以是自然人。

2）保险合同的关系人

① 被保险人（insured），是受保险合同保障的人，即保险事故发生后有权按照保险合同的规定，向保险人要求赔偿或领取保险金的人。被保险人与投保人的关系分两种情况：一种是投保人为自己的利益而签订的保险合同，在这种情况下，投保人就是被保险人；另一种是投保人为他人的利益而签订的保险合同。

② 受益人（beneficiary），是保险合同中由被保险人或投保人指定，在被保险人死亡后有权领取保险金的人。投保人、被保险人都可以是受益人。受益人一般存在于人身保险合同中。

③ 保险代理人（insurance agent）。我国《保险法》规定，保险代理人是根据保险人的委托，向保险人收取代理手续费，并在保险人授权的范围内代为办理保险业务的单位或者个人。在实际业务中，保险代理人主要是根据保险人的授权招揽保险业务，出立暂保单，代收

保险费，代理查勘损失及代理理算赔款等。

④ 保险经纪人（insurance broker）。我国《保险法》规定，保险经纪人是基于投保人的利益，为投保人与保险人订立保险合同提供中介服务，并依法收取佣金的单位。在实际业务中，保险经纪人是为投保人寻找最合适的保险人，代其向保险人商榷保险合同事宜，从而获取佣金的人。

⑤ 保险公估人（notary），又称保险公证行或保险公估行，是指向保险人或被保险人收取费用，为其办理保险标的评估、查勘、鉴定、估损、理算等业务，并且予以证明的人。

2. 保险合同的客体

保险合同的客体是指保险人和被保险人双方权利与义务共同指向的对象。保险合同的客体并不是保险标的本身，而是投保人或被投保人对保险标的所具有的可保利益。

可保利益是指投保人或被保险人对保险标的所具有的经济上的利害关系。可保利益以保险标的的存在为条件，既体现在保险标的的存在上，也体现为投保人或被保险人的经济利益；当保险标的遭受损失时，被保险人将蒙受经济上的损失。投保人或被保险人向保险人投保，要求经济上的保障，并不是保险标的本身，而是针对保险标的所具有的经济利益。所以，保险合同中权利和义务所指向的客体是可保利益。

8.4.4 保险合同的内容

保险合同的内容是指保险合同所确定的事项，即保险条款。保险人与被保险人的权利和义务具体体现在保险合同的条款上。保险合同的内容通常分为两种：一是法律规定保险合同必须列入的事项或条款；二是允许当事人自由约定的事项或条款。前者通常成为保险合同的基本条款，后者称为保险合同的特约条款。

1. 保险合同的基本条款

基本条款是标准合同的基本内容，一般由保险人拟订。我国《保险法》用列举方式将基本条款直接规定为保险合同中不可缺少的法定条款。保险合同的基本条款包括下列事项。

1) 保险当事人及关系人的名称、住所

明确保险合同的当事人和关系人，就可以确定保险合同各方的权利和义务。明确保险合同当事人和关系人的名称、住所，则可以明确保险合同的履行地点和合同纠纷的诉讼管辖权。

2) 保险标的

明确保险标的就是确定保险的对象，判断投保人是否具有保险利益，并为确定保险价值、保险金额及赔偿金额提供依据，也可以确定诉讼管辖权。

3) 保险责任和责任免除

保险责任是指保险合同所确定的危险事故的发生造成被保险人财产损失或在约定的人身事件到来时，保险人所应承担的赔偿责任。此项条款就是确定保险人承担风险和责任的范围，以免保险人承担过度的责任，也为被保险人提出索赔提供了依据。

4）保险期限和保险责任开始时间

保险期限是指保险合同的有效期限，即保险合同从生效到终止的期限。这是保险人承担保险风险和责任的时间限制。保险期限也是计算保险费的依据之一。保险期限依当事人约定可长可短。它既可以日历上的某一段时间为依据来确定；也可以一个时间的始末来确定，如以一个航程为期，以从起运地起运至目的地到达为期等。

5）保险金额

保险金额是指保险人承担保险责任的最高限额，即保险人支付赔偿金或保险金的最高限额。保险金额可以由投保人根据保险标的的实际价值确定，也可以由投保人和保险人根据保险标的的实际价值协商确定。

6）保险费及支付办法

保险费是投保人依约定向保险人支付的费用。保险合同是一种有偿合同。投保人转嫁危险，获得保险保障，必须支付相应的代价。这种代价就是投保人应支付的保险费。投保人支付保险费的多少与保险金额、保险危险及保险期限等因素有关。一般来说，保险金额越高，承担风险越大。承保时间越长，则投保人所支付的保险费就越多；反之则少。投保人交纳保险费可以一次性交纳，也可以分期、分批交纳。如保险合同没有约定保险费交纳的时间及办法的，则投保人应在保险合同成立时一次性交清。

7）保险金赔偿或给付办法

保险金是指保险合同约定的保险事故发生或者在约定的保险事件到来后，保险人所应当支付的赔款。保险人在保险事故发生以后，应当及时支付保险金。由于保险金的数额、支付方式及支付时间，涉及保险合同的履行及双方当事人的权利和义务的实现等重要问题，所以保险合同必须确定保险金的计算及支付方式等事项。

8）违约责任和争议处理

违约责任是指保险合同当事人违反合同约定的义务所应承担的法律后果。

争议处理包括约定解决争议的机构等内容。此条款是确定保险合同双方因违约必须承担的法律后果。违约一般要支付违约金或者赔偿金，明确争议处理的方法就是确定争议的解决途径。

9）订立合同的年、月、日

订立合同的时间与保险合同成立的时间、保险期限及保险责任开始的时间的法律意义相比，显得不是十分重要。但当保险合同成立的时间或保险责任开始的时间不明确的时候，保险合同订立的时间对于确定诸如保险合同成立及责任的开始就具有重要意义。

2. 保险合同的特约条款

保险合同的特约条款是指保险合同双方当事人在保险合同基本条款以外协商确定的其他保险条款。我国《保险法》规定，投保人和保险人在前条规定的保险合同事项外，可以就以保险有关的其他事项作出约定。根据保险实务，保险合同的特约条款主要有以下两类。

1）附加条款

保险人根据业务的需要，在基本条款以外增设一些其他条款（附加条款）供投保人选择。这样既能增强保险基本条款的伸缩性，又能满足投保人的特殊需要。

2）保证条款

约束投保人或被保险人行为的条款通常有"保证条款"，要求投保人或被保险人保证做或保证不做某事，或者保证某种事实状态的存在或不存在。投保人或被保险人必须严格遵守保证条款，否则保险人可以据此解除合同或拒绝承担保险责任。

当然，保险合同双方当事人自由协商的条款不得与我国现行的《保险法》及其他法律、法规相抵触，不得违背社会的公共秩序，否则协商的条款无效。

8.4.5 保险合同的订立、变更、解除和终止

1. 保险合同的订立

1）保险合同的成立程序

保险合同的成立是指保险合同的设立。保险合同是投保人与保险人约定保险权利义务关系的协议，是投保人和保险人之间的一种合意行为。因此，保险合同的设立必须要有投保人要求投保和保险人同意承保的意思表示。前者在法律上称为"要约"，后者称为"承诺"。保险合同只有经过投保人的要约和保险人的承诺才能成立。因此，保险合同的订立必须经过要约和承诺两个程序。

（1）要约

要约（offer），是合同当事人一方向另一方表示愿意与其订立合同的意思表示。要约具有一定的法律意义，要约生效后，要约人不得撤回或变更其要约。在保险合同中，一般投保人为要约人。投保人根据保险人事先拟定好的保险条款内容填具投保单，并且交给保险人的行为即为要约。

（2）承诺

承诺（acceptance），是受要约人同意要约的一种意思表示，即受要约人向要约人表示愿意完全按照要约内容与其订立合同的答复。承诺的内容应当与要约的内容一致。要约一经承诺，合同即告成立。在保险合同中，保险人在接受投保人填具的投保单并在保单上签章后，即视为承诺，保险合同成立。

2）保险合同的书面形式

保险合同的形式是指投保人要求保险和保险人同意承保的意思表示方式。保险合同一般采用书面形式。根据我国《保险法》的规定及保险实务，保险合同的书面形式通常有以下几种。

（1）要保书

要保书又称投保单（application），是投保人填写的递交给保险人的要求保险的书面要约。要保书通常由保险人根据保险类别事先准备。投保人在要求保险时依此所列事项逐一如实填写。要保书一般载明下列主要事项。

① 投保人、被保险人的名称和地址，以及人身保险的受益人名称和地址。

② 保险标的及其坐落地点。

③ 保险对象及被保险人的年龄、健康状况。

④ 投保险别。
⑤ 保险价值及保险金额。
⑥ 保险期限和保险责任。
⑦ 保险费及支付办法（此项为要保书的关键事项）。

（2）暂保单

暂保单（cover note），又称临时保险书，是指在保险单发出以前出立给投保人的一种临时保险凭证。按保险惯例，暂保单一般由保险代理人签发，表示保险代理人已经按投保人的要求及所列的事项办理了保险手续，等待保险人出立正式的保险单。暂保单在保险单正式出立以前使用，具有和保险单同等效力。保险单已经出立，则暂保单的效力归并保险单中。暂保单的使用一般有时间限制，只能在规定的时间内有效。我国《保险法》虽然没有规定暂保单这种保险合同形式，但依《保险法》的精神及保险惯例，在我国保险实务中，是存在并使用暂保单这一形式的。

（3）保险单

保险单（policy），简称保单，是保险人出立的关于保险合同的正式书面凭证。保险单由保险人签发并交给投保人。保险单的内容应包括保险合同的全部条款，具体如下。

① 声明事项，如保险标的的种类、被保险人、承保险别、已交保费、保险期限、保险价值和保险金额，以及投保人或被保险人对有关危险的性质与控制所做的承诺和保证等。

② 保险事项，即保险人所承担的保险责任。

③ 除外事项，即保险人不承担责任的范围。

④ 条件事项，如有关保单转让和变更等事项。

（4）保险凭证

保险凭证（insurance certificate），是由保险人签发交给投保人已表明保险合同生效的证明文件。保险凭证是保险单的简化形式，俗称小保单，与保险单有同等的效力。但若保险凭证的内容不详或与保险单的内容不一致时，以保险单规定的内容为准。保险凭证可以单独使用，也可以与保险单并用。

2. 保险合同的变更

保险合同的变更是指保险合同成立以后，未履行完毕以前发生的投保人、被保险人的变化，以及保险合同的修改和补充。保险合同依法成立，即具有法律效力，当事人双方都必须严格遵守，不得擅自变更或者解除。但这并不是说保险合同是一成不变的。保险合同在成立以后，尚未履行或者未完全履行以前，由于客观情况的变化致使保险合同不能履行或者不宜履行的，法律也是允许变更的。

1）投保人、被保险人的变更

投保人或被保险人的变更又称为保险合同的转让或者保险单的转让，即投保人或者被保险人在保险合同有效期限以内将保险合同的利益转让给新的受让人。在保险合同中，保险人往往是不会发生变化的，而投保人或者被保险人则由于各种情况的出现可能会发生变化。投保人或者被保险人的变更，通常是由于被保险财产的所有权或者经营管理权的转移而引起的。投保人或者被保险人由于转移了被保险财产的所有权或经营管理权，丧失了对该项财产所具有的保险利益；而被保险财产所有权或经营管理权的新的受让人因受让而具有对这些财产的保险利益，也有对这些财产需要保险保障的要求和愿望。投保人或者被保险人在转移被保险财产所有权或者经营管理权的同时，将保险合同转让给新的财产受让人，这是合理的，也可以满足新财产受让人对财产的保险保障的愿望和要求。因此，各国保险法一般都允许保险合同的转让。我国《保险法》对此项做了明确规定。

2）保险合同内容的变更

保险合同内容的变更是指在保险合同有效期限以内发生的保险合同内容的修改和补充。保险合同内容的变更通常为保险标的的数量、品种的增减，用途、存放地点的变化，保险金额、保险价值、保险费的增减，船期、航程的变更，以及人身保险中受益人的指定或变更等。保险合同内容的变更是在主体即投保人（或被保险人）不变的情况下发生的。保险合同成立以后，根据保险双方当事人的要求或者为适应已经变化了的客观情况，允许对保险合同的内容做一定的修改或补充，这是各国保险立法的通例。

3）保险合同变更的程序

无论是投保人或者被保险人的变更，还是保险合同内容的修改和补充，都必须经过一定的程序，办妥一定手续。保险合同变更的方法主要有两种，一是通知变更，二是协议变更。

（1）通知变更

通知变更是指保险合同的变更依法无须征得保险人的同意，只要通知保险人即发生合同变更的效力，如货物运输保险合同的转移等。

（2）协议变更

协议变更是指保险合同的变更必须经投保人和保险人双方协商一致以后，才能发生合同变更的效力。也就是说，投保人或被保险人变更合同的要求，必须征得保险人的同意，否则不发生变更的效力。

保险合同的通知变更和协议变更，在程序和手续上，通常是保险人在接到投保人的变更通知或者经与投保人协商变更后，在原保险单或者其他保险凭证上批注或附贴批注，或者投保人订立书面的变更协议。

保险合同变更后，保险人在原保险单或者其他保险凭证上的批注又称为背书。批注的效力优于保险单和其他保险凭证的效力。批注的内容与保险单或者保险凭证相抵触，或者有记载上的不一致，则应以批注为准。批注通常采用附贴、打字或手写的方式。一般来说，几种不同的批注方式并存时，签发时间在后的效力优于签发时间在前的效力；打字的批注的效力优于附贴的批注的效力；而手写的批注的效力又优于附贴、打字的批注的效力。

3. 保险合同的解除

保险合同的解除是指保险合同成立、生效后，由于某种事由的发生，行使法律或合同赋予的解除权，而使合同终止。保险合同的解除主要是由于投保人违反告知和保证义务，或者不按合同规定履行交付保费义务，保险人可行使解除合同的权利。被解除的保险合同自解除日开始效力终止。保险合同未被解除之前仍是有效合同，因而对终止合同前投保人欠交的保费和利息，保险人有权要求投保人如数交足。在保险合同责任开始前，被保险人也可以提出解除合同，但必须向保险人支付手续费，保险人应当退还保费。

4. 保险合同的终止

保险合同的终止是指保险合同双方当事人确定的权利义务关系的消失。保险合同订立后，由于以下原因终止。

1）自然终止

保险合同一般都订明保险期限，保险期限届满，保险人责任即告消灭，保险合同因此终止。如果被保险人另办续保手续，属于新合同的开始，而不是原合同的延长。保险合同届满自然终止是保险合同终止最普遍、最基本的原因。

2）协议终止

保险合同双方当事人在合同自然终止之前，出现原约定的终止条件，保险合同即告终止。例如，我国船舶战争险条款规定，保险人有权在任何时候向被保险人发出注销战争险责任的通知，在发出通知后 14 天期满时终止战争险责任。

3）履行终止

根据保险合同的规定，保险人已经履行赔偿或者给付全部保险金额后，保险责任即告终止。例如，在货物运输保险中，货物因保险事故遭受全损，保险人支付全部损失金额后，保险合同即终止。但是，如果保险标的因为承保风险之外的原因导致全部消失，保险合同也自然终止。

4）违约终止

根据保险合同的规定，因被保险人违反合同的基本条件，保险人有权自违约之日起终止保险合同。例如，被保险人没有按规定交纳保险费。

5）原始无效

被保险人以欺诈、捏造、隐瞒真实情况等不正当手段蒙骗保险人签订的保险合同，保险合同从开始时即视为无效。

本章总结

重点词汇

风险　保险　保险合同

案例一

买卖双方按照 FOB 术语达成一笔大麦种子的买卖合同。合同规定，大麦种子的发芽率必须在 90% 以上。卖方在装船前对货物进行了检验，结果符合合同的规定。然而，货到目的港，买方提货后由指定的检验机构进行检验，却发现大麦种子发芽率不到 60%。于是，买方要求退货，并提出索赔。卖方予以拒绝，其理由是，卖方在装船前进行检验，证明所交货物是合格的；买方在目的地检验发现质量有问题，说明货物品质的变化是在运输途中发生的。按照国际贸易惯例，在 FOB 术语下，货物在装运港装船时越过船舷，风险转移，运输途中货物品质变化的风险，应该由买方承担。双方协商后无法达成一致意见，遂将争议提交仲裁。仲裁庭审理时发现，大麦种子包装所用的麻袋上粘有虫卵，正是这些虫卵在运输途中孵化成虫，咬坏了种子胚芽，造成发芽率降低。但应由谁来承担这一后果，买卖双方仍各执一词。

问题： 买方要求卖方赔偿损失是否合理？为什么？

案例解析：

本案中的卖方引用国际贸易惯例，以货物越过船舷风险既已转移给买方为由拒绝赔偿，其主张是不能成立的。因为货物品质中途发生变化，其损失是由于包装不良造成的，这说明致损的原因在装船前就已经存在，货物发生损失已带有必然性，这属于卖方履约过程中的过失，应构成违约。虽然根据国际贸易惯例对 FOB 术语的风险转移的解释，如途中由于突发的意外事件导致货物的损失由买方承担，但是本案情况不属于惯例规定的范围，而是包装不良造成的，所以卖方拒赔是没有道理的，其应当承担自己违约造成的后果。

案例二

我国进口商以 FOB 术语从巴西进口橡胶，但是进口商由于租船困难，不能在合同规定的时间内到装运港接运货物，从而出现了较长时期的货等船现象，于是巴西方面要求撤销合同并向我国进口商提出赔偿损失的要求。

问题： 巴西出口商的做法是否合理？

案例解析：

根据 FOB 术语成交，要求买方在约定的期限租船到指定的装运港接运货物。我国进口商未能及时派船接运货物，属于违约行为。因此，巴西出口商有权以此为由撤销合同并要求赔偿损失。

案例三

某年某出口公司对加拿大魁北克某进口商出口 500 吨核桃仁，合同规定价格为每吨 4 800 加元 CIF 魁北克，装运期不得晚于 10 月 31 日，不得分批和转运并规定货物应于 11 月 30 日前到达目的地，否则买方有权拒收，支付方式为 90 天远期信用证。对方于 9 月 25 日开来信用证。出口公司于 10 月 5 日装船完毕，但船到加拿大东岸时已是 11 月 25 日，此时魁北克已开始结冰。承运人担心船舶驶往魁北克后出不来，便根据自由转船条款指示船长将货物全部卸在哈利法克斯，然后从该港改装火车运往魁北克。待这批核桃仁运到魁北克已是 12 月 2 日。于是进口商以货物晚到为由拒绝提货，提出除非降价 20% 以弥补其损失。几经交涉，最终以出口公司降价 15% 结案，该公司共损失 36 万加元。

问题： 出口公司赔偿买方损失的原因是什么？应吸取哪些教训？

案例解析：

本案中的合同已非真正的 CIF 合同。CIF 合同是装运合同，卖方只负责在装运港将货物装上船，越过船舷之后的一切风险、责任和费用均由买方承担。

本案在合同中规定了货物到达目的港的时限条款，改变了合同的性质，使装运合同变成了到达合同，即卖方必须承担货物不能按期到达目的港的风险。

出口公司应吸取的教训有以下几点：

① 在 CIF 合同中添加到货期等限制性条款将改变合同性质。
② 像核桃仁等季节性很强的商品，进口方往往要求限定到货时间，卖方应采取措施减少风险。
③ 对货轮在途时间估算不足，对魁北克冰冻期的情况不了解。

案例四

某年 1 月份我国某进口商与东南亚某国以 CIF 术语签订合同进口香米，由于考虑到海上运输距离较近，且运输时间段海上一般风平浪静，于是卖方在没有办理海上货运保险的情况下将货物运至我国某目的港，适逢国内香米价格下跌，我国进口商便以卖方没有办理货运保险、提交的单据不全为由，拒收货物和拒付货款。

问题：进口商的要求是否合理？此案应如何处理？
案例解析：

进口商的要求是合理的。尽管进口商的动机是由于市场行情发生了对其不利的变化，但是由于是 CIF 贸易方式，要求卖方凭借完全合格的单据完成交货义务。本案中卖方没有办理货运保险，提交的单据少了保险单，即使货物安全到达目的港，也不能认为其完成了交货义务。

案例五

某出口公司按 CIF 伦敦向英商出售一批核桃仁，由于该商品季节性较强，双方在合同中规定，买方必须于 9 月底前将信用证开到，卖方保证运货船只不迟于 12 月 2 日驶抵目的港。如货轮迟于 12 月 2 日抵达目的港，买方有权取消合同，如货款已收，卖方必须将货款退还买方。

问题：这一合同的性质是否属于 CIF 合同？
案例解析：

这一合同的性质不再属于 CIF 合同。因为合同条款内容与 CIF 本身的解释相抵触。抵触有二：一是合同在 CIF 条件下竟规定了"到货日期"，这与 CIF 价格术语所赋予的风险界限划分的本意相悖，按 CIF 是装运港交货，货物超越船舷后的一切风险均由买方负责。如果限定到货日期，岂不是要卖方承担超越船舷后的一切风险；二是 CIF 是"象征性交货"，只要卖方提供齐全、正确的货运单据，买方不能拒收单据，拒付货款，而该合同竟规定"如货运船只不能如期到达，买方将收回货款"，实际上成了货到付款。由此看来，该合同的一些主要条款已与 CIF 术语的本意相抵触。尽管名义上是按 CIF 成交，但实质上并不属于 CIF 合同。

案例六

我国东北地区某外贸公司某年 9 月按 DAF 满洲里与俄罗斯某商人签订了一笔矿产品的买卖合同。合同规定的数量为 8 000 吨，可分批装运，交货期限为当年 12 月底之前。签约后，卖方即开始备货，安排铁路运输，并于 12 月 30 日前将 8 000 吨产品分批发运出去。买方在满洲里接收了货物，经检验发现有短量现象，并发现有一部分货物是在次年 1 月份到达满洲里的。于是买方向卖方提出异议,指出卖方违反交货期和短交货物,并就此提出索赔。但卖方以铁路承运人出具的运输单据证明自己按时交货,并以商检证和铁路运单上所载明的数量说明自己是按量交货的,因此拒绝理赔。

问题: 卖方拒赔理由是否合理?为什么?

案例解析:

DAF 合同属于到达合同。在到达合同下,卖方要在规定的交货期内将符合合同规定的货物运到约定的交货地点交给买方,才算完成交货义务。卖方要承担在此之前的有关风险、责任和费用,包括货物损坏、灭失及短少的风险。本案中,合同约定的交货条件是 DAF 满洲里,说明交货地点在满洲里。卖方有义务在当年 12 月底之前将 8 000 吨货物交到满洲里,而实际上,一部分货物是在次年 1 月份到达满洲里的,这就违反了合同规定,构成违约。卖方凭铁路承运人出具的运输单据只是证明自己在 12 月底之前发运了货物,并不能证明按时完成了交货。另外,货物在到达满洲里时发现了短少,其风险也应该由卖方承担。上述分析表明,卖方拒赔是没有道理的。

案例七

7 月 4 日,中国抽纱上海进出口公司(以下简称"中国抽纱")与中国太平洋保险公司上海分公司(以下简称"太平洋保险")订立海上运输货物保险合同,保险标的物为 9 127 箱玩具,保险金额计 550 508 美元,承保险别为中国人民保险公司 1981 年海运一切险和战争险条款。根据"太平洋保险"的《主要险种条款汇编》的解释,一切险包括"偷窃、提货不着险"。责任起讫期间为仓至仓。涉案货物运抵圣彼得堡后,承运人银风公司未收回正本提单而将货放给了"中国抽纱"对外贸易合同的买方。"中国抽纱"与买方约定的付款方式为付款寄单,因买方迟迟没有支付货款,"中国抽纱"遂派人持正本提单至圣彼得堡提货不着。就该批货物,"中国抽纱"已向买方收取预付款 100 076.5 元。随后,"中国抽纱"依据保险合同向"太平洋保险"提出保险索赔,被保险公司拒赔。"中国抽纱"就此向法院提起诉讼。此案经二审法院报请最高人民法院后,依法判决驳回了"中国抽纱"的诉讼请求。

问题: 无单放货是否属于保险理赔的责任范围?

案例解析:

二审法院在审理本上诉案时,就无单放货是否属于保险责任范围存有较大争议。

一种意见认为,"中国抽纱"投保的是一切险和战争险,根据中国太平洋保险公司的业务规则,一切险包括"偷窃、提货不着"险在内的 11 种普通附加险。"中国抽纱"系投保人和提单持有人,承运人的无单放货,必然导致提单持有人的提货不着。无单放货行为对承运人而言是人为因素,但对投保人而言当属意志以外的原因,故符合一切险中的"外来原因"的条件,保险人应予赔偿。

另一种意见认为,无单放货发生在货物安全运抵目的港后,不属于运输中的保险风险,且中国太平洋保险公司业务规则中明文规定适用提货不着险时,被保险人必须向责任方取得提货不着的证明,但"中国抽纱"并未提供承运人出具的提货不着的证明,保险人可不予赔偿。

最高人民法院的答复为：根据保险条款，保险条款一切险的"提货不着"险并不是指所有的提货不着。无单放货是承运人违反凭单交货义务的行为，是其自愿承担的一种商业风险，而非货物在海运途中因外来原因所致的风险，不是保险合同约定由保险人应承保的风险，故无单放货不属于保险理赔的责任范围。

第 9 章

保险的基本原则

学习目标

- 了解保险利益原则。
- 掌握最大诚信原则的主要内容。
- 掌握近因原则的应用。
- 了解补偿原则的基本内容,掌握损失的赔偿方式。
- 了解代位追偿原则的内容和作用。

9.1 保险利益原则

9.1.1 含义

保险利益(insured interest),又称可保利益或可保权益,是指投保人对保险标的具有法律上承认的利益。保险利益是一种利益关系,就财产保险而言,保险利益体现为被保险人或投保人的经济利益因保险标的的完好而存在,因保险标的损毁而受损。例如,甲公司所有的一艘船舶因碰撞而损坏,对其进行修理必然会导致费用的支出,使甲公司在经济上遭受损失,因而该公司对船舶拥有保险利益。反之,如果甲公司已经把该船舶卖给了他人,此后船舶如果发生事故导致损坏,并不会对甲公司造成经济损失,因此,甲公司对该船舶不再有保险利益。就人身保险而言,保险利益体现为投保人的利益因被保险人的健在而得到保障,因被保险人的伤亡而受损。例如,乙的收入是家庭的主要经济来源,于其妻而言,如果乙身体健康,家庭的收入就能够得到保障;如果乙不幸遭遇意外事故伤残或死亡,则必然会使家庭收入减少,支出增加,经济利益受损,因而乙之妻对乙具有保险利益。

保险利益和保险标的具有密切关系,但两者的性质并不相同。保险标的是指保险合同中载明的投保对象。例如,财产保险中的建筑物、原材料等有价物及相关利益,以及人的寿命和身体等。而保险利益体现为投保人和保险标的之间的利益关系。保险标的因保险事故而致损毁或伤亡时,保险人赔偿或给付的是被保险人因此而遭受的经济损失,即被保险人对该保险标的所具有的保险利益而非保险标的本身,即保险合同真正保障的是保险利益。

9.1.2 前提及表现

1. 保险利益成立的前提

1）必须是法律承认的利益

投保人或被保险人对保险标的的利益必须是法律认可并受法律保护的利益，即在法律上可以主张的利益。违法行为取得的利益，不能成为保险利益。例如，走私货物不具有保险利益，不能得到保险保障，即便订立保险合同，也是无效的。

2）必须是确定的利益

保险利益必须是既得利益或是预期利益，无论是既得利益还是预期利益，必须是客观上可以实现的利益，仅凭主观臆测或推断将来可能获得的利益不能成为保险利益。例如，处于国际运输中的货物，其预期利润在投保时还未实现，但该利润在国际贸易合同顺利履行后确实能够实现，所以被保险人对预期利润具有保险利益，即预期利润可以成为保险金额的一部分。

3）必须是具有经济价值的利益

保险利益必须具有经济价值是指被保险人对保险标的的利益必须可以用货币衡量。财产保险以损失补偿为目的，保障的是被保险人经济上的损失，如果某项财产的价值不能用货币计量，一旦发生损毁，无法计算被保险人的经济损失，则无法进行保险赔偿，因此，不具有保险利益。例如，油轮上的机器设备、货物等财产的价值均可以用货币计量，因此，具有保险利益；油轮上的日志、图纸等财产的损失难以用货币进行衡量，因此，不具有保险利益。

2. 保险利益的表现

保险利益具体表现在以下几方面。

① 现有利益，是指被保险人对财产已享有且可继续享有的利益。被保险人如对财产具有合法的所有权、保管权、抵押权、留置权等关系均具有保险利益。船舶所有人、货物所有人、船舶或货物的受押人等均可以是海上保险合同的被保险人。

② 预期利益，是指因财产的现有利益而存在确实可得的未来一定时期的利益，包括利润利益、租金收入利益、运费收入利益等。例如，若在运输途中发生风险事故致使货物受损，承运人的运费收入就会减少，则承运人对于预期的运费具有保险利益。

③ 责任利益，是指被保险人因其对第三方的民事损害行为依法应承担的赔偿责任，因承担赔偿责任而作出经济赔偿和支付其他费用的人具有责任保险的保险利益。例如，承运人对货损货差承担责任，船东对船员、乘客承担责任，都具有责任保险利益。

④ 合同利益，是指基于有效合同而产生的保险利益，如在国际贸易中，卖方将货物发运后，买方可能因自身原因拒付货款，使卖方遭受经济损失，因此，卖方对买方的信用具有保险利益。

9.1.3 主体

保险利益的主体是指对保险标的具有保险利益的人。对此，我国《保险法》规定，投保人对保险标的应当具有保险利益。我国《保险法》并未将财产保险和人身保险加以区分。

由于财产保险合同的投保人与被保险人在绝大多数情况下是同一人，要求投保人具有保险利益，其实相当于要求被保险人具有保险利益，但如果投保人与被保险人分离，应理解为被保险人应对保险标的具有保险利益,因为财产保险合同保障的是被保险人因保险事故发生而遭受的经济损失,即被保险人才是享受保险合同利益的人。若被保险人对保险标的不具有保险利益,即并未因保险标的的损毁而遭受经济损失,显然保险合同无效,被保险人不能获得保险赔款。国外的保险立法一般都规定被保险人必须具有保险利益,如英国1906年《海上保险法》规定,在保险标的发生损失时,被保险人对保险标的必须具有保险利益,尽管在订立保险合同时他没有取得保险利益的必要。

9.1.4 作用

保险利益原则是指在订立和履行保险合同的过程中,投保人或被保险人对保险标的应当具有保险利益。如果投保人或被保险人对保险标的不具有保险利益,保险合同无效。

现代保险制度起源于海上保险。在海上保险产生初期,航海还是一种冒险行为,曾出现过一些人将与自己毫无利益关系的船舶、货物作为保险标的投保,一旦船舶、货物因海事而受损,这些人就可以得到保险赔款。由于这种保险赔款并不是用于补偿被保险人的损失,而是投机者以少量的保险费支出获得大大超过保险费的不当收益,从而使保险成为一种赌博手段,与其补偿损失的职能相悖。为了制止这一现象,英国及其他各国的法律均规定,禁止订立不具有保险利益的保险合同,在保险业务活动中也逐渐形成了保险利益原则。保险业务必须遵循保险利益原则,其作用主要体现为以下几点。

1. 防止赌博行为

从保险利益原则的起源可知,遵循这一原则能有效地防止赌博行为的产生。保险利益原则规定,投保人或被保险人对保险标的必须具有保险利益才可订立有效的保险合同。换言之,若投保人或被保险人对保险标的不具有保险利益,则订立的保险合同无效,不能获得保险人的保险赔偿或给付。

2. 防止道德风险

道德风险又称道德危险,是指保险合同的当事人或关系人品行不端,为获得保险赔偿或保险金给付,故意促成保险事件发生的风险。

3. 限制保险保障的最高额度

保险利益是投保人或被保险人与保险标的之间的经济利益关系,具有经济价值。以其作为保险保障的最高限度,一方面能够使被保险人得到充分的补偿;另一方面又使其不会因保险而不当得利。保险作为一种经济补偿制度,其主要目标就是补偿被保险人因保险事故发生而遭受的经济损失,但不允许被保险人通过保险而额外获利。由此可见,保险利益既为被保险人得到保险保障提供了客观依据,也为保险人提供保险补偿提供了客观依据,维护了保险的经济补偿职能。

9.1.5 应用

在国际贸易中,各国法律对货物所有权何时由卖方转移给买方的规定不尽相同。因此,在国际货物运输保险实践中,货物所有权并非保险利益的来源,承担货物灭失或损坏风险的一方才具有保险利益。因为不同的贸易术语对风险何时由卖方转移给买方有不同的规定,而风险转移的时间又决定了对货物保险利益转移的时间。因此,货物自起运地卖方仓库运至目的地买方仓库的运输过程中,何方具有保险利益,享有在事故发生时向保险人索赔的权利,取决于买卖双方在国际贸易合同中所采用的贸易术语。下面将分析国际商会制定的《2010年国际贸易术语解释通则》所解释的11种贸易术语的保险利益转移时间。

1. EXW

EXW（ex works，工厂交货），术语后跟指定地点。在 EXW 术语项下订立的国际贸易合同，卖方在其所在地或其他指定的地点将货物交给买方处置时，即完成交货。货物灭失或损坏的风险自交货时起由卖方转移给买方承担。因此，对货物的保险利益也于此时转移给买方。

2. FAS

FAS（free alongside ship，船边交货），术语后跟指定装运港名称。在 FAS 术语项下，卖方将已办理清关手续的货物运至指定的装运港的船边，即完成交货。货物损坏或灭失的风险于此时转移至买方，买方从受领货物那一刻起已具有保险利益，可通过办理国际货运险转嫁风险。

3. FOB、CFR 与 FCA、CPT

采用 FOB（free of board，装运港船上交货）、CFR（cost and freight，成本加运费）术语订立的国际贸易合同，当货物在指定的装运港越过船舷时，卖方即完成交货。从该点起买方必须承担货物灭失或损坏的一切风险，具有对货物的保险利益。

在 FOB 和 CFR 术语项下，卖方没有投保国际货运险的义务，买方应自己办理保险，以转嫁运输途中的风险。若货物的损失发生在装运港装船之前，由卖方承担风险；若卖方希望得到保险保障，它需要自行办理从起运港仓库至装船前这一段运输过程的保险。若货物损失发生在装船之后，且买方已投保国际货运险，则可向保险公司索赔。

采用 FCA（free carrier，货交承运人）、CPT（carriage paid to，运费付至）贸易术语订立的国际贸易合同，卖方将经过出口清关手续的货物在指定的地点交给买方指定的承运人（FCA 术语）或自己指定的承运人（CPT 术语），即完成交货。货物的风险自交货时起转移给买方承担，对货物的保险利益也于此时转移给买方。

在 FCA 和 CPT 术语项下，卖方没有办理国际货运险的义务。如果买方事先已投保国际货运险，若货物损失发生在承运人接管货物之前，由于买方不具有保险利益，则无权向保险人索赔；若货物损失发生在承运人接管货物之后，作为被保险人即可向保险人索赔货款。

4. CIF 与 CIP

在 CIF（cost, insurance and freight，成本加保险费、运费）术语项下，规定卖方必须自付费用取得货物保险。卖方办理保险后，按照各国海洋运输保险的习惯做法，保险人承担责任的期限包括货物运离起运地发货人仓库至运达目的地收货人仓库的整个运输过程。因此，当货物在装运港越过船舷之前的运输途中发生损失时，卖方承担风险，有权向保险人索赔货损。若货物在装船之后发生损失，买方具有保险利益，可凭卖方提供的保险单向保险人索赔货损。

在 CIP（carriage and insurance paid to，运费及保险费付至）术语项下，卖方负有订立保险合同并支付保险费的义务。在卖方已经办理国际货运险的情况下，若货物在运输途中发生损失，若损失发生在承运人接管货物之前，卖方承担风险，具有对该货物的保险利益，可向保险人索赔货物损失；若损失发生在承运人接管货物之后，买方承担风险，享有对该货物的保险利益。由于货运保险单可通过卖方背书转让给买方，买方即可凭已转让的保险单向保人索赔。

5. DAT、DAP 与 DDP

这三种术语均属到达术语。DAT（delivered at terminal）是指在指定目的地或目的港的集散站交货，其中"terminal"可以是目的地任何地点，如码头、仓库、集装箱堆场或者铁路、公路或航空货运站等。DAP（delivered at place）是指在指定目的地交货，其中"place"可以是港口，也可以是陆地的地名。DDP（delivered duty paid）为已完税交货。以上这几个术语达成的国际货物买卖合同，卖方应于合同规定的日期或期限内分别在指定的地点将货物交给买方并置于买方的处置之下即完成交货，货物灭失和损坏的风险也在此时转移至买方。在此之前的风险由卖方承担，所以应由卖方办理投保手续，支付保险费。例如，发生保险事故引起的货物损失也由卖方向保险人索赔，因为此时只有卖方对货物具有保险利益。在货物被交付给买方并置于买方处置后有关货物的保险利益归买方所有，其存在的风险也只能由买方自理保险。

9.2 最大诚信原则

9.2.1 含义

所谓最大诚信原则，是指保险合同双方当事人在订立和履行合同时，必须以最大的诚意履行约定义务，恪守承诺，互不欺骗，互不隐瞒。英国《海上保险法》规定，海上保险契约以最大诚信为基础，倘若任何一方不遵守最大诚信原则，另一方必须声明此项契约无效。

最大诚信原则起源于海上保险，现在已成为所有保险合同中各方需遵循的基本原则。为实现国际贸易，海上运输需要跨越国界在不同国家之间进行，必然出现作为保险标的的船舶、货物与保险人所在之处相距甚远的情形。由于保险人对承保标的的实际情况往往一无所知，对承保的风险难以控制，只能根据投保人的申报内容判断风险程度，从而决定承保与否及保险费率的高低。而保险标的一般处于投保人的控制和掌握之下，投保人应当了解、熟悉保险标的的有关情况。因此，投保的告知是否真实、全面对保险人极为重要，最大诚信原则由此逐渐成为保险业务活动的基本原则之一。

9.2.2 主要内容

1. 告知

订立保险合同时，投保人和保险人都应向对方履行告知义务。要求保险人告知的意义在于，使投保人充分了解保险合同的内容以决定是否投保。要求投保人告知的意义在于，使保险人充分了解保险标的的风险程度，以考虑决定是否同意承保及确定保险费率。因此，告知义务应当在保险合同成立之前履行。

1）告知的概念

告知（disclosure），是指投保人在投保时，应将其所知道的有关保险标的的重要事实全部告诉保险人，而且投保人所做的每次陈述都必须是真实的。换言之，投保人必须在诚信的基础上，作出关于事实的基本正确的陈述，或对其所信任和期望的事实作出反应。告知是投保人应尽的义务之一。

对于重要事实的定义，英国《海上保险法》规定，凡能影响谨慎的保险人确定保险费的事项，或决定是否承保的事项，均为重要事实。由此可见，重要事实是指对保险人决定承保与否及确定保险条件有影响的事项，即关系保险风险大小的事实。例如，人身保险中被保险人的年龄、身体健康状况、既往病史等，船舶保险中船舶的船级、船龄等情况均为重要事实。

2）告知的形式

根据各国的法律传统和保险业发展水平的不同，国际上主要有两种告知制度，即询问告知制度和无限告知制度。

（1）询问告知制度

询问告知是指投保人对保险人询问的问题作出如实回答，即已履行告知义务，若保险人没有询问，则投保人无须告知。在具体实务中，保险人询问的方式包括要求投保人填写投保单、告知书及口头询问等。相应地，投保人只要逐项如实地填写投保单、告知书或作出口头回答，即已履行了告知义务。

目前，大多数国家的保险立法适用的是询问告知制度。我国《保险法》规定，订立保险合同，保险人应当向投保人说明保险合同的条款内容，并可以就保险标的或者被保险人的有关情况提出询问，投保人应当如实告知。这表明我国《保险法》适用的是询问告知制度。

（2）无限告知制度

无限告知是指对告知的内容不做具体规定，投保人应主动将其所知的或应知的与保险标的危险状况有关的任何重要事实告知保险人，而且其所做的陈述必须与客观事实相符。

无限告知对投保人的要求较高。法国、比利时及英美法系国家的保险立法均采用无限告知制度。例如，英国《海上保险法》规定，在契约订立时，被保险人应将其所知悉的各项重要事实告知保险人。我国海上保险的立法也规定采用无限告知制度，《海商法》规定，保险合同订立前，被保险人应当将其知道的或者在通常业务中应当知道的有关影响保险人据以确定保险费率或者确定是否同意承保的重要情况，如实告知保险人。

在保险实务中，主动告知并不是任意由投保人、被保险人凭自己的判断和认识进行告知的。保险人同样向投保人提供投保单，投保单中的各个事项均被视为重要事项，投保人应如实告知，但应告知的事项不限于保险人的上述询问，如果有其他重要事项，投保人也应主动如实告知。

2. 保证

保证（warranty），是指保险人要求投保人或者被保险人对某一事项的作为或不作为、履行某项条件及某种事态的存在或不存在等作出承诺。保证是针对投保人或被保险人的要求，保险人通过要求被保险人遵守某项或几项保证的内容以控制风险，确保保险标的及其周围环境处于良好的状态。保证的内容是保险合同的重要条款之一。

1）保证的形式

（1）明示保证

明示保证以书面的形式载明于保险合同中，成为保险合同的条款。例如，船舶保险单中附有"被保险人保证船舶不去南极、北极、大湖区、波罗的海"的条款，就是被保险人对船舶航行区域所做的明示保证。

（2）默示保证

默示保证又称绝对保证，是指根据有关法律或国际惯例产生的，不载明于保险合同中，习惯上或社会公认的被保险人必须遵守的保证。海上保险的默示保证有三项：船舶必须适航；船舶需按预定航线航行，不得绕航；船舶必须从事合法的运输。

2）违反保证的法律后果

保险合同中的保证事项均为重要事项，是订立保险合同的条件和基础，因而各国立法对被保险人遵守保证事项的要求极为严格，通常规定被保险人若违反保证，不论其是否有过失，保险人均有权自被保险人违反保证之时解除合同，不承担保险赔偿责任。

9.3 近因原则

9.3.1 含义

近因（proximate cause）原则，是指当保险标的发生损失时，确定对保险标的所受损失是否予以赔偿的基本原则。

在保险实务中，各种保险责任条款通常规定："下列原因造成保险标的损失，保险公司负责赔偿。"各种免责条款通常规定："下列原因造成保险标的损失，保险公司不负责赔偿。"由于导致损害事故的原因可能并不是单一的，而是有多个原因同时发生作用或先后发生作用或交叉发生作用，此时需运用近因原则（principle of proximate cause）判断保险公司是否对损失承担保险责任。

1906 年英国颁发的《海上保险法》规定，除保险单另有约定外，保险人对由其承保危险近因所致的任何损失，均负赔偿责任，但对非由其承保危险近因所致的任何损失，均不负赔偿责任。据此可知，近因原则可理解为导致损失的近因属于承保风险的，保险人应承担损失赔偿责任；近因不属于承保风险的，保险人不负赔偿责任。

9.3.2 应用

近因原则是保险理赔中必须遵循的重要原则之一。在英美等国的保险立法中，近因原则是一个十分复杂的、包括很多具体规则的总原则，而且是不断发展变化的。在实践中，要从错综复杂的多个致损原因中确定何者为近因并不容易。这也是近因原则得以正确运用的关键。下面根据几种常见的不同情况，分析如何确定损失的近因，以及如何应用近因原则。

1. 单一原因致损

单一原因直接造成损失的情况比较常见，造成保险标的损失的原因相对比较简单，与其他事件没有紧密联系。如果没有延续的因果关系链，此时该单一的原因就是近因。若该原因属于保险单载明的承保原因或风险，保险人应承担赔偿责任；反之，若该原因不属于承保风险，保险人不负赔偿责任。例如，在船舶保险中，船舶因意外触礁而沉没，触礁即为船舶沉没致损的近因，由于触礁属于船舶保险承保的风险，所以保险人对船舶沉没损失应予以赔偿。

2. 数个原因同时发生致损

数个原因同时发生作用，是指无法严格区分不同原因在发生时间上的先后顺序。由于各原因发生无先后之分，而且对损害结果的形成均有直接的、有效的影响，原则上它们都是损失的近因。

当各个原因引起的损失结果可以划分时，保险人对所有承保危险引起的损失均需负责，但对不保风险和除外风险所致的损失不需负责。

当各个原因所致的损失无法划分时，保险人按下面两种情况处理。

① 数个原因之中既有承保风险，又有非承保风险，保险人对全部损失予以负责，即承保风险优于不保风险。

② 数个原因之中既有承保风险，又有除外风险，保险人对损失都不负责，即除外风险优于承保风险。例如，一幢大楼投保了火灾保险，在保险单的除外责任中，列明地震除外。如果楼内厨房在做饭时不慎起火，几乎同时发生了地震，地震引起电线走火，最终大楼被烧毁。由于导致火灾的原因中包括地震这一除外风险，而且承保风险和除外风险导致的损失难以分清，对于楼房的损毁，保险公司不予负责。

3. 数个原因先后连续发生致损

在此情况下，两个或两个以上的危险事故连续发生作用造成损失。由于各原因依次发生，在时间上可进行明显的区分，而且前后因之间持续不断地存在因果关系。此时，最先发生并导致一连串事故的原因即为近因。

① 前因为承保风险，即近因为承保风险，保险人应承担赔偿责任。

② 前因为除外风险，即近因为除外风险，保险人不承担赔偿责任。

③ 前因为保单不保风险，而后引起的原因属保单承保风险，保险公司应承担赔偿责任。

④ 前因为保单不保风险，而后引起的原因属保单除外风险，保险公司不承担赔偿责任。

例如，袋装棉花投保我国保险条款海运平安险，在运输过程中船舶意外搁浅，船底裂缝，致使海水渗入，棉花受浸而致霉烂损失。虽然棉花的最终损失原因为霉烂，不属平安险的承保风险，但近因为搁浅，属于平安险的承保责任，所以对此损失保险人应负责。

4. 数个原因先后间断发生致损

数个原因先后间断发生致损，是指造成损失的各原因之间在发生时间上存在先后顺序，但相互之间不存在直接的、必然的联系，即各原因之间不存在因果关系，是完全独立的。

① 如果数个原因对损害结果的形成均有直接的、实质的影响，即它们均为近因。在这种情形下，判定保险人如何承担责任与数个原因同时致损基本一致。

② 如果新出现的原因具有现实性、支配性和有效性，那么在此之前发生的原因就被新的原因所取代，可以不予考虑。此时，新的原因即为近因，当其为承保风险时，保险人对损失承担责任；当其为除外风险时，保险人对损失不承担责任。

9.4 补偿原则

9.4.1 含义

经济补偿是保险的基本职能。因此，补偿原则是保险的又一基本原则。

补偿原则（principle of indemnity），是指当保险标的发生保险事故遭受损失时，被保险人有权按照保险合同的约定得到充分的补偿；同时，保险补偿受到一定限制，赔偿金额不能超过规定的限额。

补偿原则体现了保险的宗旨,即一方面确保被保险人通过保险获得经济保障;另一方面防止被保险人利用保险不当得利,从而有助于预防道德风险和保险欺诈,保证保险业健康、有序发展。需要指出的是,补偿原则仅适用于补偿性的保险合同。

9.4.2 主要内容

1. 保险补偿的限额

1) 以被保险人的实际经济损失为限

被保险财产受损后,保险人应按保险合同的规定承担赔偿责任,使被保险人在经济上恢复至未遭事故时的状况,但保险赔款不得超过被保险人实际所受到的经济损失。

补偿原则主要应用于财产保险中。在财产保险中,保险标的的实际损失通常是根据当时损失财产的实际价值确定的,即以损失当时财产的市场价为准,计算损失金额(定值保险和重置价值保险除外)。

例如,被保险人为自有房屋投保财产保险,保险金额为 50 万元,在保险期内房屋遭遇火灾而被焚毁。如果经核定,当时该房屋完好的市场价为 40 万元,则被保险人所受到的经济损失为 40 万元,保险人只赔偿被保险人 40 万元。

2) 以保险金额为限

保险金额是保险双方事先约定的、记载于保险单上的保险人承担赔偿责任的最高限额。因此,保险赔款不能超过保险金额,而只能低于或等于保险金额。如上例,被保险人为自有房屋投保 50 万元的财产保险,假设当时市场房价上涨,该房完好市价达 60 万元,此时虽然被保险人因房屋被焚毁而致经济损失 60 万元,但保险人最多只赔偿 50 万元,即该房屋的保险金额。

3) 以保险价值为限

保险价值可能在订立保险合同时即已确定,也可能在保险标的发生保险事故后才予以确定。保险价值的金额因被保险人与保险人的不同约定而不同,双方可以约定以保险标的的重置价值作为保险价值,也可以约定以保险事故发生时保险标的的实际价值作为保险价值。我国《保险法》规定,保险金额不得超过保险价值,超过保险价值的,超过的部分无效。因此,如果保险金额超过保险价值,即使保险标的发生全损,保险人的赔偿责任也只能以保险价值为限,而不是以保险金额为限。例如,某机动车辆保险合同规定,以投保时的新车购置价为保险价值,投保的桑塔纳汽车保险价值为 12 万元,如果投保人以 15 万元作为保险金额,那么该车如果因保险事故而致全损,保险人只以 12 万元的保险价值为限计算赔偿,而不是以 15 万元的保险金额计算。

2. 损失赔偿方式

1) 比例赔偿方式

比例赔偿是指按保障程度,即保险金额与损失当时保险标的实际价值的比例计算赔偿金额。

$$赔偿金额 = 损失金额 \times \frac{保险金额}{损失当时保险标的的实际价值}$$

采用比例赔偿方式,保障程度越高,发生损失时被保险人所得的保险赔款就越接近实际损失金额。但是，只有当足额保险，即保障程度为100%时，被保险人才能得到十足补偿，即保险赔偿金额等于损失金额。

2) 第一损失赔偿方式

第一损失赔偿是指当损失不超过保险金额时，按实际损失赔偿；当损失超过保险金额时，则按保险金额赔偿。

在保险理论上，采用第一损失赔偿方式是将保险财产的价值分为两部分：第一部分为保险金额以内的部分，这部分已投保，保险人对其按实际损失予以赔偿；第二部分为超过保险金额的部分，这部分未投保，所以保险人对其损失不承担责任。由于保险人只对第一部分的损失承担赔偿责任，所以称为第一损失赔偿方式。按此方式，只要损失不超过保险金额，被保险人即可得到十足补偿。

9.5 代位追偿原则

9.5.1 含义

代位追偿（subrogation）原则，是由补偿原则派生的，是指发生在保险责任范围内的、由第三者责任造成的损失，保险人向被保险人履行赔偿义务后享有以被保险人的身份向在该项损失中的第三者责任方索赔的权利。

代位追偿原则同样仅适用于补偿性的保险合同。这一规定首先是为了防止被保险人由于保险事故的发生而获得超过其实际损失的经济补偿。因为当保险标的遭受保险事故致损时，被保险人可以按保险合同的规定，向保险人请求保险赔偿，当保险事故由第三者责任方造成时，根据民法中有关侵权的规定，被保险人同时可向第三者责任方索赔，上述两项索赔若都得到实现，被保险人就可能得到超过实际损失的补偿额，即额外获利，这显然是不合理的，不符合补偿原则的。所以，被保险人在得到保险赔款后，应当将向第三者请求赔偿的权利转移给保险人，由保险人代位追偿。

代位追偿原则同时也维护了公共利益。社会公共利益要求致害人应对受害人承担经济赔偿责任，如果保险事故的致害人因为被保险人享受保险赔偿而逃避其原应承担的赔偿责任，不仅使其因为受害人与保险人订立了保险合同而获益，而且损害了保险人的利益，违反了社会公平原则。因此，在各国的保险实务中均规定若保险事故是由第三者责任方造成的，保险人在履行赔偿义务后，应享有代位追偿权。这一规定既使被保险人不会因保险而额外获利，又使第三者责任方无论如何均应承担损害赔偿责任，还使保险人可通过代位追偿从第三者责任方追偿支付的赔款，从而维护保险人的合法权益。

9.5.2 主要内容

1. 代位追偿产生的条件

代位追偿的产生必须具备以下3个条件。

① 保险标的的损害由保险事故所致。

② 保险事故的发生是由第三者责任方造成的。

③ 保险人必须先履行赔偿义务。

2. 代位追偿产生的时间

根据我国《保险法》的规定，代位追偿权产生于保险人支付赔款之后。保险事故发生后，被保险人将其与第三者之间产生的损害赔偿的权利转让给保险人，从而使保险人取得代位追偿权。因此，代位追偿产生于保险人支付赔款之后，而非向被保险人支付赔款之前。在实际业务中，保险人支付保险赔款后，通常要求被保险人签署"权益转让书"，明确表示将向第三者请求赔偿的权利转让给保险人。"权益转让书"可以确认保险赔偿的金额和赔偿的时间；并进而确认保险人取得代位追偿权的时间和代位追偿的范围。

3. 代位追偿的范围

由于保险人代位追偿的产生源于其已向被保险人支付赔款，因此，保险人所获得的代位追偿的范围，以其对被保险人赔付的金额为限。如果保险人从第三者责任方追偿的余额大于其对被保险人的赔偿，超过部分应归被保险人所有，以避免保险人因代位追偿权而额外获利，损害被保险人的利益。我国《保险法》规定，因第三者对保险标的损害而造成保险事故的，保险人自向被保险人赔偿保险金之日起，在赔偿金额范围内代位行使被保险人对第三者请求赔偿的权利。

有些保险合同因不足额保险或规定有免赔额等原因，保险事故发生后被保险人获得的保险赔款往往低于其实际遭受的经济损失，此时被保险人有权就未取得保险赔偿的部分向第三者请求赔偿。我国《保险法》规定，保险人行使代位请求赔偿的权利，不影响被保险人就未取得赔偿的部分向第三者请求赔偿的权利。

由于代位追偿是保险人履行赔偿责任之后才产生的，此前被保险人与第三者之间债务关系如何，即被保险人是否保留对第三者追偿的权利，直接影响保险人能否顺利行使其代位追偿权。对此，我国《保险法》规定，保险事故发生后，保险人未赔偿保险金之前，被保险人放弃对第三者请求赔偿的权利的，保险人不承担赔偿保险金的责任；出于被保险人的过错致使保险人不能行使代位请求赔偿的权利的，保险人可以相应扣减保险赔偿金。

若保险事故发生后，被保险人已从第三者处取得损害赔偿，此时保险人不可能取得代位追偿权，因此其在赔偿保险金时，可相应扣减被保险人从第三者处已取得的赔偿金额。

9.6 重复保险分摊原则

当保险标的发生损失后，被保险人的权利仅仅是要求获得损失的充分补偿，而不应因此获得超出其损失的额外利益。但是在现实中，被保险人可能拥有多份承保同一损失的保险单，在这种情况下，被保险人最终可能获得超出其实际损失的赔款，从而获得额外利益。这同样有悖于保险的补偿原则。因此，当被保险人拥有多份承保同一损失的保险单，即重复保险时，如果保险标的发生损失，应在各个保险人之间分摊该损失，以免被保险人获得额外利益。这就是重复保险的分摊原则，这一原则也是补偿原则派生出来的保险基本原则。

9.6.1 重复保险的含义

我国《保险法》规定，重复保险（double insurance）是指投保人对同一保险标的、同一保险利益、同一保险事故分别向两个以上保险人订立保险合同的保险。从这一规定可以看出,对于重复保险,投保金额总和可能高于保险价值,也可能低于保险价值。而我国《海商法》规定的重复保险是,被保险人对同一保险标的就同一保险事故向几个保险人重复订立合同,从而使该保险标的的金额总和超过保险标的的价值。按照《保险法》规定,海上保险适用《海商法》的有关规定;《海商法》未做规定的,适用于《保险法》的有关规定。因此,对于《海商法》中关于重复保险未做规定的部分,应适用《保险法》的规定。

9.6.2 重复保险的构成要件

① 必须是对同一保险标的和同一保险事故投保。
② 必须是对同一保险利益投保。
③ 必须是与两个以上保险人订立保险合同。
④ 必须是保险期间重叠的投保。
⑤ 必须是每个保险人都对损失负责的投保。

9.6.3 重复保险的分摊

1. 分摊原则

根据我国《保险法》及《海商法》的规定,分摊原则是指在投保人对同一保险标的、同一保险利益、同一保险事故分别向两个以上保险人订立保险合同的情况下,该保险标的的保险金额总和超过保险标的的保险价值时,被保险人获得的赔偿金额总和不得超过保险标的的受损价值或保险价值。为了防止被保险人获得额外利益,需要将保险标的的损失在各保险人之间进行分摊。

2. 分摊方式

在保险实践中,重复保险的损失分摊方式主要有以下几种。

1) **比例责任分摊方式**

比例责任(pro rata liability)分摊是最常见的重复保险损失分摊方式。根据我国《保险法》的规定,除非保险合同另有约定,各保险人按照其保险金额占保险金额总和的比例承担赔偿责任。

$$各保险人的损失分摊额 = 损失金额 \times \frac{该保险人承保的保险金额}{各保险人承保的保险金额总和}$$

[例9-1] 被保险人将其家庭财产分别于2001年7月4日和2001年8月10日向甲、乙两家保险公司投保一年期火灾保险,甲公司的保险金额为10万元,乙公司的保险金额为5万元。2001年10月10日,被保险人家中发生火灾而致财产损失9万元,两家公司应如何分摊赔偿责任。

解:采用比例责任分摊方式,损失分摊计算如下。

$$甲公司赔款 = 9 \times \frac{10}{10+5} = 6(万元)$$

$$乙公司赔款 = 9 \times \frac{5}{10+5} = 3(万元)$$

通过各保险公司的损失分摊,被保险人得到的保险赔款总额为9万元,正好是其所遭受的实际经济损失额。

2）限额责任分摊方式

限额责任（limit of liability）分摊是指以各保险人在没有其他保险人重复保险的情况下，按对某次保险事故损失单独应负的最高赔偿限额与各保险人应负的最高赔偿限额总和的比例，承担赔偿责任。

$$各保险人的损失分摊额 = 损失金额 \times \frac{该保险人的赔偿限额}{各保险人的赔偿限额总和}$$

[**例 9-2**] 接例 9-1，按限额责任分摊方式计算甲、乙两家保险公司应分摊的赔偿额。

解：甲公司在该次火灾事故中的赔偿责任限额为 9 万元，乙公司在该次火灾事故中的赔偿责任限额为 5 万元，损失分摊计算如下。

$$甲公司赔款 = 9 \times \frac{9}{9+5} = 5.786（万元）$$

$$乙公司赔款 = 9 \times \frac{5}{9+5} = 3.214（万元）$$

按此方式分摊，被保险人所得的赔款总额仍为 9 万元。

3）顺序责任分摊方式

顺序责任分摊是指按各保险人出立保险单的先后顺序分摊损失，当发生保险事故时，最先出立保险单的保险人先负责赔偿，若保险标的的损失超过其赔偿责任限额，超过部分依次由之后出立保险单的保险人负责赔偿。

仍以例 9-1 为例，甲公司先立保险单，应承担赔偿责任 9 万元，后出单的乙公司不再承担赔偿责任。假如火灾所致损失为 12 万元，甲公司赔款 9 万元，剩下的 3 万元则由乙公司负责赔偿。被保险人的损失最终通过各保险人的分摊得以补偿。

4）相同份额责任分摊方式

相同份额责任分摊是指不管各保险人的责任限额为多少，保险标的损失均按相同份额分摊。如分摊后的损失金额超过某保险人的责任限额，超过部分由其他保险人继续按相同份额分摊，以此类推，直至损失全部分摊完毕或各保险人承担的赔偿金额均已达到其责任限额。

在例 9-1 中，按相同份额责任分摊方式计算，甲、乙两保险公司按相同份额，即按 1/2 的比例分摊损失，各自应承担 4.5 万元的损失赔款。

我国《保险法》规定，重复保险的保险金额总和超过保险价值的，各保险人的赔偿金总和不得超过保险价值。除保险合同另有约定外，各保险人按照其保险金额占保险金额总和的比例承担保险责任。这表明保险人有权在保险合同中订立重复保险条款，约定重复保险情况下自身的责任分担方式。由于各保险人之间并未相互协商重复保险的责任分摊方式，因此，会出现各保险人的重复保险条款产生冲突的情形。此时应根据实际情况，本着公平原则和保护被保险人利益的原则进行处理。

本章总结

重点词汇

保险利益原则　最大诚信原则　近因原则　补偿原则

案例分析

案例一

1月，徐某将自有的从事营运的一辆双排客货车向某保险公司投保车损险及第三者责任险，保险期限为一年。保险代理人按吨位收取车损险和第三者责任险保费共2 000元。3月，该车与一辆摩托车相撞，致使一人死亡、一人重伤。经交警部门认定，徐某负该起事故40%的责任。事故处理结束后，徐某向保险公司提出索赔。保险人在审核保险车辆行驶证时发现该双排客货车为1吨/6座，根据车险实务的有关规定，双排客货车收费应按"就高不就低"的原则，即按吨位或座位计算，取较高者计费。该车实际按吨位收取，比按座位收取要少收1 000元。保险公司认为由于投保人实际缴费不足，只能以投保人缴纳部分保费来赔偿被保险人的损失，徐某不服，双方发生了纠纷。

问题： 保险公司的理赔决定是否合理？为什么？

案例解析：

本案中保险费是由保险代理人代表保险公司确定并收取的，投保人在投保时已将行驶证出示给保险代理人，并且投保单背面也粘贴行驶证的复印件。因此，保险费未交足是由于保险代理人计算时粗心大意造成的，属于保险代理人的过错。

我国《保险法》规定，保险代理人根据保险人的授权代为办理保险业务的行为，由保险人承担责任。本案中，保险代理人代表保险人收取保险费时，按吨位而不是按座位收取的责任不在投保人，保险代理人的行为在法律上应推定为放弃按座位收取保险费的权利，其过错应由保险人来承担责任。因此，保险人对于保险事故应负全部责任，即应按保险合同的约定全额赔付被保险人的损失。

案例二

一批咖啡投保我国保险条款海运货物一切险，但未保战争险，运送该批咖啡的船舶意外触礁，船长下令施救，结果有1 000袋咖啡被救上岸，却被敌对方所捕获，其余的咖啡则因来不及抢救，与船舶一起沉没。

问题： 保险公司对哪些损失负责赔偿？

案例解析：

首先，1 000袋咖啡在被救上岸后，触礁风险已经解除，所以致其损失的近因为被敌对方捕获，即战争风险，由于战争风险是一切险的除外责任且未附加投保战争险，因此，货物保险人对此损失不予赔偿。其次，对于沉没的咖啡，其沉没是由于船舶沉没所致，而船舶沉没又是因触礁所致，所以损失近因是船舶触礁风险，属于一切险的承保责任，保险人对此损失应予赔偿。

案例三

某年，一商人在泰国曼谷以60万美元买了200件古代石雕像和青铜雕像，后该商人将此货物向英国劳合社投保运往荷兰的货物运输保险，保险金额为3 000万美元。在货物装船前，保险人对该批货物进行了检查，认为投保人对货物的估价过高，对一些事实未做申报和有虚报的地方，因此取消了该保险单。不久，该商人转向美国保险市场投保，在一家美国保险公司处获得了保险金额为 3 000 万美元的货物运输保险。货物装上船舶后不久遇到风暴，承运货物的船舶触礁沉没，货物全损。出险后，该商人向保险人索赔全部货物损失 3 000 万美元，遭到保险人的拒绝，最后向美国联邦上诉法院起诉。

问题：根据最大诚信原则对本案例进行分析。

案例解析：

保险人是否违背最大诚信原则是本案的关键。最大诚信原则的基本含义是，保险合同双方当事人在订立和履行合同时，必须以最大的诚意履行约定义务，恪守承诺，互不相瞒。对于投保人而言，其在投保时，应将其所知的有关影响保险人据以确定保险费率或者确定是否同意承保的重要情况全部告诉保险人，不得有所隐瞒，而且投保人所做的每次陈述都必须是真实的。本案中，投保人对货物的一系列事实的未申报和错误申报，尤其是对于保险金额的过高申报，违背了最大诚信原则，其货物运输保险合同无效。最后，法院判决，保险人对该批货物的损失不承担任何赔偿责任，货物损失由投保人自行承担。

案例四

某年 9 月，国内某贸易公司向沙特阿拉伯某钢材公司购买 5 000 吨钢材，合同约定，采用 CFR 术语，钢材于同年 10 月在沙特吉达港装运，卸货港为中国广州，货物由买方投保。根据该合同，贸易公司于货物装运前将这批钢材向某保险公司足额投保了海运货物平安险，保险期限采用仓至仓条款，使用中国人民保险公司 1981 年 1 月 1 日修订的《海运运输货物保险条款》。保险公司及时签发了保险单，贸易公司则按合同约定缴纳了保险费。

同年 10 月 3 日，钢材在沙特阿拉伯吉达港装船完毕，船舶顺利驶离海港前往广州。该船舶在途中因货仓进水而沉没，货物也因此全损。贸易公司于同年 11 月 5 日向保险公司提出索赔，保险公司经调查后发现该贸易公司并非核定的经营钢材进口公司，也没有申请领取进口许可证，因此，保险公司拒绝赔偿。贸易公司认为在货损发生时其具有保险利益，同时货物损失属于保险责任，保险公司应予以赔偿。双方因此引起纠纷。

问题：保险公司拒赔货损的理由是否成立？请说明理由。

案例解析：

保险利益原则是保险业经营的基本原则之一，根据海上保险有关法律的规定，在保险标的发生损失时，被保险人对保险标的必须具有保险利益，被保险人对保险标的不具有保险利益的保险合同无效。因此，此案的关键在于贸易公司对其拟进口的钢材是否具有保险利益。

保险利益是指投保人或被保险人对保险标的具有的法律上承认的利益，其构成条件有三点：一是保险利益必须是法律承认的、合法的利益；二是保险利益必须是客观存在的、确定的利益；三是保险利益必须是具有经济价值的利益。因此，投保人或被保险人对保险标的的利益必须是合法的、确定的、具有经济价值的，否则保险合同无效，保险人无须承担赔偿责任。

本保险纠纷涉及的标的进口钢材属于核定公司或者申请领取进口许可证后方可进口的产品。经审查，该贸易公司既非核定的经营钢材进口的公司，也没有申请领取进口许可证。因此，贸易公司进口钢材的行为不合法，其对非法进口的钢材不具有保险利益。保险人有权以被保险人不具有保险利益，以致保险合同无效为由而拒赔货损。

第 10 章

海洋运输货物保险保障范围

学习目标

- 了解海洋运输货物保障的风险。
- 了解海洋运输货物保险保障的损失。
- 了解海洋运输货物保险保障的费用。
- 掌握实际全损、推定全损和委付的概念。
- 掌握单独海损、共同海损的概念。

在国际货物运输中,海洋运输具有其他运输方式无可比拟的优点。因此,国际贸易的货物绝大部分是通过海洋运输完成的。但是海洋运输的货物和船舶容易遭受各种海上风险的侵袭和威胁,从而导致货物和船舶的灭失或者损害,还可能由此而产生相关费用。海洋运输货物保险是以货物和船舶作为保险标的,把货物和船舶在运输中可能遭受的风险、损失及费用作为保障范围的一种保险。

10.1 海洋风险

海洋运输货物保险所承保的广义的海上风险,泛指航海时所发生的一切风险。根据英国1906年颁布的《海上保险法》的规定,海上风险是指因航海所致或航海时发生的风险,如海难、火灾、战争、海盗、抢劫、盗窃、捕获、禁止,以及君王和人民的扣押、抛弃、船员的故意行为及其他类似风险,或在保险合同中注明的其他风险,如火灾、战争等并非海上固有的风险。广义的海上风险一般包括狭义的海上风险和外来风险两大类。

10.1.1 狭义的海上风险

狭义的海上风险,是指海上偶然发生的自然灾害和意外事故,但是对于经常发生的事件或必然事件,如海上的一般风浪作用,并不包括在内。按照其发生性质,可以分为自然灾害和意外事故两大类。

1. 自然灾害

自然灾害,主要是指不以人的意志为转移的自然界的力量所引起的灾害,它是客观存在的、人力无法抗拒的灾害事故,是保险人承保的主要风险。但是,在海洋货物运输保险业务中，自然灾害并不是泛指一切由于自然界力量引起的灾害。按照我国《海洋运输货物保险条款》的规定，所谓自然灾害，仅指恶劣气候、雷电、海啸、地震、洪水及其他人力不可抗拒的灾害等。而英国伦敦保险协会的《协会货物保险条款》规定，属于自然灾害性质的风险有雷电、地震或火山爆发、浪击落海，以及海水、湖水、河水进入船舶、驳船、运输工具、集装箱、大型海运箱或储存处所等。

1) 恶劣气候

恶劣气候一般是指海上的飓风（八级以上的风）、大浪（三米以上的浪）引起的船体颠簸倾斜，并由此造成船体、船舶及其设备的损坏；或者因此而引起的船上所载货物的相互挤压、碰撞所导致的货物的破碎、渗漏、凹瘪等损失。它是货物在海运途中最容易遇到的风险。

2) 雷电

雷电，是一种自然现象，是指发生在积雨云中的放电和雷鸣。作为海上风险之一，雷电是指因货物在海上或陆上运输过程中由于雷电所直接造成的，或者由于雷电引起的火灾造成的货物的灭失和损害，也包括船舶被雷电击中而破损致使海水进入船舱造成货物的损失等。

3) 海啸

海啸，是指海底地震、火山活动、海岸地壳变异或特大海洋风暴等引起的海水强烈震动而产生巨大浪潮，因此导致船舶、货物被淹没、冲击或损毁。

4) 地震

地震，是指由于地壳发生急剧的自然变化，使地面发生震动、坍塌、地陷、地裂等造成的保险货物的损失。

5) 火山爆发

火山爆发，是指由于强烈的火山活动，喷发固体、液体及有毒气体造成的船货损失，海底的火山爆发会引起海啸，从而导致航行中的船舶及所载货物受损。

6) 洪水

洪水，是指偶然的、意外的大量降水在短时间内汇集海槽而形成的特大径流造成的船货损失，包括山洪暴发、江河泛滥等造成海上航行的船舶及货物的损失。

7) 其他人力不可抗拒的灾害

其他人力不可抗拒的灾害通常包括浪击落海和海水、湖水、河水进入船舶、驳船、运输工具、集装箱、大型海运箱或储存处所。

2. 意外事故

意外事故，是指由于外来的、突然的、非意料之中的原因所致的事故。例如，船舶搁浅、触礁、碰撞、沉没、飞机坠落、货物起火爆炸等。

海洋货物运输保险承保的意外事故，并不是泛指海上发生的所有意外事故。按照我国《海洋运输货物保险条款》的规定，意外事故是指运输工具遭受搁浅、触礁、沉没、互撞、与流冰或其他物体碰撞，以及失火、爆炸等。根据英国《协会货物保险条款》，除了船舶、驳船的触礁、搁浅、沉没、倾覆、火灾、爆炸等属于意外事故外，陆上运输工具的倾覆或出轨也属意外事故的范畴。由此可以看出，海洋货物运输保险所承保的意外事故，也不仅指在海上发生的意外事故。

1）搁浅

搁浅，是指船舶在航行中，由于意外与水下障碍物，包括海滩、礁石等紧密接触，持续一段时间失去进退自由的状态。构成海上保险中的搁浅，必须具备两个条件：搁浅必须是意外发生的；搁浅必须造成船底紧密搁置在障碍物上，持续一段时间处于静止状态，不能一擦而过。

2）擦浅

擦浅，是指船舶在航行中与水底意外接触，但并未因此而停留一段时间，只是一擦而过。擦浅同样会造成船底损坏，也属于海洋货物运输保险承保的风险。

3）触礁

触礁，是指船体触及水中的岩礁或其他障碍物而造成的意外事故。船舶触礁和搁浅往往较难区分。严格地讲，触礁并非海洋货物运输保险的术语，但在我国《海洋运输货物保险条款》中，将其列入承保的海上风险。

4）沉没

沉没，是指船舶在航行中或停泊时，船体全部沉入水中而失去航行能力的状态。如果船体的一部分浸入水中或海水虽不断浸入，但船舶仍具有航行能力，则不能认为是沉没事故。

5）碰撞

碰撞，是指载货船舶同水以外的其他外界物体发生直接、猛力的接触，从而造成船上货物受损的事故，包括船舶与船舶的互撞和船舶与其他外界物体（如码头、浮冰、沉船、浮吊、桥梁、冰山、河堤等）的触碰。如果发生碰撞的是两艘船舶，那么碰撞不仅会带来船体及货物的损失，还会产生碰撞的责任损失。

6）失踪

失踪，是指船舶在海上航行，失去联络超过合理期限的一种情况。所谓"合理期限"，是一个事实问题，各个国家根据各自的情况，分别制定了一定的期限为合理期限。在我国，这一期限为2个月。被保险船舶一旦宣告失踪，除非能够证明失踪是因战争风险导致的，均由保险人当作海上风险损失负责赔偿。

7）倾覆

倾覆，是指船舶在航行中，遭受自然灾害或意外事故导致船体翻倒或倾斜，失去正常状态，非经施救不能继续航行，由此造成的保险货物的损失。

8）火灾

火灾，是指由于意外、偶然发生的燃烧失去控制，蔓延扩大而造成的船货损失。海洋货物运输保险不论是直接被火烧毁、烧焦、烧裂，还是间接被火熏黑、灼热或为救火而致损失，均属火灾风险。

在海洋运输货物保险中，通常规定凡外来原因所致的火灾或火灾的原因无法确定的，均属保险人承保的海上风险。

9）爆炸

爆炸，是指物体内部发生急剧的分解或燃烧，迸发出大量气体和热力，致使物体本身及其周围的物体遭受猛烈破坏的现象。在海洋运输过程中，船上的设备，如锅炉有可能发生爆炸致使船货损失；装在密封容器中的气体会因周围过高的温度而致膨胀爆炸，造成货物本身及周围货物，甚至船舶的损坏。

10) 投弃

投弃，又称抛货，是指当船舶及其承载的货物均处于紧急危险性情况下，船长为了保全船舶与货物的共同安全，故意将船上部分货物或设备投弃海中所造成的损失。按照伦敦保险协会1963年《协会货物保险条款》的规定，投弃仅指共同海损行为的投弃，不包括非共同海损行为的投弃。但是1982年已经取消了这一限制，规定凡因投弃造成的损失，保险人都予以赔偿，而不论其是否为共同海损的行为所致。

11) 船长和船员的恶意行为

船长和船员的恶意行为，是指船长或船员背着船东或货主故意损害船东或货主利益的一种恶意行为，如丢弃船舶、纵火焚烧、凿漏船体、违法走私造成船舶被扣押或没收等。

12) 陆上运输工具倾覆

陆上运输工具倾覆，是指在陆地上行驶的汽车、卡车等运输工具因发生意外而翻倒、倾斜所导致的车祸损失事故。

10.1.2 外来风险

外来风险，是指海上风险以外的其他外来原因造成的风险。外来风险同样必须是意外的和偶然的。外来风险可分为一般外来风险和特殊外来风险。

1. 一般外来风险

一般外来风险是指货物在运输途中遭遇意外的外来因素导致的事故。通常包括以下风险。

1) 偷窃

偷窃，主要是指整件货物或包装内一部分货物被人暗中窃取的损失，不包括公开的攻击性的劫夺行为造成的损失。

2) 提货不着

提货不着，是指货物在运输途中由于不明原因被遗失，造成货物未能运抵目的地，或运抵目的地发现整件短少，没能交付给收货人的损失。

3) 渗漏

渗漏，是指流质或半流质的物质容器的破漏引起的损失，以及用液体储运的货物，如液体渗漏而使肠衣发生质腐等损失。

4) 短量

短量，是指被保险货物在运输途中或货物到达目的地发现包装内货物数量短少或散装货物重量短缺。

5) 碰损

碰损，是指金属和金属制品等货物在运输途中因受震动、颠簸、碰撞、受压等而造成的凹瘪、变形。

6) 混杂

混杂，是指货物在运输途中因与其他货物混杂在一起，难以辨认和分开。例如，在大米中混入了沙石等杂质。

7) 破碎

破碎，主要是指易碎物品在运输途中因搬运、装卸不慎，以及受到震动、颠簸、碰撞、受压等而造成的货物本身破碎和破裂。

8) 钩损

钩损，主要是指袋装、捆装货物在装卸、搬运过程中因使用手钩、吊钩操作不当而致货物的损失。

9) 生锈

生锈，是金属或金属制品的一种氧化过程。海洋运输货物保险中承保的生锈，是指货物在装运时无生锈现象，在保险期内生锈造成的货物损失。

10) 淡水雨淋

淡水雨淋，是指直接由于淡水、雨水及冰雪融化造成货物的水渍损失。

11) 串味

串味，是指被保险货物受到其他带异味货物的影响，引起串味，失去了原味。例如，茶叶和樟脑放在一起，会使茶叶吸收樟脑的气味而失去了饮用价值。

12) 玷污

玷污，是指货物同其他物质接触而受污染，如布匹、纸张、食物、服装等被油类或带色的物质污染造成的损失。

13) 受潮受热

受潮受热，是指由于气温骤变或船上通风设备失灵而使船舱内水汽凝结，引起货物发潮或发热而导致货物霉烂等而造成的损失。

2. 特殊外来风险

特殊外来风险是指除一般外来风险以外的其他外来原因导致的风险，往往是与政治、军事、社会动荡、国家政策法令及行政措施等有关的风险。常见的特殊外来风险主要有战争风险、罢工风险、拒收风险等。

1) 战争风险

战争风险是指由于战争行为、敌对行为及由此引起的捕获、拘留、扣留、禁止及各种战争武器所引起的货物损失。

2) 罢工风险

罢工风险是指由于罢工者、被迫停工工人或参加工潮、暴动、民众斗争的人员的行动所造成的货物损失。

3) 拒收风险

拒收风险是指货物由于在进口港被进口国的政府或有关当局拒绝进口或没收所造成的损失。

10.2 海上损失

货物在运输途中，会因遭遇各类灾害事故而导致损失。由于海上风险和外来风险所造成的损失，称为海上损失。根据国际保险市场上的一般解释，凡与海洋运输相关联的海陆连接运输过程中发生的损失，也属于海上损失的范畴。海上损失按照损失程度的大小划分，可以分为全部损失和部分损失。

10.2.1 全部损失

全部损失（total loss），简称全损，是指整批保险货物全部灭失或视同全部灭失的损害。根据全损情况的不同，可分为实际全损和推定全损。

1. 实际全损

实际全损（actual total loss），又称作绝对全损。我国《海商法》规定，保险标的发生保险事故后灭失，或者受到严重损坏完全失去原有形体、效用，或者不能再归被保险人所拥有的，为实际全损。

构成实际全损的情况有以下4种。

1）保险标的灭失

保险标的灭失，是指保险货物的实体已经完全毁损和不复存在。例如，船舶遭遇海难后沉没，货物同时沉入海底；保险货物被大火焚烧，全部烧成灰烬；船舱进水，食盐被海水全部溶解。

2）保险标的完全失去原有的形体、效用

保险标的完全失去原有的形体、效用，是指保险标的受损后，实体虽然存在，但已丧失原有的商业价值和使用价值。例如，水泥被海水浸湿后结成硬块，不再具有水泥原有的用途，无法使用；茶叶吸收樟脑的异味后，虽然外观不变，但已不能饮用，失去了商业价值。

3）保险标的不能再归被保险人所有

保险标的不能再归被保险人所有，是指保险标的虽然还存在，但被保险人已完全丧失了对它的所有权，包括对保险标的的实际占有、使用、受益和处分等权利。例如，船舶被海盗劫走，虽然船货本身并未遭到损毁，但被保险人已失去了这些财产，无法复得。

4）船舶失踪

我国《海商法》规定，船舶失踪达2个月的，可按实际全损处理。

保险标的遭受了实际全损后，被保险人可按其投保金额，获得保险人全部损失的赔偿。

2. 推定全损

1）推定全损的界定

推定全损（constructive total loss），又称商业全损。我国《海商法》规定，船舶发生保险事故后，认为实际全损已经不可避免，或者为避免发生实际全损所需支付的费用超过保险价值的，为推定全损。货物发生保险事故后，认为实际全损已经不可避免，或者为避免发生实际全损所需支付的费用与继续将货物运抵目的地的费用之和超过保险价值的，为推定全损。

根据上述法律的规定，判断货物的推定全损有两个相互独立的标准：一是实际全损不可避免；二是为避免实际全损，所需支付的费用和续运费用之和超过保险标的的价值。

在保险实务中，构成推定全损的情况有以下4种。

① 保险标的在海洋运输中遭遇保险事故之后，虽然尚未达到灭失的状态，但据估计完全灭失将是不可避免的。例如，船舶在航行途中意外搁浅，船壳严重损坏，船上所载水果部分腐烂，由于当时气候条件恶劣，无法对船舶进行救助，因而将不可避免出现船舶沉没、货物全损的结果，此时被保险人可按推定全损索赔。

② 保险标的遭受保险事故之后，使被保险人丧失了对保险标的的所有权，而收回这一

所有权,其所花费用估计要超过收回后保险标的的价值。例如,两国交战,某水域作为战区而被封锁,封锁前被保险船舶恰好经过该水域而被困。由于船东已丧失自由支配和使用该船的权利,也不大可能在合理的时间内恢复这一权利,或者即使能收回,但所需费用将超过保险标的的价值,所以该船已构成推定全损。

③ 保险货物受损后,其修理和续运到原定目的地的费用,估计要超过货物的保险价值或在目的地的完好价值。

④ 被保险船舶受损后,其修理或者救助费用分别或两项费用之和将超过船舶的保险价值。

2) 推定全损的损失赔偿

保险标的的全部损失按损失程度可分为实际全损和推定全损。被保险人在索赔这两类损失时,需办理的手续有所区别,索赔推定全损时必须先行委付。也就是说,在推定全损的情况下,被保险人可以获得部分损失的赔偿,也可获得全部损失的赔偿。如果被保险人想获得全部损失的赔偿,被保险人必须无条件把保险标的委付给保险人。

3. 委付

委付(abandonment),是指保险标的处于推定全损状态时,被保险人向保险人发出通知,表示愿意将本保险承保的被保险人对保险标的的全部权利和义务转让给保险人,而要求保险人对全部损失给予赔偿的一种行为。

我国《海商法》规定,保险标的发生推定全损,被保险人要求保险人按照全部损失赔偿的,应当向保险人委付保险标的。保险人可以接受委付,也可以不接受委付,但是应在合理的时间内将接受委付或者不接受委付的决定通知被保险人。委付不得附带任何条件。委付一经保险人接受,不得撤回。《海商法》还规定,保险人接受委付的,被保险人对委付财产的全部权利和义务转移给保险人。

在具体做法上,被保险人应以书面或口头方式向保险人发出委付通知(notice of abandonment)。一方面向保险人表示其希望转移货物所有权,以获得全损赔偿;另一方面便于保险人在必要时及时采取措施,避免全损或尽量减少被保险货物的损失。因此,被保险人一旦得知货物受损处于推定全损状态并愿按委付方式处理时,应立即发出委付通知。被保险人一旦发出委付通知,就应受其约束。

保险人如果接受委付,在按全损赔偿后,取得委付财产的所有权利,同时承担由此带来的义务。一方面,如果保险人因此获得大于保险赔款的收益,无须返还被保险人,此收益全部归保险人所有;另一方面,如果保险人为履行义务而支付的金额超过其所得权益的金额,也全部由保险人自身承担。

保险人如果拒绝接受委付,仍需按全损进行赔偿,此时保险标的的所有权利和义务仍归被保险人所有。

由于委付是海上货物运输保险中处理索赔的一种特殊做法,各国保险法都对委付有严格的规定。一般来讲,委付的构成必须符合以下条件。

① 委付通知必须及时发出,可以是书面的,也可以是口头的,保险人可以用明示或默示的行为表示接受委付,但保险人的沉默不得视为接受委付。

② 委付时必须将被保险货物全部进行委付,而不能只委付其中一部分。

③ 委付不能附带任何条件。

④ 委付必须经过保险人的承诺才能生效。

10.2.2 部分损失

我国《海商法》规定，不属于实际全损和推定全损的损失，为部分损失（partial loss）。按照损失的性质，部分损失可以分为单独海损和共同海损。

1. 单独海损

1) 单独海损的定义

单独海损（particular average），是指在海上运输中，由于保险单承保风险直接导致的船舶或货物本身的部分损失。例如，载货船舶海运途中突遇暴风雨，海水灌进船舱，致使舱内一批服装遭水浸泡受损而贬值20%，该损失就属于这批服装货主的单独海损，与其他货主和船东均无关。在现行的《协会货物保险条款》中，已经不再使用"单独海损"这个术语，但在实际业务中，它仍被用来表示除共同海损以外的一切部分意外损失。

2) 构成单独海损的条件

① 必须是意外的、偶然的，以及承保风险直接导致的保险标的本身受损。

② 必须是船方、货方或者其他利益方单方面所遭受的损失，而不涉及他方的损失。

③ 单独海损仅指保险标的本身的损失，而不包括由此引起的费用损失。

3) 单独海损的赔偿方式

① 单独海损绝对不予赔偿。

② 除某些特定风险所造成的单独海损外，单独海损不予赔偿。我国海洋运输货物保险的平安险条款对单独海损的赔偿规定，属于这种情况。

③ 单独海损赔偿，但单独海损未达到约定的金额或百分比时不赔，已达到约定的金额或百分比的单独海损全部予以赔偿。

④ 单独海损赔偿，但保险人只对超过约定金额或百分比的那部分单独海损予以赔偿，没有超过约定金额或百分比的那部分单独海损不予赔偿。

⑤ 不加任何特别限制，凡是单独海损均予赔偿。

2. 共同海损

1) 共同海损的定义

我国《海商法》规定，共同海损（general average），是指在同一海上航程中，船舶、货物和其他财产遭遇共同危险，为了共同安全，有意地、合理地采取措施所直接造成的特殊牺牲、支付的特殊费用。共同海损包括共同海损牺牲和共同海损费用。共同海损牺牲是指共同海损行为导致的船舶、货物等本身的损失；共同海损费用是指为采取共同海损行为而支付的费用。遭受共同海损牺牲的一方及共同海损费用的支付方都有权向其他利益方请求按比例分摊损失，这就是共同海损分摊。

2) 构成共同海损的条件

① 导致共同海损的危险必须是真实存在的、危及船舶与货物共同安全的危险。首先，船舶和货物遇到的危险必须是真实的和紧迫的。例如，船舶在航行中，船上意外失火引发火灾，船长下令灌水灭火，火被扑灭。这种情况下，火灾危险确实存在，若不立即采取措施灭火，必须导致船货全部被烧毁的严重后果。其次，危险必须是危及船舶和货物的共同安全的。例如，船舶在航行途中搁浅，船底出现裂缝，海水大量涌入舱中，若不采取措施，船舶

将会沉没，船舶和货物确实处于共同危险中；又如，船上冷藏机发生故障，使船上货物面临变质危险，船舶驶入附近港口修理冷藏机，由于冷藏机的故障没有危及船舶安全，因而不能构成共同海损。

② 共同海损的措施必须是为了解除船货的共同危险，人为地、有意识地采取的合理措施。首先，船舶和货物面临共同危险时，必须是为船舶和货物的共同安全而采取的措施才属于共同海损行为。例如，船舶在航行时遭遇暴风雨，船体严重倾斜，同时，由于海水进入某一船舱，使该舱内的贵重物品受损，船长下令将甲板上一侧的重货抛弃以使船舶保持平衡，又组织人员对受损的贵重物品进行抢救整理。这种情况下，抛货行为是为解除船舶和货物的共同危险，属于共同海损行为；而对货物进行抢救整理是为该货货主单方面利益，不属于共同海损行为。其次，共同海损行为必须是人为的、有意的且合理的。例如，船舶搁浅，为使船舶浮起，船长下令开舱抛货，这是一种在紧急状态中采取的有意的且合理的措施，属于共同海损行为。但如果船舶已经起浮，船员由于疏忽没有注意到而继续抛货，这种超过实际需要的行为就不属于共同海损行为。

③ 共同海损的牺牲必须是特殊的，费用必须是额外支付的。共同海损行为是解除海上危险而采取的，因此所导致的牺牲和费用必须是特殊的。例如，船舶搁浅，为脱浅而超负荷开动主机造成主机损坏，这种损失在正常情况下不会出现，因而是特殊的，属于共同海损牺牲。相反，如果船舶在航行中遇到暴风雨，在与风浪搏斗时造成了机器损坏，这一损失属于船方履行货物运输合同应尽的义务范围，是正常的支出，不能作为共同海损。

④ 共同海损的损失必须是共同海损措施直接的、合理的后果。共同海损行为的后果是多方面的，有些是直接产生的，有些是间接产生的，但是只有共同海损行为直接导致的合理的牺牲和费用才属于共同海损。

⑤ 共同海损行为必须是最终有效的。采取共同海损行为必须是最后有效地避免了船舶和货物的全损，共同海损才能成立。因为共同海损的牺牲和费用需要由各收益方进行分摊，所以必须以船舶和货物获救为前提，如果共同海损行为无效，船舶和货物最后全损，便不存在共同海损分摊的基础，共同海损也无法成立。

以上各项是共同海损得以成立的必备条件，只有同时符合上述条件，才能构成共同海损。采取共同海损行为，一般应由船长作出决定和负责指挥，但如果遇到特殊情况，由其他人，包括船上其他船员和乘客指挥的行为，如果符合上述共同海损成立的条件，共同海损也可成立。

3）共同海损的分摊

共同海损成立后，为了船舶、货物等的共同安全所做的共同海损牺牲和费用必须由各受益方按照最后获救的价值按比例分摊，这种分摊称为共同海损分摊。这是共同海损形成的基础，也是处理共同海损由来已久的原则。

根据我国《海商法》的规定，船舶、货物和运费的共同海损分摊价值分别依照下述方法确定。

① 船舶共同海损分摊价值。按照船舶在航程终止时的完好价值，减去不属于共同海损的损失金额计算，或者按照船舶在航程终止时的实际价值，加上共同海损的牺牲金额计算。

② 货物共同海损分摊价值。按照货物在装船时的价值加保险费加运费，减去不属于共同海损的损失金额和承运人承担风险的运费计算。货物在抵达目的港以前出售的，按照出售

净得金额,加上共同海损牺牲的金额计算。旅客的行李和私人物品,不分摊共同海损。

③ 运费共同海损分摊价值。按照承运人承担风险并于航程终止时有权收取的运费,减去为取得该项运费而在共同海损发生后,为完成本航程所支付的营运费用,加上共同海损的牺牲金额计算。

[例题 10-1] 有一货轮在航行中与流冰相撞。该船舶价值为 150 万美元。船上载有甲、乙、丙三家的货物,分别为 80 万美元、68 万美元、30 万美元,待收运费为 2 万美元。船身一侧裂口,舱内部分乙方货物遭浸泡。船长不得不将船就近驶入浅滩,进行排水,修补裂口。而后为了浮起又将部分甲方笨重的货物抛入海中。乙方部分货物遭受浸泡损失了 8 万美元。将船舶驶上浅滩及所产生的一系列损失共为 20 万美元,那么,如何分摊损失?

解:乙方部分货物遭受浸泡损失了 8 万美元属于单独海损,船舶搁浅和维修是属于共同海损,所花费的 20 万美元费用需要共同分担。具体分析见表 10-1。

表 10-1 共同海损分摊

各有关方	获救的标的物价值/万美元	分摊比例/%	分摊金额/万美元
船方	150	45.45	9.09
货方甲	80	24.24	4.85
货方乙	68	20.61	4.12
货方丙	30	9.09	1.82
运费方	2	0.61	0.12

[例题 10-2] 某轮船从天津新港驶往新加坡。在航行途中船舶货舱起火,大火蔓延至机舱。船长为了船、货的共同安全,下令往舱内灌水,火很快被扑灭。但由于主机受损,为继续航行,于是船长决定雇用拖轮将船拖回新港修理,修好后重新驶往新加坡。这次造成的损失有:

A. 1 000 箱货物被火烧毁　　　　　B. 600 箱货物被水浇湿

C. 主机和部分甲板被烧坏　　　　　D. 拖轮费用

E. 额外增加的燃料和船上人员的工资

从损失的性质上看,上述哪些损失属于共同海损,哪些属于单独海损?为什么?

解:共同海损为 BDE,因为这三项是船长为了船、货的共同安全,进行救火而向船舱灌水造成的特殊牺牲和支出的特殊费用。

单独海损为 AC,因为这两项损失是由于火灾这一风险直接造成的。

10.3　海 上 费 用

海上风险除了可能造成保险标的的损失,还有可能带来大量的费用支出。保险人负责赔偿的费用主要有施救费用、救助费用、续运费用和额外费用。

10.3.1　施救费用

施救费用(sue and labor expenses),是指当保险标的遭遇保险责任范围内的灾害事故时,被保险人或其代理人、雇佣人员和受理人等采取措施抢救保险标的,以避免损失扩大而支出的合理费用。这样既可以减少社会物质财富的无谓损失，又可减少赔款支出，保险人应予鼓励并承担施救费用的赔偿责任。目前，我国和国际上的大部分保险条款都规定，施救费用可以在赔付保险标的的一个保额以外的限度内负责。

我国《海商法》规定，被保险人为防止或者减少根据保险合同可以得到赔偿的损失而支出的必要的合理费用，为确定保险事故的性质、程度而支出的检验、估价的合理费用，以及为执行保险人的特别通知而支出的费用，应当由保险人在保险标的损失赔偿之外另行支付。保险人对上述规定费用的支付，以相当于保险金额的数额为限。保险金额低于保险价值的，除保险合同另有约定外，保险人应当按照保险金额与保险价值的比例，支付该条款规定的费用。

10.3.2 救助费用

1. 救助费用概述

救助费用（salvage charges），是指被保险货物在遭遇到承保范围内的灾害事故时，由保险人和被保险人以外的第三者采取救助措施并获成功，由被救方付给救助人的一种报酬。在各国保险法或保险公司的保险条款中，一般都列有保险人对救助费用负赔偿责任的规定。救助费用往往是共同海损费用的一种。

在海上救助中，救助人与被救助人之间为明确双方的权利和义务，一般都在救助开始之前或在救助过程中订立救助合同，主要有以下两种。

1) 雇佣性救助合同

雇佣性救助合同的特点是，不论救助是否有效，均按约定的费率（固定金额、工作时间）付给救助费用；同时，救助工作在遇难船指挥之下进行。

2) "无效果、无报酬"救助合同

"无效果、无报酬"救助合同的特点是，救助费用是在救助完成之后，根据救助效果、获救财产价值、救助工作危险程度和技术水平，以及救助工作时间和耗费的费用等，通过协商或仲裁来确定，如果救助没有效果，便不付给报酬。救助人为了保证其在救助之后获得报酬，一般都要求被救方提供担保，对未提供担保的被救财产，救助人享有留置权。

长期以来，在国际海上救助中普遍采用的救助合同格式是英国的以"无效果、无报酬"为原则的"劳合社救助合同标准格式"。不过由于海上石油运输量不断增加，海上污染严重，为保护海洋环境，防止或减轻油污损失，根据有关方面要求，劳合社已在其1980年的救助合同格式中，对"无效果、无报酬"的原则做了一些例外的规定，如对于遇难油轮，救助人只要没有过失，即使救助无效，也可获得合理报酬。中国国际贸易促进委员会海事仲裁委员会也制定有"海上救助契约格式"，这个格式所采用的也是"无效果、无报酬"原则。

2. 救助费用与施救费用的区别

救助费用与施救费用在本质上都是为了抢救、保护保险财产，使之脱离危险，以减少损失。但两者之间仍存在一定区别。

① 采取行为的主体不同。施救是由被保险人及其代理人等采取的行为；而救助是保险人和被保险人以外的第三者的行为。

② 给付报酬的原则不同。施救费用是施救不论有无效果，都予赔偿；而救助费用一般

是"无效果、无报酬"。

③ 保险人的赔偿责任不同。施救费用是在保险标的本身的保额以外，单独在一个保额内得到赔偿；而保险人对救助费用的赔偿责任以不超过获救财产的价值为限，即救助费用与保险标的的本身损失金额两者相加，不得超过保险标的的保额。

10.3.3 续运费用

续运费用（forwarding charges），是指因保险单承保风险引起的被保险货物的运输，在非保险单载明的目的地港口或地方终止时，保险人对被保险货物的卸货费用、仓储费用，以及继续运往保险单载明的目的地港口的费用等额外费用。其目的是防止或减轻货物的损害。如果货物遭受的风险属于保险责任，因此而支付的费用保险人也予以负责。保险人对续运费用的赔偿和对货物单独海损的赔偿总和以保险金额为限。

10.3.4 额外费用

额外费用（extra charge），是指为了证明损失索赔的成立而支付的费用，包括保险标的受损后，对其进行检验、查勘、公证、理算或拍卖受损货物等支付的费用。一般只有在索赔成立时，保险人才对额外费用负赔偿责任，但如果公证、查勘等是由保险人授权进行的，不论索赔是否成立，保险人仍需承担该项额外费用。

本章总结

重点词汇

海上风险　全部损失　实际全损　推定全损　单独海损　共同海损　委付　施救费用　救助费用

案例一

"昌隆"号货轮满载货物驶离上海港。开航后不久，由于空气温度过高，导致老化的电线短路引发大火，将装在第一货舱的1 000条出口毛毯完全烧毁。船到新加坡港卸货时发现，装在同一货舱中的烟草和茶叶由于羊毛燃烧散发出的焦糊味而不同程度受到串味损失。由于烟草包装较好，串味不是非常严重，经过特殊加工处理，仍保持了烟草的特性，但是等级已大打折扣，售价下跌三成。而茶叶则完全失去了其特有的芳香，不能当作茶叶出售了，只能按廉价的填充物处理。

船经印度洋时，不幸与另一艘货船相撞，船舶严重受损，第二货舱破裂，仓内进入大量海水，剧烈的震荡和海水浸泡导致仓内装载的精密仪器严重受损。为了救险，船长命令动用亚麻临时堵住漏洞，造成大量亚麻损失。在船舶停靠泰国港避难进行大修时，船方联系了岸上有关专家就精密仪器的抢修事宜进行了咨询，发现整理、恢复的工作量巨大，已经超过了货物的保险价值。为了方便修理船舶，不得不将第三舱部分纺织品货物卸下，在卸货时有一部分货物有钩损。

问题：试分析上述货物损失属于什么损失。
案例解析：

① 第一货舱的货物。1 000条毛毯的损失是意外事故火灾引起的实际全损，属于实际全损第一种情况——保险标的实体完全灭失。而烟草的串味损失属于火灾引起部分的损失，因为在经过特殊加工处理后，烟草仍然能保持其属性，可以按烟草出售，三成的贬值是烟草的部分损失。至于茶叶的损失则属于实际全损，因为火灾造成了"保险标的丧失属性"，虽然实体还在，但是已经完全不是投保时所描述的标的内容了。

② 第二货舱的货物。精密仪器的损失属于意外事故碰撞造成的推定全损。根据推定全损的定义，当保险标的的实际全损不可避免，或为避免发生实际全损花费的整理拯救费用超过保险标的本身的价值或是其保险价值，就会得不偿失，从而构成推定全损。精密仪器恢复的费用异常昂贵，大大超过了其保险价值，已经构成推定全损。亚麻的损失是在危急时刻为了避免更多的海水涌入货舱威胁到船货的共同安全而被用来堵塞漏洞造成的，这种损失属于共同海损，由受益各方共同分摊。

③ 第三货舱的货物。纺织品所遭遇的损失，是为了方便共同海损修理而被迫卸下时所造成的，也属于共同海损。

案例二

"明西奥"轮装载着散装亚麻子，驶向美国的纽约港。不幸在南美飓风的冷风区内搁浅被迫抛锚。当时，船长发现船板有断裂危险，一旦船体裂缝漏水，亚麻子受潮膨胀有可能把船板胀裂，所以船长决定迅速脱浅。于是，该船先后4次动用主机，超负荷全速后退，终于脱浅成功。抵达纽约港后，对船体进行全面检修，发现主机和舵机受损严重。经过测算，船方要求货主承担6 451英镑的费用。货主对该项费用持有异议，拒绝付款。

问题：根据本章有关知识对本案进行分析。
案例解析：

根据共同海损的含义，货主无权拒付。从案例的陈述中可知共同海损成立，为了船货共同安全而采取的合理措施而引起的损失，应由获救的各方和船方共同承担。

案例三

我国A公司与某国B公司于某年10月20日签订购买52 500吨化肥的CFR合同。A公司开出信用证规定，装船期限为次年1月1—10日，由于B公司租来运货的"顺风号"货轮在开往某外国港口途中遇到飓风，结果至次年1月20日才完成装船。承运人在取得B公司出具的保函的情况下签发了与信用证条款一致的提单。"顺风号"1月21日驶离装运港。A公司为这批货物投保了水渍险。次年1月30日，"顺风号"途经巴拿马运河时起火，造成部分化肥烧毁。船长在命令救火过程中又造成部分化肥湿毁。由于船在装货港口的延迟，使该船到达目的地时正遇上了化肥价格下跌。A公司在出售余下的化肥时不得不大幅度降低价格，给自己造成很大损失。

问题：
① 途中烧毁的化肥损失属于什么损失，应由谁承担？为什么？
② 途中湿毁的化肥损失属于什么损失，应由谁承担？为什么？

③ A 公司可否向承运人追偿由于化肥价格下跌造成的损失？为什么？

案例解析：

① 烧毁的化肥属于单独海损，应由保险公司承担损失。途中烧毁的化肥属于单独海损，依 CFR 术语，风险由 A 公司（买方）承担；而 A 公司投保了水渍险，赔偿范围包含单独海损，因此，由保险公司承担。

② 湿毁的化肥，属于共同海损，应由 A 公司与船公司分别承担。因船舶和货物遭到了共同危险，船长为了共同安全，合理地造成了化肥的湿毁。

③ 可以。因为承运人迟延装船，又倒签提单，必须对迟延交付负责。

案例四

某货轮从天津新港驶往新加坡，在航行途中船舶货舱起火，大火蔓延至机舱，船长为了船货的共同安全决定采取紧急措施，往舱中灌水灭火。火虽被扑灭，但由于主机受损，无法继续航行，于是船长决定雇用拖轮将货船拖回新港修理，检修后重新驶往新加坡。损失与费用有：1 000 箱货被火烧毁；600 箱货由于灌水受到损失；主机和部分甲板被烧坏；拖轮费用；额外增加的燃料、船长及船员的工资。

问题： 请指出这些损失中哪些是单独海损，哪些是共同海损？为什么？

案例解析：

在本案例中，判定所列各项损失的性质应从造成该项损失的原因入手分析。根据构成共同海损的条件及单独海损的定义，逐一分析如下。

① 1 000 箱货被火烧毁。该批货物致损是货舱起火这一意外事故直接造成的，所以属于单独海损。

② 600 箱货被水浇湿。该批货物致损是因为货舱起火，大火蔓延至机舱，若不扑灭大火，势必威胁到船货的共同安全。船长为解除或减轻火灾引起的风险而人为地、有意识地采取引水灭火这一合理措施而造成的损失应属于共同海损。

③ 主机和部分甲板被烧毁。该项损失由火灾直接造成，属单独海损。

④ 拖轮费用。该项损失是由于灭火致使主机受损，一旦海轮失去动力，必将威胁船货的共同安全，为避免这一风险雇用拖轮而产生的额外费用，所以其属于共同海损。

⑤ 额外增加的燃料和海上人员的工资。这部分费用开支不在正常的营运费用范围内，其起因也是由于为解除船货面临的共同危险而产生的，应属于共同海损。

案例五

某出口公司向越南出口尿素 600 吨。11 月 19 日，"长征 190"号船装载该批货物从大连港至越南某港，途中触礁，船体受损进水，为保安全，抛弃尿素 387.5 吨，价值 165 850元，船舶和其余货物获救。事故发生后，买方与某保险公司签订了协议书，确定了各方分摊的金额。其中，对"长征 190"号船的价值认定为 600 000 元，要求"长征 190"号船分摊共同海损的部分货物损失 94 866.2 元。

"长征 190"号船船主认为，该船实际价值为 250 000 元，即使按 2000 年的船舶保险金额也只有 375 000 元，所以要求其分摊 94 866.2 元是没有道理的。

问题： "长征 190"号船船主的要求是否妥当？为什么？

案例解析：

此案共同海损成立。根据共同海损分摊原则，买方货物损失 165 850 元应由船货的受益人按船货的受益价值比例合理分摊。但买方与保险人签订的共同海损分摊协议书因没有"长征 190"号船船主参加，所以对该船不具有约束力。该协议书对"长征 190"号船价值的认定系船舶的重置价值，非船舶海损后的受益价值，认定其价值 600 000 元显属太高，所以要求"长征 190"号船分摊货物损失 94 866.2 元是不恰当的，应重新认定"长征 190"号船海损后的价值，核算其理应分摊的共同海损。

第 11 章

海洋运输货物保险条款

学习目标

- 掌握中国海洋运输货物保险基本险。
- 掌握中国海洋运输货物保险附加险。
- 了解中国海洋运输货物保险专门险的主要内容。

11.1 中国海洋运输货物保险条款

在国际贸易中,海洋运输是采用最为广泛的运输方式,地位十分重要,但是海洋运输风险也较大。海洋运输货物保险通过对货主提供运输货物受损后的经济补偿,保障了海上运输的顺利开展,有力地促进了国际贸易的开展。

自 1956 年起,中国人民保险公司根据我国保险工作的实际情况陆续制定了各种涉外保险业务条款,总称为《中国保险条款》(China Insurance Clause,CIC)。当时,主要是参照国际保险市场的习惯做法,文字结构也保留了国外保险条款的形式。1972 年,中国人民保险公司对《中国保险条款》做了彻底的修订,无论是结构组织还是文字,都开始结合我国实际考虑。此后,在 1976 年、1981 年又分别进行了两次修订。我国现行的《海洋运输货物保险条款》是《中国保险条款》的重要组成部分,包括海洋、陆上、航空及邮包 4 种运输方式的货物保险条款,以及可以适用以上各种运输方式货物保险的附加险条款。海上运输货物保险的险种最多,习惯上分为基本险、附加险和专门险三大类。每一大类险别又包括责任范围、除外责任、责任起讫、被保人义务和索赔期限等内容。

11.1.1 海运货物保险基本险

基本险又称主险,是可以单独投保的险别,不必依附于其他险别项下。基本险承保的主要是自然灾害和意外事故所造成的货物损失或费用。与国际保险市场的习惯做法一样,我国海洋运输货物保险的基本险分为平安险、水渍险和一切险三种。这三种基本险别的承保责任,在《海洋运输货物保险条款》中分别做了具体规定。当被保险货物遭受损失时,保险人按照保险单载明的投保险别所规定的责任范围负责赔偿。

1. 基本险的责任范围

（1）平安险

平安险（free from particular average，FPA），其英文原文的含义是"单独海损不赔"，即保险人只负责赔偿保险标的发生的全损。"平安险"一词是我国保险业的习惯叫法，沿用已久，在三个基本险种中承保的责任范围最小。随着国际保险界对平安险条款的不断修订与补充，现在平安险的责任范围已远远超过全损险的责任范围。根据我国《海洋运输货物保险条款》，平安险的承保责任范围包括以下8个方面。

① 被保险货物在运输途中由于恶劣气候、雷电、海啸、地震、洪水等自然灾害造成整批货物的全部损失或推定全损。被保险货物用驳船运往或远离海轮的，每一驳船所装的货物可视为一个整批。

② 由于运输工具遭受搁浅、触礁、沉没、互撞、与流冰或其他物体碰撞，以及失火、爆炸等意外事故造成货物的全部或部分损失。

③ 在运输工具已经发生搁浅、触礁、沉没、焚毁等意外事故的情况下，货物在此前后又遭受恶劣气候、雷电、海啸等自然灾害所造成的部分损失。

④ 在装卸或转运时，由于一件或数件整件货物落海造成的全部或部分损失。

⑤ 被保险人对遭受承保责任内危险的货物采取抢救、防止或减少货损的措施而支付的合理费用，但以该批被救货物的保险金额为限。

⑥ 运输工具遭遇海难后，在避难港由于卸货所引起的损失，以及在中途港、避难港由于卸货、存仓和运送货物所产生的特别费用。

⑦ 共同海损的牺牲、分摊和救助费用。

⑧ 运输契约订有"船舶互撞责任"条款时，根据该条款规定应由货方偿还船方的损失。船舶互撞责任条款是货主与承运人签订的租船合同或承运人签发的海运提单中的条款，它规定货主必须补偿本船承运人原来可以免责却又被迫承担的他船应对该船货物损失所负赔偿责任中的那部分赔款。

从平安险的责任范围可知，平安险主要是对自然灾害造成的全部损失和对意外事故造成的全部及部分损失予以赔偿。因此，在保险实务中，平安险一般适用于低值的大宗货物，如铁丝、钢板、建筑用的板材、沙石等。

（2）水渍险

水渍险（with particular average，WA/WPA），也是我国保险业沿用已久的名称，其英文原文的含义是"负责单独海损"。它的责任范围比平安险广泛，包括以下两大部分。

① 平安险所承保的全部责任。

② 被保险货物在运输途中，由于恶劣气候、雷电、海啸、地震、洪水等自然灾害所造成的部分损失。

总之，水渍险对因自然灾害或意外事故造成的损失，不论是全部损失或部分损失，均负责赔偿。

水渍险与平安险的承保责任差异不大。被保险货物如果因承保风险造成全部损失，无论是水渍险还是平安险，保险人都是要负赔偿责任的，只有在发生部分损失的情况下，两者才有所不同：水渍险对不论是因自然灾害，还是因意外事故所造成的部分损失，均予负责；平安险对由于意外事故所造成的部分损失负责，对由于自然灾害所造成的部分损失一般不予负责；但在运输过程中，若运输工具曾经发生过搁浅、触礁、沉没、焚毁的情况，即使是自然灾害所造成的损失，平安险也予以负责。

实际上，水渍险这个险别的责任范围包括由于海上风险（自然灾害或意外事故）所造成的全部损失和部分损失，并不是仅对货物遭受海水水渍的损失负责，也不是仅对单独海损负责，但是对外来原因造成的损失不予负责。因此，在保险实务中，水渍险一般适用于不大可能由于其本身特性或外部环境变化而造成品质变化损失的货物，如小五金工具、旧汽车或旧机械、化工原料等。

（3）一切险

一切险（all risk）是三个基本险中责任范围最广的险别，根据现行《海洋运输货物保险条款》的规定，一切险除包括平安险和水渍险的各项责任外，还包括被保险货物在运输途中，由于外来原因所造成的全部或部分损失。这里的"外来原因"并非运输途中的一切外来风险，而是指一般外来风险，并不负责由于特别外来风险造成的损失。对于一些不可避免的、必然发生的风险所造成的损失，如货物的内在缺陷和自然损耗所致损失，以及运输迟延、战争、罢工等所致损失，保险人均不负赔偿责任。

由于一切险提供的保障范围较为全面，所以在保险实务中，适用于各类货物，特别是价值较高、可能遭受损失因素较多的货物，如纺织品、工艺品、精密仪器等。

平安险、水渍险和一切险的保险责任范围的关系如图11-1所示。

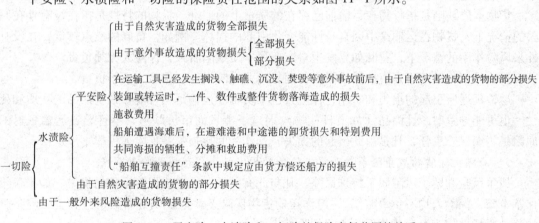

图11-1 平安险、水渍险和一切险的保险责任范围的关系

2. 基本险的除外责任

除外责任（exclusion）指保险人列明不负赔偿责任的风险范围，即保险人列明的不予承保的损失和费用。除外责任中列示的各项致损原因，一般都是非意外和不具有偶然性的，或是比较特殊的。保险条款中对除外责任作出规定，主要是为了分清保险人、被保险人、发货人和承运人等有关方面对损失或费用应负的责任，进一步明确了保险人的责任范围。我国《海洋运输货物保险条款》中的除外责任，主要包括以下5项。

1）被保险人的故意行为或过失造成的损失

这里所说的被保险人指被保险人本人或其代表，并不包括其代理人或普通雇员。由于法律不允许任何人由于本身的故意行为而获利，所以将被保险人的故意行为作为除外风险。例如，买方指使船员把完好的货物抛弃并谎称发生海难，对此抛货损失，保险人将不负责赔偿被保险人故意行为造成的损失；再如，被保险人未能及时提货而造成货物损失，保险人不负责赔偿。

2）属于发货人责任引起的损失

属于发货人责任引起的损失是多方面的，发货人准备货物时包装不足或不当，不能经受航程中的通常风险，使货物在运输途中因此而损坏；由于标志错误，使货物运到非原定目的地；发货人发错货物引起的损失等，均属于发货人责任引起的损失。对上述损失，保险人均不负责。

3）保险责任开始前，被保险货物已经存在的品质不良或数量短差所造成的损失

对保险责任开始前便存在的货物损失，即货物的原残，保险人将不负责。例如，铁丝在装运前就存在严重的锈损现象，货主如果提出索赔，保险人有权拒赔。为避免对损失时间的确定引起争议，保险人往往规定装船前必须对保险货物进行检验。另外，提单上有关货物状况、数量的记载也是保险人据以判断货物损失时间的证明。

4）被保险货物的自然损耗、本质缺陷或特性，以及市价跌落、运输延迟所引起的损失或费用

自然损耗是指货物因自身特性导致的在运输途中必然发生的损失，具体表现为水分蒸发、渗漏、扬尘、易碎品破碎、散装货短量等，保险人对此损失不予负责。例如，袋装水泥在运输途中因扬尘而致重量减轻，只要损耗在正常范围内，保险人不予赔偿。在保险实务中，保险人通常在保险单中规定免赔率，对损失率低于免赔率的部分，保险人无须赔偿。

货物本质缺陷是指货物在运输前已存在的质量上的瑕疵。货物的特性是指在没有外在原因的情况下，货物在运输途中因自身性能变化引起的损坏。例如，黄麻的燃点较低，在没有外来风险作用的情况下，黄麻如果发生自燃，属本质缺陷所致，保险人无须负责。

货物的市价跌落不是直接物质损失，而是商业风险损失，保险人不予负责。

运输延迟所引起的损失和费用，保险人也不负责。运输延迟可能导致鲜活品的变质和死亡，也可能导致时令性商品（如节日礼物）因过了节日而市价跌落。不管导致运输延迟的原因是否属保险责任，凡是由此引起的损失，均作为间接损失，保险人一律不予承保。

5）海洋运输货物战争险条款和罢工险条款规定的责任范围和除外责任

战争风险和罢工风险属于特殊风险，凡与此有关的原因造成保险标的的损失，如果仅投保基本险，保险人均不负责赔偿。《海洋运输货物保险条款》还明确将战争险和罢工险条款的除外责任也作为海运货物保险主险的除外责任。

3. 基本险的责任起讫

保险的责任起讫，又称保险期间或保险期限（duration of insurance），是指保险人承担责任的起讫时限。在海洋运输货物保险中，由于是对特定航程中货物的保险，因而保险责任起讫除了指具体的开始与终止日期外，还指保险责任在什么情况下可称为开始或终止。与国际保险市场的习惯做法一样，我国海洋运输货物保险基本险的责任起讫以运输过程为限，在保险实务中通常被称为"仓至仓"原则。

"仓至仓"（warehouse to warehouse，W/W）原则是海洋运输货物保险责任起讫的基本原则。它规定了保险人承担责任的起讫地点，即保险人对保险货物的责任自被保险货物运离保险单载明的起运地发货人仓库或储存处所开始运输时生效，包括正常运输过程中的海上、陆上、内河和驳船运输在内，直到该项货物运抵保险单载明的目的地收货人的最后仓库或储存处所或被保险人用作分配、分派或非正常运输的其他储存处所为止。

根据我国《海洋运输货物保险条款》"责任起讫"的规定，保险责任的起讫时限可分为正常运输和非正常运输两种情况。

1. 正常运输情况下保险责任的起讫时限

正常运输是指将货物从保险单载明的起运地发货人仓库或其储存处所至目的地收货人的最后仓库或储存处所或被保险人用作分配、分派或非正常运输的其他储存处所，整个航程所需要的正常运输，包括正常的运输工具（汽车、火车、内河船舶、海轮等）、按正常的航线行驶并停靠港口，以及途中正常的延迟和转船。例如，一批保险货物从发货人仓库起运，先装卡车后装火车，最后在起运港装海轮，当货物在卡车卸货于铁路仓库等待装火车时，铁路仓库失火，货物被毁，保险人对此损失将负赔偿责任，因为货物损失发生在正常运输过程中。但如果货物从发货人仓库起运，先装卡车运往打包厂加工整理打包，若打包厂失火，货物被毁，保险人将不负任何赔偿责任，因为货物在加工厂储存加工期间，不属正常运输范围。

在正常运输情况下，保险责任的起讫是按"仓至仓"原则办理的，但在实际业务中，经常发生保险货物卸离海轮后，在运至保险单所载明的收货人仓库之前，需要在卸货港存放一段时间。为满足被保险人的需要，保险人对这段时间仍提供保险保障，但最长时间不能超过60天。若届满60天货物仍未进入收货人仓库，保险责任将终止；若在60天内货物进入收货人仓库，保险责任在进入仓库时终止。其责任终止具体有以下几种情况。

① 以卸货港为目的地，被保险人提货后，运到自己的仓库时，保险责任即行终止。

② 以卸货港为目的地，被保险人提货后并不将货物运往自己的仓库，而是将货物进行分配、分派或分散转运，保险责任从开始分配、分派或转运时终止。

③ 以内陆为目的地，从向船方提货后运到内陆目的地的被保险人仓库时，保险责任即行终止，此后如果被保险人将货物出售或分配，保险人不再承担责任。

④ 以内陆为目的地，如果保险货物在运抵内陆目的地时，先行存入某一仓库，然后又将该批货物分成几批再继续运往内陆目的地另外几个仓库，包括保险单所载目的地，在这种情况下，则以先行存入的某一仓库作为被保险人的最后仓库，保险责任在进入该仓库时即终止，而不管其中是否有部分货物最终运到了保险单所载明的内陆目的地仓库。

上述几种情况，均以保险货物卸离海轮后60天为限，并以先发生者为准。

2. 非正常运输情况下保险责任的起讫时限

非正常运输是指被保险货物在运输中，由于被保险人无法控制的运输迟延、船舶绕道、被迫卸货、重新装载、转载或承运人行使运输合同赋予的权限所做的任何航海上的变更或终止运输合同，致使保险货物运抵非保险单所载明的目的地等非正常情况。

根据我国《海洋运输货物保险条款》的规定，在海洋运输过程中，如果出现被保险人所不能控制的非正常运输情形，保险责任将按下列规定办理。

① 当出现由于被保险人无法控制的运输迟延、绕道、被迫卸货、重新装载、转载或承运人运用运输合同赋予的权限做任何航海上的变更时，在被保险人及时将获知的情况通知保险人并在必要时加缴一定保险费的情况下，保险人可继续承担责任。在此期间，保险合同继续有效。

② 在被保险人无法控制的情况下，保险货物如在运抵保险单载明的目的地之前，运输合同在其他港口或地方终止时，在被保险人立即通知保险人并在必要时加缴一定保险费的条

件下，保险合同继续有效，直至货物在这个卸载港口或地方卖出去及送交之时为止。但是，最长时间不能超过货物在卸载港全部卸离海轮后满 60 天。

这两种情况保险期限的终止，应以先发生者为准。

3. 基本险中被保险人的义务

保险人与被保险人签订保险合同后，双方在享有权利的同时，均需按合同规定履行各自的义务。保险人在收取保费以后，应当承担保险货物因发生保险事故而遭受的损失的赔偿责任。与此对应，被保险人为获得保险赔偿，必须履行保险合同中规定的有关义务并支付保险费，如被保险人未恪尽职守履行其义务，影响了保险人的利益，对保险货物的有关损失，保险人将有权拒绝赔偿。

按照我国《海洋运输货物保险条款》的规定，被保险人应承担的义务主要有以下几个方面。

① 当保险货物运抵保险单所载明的目的港（地）以后，被保险人应及时提货。当发现保险货物遭受任何损失，应立即向保险单上所载明的检验、理赔代理人申请检验，如发现保险货物整件短少或有明显残损痕迹，应立即向承运人、受托人或有关当局（海关、港务等）索取货损货差证明。如果货损货差是由于承运人、受托人或其他有关方面的责任造成的，应以书面方式向其提出索赔，必要时还须取得延长时效的认证。

② 保险货物遭受保险责任内的损失时，被保险人应迅速采取合理的抢救措施，防止或减少货物损失的进一步扩大。被保险人采取此项措施，不应视为放弃委付的表示。

③ 如遇航程变更或发现保险单所载明的货物、船名或航程等内容有遗漏或错误时，被保险人应在获悉后立即通知保险人，并在必要时加缴一定的保险费，保险合同则继续有效。

④ 若保险货物遭受损失，被保险人向保险人索赔时，必须提供下列单证：保险单正本、提单、发票、装箱单、磅码单、货损货差证明、检验报告及索赔清单等。如涉及第三者责任，被保险人还须提供向责任方追偿的有关函电及其他必要单证或文件。

⑤ 被保险人在获悉有关运输契约中"船舶互撞责任"条款的实际责任后，应及时通知保险人。

4. 基本险的索赔期限

保险索赔期限，又称保险索赔时效，是指保险货物发生保险责任范围的风险造成损失时，被保险人向保险人提出索赔的有效期限。

我国《海洋运输货物保险条款》规定，保险索赔时效从被保险货物在最后卸载港全部卸离海轮后起算，最多不超过两年。我国《海商法》规定，根据海洋运输货物保险合同向保险人要求保险赔偿的请求权，时效期亦为两年，自保险事故发生之日起计算。

值得注意的是，如果货物损失属于保险责任范围，又涉及船方或其他第三者责任方的索赔，被保险人必须在有关责任方规定的有效期限内办理索赔。否则，因被保险人疏忽或其他原因逾期而丧失向有关责任方索赔的权益时，应由被保险人自己承担责任，保险人不予赔偿。例如，按照《海牙规则》或我国《海商法》的规定，收货人向承运人索赔的期限规定为交货之日起 4 年内有效。被保险人必须在这个期限到达之前向保险人提出索赔，或者要求承运人延长索赔时效，以便保险人在支付赔款之后能向承运人行使代位追偿的权利。如果被保险人没有做到这一点，保险人便不负赔偿责任。货物损失的共同海损分摊责任，要等待共同海损理算完成后才能确定。被保险人向保险人索赔货物的共同海损分摊的诉讼时效，应适用于我国《海商法》关于共同海损分摊请求权的时效规定，即时效为一年，从共同海损理算结束之日起计算。

11.1.2 海运货物保险附加险

国际贸易货物在运输过程中可能遭遇到的风险和损失，除了前面基本险所承保的由于自然灾害与意外事故所造成的风险和损失之外，往往还有其他外来原因所引起的风险和损失。为了满足投保人的需要，保险人在基本险条款之外又制定了各种附加险条款。附加险是基本险的扩大和补充，不能单独投保，必须在投保主险（基本险的一种）的基础上加保。加保的附加险可以是一种或几种，由被保险人根据需要选择确定。加保附加险时，被保险人需支付一定的保险费，由保险人在保险单上注明加保某一附加险，该附加险的条款即作为基本险别的附加条款。附加险按照承保的风险不同，分为一般附加险、特别附加险和特殊附加险三类。

1. 一般附加险

一般附加险负责赔偿一般外来风险所致的损失。由于一般附加险已包括在一切险中，所以若已投保一切险，则无须加保此险别。我国《海洋运输货物保险条款》规定的一般附加险有以下 11 种。

1）偷窃、提货不着险

偷窃、提货不着险主要承保在保险有效期内保险货物被偷走或窃取，以及货物抵达目的地后整件未交的损失。偷窃是指暗中进行的偷摸、窃取行为，不包括使用暴力手段的公开劫夺。提货不着是指货物的全部或整件未能在目的地交付给收货人。但该险别并非对任何原因所致的提货不着均予负责，如保险货物在中途被当作危险品扣押，被保险人并不能据此险别获得赔偿。在这一险别下，为了便于确定责任，对于偷窃的损失，被保险人必须在及时提货后 10 天之内申请检验；对于整件提货不着，被保险人必须向责任方、海关或有关当局取得证明。保险人为限制其承保的责任，有时还在本条款上附贴"海关检验条款"或"码头检验条款"，将保险责任期限提前到目的地海关或最后卸货码头时终止。

2）淡水雨淋险

淡水雨淋险承保保险货物直接由于淡水、雨淋、冰雪融化所造成的损失。淡水包括船上淡水舱、水管漏水和舱汗等。淡水是与海水相对而言的，由于海水所致的损失一般都包括在平安险或水渍险的承保范围内，不需要另保附加险。被保险人发现保险货物遭受淡水雨淋的损失时，必须在提货后 10 天内申请检验，否则保险公司不负赔偿责任。申请赔偿保险货物的淡水雨淋险时，货物的包装外部应有雨水或淡水痕迹，或有其他适当证明。

3）短量险

短量险承保保险货物在运输过程中因数量短少和重量短缺的损失。如果是包装货物，必须以包装是否破裂、裂口、脱线等异常现象为依据，判断是否由于外来原因造成短量；如果是散装货物，则往往以装船重量和卸船重量的差额作为短量的依据。至于运输途中的正常损耗，并不属于短量险的责任范围，必须事先扣除，因此，双方往往在保险单中约定一个免赔额，保险人仅赔付超过免赔额部分的损失。例如，保险合同规定，散装大米的免赔率为 2%，则保险人只对超过总重量 2% 以上的短量予以赔偿。对某些大量的、不合理的短少现象，被保险人必须提供被保险货物装船前的重量证明。

4) 混杂、玷污险

混杂、玷污险承保两类损失。一是保险货物在运输过程中，因混进杂质而致的损失。例如，矿砂、矿石等因混进了泥土、草屑等使其质量受到影响；加装过矿砂的干货舱没有清扫干净，以致另一航程运送黄豆时导致砂石混入豆中，造成黄豆杂质过多而只能降价出售，或为清除杂质必须支付一笔费用，保险人对此贬值损失或清理费用予以负责。二是承保保险货物在运输途中受其他货物玷污所致的损失，例如布匹、纸张、食物、服装等被油类或带色的物质污染而造成的经济损失等。在实际业务中，干货舱不清洁及油舱的附着物是造成大宗散货混杂或玷污的主要原因。

5) 渗漏险

渗漏险承保两类损失。一是承保流质、半流质及油类货物在运输过程中，因容器损坏而引起的渗漏损失。例如，装在铁桶中的汽油由于铁桶破裂而漏出桶外造成的损失。二是承保用液体储藏的货物因液体的渗漏而引起的货物腐烂、变质等损失。例如，装在坛中的酱菜由于坛子破裂，酱菜汁渗漏而变质导致的损失。

6) 碰损、破碎险

碰损、破碎险承保货物在运输过程中，因震动、碰撞、受压造成的碰损和破碎损失。碰损主要是对金属和金属制品的货物，如机器、搪瓷或木家具等，在运输过程中因震动、受压、碰击等原因造成货物本身凹瘪、脱瓷、脱漆、划痕、破裂和断裂等。破碎主要是指易碎货物，如玻璃、玻璃制品、陶瓷制品、大理石、玉制工艺品等，在运输过程中因震动、挤压、撞击、颠簸等外来原因造成货物的破碎。

7) 串味险

串味险承保货物在运输过程中，因受其他带异味货物的影响造成串味的损失。例如，食品、饮料、香料、中药材、化妆品原料等在运输过程中与樟脑堆放在一起，樟脑味串及上述货物造成损失。但是，这种串味损失如果与配载不当直接有关，则船方负有责任，应向其追偿。

8) 受潮受热险

受潮受热险承保货物在运输过程中，由于气温突然变化或船上通风设备失灵，使船舱内的水汽凝结而引起货物发潮或发热所造成的霉烂、变质等损失。例如，船舶经过炎热、潮湿的赤道地带，船舱内的谷物霉烂导致的损失，被保险人可向保险人索赔。但是，被保险人必须负举证之责，证明货物是由于外界原因而非本身缺陷致损的。

9) 钩损险

钩损险承保袋装、捆装货物在装卸或搬运过程中，由于装卸或搬运人员操作不当，使用钩子将包装钩坏或直接钩及货物而造成的损失。在实际业务中，袋装水泥、粮食及捆装货物、纸张等货物均可能遭受此类损失，一般应加保钩损险。

10) 包装破裂险

包装破裂险承保货物在运输过程中，因装卸或搬运不慎，使外包装破裂造成短少、玷污等导致的损失。对于在运输过程中，为了续运安全需要而产生的修补包装、调换包装所支付的费用，保险人也予负责。

11) 锈损险

锈损险承保金属或金属制品在运输过程中，因各种外来原因导致生锈造成的损失。由于有些裸装的金属板、块、条、管等货物及习惯装在舱面的体积庞大的钢铁制品等在运输过程中难免发生锈损，而且与装运前的锈损难以区分，因而保险人对此类货物一般不愿接受锈损险的投保。

2. 特别附加险

特别附加险与一般附加险一样，都不能独立投保，必须附加于基本险项上，但是特别附加险不包括在一切险的责任范围内，不属于一切险的责任范畴。特别附加险所承保的风险，往往与政治、国家行政措施、政策法令、航运贸易习惯等因素相关。我国海洋运输货物保险中承保的特别附加险主要有以下 5 种。

1）交货不到险

交货不到险承保货物装上船后，不论任何原因，从预定抵达目的地日期开始满 6 个月后仍未运到目的地交货的损失。"交货不到"与一般附加险中的"提货不着"不同，它并不是承运人运输上的原因，而是某些政治因素引起的。例如，由于运输途中被中途国政府当局禁运，保险货物被迫在中途卸货导致货主收不到货而造成损失。保险人在承保这种险别时，一般要求被保险人首先获得一切进口许可证件并办妥有关进口手续，以免日后因无进口许可证等原因，被拒绝进口而造成交货不到。另外，凡提货不着险及战争险应该负责的损失，该险不予负责。由于交货不到，保险货物很可能并未实际遭受全损。因此，保险人在按全损赔付时，都特别要求被保险人将保险货物的全部权益转移给保险人。

2）进口关税险

进口关税险承保货物由于遭受保险事故损失，但被保险人仍需按完好货物价值缴纳进口关税所造成的损失。

各国政府对在运输途中受到损失的进口货物，在征收其进口关税时的政策并不相同。有的国家规定，受损货物可按货物受损后的实际价值减免关税；有的国家规定，要区别货物损失发生在进口前还是进口后，前者可以减免关税，后者则不能；还有的国家规定，不论货物抵达目的港时是否完好，一律按发票上载明的货物价值或海关估价征收关税。进口关税险就是承保货物不论是进口前还是进口后发生损失，按进口国法律规定，仍需按完好货物价值纳税而致的关税损失。在这一险别下，如果保险货物发生保险责任范围内的损失，而被保险人仍须按货物的完好状态完税时，保险人即对该受损部分货物所缴纳的关税负赔偿责任。

附加进口关税的保险金额应根据可能缴纳的税款来确定，通常是由被保险人根据其本国进口关税的税率制定的。因此，应与货物保险金额分开，一般是按照发票金额的若干成加保。这个保险金额应在保险单上另行载明，将来发生损失时在该保额限度内赔偿，不能与基本险的保险金额相互串用。被保险人索赔关税损失时，必须提交关税证明。

3）舱面险

舱面险承保载于舱面的货物，因遭受保险事故而致的损失，以及抛弃和浪击落海的损失。海洋运输货物一般都是装在轮船舱内进行运输的，保险人在制定海洋运输货物保险的责任范围和费率时，都是以舱内运输作为考虑基础的，因此，对于货物装载舱面所发生的损失，保险人不负赔偿责任。但是，有些货物由于体积大、有毒性、有污染性或者易燃易爆等，根据航运习惯必须装载在舱面上。舱面险就是为了对这类货物的损失进行经济补偿而设立的附加险别。由于货物装载舱面极易受损，遭受水湿雨淋等情况更是司空见惯。保险人为了避免承保的责任过大，通常只接受在平安险的基础上加保舱面险，而不愿接受在一切险的基础上加保舱面险。加保舱面险，保险人除了对原来承保的险别范围负责外，还对货物被抛弃或被风浪冲击落水的损失负责。

对载于集装箱船甲板上的封闭式集装箱货物，一般订有"货物可能装于舱面"的集装箱货物提单，在目前的国际贸易中已被普遍接受。银行在办理结汇时，已把这种提单视同清洁提单而予接受。因此，在目前的保险实务中，保险人也已把集装箱舱面货物视同舱内货物承保。

4）拒收险

拒收险承保货物在进口时由于各种原因，被进口国政府和有关当局（如海关、动植物检疫局）拒绝进口或没收所造成的损失。保险人的赔偿金额为被拒绝进口或没收货物的保险价值。其前提条件是，被保险人保证货物备有一切必需的有效进口许可文件，而且货物的生产、质量、包装和商品检验符合产地国和进口国的有关规定。

在运输过程中，如果保险货物在起运后尚未抵达目的港时，进口国宣布禁运或禁止，则保险人只负责赔偿将货物运回出口国或转口到其他目的地而增加的运费，但最多不能超过该批货物的保险价值。如果保险货物在起运前进口国即已宣布禁运或禁止，那么保险人不负任何赔偿责任。投保拒收险的货物主要是食品、饮料、药品等与人体健康有关的货物。世界上大多数国家对进口这类货物都规定有卫生检验标准，如果违反进口国所规定的标准，就会被拒绝进口或者没收，甚至被销毁。由于市价跌落，或记载错误，商标或标记错误，国际贸易合同或其他文件发生错误或遗漏等原因造成买方拒绝进口或没收，不属于拒收险的承保责任。

5）黄曲霉素险

黄曲霉素险承保在保险责任有效期内，在进口港或进口地经当地卫生当局检验，证明黄曲霉素的含量超过进口国对该毒素的限制标准，因而被拒绝进口、没收或强制改变用途的损失。

黄曲霉素是一种致癌毒素，发霉的花生、油菜籽、大米等一般都含有这种毒素。各国卫生当局对这种毒素的含量都有严格的限制标准。如果某种进口粮食作物的黄曲霉素含量超过限制标准，就会被拒绝进口，或者被没收，或者被强制改变用途。黄曲霉素险就是承保由此所造成损失的险别。

3. 特殊附加险

特殊附加险与特别附加险一样，不能独立投保，只有在投保海洋运输货物保险基本险的基础上，才能加保特殊附加险。特殊附加险主要承保海洋运输货物战争险、海洋运输货物战争险的附加费用险和货物运输罢工险。

1）海洋运输货物战争险

海洋运输货物战争险承保保险货物由于战争、类似战争行为、武装冲突或海盗行为造成的直接损失。对于承保风险所引起的保险货物的间接损失，保险人概不赔偿。

海洋运输货物战争险的承保责任范围包括以下几个方面。

① 直接由于战争、类似战争行为和敌对行为、武装冲突或海盗劫掠等所造成的运输货物的损失。

② 由于上述原因所引起的捕获、拘留、扣留、禁止、扣押所造成的运输货物的损失。

③ 各种常规武器，包括水雷、鱼雷、炸弹等所造成的运输货物的损失。

④ 由该险责任范围所引起的共同海损牺牲、分摊和救助费用。

海洋运输货物战争险对由于敌对行为使用原子或热核制造的武器，导致保险货物的损失和费用不负责任；对由于执政者、当权者或其他武装集团的扣押、扣留引起的承保航程的丧失和挫折提出的索赔也不负责任。

海洋运输货物战争险的责任起讫与海洋运输货物基本险有所不同，它承保责任的起讫不是"仓至仓"，而是以"水上危险"为限，即以保险货物装上保险单所载明的起运港的海轮或驳船开始，到卸离保险单所载明的目的港的海轮或驳船为止。如果保险货物不卸离海轮或驳船，保险责任期限以海轮到达目的港的当日午夜起算 15 天为止。如果保险货物需在中途港转船，不论货物是否卸载，保险责任均以海轮到达该港或卸货地点的当日午夜起算满 15 天为止。只有在此期限内装上续运海轮，保险责任才继续有效。

在国际保险市场上，战争险条款中一般都有一个"注销条款"。我国海洋运输货物战争险条款也规定，保险人和被保险人均有权在该保险生效前向对方发出注销本保险的通知，在通知发出后 7 天期满时，该通知生效。

2) 海洋运输货物战争险的附加费用险

海洋运输货物战争险的附加费用险主要承保由于战争险后果所引起的附加费用。例如，因战争而导致航程中断，引起卸货、存仓或转运等额外支出的费用，并不属于战争险的承保范围。如果被保险人希望保险人对这些附加费用也予以负责，可再加保战争险的附加费用险，它实际上是对战争险责任范围的扩展。

该险别的具体责任范围包括发生战争险责任范围内的风险引起的航程中断或挫折，以及由于承运人行使运输合同中有关战争险条款规定所赋予的权利，把货物卸在保险单规定以外的港口和地方，因而产生的应由被保险人负责的那部分附加的合理费用。这些费用包括卸货、上岸、存仓、转运、关税及保险费等。

3) 货物运输罢工险

货物运输罢工险承保货物由于罢工者、被迫停工工人或参加工潮、暴动、民众斗争的人员的行为，或任何人的恶意行为所造成的直接损失和上述行动或行为所引起的共同海损的牺牲、分摊和救助费用。货物运输罢工险负责的损失都必须是直接损失，对于间接损失是不负责的。因此，凡在罢工期间由于劳动力短缺，或无法使用劳动力所造成的保险货物的损失，或由此所造成的费用损失，保险人均不予负责。例如，由于罢工缺少劳动力搬运货物，致使货物堆积在码头遭受雨水淋湿的损失，或因港口工人罢工无法在原定港口卸货，改运其他港口卸货而增加运输费用的损失等，保险人均不负赔偿责任。

货物运输罢工险对保险责任起讫的规定与海洋运输货物保险一样，采取"仓至仓"的原则，即保险人对货物从卖方仓库到买方仓库的整个运输期间负责。

按照国际保险市场的习惯做法，保险货物如已投保海洋运输战争险，在加保货物运输罢工险时，一般不再加收保险费。若仅要求加保罢工险，则按海洋运输战争险费率缴付保险费。

以上各种特别附加险和特殊附加险，可供投保人在投保了三种基本险（平安险、水渍险和一切险）中的任一种的基础上选择加保。

11.1.3　海运货物保险专门险

海运货物保险专门险是根据海洋运输货物的特性而承保的专门险别，可以单独投保。

1. 海洋运输冷藏货物保险条款

海洋运输冷藏货物保险条款是根据冷藏货物的特性专门设立的。一些需要冷藏运输的鲜货，如鱼、虾、肉类、蔬菜及水果等，为了保持新鲜程度，在运输时，一般都必须经过特别处理后装入轮船冷藏舱内，根据其特点保持不同的冷藏温度。但是，有时由于灾害事故和外来风险可能使冷藏机器失灵造成鲜货腐烂或损失，为了弥补这种损失得到全面保障，习惯上投保海洋运输冷藏货物保险。

1) 海洋运输冷藏货物保险的险别

（1）冷藏险

冷藏险的责任范围除负责由于冷藏机器停止工作连续达 24 小时以上所造成的货物腐烂的损失外，其他赔偿责任与水渍险相同。此处的冷藏机器包括载运货物的冷藏车、冷藏集装箱及冷藏船上的制冷设备。冷藏险可单独投保。

（2）冷藏一切险

冷藏一切险的责任范围更广，除包括冷藏险的各项责任以外，还负责赔偿保险货物在运输中由于外来原因所造成的鲜货腐烂或损失。这与《海洋运输货物保险条款》中的一切险的责任范围区别不大。冷藏一切险也可以单独投保。

2) 海洋运输冷藏货物保险的除外责任

海洋运输冷藏货物保险的除外责任，除海洋运输货物保险基本险的除外责任外，还针对冷藏货物保险的特点，增加了两点变化，对以下两点所造成的损失不负赔偿责任。

① 被保险鲜货在运输过程中的任何阶段，因未存放在有冷藏设备的仓库或运输工具中，或辅助运输工具没有隔温设备所造成的鲜货腐烂和损失。

② 被保险鲜货在保险责任开始时，因未保持良好状态，包括整理加工和包扎不妥、冷冻不合规定及肉食骨头变质所引起的鲜货腐烂和损失。

3) 海洋运输冷藏货物保险的责任起讫

海洋运输冷藏货物保险的责任起讫与海洋运输货物保险的责任起讫基本相同。不过海洋运输冷藏货物保险条款根据冷藏货物的特点做了一定变化，具体表现在以下几个方面。

① 保险货物到达保险单载明的最后目的港后，必须在 30 天内卸离海轮，否则保险责任终止。

② 保险货物全部卸离海轮并存入冷藏仓库，保险人负责保险货物卸离海轮后 10 天的风险。但在上述期限内，保险货物一经移出冷藏仓库，保险责任即告终止。

③ 保险货物全部卸离海轮后不存入冷藏仓库，保险责任至卸离海轮即告终止。

关于被保险人的义务和索赔时效，海洋运输冷藏货物保险与海洋运输货物保险条款的规定相同。

2. 海洋运输散装桐油保险条款

海洋运输散装桐油保险条款是根据散装桐油的特点而专门设立的，可以单独投保。桐油作为油漆的重要原料，是我国大宗出口商品之一。桐油因自身的特性，在运输过程中容易受到污染、变质等损失。为此，它需要不同于一般货物保险的特殊保障。海洋运输散装桐油保险条款就是为了给桐油提供全面保障而制定的。

1) 海洋运输散装桐油保险的责任范围

海洋运输散装桐油保险的责任范围，除了与海洋运输货物保险的责任范围相同的以外，还包括以下3个方面。

① 不论任何原因所致被保险桐油的短少、渗漏超过保险单规定的免赔率时的损失（以每个油舱作为计算单位）。

② 不论任何原因所致被保险桐油的玷污或变质损失。

③ 被保险人对遭受承保责任危险的被保险桐油采取抢救、防止或减少货物损失的措施而支付的合理费用，但以该批被救桐油的保险金额为限。

2) 海洋运输散装桐油保险的责任起讫

海洋运输散装桐油保险的责任起讫，与海洋运输货物保险基本险的保险期限基本一致，也是按"仓至仓"原则负责的。

① 自被保险桐油运离保险单所载明的起运港的岸上油库或盛装容器开始运输时生效，在整个运输过程中继续有效，直至安全交至保险单所载明目的地的岸上油库时为止。但若桐油不及时卸离海轮或未交至岸上油库，则最长保险期限以海轮到达目的港后15天为限。

② 在非正常运输情况下，被保险桐油运到非保险单所载明目的港时，应在到达该港口15天内卸离海轮，在卸离海轮后满15天责任终止。如在15天内货物在该地出售，则保险责任以交货时为止。

③ 被保险桐油在上述非正常运输情况下，如在15天内继续运往保险单所载原目的地或其他目的地时，保险责任则按上述条款的规定终止。

3) 特别约定

由于桐油是易受污染和变质的货物，因此，保险人针对保险标的的特性，在接受承保时向被保险人提出了一些特别约定。

① 散装桐油在装运港装船前须经过抽样化验，被保险人必须取得下列检验证书：检验人出具的表明油舱清洁的合格证书；检验人对桐油装船后的容量或重量及温度进行详细检验并出具的证书；检验人对装船桐油的品质进行抽样化验，证明在装运时确无玷污、变质等现象后出具的合格证书。

② 被保险人的桐油如因非正常运输情况必须在非目的地港卸船，在卸船前必须对其品质进行鉴定，并取得证书；对接受所卸桐油的油驳、岸上油库或其他盛装容器，以及重新装载桐油的船舶油舱，也都须由当地合格检验人进行检验并取得相应的证书。

③ 被保险桐油运抵保险单所载明的目的港后，被保险人必须在卸船前通知保险单所指定的检验、理赔代理人，由该代理人指定的检验人进行检验，以确定卸船时油舱中的温度、容量、重量等，并由该代理人指定的合格化验师一次或数次抽样化验，出具确定当时品质状况的证书。若抵达港口后由油驳驳运，那么油驳在装油前也必须经检验人检验出证。

除上述规定外，海洋运输散装桐油保险条款中所规定的除外责任、被保险人义务与索赔期限等，与《海洋运输货物保险条款》的规定相同。

另外，在我国海洋货物运输保险中，还有一种被称为"买方利益险"的险别。这种险别不同于一般的海洋货物运输保险，它是供我国出口企业在采用托收方式，并按FOB或CFR术语出口时，出口企业没有投保海洋运输货物保险基本险，为了保障自身在货物运输途中遇到事故时，买方不付账赎单而遭受的损失所设立的。

11.2　伦敦保险协会海洋运输货物保险条款

英国是近代世界海洋保险的中心，在国际海洋贸易航运和保险业中占有很重要的地位。英国劳合社的S.G.保险单说明规则被英国1906年《海上保险法》列为附则，后来逐渐成为国际海上保险单的范本。1912年，伦敦保险协会的技术与条款委员会制定了《协会货物保险条款》（Institute Cargo Clause, ICC），对沿用已久的S.G.保险单的内容进行了修改和补充，以加贴的形式附于保险单背面。后经过多次修改，修订工作于1982年1月1日完成，并于1983年4月1日起正式实行。同时，新的保险单格式代替原来的S.G.保险单格式，也自同日起使用。

11.2.1　承保风险

该部分的内容包括三个条款，即风险条款、共同海损条款和双方有责碰撞条款。从承保范围看，ICC（A）主要承保海上风险和一般外来风险，责任范围广泛。在风险条款中，ICC（A）改变了以往"列明风险"的方式，采用"一切险减除外责任"的方式，声明承保一切风险造成的损失，对约定和法定的除外事项，在"除外责任"部分全部予以列明；对于未列入除外责任项下的损失，保险人均予负责。此处风险造成的损失是指保险标的的实际损失或损害，而不包括保险标的的纯经济损失，即使引起经济损失的原因属于承保风险，如因运输延迟所造成的市价跌落而导致的损失，保险人也不予负责。

共同海损条款是对英国《海上保险法》有关共同海损和救助费用规定的补充，明确了共同海损理算或救助费用确定应该适用的法律。根据该条款，保险人不仅赔偿保险货物本身遭受的共同海损牺牲，还包括保险货物应承担的共同海损分摊或救助费用分摊。

对根据运输合同中船舶互撞责任条款规定的由被保险人承担比例责任的部分，保险人也予以负责。

11.2.2　除外责任

1. 一般除外责任

① 可归因于被保险人故意不法行为所造成的损失、损害或费用。
② 保险标的的自然渗漏、重量或容量的自然损耗或自然磨损造成的损失。
③ 保险标的的包装或准备不足或不当造成的损失、损害或费用。
④ 保险标的的固有缺陷及特性所引起的损失、损害或费用。
⑤ 直接由于延迟包括承保风险引起的延迟所造成的损失、损害或费用。
⑥ 由于船舶所有人、经理人、承租人或经营人破产或经济困境产生的损失或费用。
⑦ 由于使用任何原子或核裂变和（或）聚变或其他类似反应或放射性作用或放射性物质的战争武器产生的损失、损害或费用。

ICC（A）、ICC（B）、ICC（C）对于一般除外责任的规定基本上是一致的。但ICC（A）仅对被保险人的故意不法行为所致损失和费用不赔偿，而ICC（B）、ICC（C）则规定对任何人的故意不法行为对保险标的造成的损失和费用不赔偿。

2. 不适航、不适货除外责任

① 若起因于船舶或驳船不适航，船舶、驳船、运输工具、集装箱或大型海运箱对保险标的的安全运输不适合，而且保险标的装于其上时，被保险人或其雇员对此种不适航或不适货有私谋所造成的损失、损害或费用，保险人不予负责。

② 保险人放弃载运保险标的到目的港的船舶不得违反默示适航或适货保证；除非被保险人或其雇员对此种不适航或不适货有私谋。

ICC（A）、ICC（B）、ICC（C）对此项规定是完全一致的。

3. 战争除外责任

① 战争、内战、革命、造反、叛乱或由此引起的内乱或交战方之间的任何敌对行为。

② 捕获、拘留、扣留、禁止、扣押（海盗除外），以及上述原因所导致的结果或任何企图、威胁。

③ 被遗弃的水雷、鱼雷、炸弹或其他被废弃的战争武器所造成的损失。

ICC（A）、ICC（B）、ICC（C）对此项规定基本一致，但 ICC（A）承保海盗风险，ICC（B）、ICC（C）不承保海盗风险。

4. 罢工除外责任

① 罢工者、被迫停工工人或参加工潮、暴动或民变人员造成的。

② 任何恐怖分子或任何由于政治动机采取行为的人员造成的。

ICC（A）、ICC（B）、ICC（C）对此项规定基本一致。

本章总结

重点词汇

平安险　水渍险　一切险　一般附加险　特别附加险　特殊附加险

案例一

某公司向欧洲出口一批器材，投保海洋运输货物平安险。载货轮船在航行中发生碰撞事故，部分器材受损。另外，该公司还向美国出口一批器材，由另外一艘船装运，也投保了海洋运输货物平安险。船舶在运送途中，由于遭受暴风雨的袭击，船身颠簸，货物相互碰撞，发生部分损失。后船舶又不幸搁浅，经拖救脱险。

问题：上述货物损失是否该由保险公司承担赔偿责任？

案例解析：

出口欧洲的器材的部分损失是运输工具发生碰撞造成的意外事故。根据平安险的承保责任，保险公司负责由于运输工具遭受搁浅、触礁、沉没、互撞、与流冰或其他物体碰撞，以及失火爆炸等意外事故而引起的部分损失。上述货物损失显然属于承保的意外事故引起的损失，理应由保险人负责赔偿。而向美国出口货物的损失，是船舶遭受自然恶劣气候所致的全部损失。平安险承保责任又规定，对于运输工具曾经遭受搁浅、触礁、沉没、焚毁等意外事故的，在这之前或之后因恶劣气候等自然灾害造成的部分损失，保险公司予以补偿。所以，出口美国的货物虽然由于自然灾害遭受部分损失,但因载货船舶在该航行中遭受搁浅,且船舶搁浅时货物仍在船上,因而保险公司对出口美国的货物所遭受的损失应予以赔偿。

案例二

某年,某出口商同国外买方达成一项交易,合同规定的贸易术语为 CIF,当时正值海湾战争期间,装有出口货物的轮船在公海上航行时,被一导弹误中沉没,由于在投保时没有加保战争险,保险公司不赔偿。

问题:此项损失应由哪方负责?为什么?

案例解析:

根据保险责任的范围,应由买方自己负责;按照 UCP 600 的解释,在买方没有提出特别要求的情况下,卖方投保责任范围最小的险别是合理的。

案例三

G 公司以 CIF 术语引进一套英国产检测仪器,因合同金额不大,合同采用简式标准格式,保险条款一项只简单规定"保险由卖方负责"。仪器到货后,G 公司发现一部件变形影响其正常使用。G 公司向外商反映要求索赔,外商答复仪器出厂经严格检验,有质量合格证书,非己方责任。后经商检部门检验认为是运输途中部件受到震动、挤压造成的。G 公司于是向保险公司索赔,保险公司认为此情况属"碰损、破碎险"的承保范围,但 G 公司提供的保险单上只投保了 ICC(C),没投保"碰损、破碎险",所以无法赔付。G 公司无奈只好重新购买此部件,既浪费了金钱,又耽误了时间。

问题:本案例中,G 公司在签订合同时存在哪些疏漏?有什么解决办法?

案例解析:

G 公司想当然地以为合同规定卖方投保,卖方一定会保"一切险"或 ICC(A)。在 CIF 术语下,如果合同没有具体规定,卖方只需要投保最低责任范围险别,即平安险和 ICC(C)就算履行其义务。

解决办法如下。

① 当进口合同使用 CIF、CIP 等由卖方投保的术语时,一定要在合同上注明按发票金额的 110%投保的具体险别及附加险。

② 进口合同尽量采用 CFR、CPT 等术语,由买方在国内办理保险。

③ 根据货物的特点选择相应险别和附加险。

案例四

2008 年 11 月 2 日,厦门某贸易公司作为被保险人向某保险公司投保了海洋运输货物保险。保险单载明,保险自香港至泉州,承保一切险,采用中国人民保险公司 1981 年 1 月 1 日修订的《海洋运输货物保险条款》。

11 月 14 日,保险货物运抵泉州后渚港,装有保险货物的集装箱卸船后堆放于港口的仓库堆场(该堆场既可以用于海关验货,也是港口作业场所,收货人在报关、海关查验后,货主可在此堆场提货、转运、储货等)。

11 月 15 日,该贸易公司持海运提单向海关报关并履行完所有海关手续。次日上午,贸易公司来港口提货并打算将货物运至福州。集装箱拆箱后,第一件货物由叉车安全叉离集装箱,但第二件货物在叉离集装箱过程中,因叉车司机操作不当,致使货物在叉出过程中倾倒并严重损坏,损失 118 000 美元。

被保险人向保险公司索赔,保险公司拒赔,认为货损发生时,保险责任已终止。双方因此引起纠纷。

问题: 货物在泉州后渚港港口堆场拆箱后,叉离集装箱过程中发生的货物损失是否属于保险责任期间呢?

案例解析:

该案例中的保险单载明,保险自香港至泉州,承保一切险。中国人民保险公司于1981年1月1日修订的《海洋运输货物保险条款》对于保险期间规定如下:本保险负仓至仓责任,自保险货物运离保险单所载明的起运地仓库或储存处所开始运输时生效,包括正常运输过程中的运输工具在内,直至该项货物运达保险单所载明目的地收货人的最后仓库或储存处所或被保险人用作分配、分派或非正常运输的其他储存处所为止。

该案例保险单中列明的目的地为泉州,并非货物最后实际将运往的福州。因此,当货物运抵泉州后渚港的仓库堆场后,由于该堆场"既可以用于海关验货,也是港口作业场所,货主可在此堆场提货、转运、储货等"。因此,泉州后渚港的仓库堆场正是保险条款中规定的"目的地收货人的最后仓库或储存处所",保险责任到此为止。

最后,法院判决货物损失发生时,保险责任已终止,保险人无须赔付。

案例五

9月27日,上海某服装公司与加拿大某贸易公司签订了一份服装出口合同,贸易条件为 CIF 加拿大温哥华,装运时间为当年11月上旬。

同年10月25日,该服装公司向中国某保险公司为该批服装办理国际货运保险,被保险人为服装公司,承保险别为一切险,运输方式为海洋运输,保险期限为仓至仓,起运地为中国上海,目的地为加拿大温哥华,保险金额为 378 660 美元,采用中国人民保险公司1981年1月1日修订的《海洋运输货物保险条款》。

同年11月6日该服装公司向保险公司索赔,称其投保的货物在从位于上海宝山的仓库装上卡车后运往码头途中因卡车翻车而掉落河中,损失 5 360 美元。保险公司以货物损失不属于保险责任为由拒赔,双方因此产生纠纷。

问题: 保险公司是否应对此批货物承担赔偿责任?

案例解析:

首先,货物损失发生在货物离开起运地上海宝山的仓库运往码头的途中,还没有越过船舷,根据 CIF 贸易术语的规定,服装公司作为卖方具有保险利益,有权向保险人索赔。

其次,货物损失发生时,货物已经离开起运地发货人仓库,是在卡车运往码头的运输途中,根据中国人民保险公司1981年1月1日修订的《海洋运输货物保险条款》规定,属于"仓至仓"原则规定的保险责任期间之内。

最后,货物损失的原因是卡车翻车导致服装掉落河中,根据《海洋运输货物保险条款》的规定,因运输工具意外事故导致的损失,属于一切险的责任范围。

综上所述,保险公司应对此批货物承担赔偿责任。

案例六

某进出口公司以 CIF 术语向非洲某国出口一批小麦。由于当地存在部族冲突等不安定因素，所以买方要求卖方投保一切险，加保战争险。该批货物顺利运抵对方港口后，卸船暂储码头上，拟于第二天转运至买方仓库。卸货当晚，发生了当地两部族之间的武装冲突，致使该批货物部分被毁。买方向保险公司提出赔偿要求，保险公司拒绝赔偿。

问题：保险公司的做法有无道理？为什么？

案例解析：

保险公司有权拒绝赔偿。

这是因为，海洋货物运输战争险属特殊附加险，其责任范围包括直接由于战争、类似战争行为和敌对行为、武装冲突或海盗劫掠等所造成运输货物的各项损失，但其保险责任起讫与海洋运输货物保险的责任起讫不同，它承保的责任起讫不是"仓至仓"，而是以"水上危险"为限，即以保险货物装上保险单所载明的起运港的海轮或驳船开始，到卸离保险单所载明的目的港的海轮或驳船为止。在该案例中，保险货物已由海轮卸至码头，海洋运输货物战争险的保险责任已经终止，在此之后发生的由于敌对行为而造成的货物损失，保险公司不承担赔偿责任。

第 12 章

其他运输方式货物保险

学习目标

- 掌握我国陆上运输货物保险陆运险和陆运一切险。
- 掌握我国航空运输险和航空运输一切险。
- 了解航空运输货物战争险的主要内容。

除了海洋运输之外，国际贸易货物还普遍采用陆运、空运及多式联运方式。由于现代陆运、空运保险等都是在海上保险的基础上发展演变而来的，因此其与海洋运输货物保险在很多方面有相同之处。但是，由于陆上运输、航空运输与海洋运输的方式不同，货物在运输途中可能遭遇的风险也有所区别，因此，货物保险条款也有所不同。

12.1 陆上运输货物保险

陆上运输货物保险始于 19 世纪末期，第一次世界大战爆发后得到较快发展。目前，在欧洲、非洲和拉丁美洲内陆国家，通过陆上运输运送国际贸易货物所占的比重相当大。而我国对朝鲜、蒙古、罗马尼亚、波兰、捷克、保加利亚和匈牙利等国的国际贸易货物，大都采用铁路运输。

较常见的陆上货物运输的风险有车辆碰撞、倾覆或出轨，公路、铁路坍塌，桥梁折断，道路损坏及火灾、爆炸等意外事故；雷电、洪水、暴风雨、地震、火山爆发、霜雪冰雹等自然灾害。此外，海上运输可能存在的偷窃、短量、破损、渗漏、战争、罢工等外来原因所造成的风险，陆上运输也同样存在。但是，陆上运输一般不涉及海上运输时可能产生的共同海损问题，而且，按照保险业的习惯，陆上运输货物保险业务只要因发生承保责任内风险所致的损失，一般都予赔偿，不再区分全部损失和部分损失。这就决定了陆上运输货物保险的基本险别与海洋运输货物保险的险别是不同的。

陆上运输主要包括铁路运输和公路运输两种。其运输工具主要是火车和汽车。国际上保险公司对于采用人力车和牲口驮运等落后工具运输货物的风险一般不予承保。我国现行的《陆上运输货物险条款》也明确规定以火车、汽车为限。

根据 1981 年 1 月 1 日中国人民保险公司的《陆上运输货物保险条款》，陆上运输货物保险的基本险别分为陆运险（overland transportation risks）和陆运一切险（overland transportation all risks）两种。此外，还有适用于陆运冷藏货物的陆上运输冷藏货物险，其性质也属于基本险。在附加险中，除仅适用于火车运输的陆上运输货物战争险条款外，海洋运输货物保险中的附加险在陆上运输货物保险中也均适用。

12.1.1 陆运险与陆运一切险

1. 承保责任范围

陆运险的承保责任范围与《海洋运输货物保险条款》中的水渍险或ICC（B）相似。保险人负责赔偿保险货物在运输途中遭受暴风、雷电、洪水、地震等自然灾害；或由于运输工具遭受碰撞、倾覆、出轨；或在驳运过程中因驳运工具遭受搁浅、触礁、沉没、碰撞；或由于遭受隧道坍塌、崖崩或失火、爆炸等意外事故，所造成的全部或部分损失。此外，被保险人对遭受承保责任内危险的货物采取抢救、防止或减少货物损失的措施而支付的合理费用，保险人也负责赔偿，但以不超过该批被救货物的保险金额为限。

陆运一切险的承保责任范围与《海洋运输货物保险条款》中的一切险或ICC（A）相似。保险人除承担上述陆运险的赔偿责任外，还负责赔偿保险货物在运输途中由于外来风险（如偷窃、短量、渗漏、碰损等）所造成的全部或部分损失。

以上责任范围均适用于火车和汽车运输，并以此为限。

陆运险与陆运一切险的除外责任与海洋运输货物保险的除外责任基本相同。

2. 责任起讫

陆上运输货物保险的责任起讫也采用"仓至仓"责任条款。保险人责任自保险货物运离保险单所载明的起运地仓库或储存处所开始运输时生效，包括正常运输过程中的陆上及与其有关的水上驳运在内，直至货物运达保险单所载目的地收货人的最后仓库或储存处所或被保险人用作分配、分派的其他储存处所为止。如未运抵上述仓库或储存处所，则以被保险货物运抵最后卸载的车站满60天为止。陆上运输货物保险的索赔时效为，从保险货物在最后目的地车站全部卸离车辆后起计算，最多不超过两年。

3. 除外责任

陆运险和陆运一切险的除外责任包括以下5项。

① 被保险人的故意行为或过失所造成的损失。

② 属于发货人责任所引起的损失。

③ 在保险责任开始前，保险货物已存在的品质不良或数量短差所造成的损失。

④ 保险货物的自然损耗、本质缺陷、特性，以及市价跌落、运输延迟所引起的损失或费用。

⑤ 陆上运输货物战争险条款和货物运输罢工险条款规定的责任范围和除外责任。

从上述规定可知，陆上运输货物保险基本险的除外责任与海洋运输货物保险基本险的除外责任基本相同。

12.1.2 陆上运输冷藏货物险

1. 承保责任范围

陆上运输冷藏货物险是陆上运输货物保险中的一种专门保险。其主要责任范围除负责陆运险所列举的自然灾害和意外事故所造成的全部或部分损失外，还负责赔偿由于冷藏机器或隔温设备在运输途中损坏所造成的保险货物解冻溶化而腐烂、衰败的损失。但因战争、工人罢工或运输延迟而造成的保险货物腐烂或损失，以及保险冷藏货物在保险责任开始时未能保持良好状况，整理、包扎不妥或冷冻不合规格所造成的损失除外。一般的除外责任条款也适用本险别。

2. 保险期限

陆上运输冷藏货物险的责任自保险货物运离保险单所载起运地点的冷藏仓库，装入运送工具开始运输时生效，包括正常陆运及与其有关的水上驳运在内，直至货物到达目的地收货人仓库为止。但是保险责任的最长有效期限，以被保险货物到达目的地车站后10天为限。中国人民财产保险公司的保险条款还规定，装货的任何运输工具，必须有相应的冷藏设备或隔温设备；或供应和储存足够的冰块使车厢内始终保持适当的温度，保证被保险冷藏货物不致因冰块融化而腐烂，直至目的地收货人仓库为止。

陆上运输冷藏货物险的索赔时效为，从保险货物在最后目的地全部卸离车辆后起计算，最多不超过两年。

3. 除外责任

陆上运输冷藏货物险的除外责任除包括陆上运输货物保险基本险的除外责任外，对保险货物在运输过程中因未存放在有冷藏设备的仓库或运输工具中，或辅助运输工具没有隔温设备或没有在车厢内储存足够的冰块所致的货物腐败，以及保险货物在保险责任开始时因未保持良好的状态所引起的腐败和损失也不负赔偿责任。

12.1.3 陆上运输货物战争险

陆上运输货物战争险是陆上运输货物保险的一种附加险，只有在投保了陆运险或陆运一切险的基础上，经过投保人与保险人协商方可加保。对于陆上运输货物战争险，国外私营保险公司大都是不保的。我国为适应国际贸易业务需要，保险公司接受加保，但目前仅限于火车运输，若使用汽车运输则不能加保。加保陆上运输货物战争险须另缴付一定的保险费。

加保陆上运输货物战争险后，保险人负责赔偿在火车运输途中由于战争、类似战争行为或敌对行为、武装冲突所致的损失，以及各种常规武器（地雷、炸弹）所致的损失。但是，由于敌对行为使用原子弹或热核武器所致的损失和费用，以及由执政者、当权者或其他武装集团的扣押、拘留引起的承保运程的丧失和挫折而造成的损失除外。

陆上运输货物战争险的责任起讫与海洋运输货物战争险相似，以保险货物置于运输工具时为限，即自保险货物装上保险单所载起运地的火车时开始，到卸离保险单所载目的地火车时为止。如果保险货物不卸离火车，则以火车到达目的地的当日午夜起计算满48小时为止；如在运输中途转车，则不论货物在当地卸载与否，保险责任均以火车到达该中途站的当日午夜起计算满10天为止。如货物在此期限内重新装车续运，保险合同仍有效。但需指出，如运输合同在保险单所载目的地以外的地点终止，该地即视作保险单所载目的地，以货物卸离该地火车时为止；如不卸离火车，则保险责任以火车到达该地当日午夜起计算满48小时为止。

陆上运输货物保险的附加险，除战争险外，还可加保罢工险。陆上运输货物罢工险的承保责任范围与海洋运输货物罢工险相同。在投保战争险的前提下，加保罢工险不另收费。如仅要求加保罢工险，则按战争险费率收费。

12.2　航空运输货物保险

航空运输货物保险是承保以飞机装载的航空运输货物的一种保险。利用飞机运输国际贸易货物始于 20 世纪初。初期的空运货物主要是一些军用品和部分邮件等，而且运量很小。1929 年在荷兰海牙成立了国际航空协会，开始推动航空工业和航空货物运输的发展，特别是在第二次世界大战以后，利用航空运送进出口货物的需求日益迫切，使航空运输在国际货物运输中的重要性日益显著，占整个国际贸易货运量的比重也迅速增加。

航空运输发展较晚，与此相适应的航空运输货物保险业务历史也不长，迄今尚未形成一个完整、独立的体系。直至 1965 年，伦敦保险协会才对实际业务中的航空运输货物一切险制定了一份比较完整的《协会航空运输货物一切险条款》，1982 年起改称为《协会航空运输货物险条款》。此外，伦敦保险协会还制定了《协会航空运输货物战争险条款》及《协会航空运输货物罢工险条款》，以供保险界采用。目前，国际保险市场上的保险人在接受投保航空运输货物保险时，多采用上述条款的规定。

我国现行的《航空运输货物保险条款》的险别及其承保责任范围参考了国际保险市场上的通行做法，特别是参照了伦敦保险协会相关条款的基本内容。我国航空运输货物保险的基本险别有航空运输险和航空运输一切险两种。航空运输货物战争险是航空运输货物保险的附加险条款。此外，海洋运输货物保险中的附加险也可在航空运输货物保险中有选择地使用。

12.2.1　航空运输险和航空运输一切险

1. 承保的责任范围

航空运输险的承保责任范围与《海洋运输货物保险条款》中的水渍险和 ICC（B）大致相同。保险人负责赔偿保险货物在运输途中遭受雷电、火灾、爆炸或由于飞机遭遇恶劣气候或其他危难事故而被抛弃，或由于飞机遭受碰撞、倾覆、坠落或失踪等自然灾害和意外事故所造成的全部或部分损失。

航空运输一切险的承保责任范围除包括航空运输险的全部责任外，保险公司还负责赔偿保险货物由于被偷窃、短少等外来原因所造成的全部或部分损失。

航空运输险和航空运输一切险的除外责任与海洋运输货物保险的除外责任基本相同。

2. 保险期限

航空运输货物保险的两种基本险的保险责任也采用"仓至仓"原则，但与海洋运输货物保险的"仓至仓"责任条款有所区别，具体如下。

① 如保险货物运达保险单所载明的目的地而未运抵保险单所载明的收货人仓库或储存处所，则以保险货物在最后卸载地卸离飞机后满 30 天为止。如在上述 30 天内保险货物需转送至非保险单所载明的目的地，则以货物开始转运时终止。

② 由于被保险人无法控制的运输延迟、绕道、被迫卸货、重新装载、转运或承运人运用运输合同赋予的权限所做的任何航行上的变更或终止运输合同，致使被保险货物运到非保险单所载的目的地，在被保险人及时将获知的情况通知保险人并在必要时加缴保险费的情况下，保险单继续有效，保险责任按下述规定终止：保险货物如在非保险单所载的目的地出

售，保险责任至交货时为止。但不论任何情况，均以保险货物在卸载地卸离飞机后满 30 天为止；保险货物在上述 30 天期限内继续运往保险单所载的目的地或其他目的地，保险责任仍按上述规定，即在保险单所载的目的地或其他目的地卸离飞机后，满 30 天终止。

12.2.2　航空运输货物战争险

航空运输货物战争险是航空运输货物保险的一种附加险，只有在投保了航空运输险或航空运输一切险的基础上，经过投保人与保险人协商方可加保，加保时须另加付一定的保险费。加保航空运输货物战争险后，保险人承担赔偿在航空运输中由于战争、类似战争行为、敌对行为或武装冲突，以及各种常规武器和炸弹所造成的货物的损失，但不包括因使用原子弹或热核武器所造成的损失。

航空运输货物战争险的保险责任期限自保险货物装上保险单所载明的起运地的飞机时开始，直到卸离保险单所载的目的地飞机时为止。如果被保险货物不卸离飞机，则以飞机到达目的地当日午夜起计算满 15 天为止；如果被保险货物需在中途转运，则保险责任以飞机到达转运地的当日午夜起计算满 15 天为止；一旦装上续运的飞机，保险责任恢复有效。

航空运输货物保险的附加险，除战争险外，还可加保罢工险。在投保航空运输货物战争险的前提下，加保罢工险不另收费。如仅要求加保罢工险，则按战争险费率收费。

航空运输货物罢工险的责任范围与海洋运输货物罢工险的责任范围相同。

12.3　邮包运输货物保险

在国际贸易中，通过邮政包裹运送小件货物对寄件人来说是一种比较简便的运输方式。由于邮包运输要经过海上、陆上和航空运输等一种或多种运输方式才能实现，货物在运输途中也会遭遇各种自然灾害、意外事故而损毁，使寄件人遭受经济损失，因此需要通过投保邮包运输货物险获得保障。邮包运输货物险的保险人承保邮政包裹在运送过程中由于自然灾害、意外事故或外来风险所造成的包裹内物品的损失。由于邮包运送可能同时涉及海、陆、空三种运输方式，所以保险人在确定承保责任范围时，需综合考虑这三种运输方式各自可能遭遇的风险，给予全面的保险保障。

在国际保险市场上，对邮包运输所采用的保险条款及保险险别并无统一的规定，英国伦敦保险协会迄今为止仅对邮包运输制定了《协会战争险条款（邮包）》，而未制定邮包运输的基本险别条款。目前，我国邮包运输货物保险采用的是中国人民保险公司于 1981 年 1 月 1 日修订的《邮包保险条款》，其基本险包括邮包险和邮包一切险，还设有附加险——邮包战争险。

12.3.1　邮政包裹保价

邮政包裹保价是邮政机构自办的运输货物保险业务。根据万国邮政联盟于 1979 年在里约热内卢召开的大会所通过的《邮政包裹协定》，以及我国国家邮政局的有关规定，以下几点应予以注意。

1. 保价金额

各国邮政机构有权限制它的最高保价金额，但不得少于 5 000 金法郎，或在本国内的保价限额少于 5 000 金法郎时，采用国内保价限额。实际上，目前参加《邮政包裹协定》的国家，除少数规定不足 1 000 金法郎、个别为 5 000 金法郎外，一般均为 1 000 金法郎。根据 2006 年 12 月我国国家邮政局修订的《国际邮件处理规则》，最高保价金额为人民币 10 000 元。在采取不同保价限额的各国邮政机构间，各方均应以最低限额为准。与寄达国（地区）邮政另有双边协定的，则以协定规定的限额为准。

寄件人申报保价金额，不得超过包裹内件的实际价值，但可以借包裹内件部分价值申报保价金额。申报保价金额超过包裹实际价值的，遇到损失，超过部分邮政机构不予补偿。

2. 办理保价包裹手续

保价包裹只限在设有海关的邮政机构交寄，办理交寄手续时，必须先查看寄达国（地区）是否办理此项业务，一般限于参加《邮政包裹协定》的成员。但参加的成员也不一定都办理保价业务。如非该协定成员，则要查看是否与我国政府订立邮政包裹双边协定，以及协定是否规定承办保价包裹业务。我国邮政部门备有《通达保价包裹的国家（地区）表》，可供查阅。该表除列有通达保价包裹的国家（地区）外，还列有其最高保价限额和可否按航空方式寄递的内容。保价包裹除需交付普通包裹资费或按航空交寄的航空包裹资费外，还需加缴保价费和保价手续费。

由于保价包裹在寄递过程中遗失或受损时，邮政机构有按保价金额赔偿的责任，所以保价金额类似于向保险人投保时的保险金额，保价费则类似于向保险人投保时交付的保险费。

利用邮政包裹寄递物品虽然可通过保价得到保障，但保价包裹由于存在以下限制，还不能全部满足寄件人的安全保障要求：有的国家或地区无保价邮包业务，或保价有最高限额，而贵重物品包裹的实际价值则往往超过保价最高限额，邮政机构对损失赔偿大都有一定限制。例如，我国《国际邮件处理规则》规定，由于自然灾害和邮政部门不可抗力的事故造成或致使档案损毁，无法加以追查，而又没有其他证据确定责任的，邮政部门不负赔偿责任。因此，在使用保价包裹不能满足寄件人需要时，寄件人就要向保险人投保邮政包裹保险。

12.3.2 邮包运输货物险概述

邮包运输货物险是保险人承保邮政包裹在运送途中，因自然灾害、意外事故或外来风险所造成包裹内物件的损失。由于邮包的运送可能同时涉及海、陆、空三种运输方式，因此保险人在确定承保责任范围时，必须要同时考虑这三种运输方式可能出险的因素。

邮包运输货物险也经常使用海洋运输货物保险单加贴邮包险条款的做法。各国保险公司所使用的险别和确定承保责任范围的保险条款也不尽相同，比较常见的是沿袭海洋运输货物保险的平安险、水渍险与一切险的险别名称，但具体条款与海洋运输货物保险的同名险别不完全一致。

在我国，中国人民财产保险股份公司参照国际上的通行做法，结合我国邮政包裹业务的实际情况，制定了较为完备的邮包运输货物保险条款。

1. 邮包基本险

在具体险别上,邮包基本险有邮包险和邮包一切险两种。在办理邮包货物运输保险时,必须选保其中的一种。

1)邮包险的责任范围

邮包险负责赔偿被保险邮包在运输途中由于恶劣气候、雷电、海啸、地震、洪水、自然灾害,或由于运输工具搁浅、触礁、沉没、碰撞、出轨、倾覆、坠落、失踪,或由于失火和爆炸等意外事故造成的全部或部分损失。另外,还负责被保险人对遭受承保责任范围内危险的货物采取抢救、防止或减少货损的措施而支付的合理费用,但以不超过该批被救货物的保险金额为限。

2)邮包一切险的责任范围

邮包一切险的承保责任范围除包括邮包险的全部责任外,还负责被保险邮包在运输途中由于一般外来原因所致的全部或部分损失。

但是,在这两种险别中,保险人对因战争、敌对行为、类似战争行为、武装冲突、海盗行为、工人罢工所造成的损失,直接由于运输延迟,或被保险物品本质上的缺陷,或自然损耗所造成的损失,属于寄件人责任和被保险邮包在保险责任开始前,已存在的品质不良或数量短差所造成的损失,以及被保险人的故意行为或过失所造成的损失,不负赔偿责任。

邮包险和邮包一切险的保险责任自被保险邮包离开保险单所载起运地点,运往邮政机构时开始生效,直至被保险邮包运达保险单所载明的目的地,邮政机构发出通知书给收件人当日午夜起计算满 15 天为止,但在此期限内邮包一经递交至收件人的处所,保险责任即行终止。

2. 邮包战争险

邮包战争险是邮包运输货物保险的一种附加险,只有在投保邮包险或邮包一切险的基础上,经过投保人与保险人协商,方可加保。加保邮包战争险须另支付保险费。

加保邮包战争险后,保险人负责赔偿邮包运输过程中由于战争、类似战争行为、敌对行为、武装冲突、海盗行为,以及各种常规武器(水雷、鱼雷、炸弹)所造成的损失。此外,保险人还负责被保险人对遭受以上承保责任内危险的货物,采取抢救、防止或减少损失的措施而支付的合理费用。但保险人不承担因使用原子弹或热核武器所造成的损失的赔偿。

邮包战争险的保险责任自被保险邮包经邮政机构收讫后,自储存处所开始运送时生效,直至该项邮包运达保险单所载明的目的地邮政机构,送交收货人为止。

除战争险外,还有邮包罢工险。在投保战争险的前提下,加保罢工险不另收费。如仅要求加保罢工险,则按战争险费率收费。邮包罢工险的责任范围与海洋运输货物罢工险的责任范围相同。

本章总结

重点词汇

陆上运输货物保险　　航空运输货物保险　　邮包运输货物保险

案例一

12月6日，Citizen 保险公司接受某公司（托运人）对其准备空运至米兰的20箱丝绸服装的投保，保险金额为73 849美元。同日，由 A 航空公司的代理 B 航空公司出具了航空货运单一份。该航空货运单注明：第一承运人为 A 航空公司，第二承运人为 C 航空公司，货物共20箱，重750千克。该货物的"声明价值（运输）"未填写。A 航空公司于12月20日将货物由杭州运抵北京。12月28日，A 航空公司在准备按约将货物转交 C 航空公司运输时，发现货物灭失。次年，Citizen 保险公司对投保人（托运人）进行了全额赔偿并取得权益转让书后，于次年5月28日向 B 航空公司提出索赔请求。B 航空公司将 Citizen 保险公司的索赔请求材料转交 A 航空公司。A 航空公司表示愿意以每千克20美元限额赔偿 Citizen 保险公司损失，而 Citizen 保险公司不接受 A 公司的赔偿意见，要求进行全额赔偿，遂向法院起诉。

问题：法院将如何判决？

案例解析：

航空货运单是证明航空运输合同存在及合同条件的初步证据。该合同的"声明"及合同条件是合同的组成部分，并不违反1955年《海牙议定书》的规定，且为国际航空运输协会规则所确认，故应属有效，对承运人和托运人具有相同的约束力。托运人在将货物交付运输时向 Citizen 保险公司进行了保险，该批货物在 A 航空公司承运期间发生灭失，A 航空公司应负赔偿责任。Citizen 保险公司在赔偿后取得代位求偿权。由于托运人在交托货物时，未对托运货物提出声明价值并交付必要的附加费，所以 A 航空公司在责任范围内承担赔偿责任是合理的。B 航空公司作为签发人，应对合同下的货物运输负有责任，但鉴于 A 航空公司承诺赔偿，B 航空公司可不再承担责任。

另外，起诉是由于 Citizen 保险公司拒绝 A 航空公司承诺按责任限额赔偿而引起的，故责任在 Citizen 保险公司。

因此，法院应判决如下。

① A 航空公司赔偿 Citizen 保险公司15 000美元。
② A 航空公司给付 Citizen 保险公司15 000美元的活期存款利息。
③ 诉讼费用由 Citizen 保险公司承担。

案例二

2月3日，Connaught Laboratories Ltd. 将一大批脊髓灰质炎疫苗交付加拿大航空公司，让加拿大航空公司将其从安大略省的多伦多运到厄瓜多尔的基多。脊髓灰质炎疫苗容易腐烂变质，因此在运输期间必须冰冻储存。Connaught Laboratories Ltd. 在运输脊髓灰质炎疫苗方面有丰富的经验，因此其采取了一系列预先设计好的措施，以确保疫苗在到达目的地时处于冰冻状态。

在 Connaught Laboratories Ltd. 提交货物托运之前，加拿大航空公司已经确定由其1975年2月3日飞往佛罗里达州迈阿密的910和912航班运送该批疫苗，到达迈阿密后，转乘

Andes 公司的 101 航班前往基多，101 航班离开迈阿密的时间为 2 月 4 日凌晨 3 时。Andes 公司向加拿大航空公司确认了该航班后，加拿大航空公司又向 Connaught Laboratories Ltd. 做了确认。加拿大航空公司出具了航空货运单，并在货运单的前面用粗体写明："脊髓灰质炎疫苗，干冰包装，必须冷冻""到站后，立即与收货人联系"。

按预定计划，货物于 2 月 3 日清晨到达迈阿密，在当天下午由加拿大航空公司转交给了 Andes 公司。但是 Andes 公司的 101 航班并未像预计那样在 2 月 4 日凌晨 3 时离开迈阿密并在当日 13 时到达基多。2 月 5 日，疫苗一直存放在迈阿密机场的仓库中，直至 2 月 6 日上午 10 时才到达基多，几乎晚了 48 个小时，其间没有采取任何冷藏措施。到达基多时，疫苗完全融化，已无价值可言。在这种情况下，Connaught Laboratories Ltd. 就其疫苗所受到的损失起诉加拿大航空公司，当时双方商定的疫苗的运价为 27 946.72 美元。而加拿大航空公司反过来又起诉第三人，第三人是以 Andes 公司的名义运营的。

问题： 根据本章所学知识，对案例进行分析。

案例解析：

法院判决被告赔偿原告 30 411.01 美元。加拿大航空公司赔偿原告后，再向第三人追偿。理由如下：

第一，本案例中涉及的运输，显然是国际航空运输，运输合同受《华沙公约》的约束。就涉及的连续运输这一事实而论，将适用《海牙议定书》。加拿大航空公司无权以下运价规则限制其责任："承运人对丢失、损坏、变质、盗窃、延误、误投，或非由承运人的实际疏忽导致的未能移交，不是发生在它自己的航线或航班上，或任何行为，或其他任何运送组织的疏忽、遗漏，都不承担责任。"

第二，《华沙公约》规定了连续承运人的连带责任。因此，对 Andes 公司来说，这是一种连带责任。加拿大航空公司应对原告的损失负责。根据《华沙公约》的规定，加拿大航空公司不能开脱其责任。根据这些理由，判决对加拿大航空公司是不利的。除了双方商定的损害赔偿金 27 946.72 美元外，根据修正的 1970 年司法条例的规定，Connaught Laboratories Ltd. 还可要求 10.25% 的利息，该利息应从 11 月 25 日开始，即 2 464.29 美元，总计为 30 411.01 美元。

在两个承运人加拿大航空公司和 Andes 公司之间，无疑 Andes 公司应对损失承担责任。Andes 公司的代理人承认收到货物时货物处于一种良好的状态，航空货运单和箱子标明了危险警告。前已提到，Andes 公司确认了加拿大航空公司向其预订的 2 月 4 日 101 航班，涉及的每一个人有理由相信这个易腐的托运物将在 101 航班上运输。至于为什么 Andes 公司的 101 航班会延误，只有 Andes 公司自己清楚整个一周航班计划被打乱的原因。

第 13 章

国际货物运输保险实务

学习目标

- 了解常用的价格术语和投保各方面的内容。
- 掌握国际货物运输保险的投保环节：选择投保险别、选择合适的保险人、确定保险金额、填写保险单、确定投保方式。
- 了解国际贸易合同中的保险条款。
- 掌握承保工作中保险单的缮制、批改和转让。
- 掌握中国人民财产保险股份有限公司出口货物保险费率的内容。
- 掌握保险金额的计算公式和保险费的计算公式。

13.1 国际货物运输保险投保实务

国际货物运输保险的投保是指投保人向保险人提出申请，表达订立保险合同的意愿，并将自己所面临的风险和投保要求告知保险人。投保是拟订保险合同的开始，是整个承保工作的基础。一般来说，投保工作分两个方面：一是投保人的要约或询价；二是保险人的承诺或对此询价提出包括保险条件和费率的要约，也就是申请投保和接受投保。因此，需要保险人与被保险人双方共同做好工作。

13.1.1 投保人的确定

在国际贸易中，货价由货物本身的成本、运费和保险费三个部分组成。运输和保险是由买方还是由卖方办理，由不同的贸易术语决定。

下面根据《2010 年通则》，将一些常用的价格术语及有关买卖双方办理货运保险的责任规定介绍如下。

1. FOB 价格术语及投保责任

FOB 价格，即船上交货价格，又称离岸价。买卖双方以 FOB 价格术语签订贸易合同，卖方应按照合同规定的货物品质、数量、包装备妥货物，在规定的时间内，将货物装上买方指派的海轮。货物一经装上海轮，卖方就履行了合同，此后有关货物的一切责任、费用和风险一概由买方承担。采用 FOB 价格术语，当货物在指定的装运港越过船舷之前损坏或灭失的一切风险由卖方承担。因此，货物的海洋运输保险应由买方办理。该术语仅适用于海洋运输和内河运输。

2. CFR 价格术语及投保责任

CFR 价格，即成本加运费价，是指货价中包括运费在内，但不包括保险费。买卖双方以 CFR 价格术语签订国际贸易合同，卖方应按照合同规定的货物品质、数量、包装备妥货物，并负责租船、订舱，在规定的时间内，将货物装上船舶。货物在装运港越过船舷之前损失或灭失的风险由卖方承担，货物在装运港越过船舷之后损坏或灭失的风险，以及由于各种事件造成的任何额外费用，由买方承担。因此，采用 CFR 价格术语，货物的海洋运输保险应由买方办理，卖方必须注意及时发出装运通知，以避免不必要的损失。该术语仅适用于海洋运输和内河运输。

3. CIF 价格术语及投保责任

CIF 价格，即成本加保险费加运费价，又称到岸价格。买卖双方以 CIF 价格术语签订国际贸易合同，则卖方应按照合同规定的货物品质、数量、包装备妥货物，并负责租船、订舱，在规定的时间内，将货物装上船舶，并由卖方负责在装运港越过船舷以前货物损坏或灭失的一切风险，货物越过船舷后损坏或灭失的风险及由于各种事件造成的任何额外费用即由卖方转移至买方。可见，这种价格对货物风险的转移，与前面的 FOB 和 CFR 都是一样的，但保险由卖方办理并由其承担保险费用。

采用 CIF 价格术语，货物在装运港装船前的保险及货物在装运港装船后的保险，均由卖方办理。货物在装运港越过船舷后的保险，是由卖方代买方办理的。但是，CIF 术语只要求卖方投保最低限度的保险险别，如买方需要更高的保险险别，则需要与卖方明确地达成协议，或者自行作出额外的保险安排。因此，到岸价格中的保险不能包括一切要求，只能提供基本的保险保障，否则会大大提高货物的单价，或者大大降低卖方的利润，甚至可能会造成卖方无利可图。该术语仅适用于海洋运输和内河运输。

4. FCA 价格术语及投保责任

FCA 价格，是指卖方只要将货物在指定的地点，交给由买方指定的承运人，并办理了出口清关手续，即完成交货。在交货以前，卖方承担货物灭失或损坏的一切风险，交货后风险由买方承担。该术语可用于各种运输方式，包括国际多式联运。

5. CPT 价格术语及投保责任

CPT 价格，是指卖方向指定的承运人发货，但卖方还必须支付将货物运至目的地的运费。其风险转移与 FCA 不同，即在 FCA 项下，由买方承担交货之后的一切风险和其他费用。该术语可适用于各种运输方式，包括国际多式联运。

6. CIP 价格术语及投保责任

CIP 价格，是指卖方向指定的承运人交货，但卖方还必须支付将货物运至目的地的运费，即买方承担卖方交货后的一切风险和额外费用。但是按照 CIP 价格术语，卖方还必须办理买方货物在运输途中灭失或损坏风险的保险。因此，在 CIP 项下，由卖方订立保险合同并支付保险费。该术语可适用于各种运输方式，包括国际多式联运。

13.1.2 投保险别的选择

买卖双方根据价格术语确定办理投保的责任后，接下来要选择适当的保险险别。保险人承担的保险责任以险别为依据，在不同的险别下，保险人承保的责任范围各不相同，其保费率也不相同。例如，在我国海洋运输货物保险的三种主险中，平安险的责任范围最小，水渍险次之，一切险的责任范围最大。与此相对应，平安险的费率最低，一切险的费率最高，两者之间的费率有时相差几十倍。投保人在选择险别时，应根据实际情况全面衡量，既要使货物得到充分保障，又要尽量节约保险费支出，降低成本。

在国际货物运输保险中，选择何种险别，一般应综合考虑下列因素。

1. 货物的性质和特点

不同性质和特点的货物，在运输途中可能遭受的风险和发生的损失往往有很大的差别。因此，投保人在投保时应充分考虑货物的性质和特点，选择适当的险别。例如，粮谷类货物（粮食、豆类、饲料）的特点是含有水分，经过长途运输，可能会因水分蒸发造成短量；在运输途中如果通风设备不良，船舱中湿气过大，可能导致发霉。对于此类货物，海洋运输时一般可以在投保水渍险的基础上加保短量险和受潮受热险，或者投保一切险；陆上运输时则需投保陆运一切险，或在陆运险的基础上加保短量险。对于家用电器等货物，由于在运输途中易受碰损和被盗，一般应在水渍险或平安险的基础上加保碰损险和偷窃、提货不着险或者投保一切险。对于某些大宗货物（如原煤、天然橡胶），以及某些特殊货物（如冷藏货物），需要按不同货物的特点选择保险人提供的特定的或专门的保险条款进行投保，以求能够获得充分保障。但是，在投保一般海洋运输货物保险的条件下，除非另有特别约定，对于货物内在的缺陷所致的损失或费用及运输途中的自然损耗，保险人不予负责。

2. 货物的包装

包装对货物的安全运输具有重要作用，包装方式会直接影响货物的完好情况。有些货物在运输及装卸转运过程中，常因包装破损而造成质量上或数量上的损失。例如，袋装大米可能因在装卸时使用吊钩而使外包装破裂，大米漏出而致损；散装货物（如大宗的矿石），在装卸时容易发生短量损失，散装的豆类等还可能因混入杂质而受损；裸装货物，如小轿车等，一般停放于甲板上并采取固定、防滑措施后进行运输，容易因碰撞或挤擦而出现表面凹瘪、油漆掉落等损失。因此，在办理投保和选择险别时，对货物包装在运输过程中可能发生的损坏及其对货物可能造成的损害应加以考虑。

在采用集装箱运输时，货物在运输途中遭遇各类风险而致损失的可能性相对较小，但也可能因集装箱本身未清理干净而使货物玷污受损，或是箱内货物堆放不妥而致运输途中出现碰损、混杂等损失，往往需要在平安险或水渍险的基础上加保碰损、破碎险或混杂、玷污险。但是，对于包装不良或由于包装不适应国际贸易运输的一般要求而导致的货物遭受损失，属于发货人的责任，保险人一般不予负责。

3. 货物的用途与价值

货物的用途与货物投保的险别也有关系。一般而言，食品、化妆品及药品等与人的身体、生命息息相关的货物，由于其用途的特殊性，一旦发生污染或变质损失，就会丧失全部使用价值。因此，在投保时应尽量考虑能得到充分、全面的保障。例如，茶叶在运输途中一旦被海水浸湿或吸收异味即无法饮用，失去使用价值，所以应当投保一切险。

价值的高低对投保险别也有影响。对于古玩、古画、金银、珠宝及贵重工艺品之类的货物，由于其价值昂贵，而且一旦损坏对其价值影响很大，所以应投保一切险，以获得全面的保障。而对于矿石、矿砂等大宗货物，因其价值低廉，也不易受损，所以一般仅需在平安险的基础上加保短量险即可，陆上运输则可投保陆运险并加保短量险。

4. 运输方式和运输工具

货物采用不同的运输方式和运输工具进行运输，途中可能遭遇的风险并不相同，可供选择的险别因此也各不相同。例如，根据我国货物运输保险条款，货物采用的运输方式不同，其适用的保险险别也不同。海洋运输货物保险的主险包括一切险、水渍险和平安险，陆上运输货物保险的主险则包括陆运险和陆运一切险。此外还有航空运输和邮包运输的保险险别等。所以应根据不同的运输方式选择适用的保险险别。

货物在运输途中，面临的风险与运输工具本身的性能也有密切的关系。例如，在海洋运输货物保险中，载货船舶的建造年份、吨位、船上设备等对其适航性有重要影响，因此载货船舶的情况是保险人考虑的一项重要的风险因素。保险业惯例是，船龄在15年以上的为老船，用这样的船运输货物，保险人要适当加收费用；对于船舶的载重吨在1 000吨以下的小型船运输货物，保险人也要适当加收费用。

随着运输技术的发展，国际多式联运作为新的运输方式被采用地越来越多，但国际上并无专门承保国际多式联运的保险条款，因而需要根据国际多式联运过程具体采用的运输方式，分段投保相应的保险险别。

5. 运输路线及船舶停靠港口/车站

就运输路线而言，一般来说，运输路线越长，所需的运输时间越长，货物在运输途中可能遭遇的风险就越多；反之，运输路线越短，货物可能遭受的风险就越少。例如，从上海港海运一批大米到韩国，由于航程较短，大米在途中发霉的可能性很小。但是，如果目的地为英国利物浦，航程较长，大米在运输途中很可能因气候变化、船舱通风设备不畅等原因受潮、受热而发霉。另外，运输途中经过的区域的地理位置、气候状况及政治形势等也会对货物的安全运输产生影响。此外，在政局动荡不定或在已经发生战争的海域航行，货物遭受意外损失的可能性自然增大。

同时，货物在运输途中停靠的港口车站不同，所带来的货物的风险也不同。由于不同停靠港口/车站在设备、装卸能力，以及安全设施、管理水平、治安状况等方面有很大差异，进出口货物在港口装卸时发生货损货差的情况也就不同。投保人在投保时，应事先了解装卸地及中转地港口/车站的情况，根据需要决定是否加保必要的险别。例如，货物出口到经常下雨的地区，就应加保淡水雨淋险。

6. 运输季节

运输季节不同，也会对货物带来不同的风险和损失。例如，载货船舶冬季在北纬60度以北航行，极易发生与流动冰山碰撞的风险；夏季装运粮食、果品，极易出现发霉、腐烂或生虫的现象，而冬季运送橡胶制品，货物可能出现冻裂损坏等。因此，投保人应根据不同季节的气候特点选择险别。

13.1.3 保险金额的确定

保险金额（insured amount）是被保险人对保险标的的实际投保金额，是保险人承担保险责任的标准及计收保险费的基础。在保险货物发生保险责任范围内的损失时，保险金额就是保险人赔偿的最高限额。因此，投保人投保货物运输保险时，一般应按保险价值向保险人申报保险金额。保险金额原则上应与保险价值相等，但实际上也常出现不一致的情况。保金额与保险价值相等称为足额保险（full insurance）。被保险人申报的保险金额小于保险价值，就是不足额保险（under insurance）。我国《海商法》对此有专门规定。被保险人申报的保险金额大于保险价值，就是超额保险（over insurance）。在此情况下，超额部分一般无效，保险人只按照保险价值赔付。

按照国际保险市场的习惯做法，出口货物的保险金额一般按 CIF 价格加 10% 计算，10% 为保险加成率，也就是买方进行这笔交易所给的费用和预期利润。

保险金额的计算公式为：

$$保险金额 = CIF 价格 \times (1+保险加成率)$$

[例 13-1] 当 CIF 价格为 105 美元，保险加成率为 10% 时，计算保险金额。

解：

$$保险金额 = 105 \times (1+10\%) = 115.5（美元）$$

保险金额是以 CIF 价格为基础计算的。如果对外报价为 CFR 价格，而买方要求改报 CIF 价格，或者在 CFR 合同项下，卖方代买方办理投保，保险金额都不能以 CFR 价格为基础直接加上保险费来计算，而应先把 CFR 价格转化为 CIF 价格，再加成计算保险金额。从 CFR 价格换算为 CIF 价格时，计算公式为：

$$CIF 价格 = \frac{CFR 价格}{1-保险费率 \times (1+保险加成率)}$$

[例 13-2] 某公司出口一批商品到德国某港口，原报 CFR 德国汉堡港，总金额为 20 000 美元，现进口商来电要求改报 CIF 价格，目的地不变，并按 CIF 价加成 10% 投保海运一切险及战争险。假设运至德国汉堡港的该项货物海运一切险的保险费率为 0.8%，战争险的保险费率为 0.05%，计算保险金额。

解：

$$CIF 价格 = \frac{20\,000}{1-(0.8\%+0.05\%) \times (1+10\%)} = 20\,188.76（美元）$$

$$保险金额 = 20\,188.76 \times (1+10\%) = 22\,207.64（美元）$$

13.1.4 投保单的缮制

选择了保险险别及保险人之后，投保人应办理具体的投保手续。投保人向保险人投保，是一种签订契约的法律行为。在我国，无论在进口业务还是在出口业务中，投保货物运输保险时，投保人通常以书面方式作出投保要约，即填写货物运输保险投保单，经保险人在投保单上签章承诺，或出立保险单，保险双方即确立了合同关系。

1. 被保险人名称

被保险人是保险合同保障的对象，应按照可保利益的实际相关人填写，如是买方或卖方投保的，则分别写上其名称。

2. 标记

投保单上的标记应与提单上所载的标记符号一致，特别是要与刷在货物外包装上的实际标记符号相同，以免在发生理赔案件时，引起检验、核赔、确定责任上的混乱。

3. 包装及数量

货物的包装方式,如箱、袋、桶、捆等,以及数量均需书写清楚。如果一次投保有数种不同的包装时,可以"件"为单位。散装货物应填写散装重量。如果采用集装箱,应予以注明。

4. 保险货物项目

应填写保险货物的具体类别、名称。例如,玉米、茶叶、棉布、袜子、玻璃器皿等,一般不要笼统地写农产品、农副产品、纺织品、百货或杂货等大类,以便保险人确定适用的保险费率。

5. 保险金额

保险金额一般是按照发票的 CIF 价格加上一定的加成数计算的,加成率一般为 10%。如果发票价格为 FOB、FCA 或 CFR、CPT,应将运费、保险费加上以后,再加成计算保险金额。保险金额的货币名称要与发票一致。

6. 装运工具

如果采用船舶运输,应写明具体的船名。中途需要转船的,如果已知第二程船,应打上船名;如果第二程船名未知,则只需打上"转船"字样。装箱运输应注意,如果采用火车或航空运输,最好注明火车班次和班机航次。如果采用国际多式联运,应写明联运方式,如空陆联运或海空联运等。

7. 起运日期

有确切日期的,填写××月××日或注明"按所附提单";无确切日期的,可填写"约于××月××日"。

8. 提单或运单号码

提单或运单的号码要填写清楚,以备保险公司核对。

9. 航程或路程

应写明"自×港(地)到×港(地)"。如果到达目的地的路线有两条以上时,应写明"自×港(地)经×港(地)到×港(地)"。

10. 承保险别

此项写明投保人需要投保的险别名称,还应注明采用何种保险条款。如果对保险条款有特殊要求的,也要在这一栏内注明,以便保险人考虑接受与否。

11. 赔款偿付地点

通常在保险单注明的目的地支付赔款。如果被保险人要求在目的地以外的地方赔款,应在此栏注明。

12. 投保日期

投保日期应该是船舶开航或运输工具开行之前的日期。

13. 投保人签章及企业名称、电话、地址

这一项填写投保人的名称、地址等具体信息。

中国人寿财产保险股份有限公司货物运输保险投保单如图 13-1 所示。

货物运输保险投保单　　　　No.
Application Form for Cargo Transportation Insurance

被保险人：
Insured：_____

发票号（Invoice No.）：

合同号（Contract No.）：

信用证号（L/C No.）：

发票金额（Invoice Amount）：_____ 投保加成（Plus）_____%

兹有下列物品向中国人寿财产保险股份有限公司投保（Insurance is required on the following commodities）：

标　记 Marks & No.	包装及数量 Quantity	保险货物项目 Description of Goods	保险金额 Amount Insured

起运日期：　　　　　　　　　　　　装载运输工具：
Date of Commencement _____　Per Conveyance: _____

自　　　　　　　　经　　　　　　　至
From _____ Via _____ To _____

提单号：　　　　　　　　　　　　　赔款偿付地点：
B/L No. _____　　　　　Claim Payable At _____

投保险别（Please indicate the conditions and special coverages）：
_____

请如实告知下列情况：
1. 货物种类：袋装 [ ]　散装 [ ]　冷藏 [ ]　液体 [ ]　活动物 [ ]
　　　　　　机器/汽车 [ ]　危险品等级 [ ]
2. 集装箱种类：普通 [ ]　开顶 [ ]　框架 [ ]　平板 [ ]　冷藏 [ ]
3. 转运工具：海轮 [ ]　飞机 [ ]　驳船 [ ]　火车 [ ]　汽车 [ ]
4. 船舶资料：船籍 [ ]　船龄 [ ]

备注：被保险人确认本保险合同条款和内容已经完全了解。
The insured confirms herewith the terms and conditions of this insurance contract fully understood.

投保人（Applicant）：_____

电话（Tel）：_____

地址（Address）：_____

投保日期（Date）：_____

图 13-1　中国人寿财产保险股份有限公司货物运输保险投保单

13.2 国际货物运输保险承保实务

保险公司在接受投保人的投保申请后,应及时出立投保单,并确定投保人应交纳的保险费。一般来讲,保险公司需要对投保对象和保险标的进行风险分析和评估,在综合考虑被保险人的资信情况、以往的赔付记录及保险标的的性质、运输工具、运输路线、投保险别等与国际货物运输有关的风险后,决定是否承保,并提出相应的保险条件,确定保险费率。

保险公司承保工作质量的好坏,关系保险合同能否顺利履行。承保工作包括保险公司将一笔业务承揽下来要做的全部工作,如风险因素的评估、保险单的缮制、费率的确定、危险的控制与分散等。如果保险双方对保险合同的条款取得一致意见,保险合同成立,保险公司应及时签发保险单。

13.2.1 保险单的缮制、批改和转让

1. 保险单的缮制

保险单是保险公司根据投保人提供的投保单的内容而制作的。因此,保险人在接受投保后,所缮制的保险单内容应与投保单一致,以满足投保人对保险的要求。

保险单一般均应包括下列事项。

① 保险公司名称。保险单最上方均事先印就保险公司的名称,如"中国人民保险集团公司"。

② 保险单名称。例如,海运货物保险单的名称为"海洋货物运输保险单"。

③ 保险单号次。这是保险公司按出单顺序对每张保险单进行的编号。

④ 被保险人的名称。此项被保险人俗称"抬头"。按投保单中的内容填写,如信用证规定被保险人为某银行或某公司,保险单抬头应直接打上该银行或公司的名称。保险单可由被保险人背书转让。

⑤ 发票号与唛头。此项填写发票号码,一般还应将发票上所标的唛头打上。如果唛头较复杂,可只填写发票号码。因为保险索赔时必须提供发票,两种单据可以相互参照。

⑥ 包装及数量。此项按投保单打制。包装货物应打明包装方式,如袋、箱等。有两种或两种以上包装方式时,应打上"包装件"。有时需打明重量"千克"。散装货打上"...M/T in Bulk"。

⑦ 保险货物项目。此项一般按投保单打制,应与发票相符,如"彩色电视机"。

⑧ 保险金额。此项根据投保单中金额填写,小数点后的尾数一律进为整数,大小写金额必须一致。如加保进口关税险,需另行打明关税险的保险金额。例如,发票金额为 28 000 美元,另加保 30%进口关税险,应打明"Plus loss of import duty at 30% of CIF US $ 28,000"。

⑨ 保费。此项一般只打"按照约定",但若信用证要求标明保费及费率,则应打上具体保费金额和保险费率。

⑩ 装载运输工具。此项如在海洋运输中按投保单上的记载打上船名和航次。若船名未知,打上"To be declared"。

⑪ 开航日期。此项一般打上"按所附提单",表明以提单为准,或打上具体时间。例

如，"2nd Oct. 2017"，或大致日期"about..."

⑫ 运输起讫地。此项按投保单填写。如果中途转船，则必须打明转船字样。例如，从秦皇岛至伦敦，在新加坡转运，应为"From Qinhuangdao to Singapore and thence to London"。若到目的港须转运内陆某地，如自上海海运至马赛，然后由铁路运至巴黎，应打上"From Shanghai by seagoing vessel to Marseilles and thence by rail to Paris"。

⑬ 承保险别。此项具体载明保险公司承担的保险责任，要求全面、详细而准确，根据投保单上的要求制定。例如，要求承保平安险加保战争险和短量险，应为"Covering FPA including risks of shortage as per ocean marine cargo clauses of the People's Insurance Company of China, dated 1/1/2018."。"Including war risks as per ocean marine cargo war risks clauses of the People's Insurance Company of China, dated 1/1/2018."。

⑭ 保险公司在目的地的检验、理赔代理人名称及详细地址、电话号码等内容。检验代理人和理赔代理人可能是同一人，也可能不是同一人，应在保险单中注明。如果最后目的地没有保险公司检验代理人，应规定可由当地合格的代理人检验。

⑮ 赔款偿付地点。一般以目的地为赔款偿付地，不能把国家名称作为赔付地点。若投保人要求在目的地以外的某一具体地点付款，如属于贸易需要或商人的正当要求，一般应予接受。

⑯ 保单签发日期。保单签发日期应不迟于运输单据日期，因为银行不接受迟于运输单据日期的保险单。实务中，一般以投保单上的日期为保险单签发日期。

⑰ 保险公司代表签名。

2. 保险单的批改

保险单在签发后，在保险单有效期内，其内容一般不宜更改。但在实际业务中，由于种种原因，投保人在向保险公司申报时陈述错误或遗漏是难以完全避免的。在此情况下，如不及时变更或修改，被保险人的利益就可能受到影响，甚至导致保险合同失效。此外，保险货物在运输途中，也可能遇到某些意外情况，如承运人根据运输合同所赋予的权利改变航行路线、变更目的地、临时挂靠非预定港口或转船等。这些新变化也要求对原保险单内容及时进行变更或修改，以便保险标的获得与新的情况相适合的保险保障。

保险单内容的变更或修改，往往会影响保险人的承保责任范围及其承担的风险。投保人或被保险人如果需要对保险单内容进行变更和修改，应以书面形式向保险人申请批改。通常只要不超过保险条款规定的内容，保险人都会接受。如果涉及扩大承保责任或增加保险金额，一般也是可以的，但必须在被保险人不知有损失事故发生的情况下，在抵达目的地之前申请办理，并需加缴一定的保险费。

保险人批改保险单一般采用签发批单（endorsement）的方式进行。此项工作可以由保险人自己办理，也可以由保险人授权设在国外港口的代理人办理。保险人或其代理人所签发的批单，一般应贴在原保险单上，构成原保险单的一个组成部分，对双方当事人均有约束力。如批改的内容与保险合同有抵触，应以批单为准。

3. 保险单的转让

保险单的转让是指保险单持有人将保险单所赋予的要求损失赔偿的权利及相应的诉讼权转让给受让人。因此，保险单的转让即保险单权利的转让。这种权利的转让与保险货物本身所有权的转让是两种不同的法律行为。买卖双方交接货物，转移货物所有权，并不能自动转移保险单的权利。

根据各国海上保险法律,关于保险单的转让一般有以下规定。

① 海运货物保险单可以不经保险人的同意而自由转让;船舶保险单则必须征得保险人的同意才能转让。

② 海上保险单的转让,必须在保险标的所有权转移之前或转移的同时进行,如果所有权已经转移,事后再办理保险单的转让,则转让是无效的。

③ 在海上保险单办理转让时,无论损失是否发生,只要被保险人对保险标的仍然具有可保利益,保险单均可有效转让。

④ 保险单的受让人只能享有与原被保险人在保险单下享有的相同权利和义务。

⑤ 保险单转让后,受让人有权以自己的名义向保险人进行诉讼,保险人也有权如同对待原被保险人一样,对保险合同项下引起的责任进行辩护。

⑥ 保险单的转让可以采取由被保险人在保险单上背书或其他习惯做法进行。按照习惯做法,采用空白背书方式转让的保险单可以自由转让;采用记名背书方式转让的保险单,则只有被背书人才能成为保险单权利的受让人。

13.2.2 保险费的计算

1. 保险费的计算公式

投保人投保时,需向保险人交纳一定数额的保险费,这是保险合同生效的重要前提条件。保险费是保险人经营业务的基本收入,是保险基金的来源,也是被保险人从保险人获得损失赔偿权利所付的对价。保险金额是根据保险价值确定的,在不超过保险价值的前提下,可由保险人和投保人约定。在实践中,通常是由投保人根据货物的合同价格经加成后,经保险人同意确定的。而保险费率即保险价格,是保险人为承担约定的保险赔付责任而向投保人收取保费的标准。

保险费是以投保货物的保险金额为基础,按一定的保险费率计算出来的。其计算公式为:

$$保险费 = 保险金额 \times 保险费率$$

如果按照 CIF 价格加成投保,则上式可改为:

$$保险费 = CIF 价格 \times (1 + 保险加成率) \times 保险费率$$

[例 13-3] 中国某进出口公司出口灯具 10 箱,CIF 价格为人民币 200 000 元,投保海运一切险,保险费率为 4.28‰,买方要求按发票加一成投保,则应缴付多少保险费?

解:

$$保险费 = 200\,000 \times 110\% \times 4.28‰ = 9\,416(元)$$

2. 保险费率的确定

保险费率是保险人以保险标的的风险大小、损失率高低、经营费用多少等为依据,根据商品性质和包装、目的地、运输方式、航程远近、航行路线及不同的投保险别所制定的保险价格。国际货运保险的保险费率通常是由保险人根据损失赔付概率,运用大数法则,综合营运成本而制定的。保险费率的制定不能偏高,也不能偏低。费率定得太高,会使保险人在市场上缺乏竞争力,定得太低又会影响保险人对灾害事故的偿付能力,影响业务的正常运行。此外,由于国际货运保险承保的是国际贸易的货物,所以还应注意国际因素,使保险费率水平能适应国际市场的行情,以增强自身在国际市场上的竞争能力,而且还应使保险费率水平能为国际再保险人接受,以便保险人在需要时通过国际范围内的再保险使承保风险得以分散和转移。

我国的国际货运保险费率是根据我国货物运输的实际货损情况,并参照国际保险市场的费率水平制定的。中国人民财产保险股份有限公司的出口货物保险费率包括以下几项。

1)一般货物费率

一般货物费率适用于所有的出口货物。海洋运输的一般货物费率按基本险别,即平安险、水渍险和一切险分为三种,每种险别又按目的地所在洲、国家的不同而确定相应的费率。所有出口货物均需按该表所列费率标准计收保险费,这是被保险人必须支付的基本保险费率标准。

2)指明货物加费费率

指明货物加费费率是针对某些易损货物加收的一种附加费率。这些货物在运输途中极易由于外来风险引起短少、破碎和腐烂等损失,损失率较高,所以保险人把这些货物专门列出来,并称此类货物为"指明货物"。指明货物的加费费率是按照货物大类分类的,凡属于指明货物加费费率项中的货物,无论使用何种运输方式,如果投保一切险,在计算保险费率时,均需在一般货物费率的基础上,再按此项加费规定加收保险费。例如,对海洋运输运往韩国的蔬菜投保一切险,一般货物一切险费率为 0.6%,指明货物加费费率为 3%,则应按 3.6%计收保险费。

3)货物运输战争险、罢工险费率

货物运输战争险或罢工险的费率与基本险费率相比是很特殊的,它实际上仅规定了战争险费率,而且不管采用何种运输方式,不按货物的分类,费率均相等。战争险、罢工险一起投保时,只按战争险费率计收,罢工险不另加费。如只投保罢工险,则按战争险费率计收。在没有战争爆发的情况下,战争险费率较低,但保险人对其承保的战争风险,可以根据不同时间、不同地区的战争风险和罢工风险的实际情况,以及国际形势的变化随时调整战争险的费率。

4)其他规定

这一部分内容主要是对上述三项没有包括的某些特殊情况的规定,诸如投保一般附加险、特别附加险、内陆运输扩展责任保险等规定的收费标准,以及某些情况下减费的规定等。具体有以下几项。

① 一般附加险费率。如果加保的附加险是该货物在运输过程中可能遭受的最主要的外来风险,则加保的一般附加险按指明货物加费费率计收。

② 特别附加险费率。这是指对除一切险之外的附加特殊险别的加费规定。特别附加险费率根据加保的附加险的险别而定。

③ 舱面险加费。舱面货一般在平安险或水渍险的基础上加保舱面险,费率按主险的 50%计收。如果在一切险的基础上加保舱面险,按一切险费率 100%加收舱面险费率。

④ 内陆运输加费。当保险起运地或目的地在海运港口以外的内地时,投保一切险视具体情况加收一定的费率。如果投保平安险或水渍险,并不加费。

⑤ 延长保险期限加费。当国际货运保险期限终止后还要求延长保险期限的,根据延长的时间加收一定的费率。

⑥ 转运加费。运输途中发生转船、转车或转机时，按具体风险损失情况决定是否加费。

⑦ 免赔率增减计算。凡指明出口货物费率表内规定有免赔率的，如果投保人要求降低或提高免赔率，应按一定的标准加收或减收保险费。

⑧ 贵重物品保险计算。保险货物已向承运人声明价值并支付从价运费的，视为贵重物品，按费率表的规定给予折扣优待。但战争险、罢工险不享受这种优待。

13.3 国际货物运输保险的索赔实务

保险索赔是指保险标的在遭受保险事故后，被保险人根据保险合同有关规定，向保险人要求赔偿损失的行为。索赔时，被保险人对保险标的必须具有保险利益。以海洋运输为例，若以 CIF 术语成交，货物的损失如果发生在起运港装上海轮之前的运输途中，应由卖方向保险公司索赔；如果货物的损失发生在装上海轮之后，根据保险利益原则的规定，应由买方向保险公司索赔。

13.3.1 索赔程序

被保险人在索赔时的程序可以分为以下几步。

1. 损失通知

被保险人一经获悉或发现保险标的遭受损失，应立即通知保险公司。被保险人获知货损一般有两种情况。

① 保险货物在运输途中因运输工具遭遇意外事故，如卡车倾覆、船舶触礁等而受损。由于在这种情况下货损情况往往比较严重，被保险人通常在事发后很快就能知悉。

② 保险货物在起运前后虽然因各种原因而受损，但由于损失程度较轻或从外表无法察觉，直到货物运抵目的港，被保险人在提货时，甚至进入收货人最后仓库时才发现。

不管属于何种情况，一旦获悉保险货物受损，被保险人就应立即向保险人或其指定的代理人发出损失通知。保险人或其指定的代理人接到损失通知后，一方面，对货物提出施救意见并及时对货物进行施救，避免损失扩大；另一方面，尽快对货物的损失进行检验，核定损失责任，查核发货人或承运人的责任等，以免因时间过长而导致货物损失原因难以查清，责任无法确定而使处理产生困难，甚至发生争议。因此，被保险人若没有及时进行损失通知，保险人有权拒绝理赔。

2. 申请检验

被保险人在向保险人或其代理人发出损失通知的同时，也应向其申请货物检验。各国的保险人对货物的损失通知和申请检验均有严格的时间限制，我国的保险公司一般要求申请检验的时间最迟不能超过保险责任终止后 10 天。当然，如果是因为被保险人无法控制的原因导致申请检验时间超过了规定的期限，保险人应根据实际情况予以受理。

被保险人在申请检验时，应注意以下几点。

1) 向谁申请检验

在出口运输货物保险单中，一般都指明了保险公司在目的港、目的地的检验代理人的名称和地址。发生货损后，被保险人应采取就近原则，向保险单指定的代理人申请检验。目前，中国人民财产保险公司在世界各地有 400 多家具有核赔权的代理人。

对于进口运输货物保险，当货物在运抵目的地时发现有损失，一般由保险人或其代理人和被保险人进行联合检验，共同查明损失的原因，确定损失金额及责任归属。如果货损情况非常复杂，则应申请由出入境检验检疫部门或保险公估人进行检验，出具联检报告。

2）可以不申请检验的情况

对整件短少的货物，如果短少是在目的港将货物卸下海轮时发现的，被保险人应向承运人索取溢短证明；如果短少是货物在卸离海轮以后、提货以前发现的，被保险人应向有关港口当局或装卸公司索取溢短证明。在这种情况下，溢短证明即可作为损失的依据。此外，如果货损轻微，损失金额很小，检验费用可能超过保险货物损失的金额。从经济上考虑，保险人往往不要求被保险人申请检验。

3）检验报告的性质和作用

检验报告是被保险人据以向保险人索赔的重要证据，但同时检验报告只是检验人对货损情况作出客观鉴定的证书，并不能决定货损是否属于保险责任，也不能决定保险人是否应对货损予以赔偿。因此，检验报告上一般注明"本检验报告不影响保险人的权利"。这意味着货物损失是否属于保险责任范围最终要由保险人根据保险合同条款决定。

3. 提交索赔单证

被保险人在向保险公司或者其代理人提请赔偿时，应提交索赔必需的各种单证。按照我国《海洋运输货物保险条款》的规定，被保险人在索赔时，应提供保险单正本、提单、发票、装箱单、磅码单、货损货差证明、检验报告及索赔清单。如果涉及第三者责任，还须提供向责任方追偿的有关函电及其他必要的单证或文件。

1）保险单或保险凭证正本

保险单或保险凭证正本是向保险公司索赔的基本证件，是保险合同的书面证明。保险单中规定的保险人的责任范围及保险金额等内容是确定保险人赔偿与否及赔偿金额的直接依据。

2）运输凭证

运输凭证是承运人在接收货物后出立的，包括海运提单、公路运单、铁路运单、航空运单和邮寄单等运输单证。运输凭证证明保险货物承运的状况，如承运的件数、运输的路线、交运时货物的状态等，以确定受损货物是否在保险期限，以及在保险责任开始前的货物情况。

3）发票

发票是计算保险赔款时的数额依据。保险人还可以通过核对发票与保险单及提单的内容是否相符来审核保险利益的限额。

4）装箱单、磅码单

装箱单、磅码单证明被保险货物装运时的件数和重要的细节，是保险人据以核对损失数量的依据。

5）货损货差证明

货损货差证明是在承运人所签发的提单是清洁的，而所交的货物有残损或短少的情况下，要求承运人签发的文件。它既是被保险人和保险人索赔的证明，又是日后向承运人追偿的根据。特别是整件短少的，更应要求承运人签具短缺证明。

6）检验报告

检验报告是检验机构出具的货物质量和数量的检验单据，是证明损失原因、损失程度、损失金额、残余物资的价值及受损货物处理经过的证明，是保险人据以核定保险责任及确定赔偿金额的重要文件。检验报告可以由第三方公证、检验机关出具，也可以由保险公司及其代理人出具。一般来说，出口货物往往由保险代理人或检验人出具，进口货物由保险公司或其代理机构会同收货人联合出具。

7）海事报告

当船舶在航行途中遭遇海事时，船长必须在航行日志中进行记录，同时申明船方不承担因此而造成的损失。海事报告记录了船舶在遭遇海上风险时发生的各种损失及承运人采取的各种措施，对确定货物的损失原因和保险公司确定海事责任直接有关。碰到一些与海难有关的损失较大的案件，保险公司要求提供此种证件。

8）索赔清单

索赔清单是被保险人提交的要求保险人赔偿的详细清单，主要列明索赔的金额和计算依据，以及有关费用的项目和用途等。

此外，保险人还可以根据损失情况及理赔需要，要求被保险人提供与确认保险事故性质和损失程度有关的证明和资料。所有这些证明和资料是被保险人索赔的依据。保险人是否承担损失赔偿责任，除根据现场调查搜集的资料外，主要是依据这些证明和单据进行判断。

4. 等候结果

被保险人在有关索赔手续办妥后，即可等待保险公司最后审定责任、领取赔款。在等待过程中，有时保险公司发现情况不清需要被保险人补充提供的，应及时办理，以免延迟办理的时间。如果向保险公司提供的证件已经齐全，而未及时得到答复，应该催赔。保险公司不能无故拖延赔案的处理。

13.3.2 索赔工作应注意的问题

① 提出索赔的人必须是在保险标的发生损失时，对保险标的具有保险利益的人。根据保险利益原则，损失发生时，只有对保险标的具有保险利益的人，才能向保险公司提出索赔请求。因此，损失发生时对保险标的不具有保险利益的人提出的索赔无效。

② 保险标的的损失必须是保险单承保风险造成的保险责任范围内的损失，保险公司才履行损失赔偿责任。这一规定是根据近因原则确定的。因此，若保险标的的损失不是以保险承保风险为近因造成的，保险公司无须赔偿。

③ 对受损货物应积极采取措施进行施救和整理。保险货物受损后，作为货方的被保险人，除了应立即向保险人或其指定的代理人发出损失通知申请检验之外，还应对货物提出施救意见并及时对货物进行施救，避免损失扩大。在我国，无论是进口货物还是国内运输的货物受损后，原则上施救、整理都应由货方自行处理。我国海商法规定，一旦保险事故发生，被保险人收到保险人发出的有关采取防止或减少损失的合理措施的特别通知的，应当按照保险人通知的要求处理，如果被保险人没有采取必要的措施防止损失扩大，则这部分继续扩大的损失，保险人不负赔偿责任。被保险人为此而支付的合理费用，可以从保险人的赔款中获得补偿。

④ 对受损货物的转售、修理、改变用途等，由被保险人负责处理。在我国，无论是进口货物还是国内运输的货物，受损后原则上都是由被保险人（货方）自行处理。被保险人在对受损货物进行转售、修理、改变用途等工作之前，必须通知保险人，或征得保险人的同意。

⑤ 如果涉及第三者责任，虽然赔款一般先由保险人赔付，但被保险人应首先向责任方提出索赔，以保留追偿权利。如果损失涉及承运人、港口或车站等第三者责任方，被保险人还应提交向承运人等第三者责任方请求赔偿的函电等文件的留底或复印件，以证明被保险人确已履行了其应该办理的追偿手续，即维护了保险人的代位追偿权。有时还要申请延长索赔时效。

此外，在保险索赔中，被保险人还必须根据保险合同的规定履行应尽的合同义务，才能获得保险赔偿。

13.3.3 索赔时效

被保险人向保险人就保险单项下的损失提出索赔时，必须在保险单规定的索赔时效内提出索赔要求。

索赔时效，即索赔的有效期。它是保险法确认的索赔权利得以行使的时间限制，索赔权利超过法定期限不行使，即归于消灭。

以海洋运输货物保险为例，我国海商法规定，根据海上保险合同向保险人要求保险赔偿的请求权，时效期间为两年，自保险事故发生之日起计算。在时效期间的最后6个月内，因不可抗力或其他障碍不能行使请求权的，时效中止。自中止时效的原因消除之日起，时效期间继续计算。时效因请求人提起诉讼、提交仲裁或者被保险人同意履行义务而中断。但是请求人撤回起诉、撤回仲裁或者起诉被裁定驳回的，时效不中断。

13.4　国际货物运输保险的理赔实务

保险理赔是指保险人在接到被保险人的损失通知后，通过对损失的检验和必要的调查研究，确定损失的原因、损失的程度，并对责任归属进行审定，最后计算保险赔款金额并给付赔款的一系列过程。

13.4.1 理赔程序

一般而言，国际货物运输保险的理赔主要有立案、审核相关情况、核算损失和给付赔款4个环节。

1. 立案

立案是指保险公司在接到被保险人的索赔请求后，把相应的保险单和其他资料进行整理，按照一定的顺序登记在索赔案的记录里，登记的内容应是这笔保单的具体情况，包括保单的号码、被保险货物的名称和数量、保险金额、运输方式、运输工具的名称和损失的细节等。理赔结束后，还要将具体的处理或理赔结果都一并记录进去，便于日后的参考和查询。

2. 审核相关情况

保险公司在处理索赔案时，首先要对各种情况进行审核，包括对保险单据进行审核，查看相关单据是否齐全；审核被保险人对被保险货物是否具有保险利益；审核在投保时投保人是否遵守了最大诚信原则，有无谎报或隐瞒重要事实；审核被保险人是否及时申请检验；审核损失的性质和造成损失的原因是否在承保范围内，审核发生损失的时间是否在保险期限之内等。

3. 核算损失

如果经过审核证实属于保险责任之内的损失，保险公司还要对保险人要求赔付的各项损失和费用进行具体核算，以确定各个款项的金额是否合理。对于货物本身损失的赔付金额，保险人要核算金额的计算是否是按相关规定得出的，残余价值是否扣除，作价是否合理等；对于其他施救、检验等费用，保险人要具体核查这些费用是否必要、合理。

4. 给付赔款

在赔款金额已经确定后，保险公司就要缮制赔款计算书，在其中列明被保险货物本身的损失和费用，并填写确切的受损原因。在将赔款支付给被保险人的同时出具赔款收据，赔款收据除被保险人和保险人各自留底外，还需要寄送给有关责任方，表示保险公司有权追偿。

13.4.2 损失原因确定

损失的原因对保险公司核定责任至关重要。损失发生后，只从损失现象看，还无法确定责任的归属。根据近因原则，保险人只对近因属于承保风险而导致的损失予以负责。在实际事故中，货物损失的情况多种多样，造成损失的原因也十分复杂。因此，首先需要从若干致损原因中找出损失的近因，然后才能确定损失是否属于保险责任。

1. 分析损失原因

分析损失原因是一件复杂而细致的工作，理赔工作人员要善于分析，从繁杂的现象中找出导致损失的主要原因。在分析货损原因时，经常碰到的是导致损失的原因不止一个，这就需要分别加以掌握。

① 只有一个单独的损失原因，这一原因如果属于保险责任范围的，应予赔偿；反之，则不赔偿。例如，货物在运输途中遭雨淋损失，加保淡水雨淋险应该负责，只保水渍险就不负责。

② 造成损失的原因有几个，这几个原因都是承保责任范围的，应予赔偿；反之，则不赔偿。例如，货物在运输途中同时遭受雨淋和海水损失，投保了一切险的，应予负责；遭到串味和沾污的损失，只投保平安险的，就不负责。几个原因中有的属于承保责任，有的不属于承保责任，如果损失能划分，保险公司只负责承保的那部分损失；如果损失无法划分，保险公司可以完全不负责。例如，棉花在运输途中遭受海水水渍斑损、钩损的，如果已投保水渍险，且海水损失与钩损的损害后果可以从价值上加以划分，保险公司只赔水渍部分损失，不赔钩损部分损失；反之，棉布遭钩损严重，水渍斑损相对较轻微，定损时只能从钩损估计出赔值，水渍斑损已无法估出，保险公司就都不赔付。

③ 损失原因前后是自然联系的，如果前后的损失原因都是保险责任内的，保险公司应予负责。例如，五金商品投保了一切险，先遭受雨淋浸损，后又碰到海水泡湿，结果发生严重锈蚀，如果前面的损因都属于承保范围，应予赔偿。如果前面的损因属于保险责任，后面的损因不属保险责任，但后面的损因是前面的损因导致的必然后果，保险公司对损失应予负责。又如，包装食品投保了水渍险，先遭受海水浸湿外包装受潮，后发生霉变损失，霉变是

海水打湿外包装、水汽侵入造成的结果，保险公司应予负责。反之，如果前面的损因不属于保险责任，后面的损因属于，尽管后面的损因是前面损因导致的必然结果，但是保险公司对损失不予负责。

2. 运输货物损失的主要原因

1) 水渍损失

采用海洋运输方式时，货物经常会遇到水渍损失。造成水渍损失的原因有海水、淡水和舱汗3种。

（1）海水水渍损失

海水水渍损失往往是由于船舶遭遇海事而引起的，如恶劣气候使海水灌入船舱导致货物受损。对于这种情况，船长在海事报告或航行日志中都要加以记录，必要时可向船方索取这方面资料作为证明。有时货物遭受水渍，并不都有海水入舱记录，而在检验时发现有盐分，往往是因为海运货物受含有盐分空气的侵袭；或者是因为货物本质的反应，有些含有钠离子或氯离子（含盐质）的货物（如皮革绒毛等），都不属于保险责任。

（2）淡水水渍损失

淡水水渍损失可能是因为货物在装卸驳运时碰到雨淋、河水溅激，还可能因为船上淡水管破裂，淡水外溢等引起的，应按照承保险别确定责任。如果保了一切险，保险人都应负责。

（3）舱汗水渍损失

舱汗水渍损失往往是由于货物在海洋运输途中遭遇恶劣气候，关闭通风筒，致使舱内水汽凝结成汗珠影响货物引起的。一般来说，受损货物的外包装表面有汗潮迹象。在这种情况下，如果投保了一切险，保险人就应负责。

2) 偷窃及短少损失

包装货整件短少的原因主要有以下几种。

① 货物在运输途中发生共同海损而被抛弃。

② 货物在运输途中被人整件窃走。

③ 货物在装卸时整件坠落。

包装货出现包装内数量短少，如果外包装有打开过的迹象，如包装被挖破、箱板经重钉，一般是偷窃所致，还可能由于运输途中外包装自然破裂导致货物散失短缺。

散装货重量或数量短少，可能属于自然损耗，也可能是被偷窃，或是由于装卸时洒落所致。值得注意的是，如果同一船舱或车厢中有多个货主的同一种散货分运几个不同的港口，可能由于先卸货的货主多卸或者先卸的货物没有扣途耗，导致最后卸货时货物短量，这需要根据提单条款的规定，向前面的货主追索。

3) 碰损及破碎损失

造成碰损及破碎损失的原因主要有以下几种。

① 装卸不慎。由于装卸操作粗鲁或者未按操作规程作业。

② 运输工具颠震，如轮船、火车、汽车剧烈震动、颠簸。

③ 包装不妥。包装的材料不符合要求，如箱板过薄、内垫衬托材料不当，以及包装技术欠佳等。船方在装货时若发现包装明显不好，都要在提单上批注"包装不妥"字样，以免除责任。对于因包装不妥造成的损失，保险公司是不负责的。

④ 装载不妥。船方没有按习惯配载，如重货压在轻货上引起损失，对此船方是有责任的。

⑤ 海事引起。海洋运输中船舶在途中遭遇风浪，船身发生剧烈颠簸引起舱内货物碰击，这是自然灾害引起的，如果保了水渍险，保险人就应负责。

4) 钩损及沾污损失

用布、麻、化学纤维袋盛装或以上述材料捆装的货物易发生钩损。货物污染有的是在码头、甲板装卸时碰沾泥水等脏物造成的，有的是堆存在仓库、船舱内与其他物资接触碰脏的，情况不一。如果在装载配舱时违反习惯因而污染货物，属于船方装载不妥，应向船方追偿。

此外，货物在运输途中还可能遭受火灾损失、串味损失等，均需要根据实际情况确定损失原因。

13.4.3 责任审定

在确定了损失原因之后，理赔进入审定保险责任阶段。保险人应根据保险条款中的保险险别及保险期限等规定，确定损失是否属于保险责任。

1. 险别责任的审定

每一份保险单都明确规定所承保的险别，包括基本险和附加险，以及使用的保险条款。保险人应以保险条款为依据，确定损失是否属于保险责任。例如，运输货物按照我国《海洋运输货物保险条款》投保平安险，如果根据检验结果及被保险人提交的"海事声明书"，可确定因船舶在运输途中遇台风导致货物部分被水浸湿，据保险条款规定可知，货物因恶劣气候而致的部分损失不属于平安险的承保责任，所以保险人会拒赔。在附加险的责任审定时，保险人也会根据保险条款的内容掌握责任的界定。

2. 保险期限的审定

保险期限的审定主要是审查损失是否发生在保险有效期限内，这是审核赔付的重要环节。保险人在审定保险期限时，一般要注重以下几点。

1) 查看保险单中被保险人的名称

保险的有效与否是受保险利益制约的。同一张保险单，起运地相同，但如果保险单上被保险人的抬头不一样，保险有效期也会因之而异。例如，在海洋运输中，假如抬头为卖方，则保险责任从发货人仓库货物运离仓库时开始；如果抬头为买方，则保险责任要从货物越过船舷时开始。因为被保险人为卖方，货物在发货人仓库时，即具有保险利益；反之，被保险人为买方，则其保险利益要从货物的风险归其承担时才能开始。

2) 审查货物的损失是否发生在正常运输过程中

按照正常的航程、航线行驶并停靠港口、车站的属于正常运输，这是货运保险期限原本应该负责的范围。在审核赔付时，保险人要按照仓至仓条款的范围来掌握。非正常运输是指在运输过程中遇到一些特殊情况，没有按照正常的航程、航线行驶或停靠港口、车站。如货物在原目的港以外的某个港口卸下，发生运输合同中止、绕道、被迫卸货、重新装载、转载等情况，一般会增加保险人承担的风险。但是这些情况的发生，往往不是被保险人所能控制的，所以保险人应予负责。一般在保险条款中规定，若发生非正常运输情况，被保险人应及时通知保险人，并在必要时加缴保费。

3）注意保险单中的责任起讫地点

保险责任从货物运离保险单载明的起运地发货人仓库时开始生效。例如，货物搬离仓库放到停放在外面的卡车上，卡车失火，保险人应该负责。又如，在采用海洋运输时，有时货物在目的港卸下后，还需转运至内陆目的地，如果保险单中载明的目的地为港口所在地，则在内陆运输发生的损失不在保险期限内，保险人无须负责。

4）注意具体的期限限制

保险单中如果没有特别载明，海洋运输时货物在目的港卸离海轮满 60 天、陆上运输时货物运抵最后卸载的车站满 60 天、航空运输时货物在最后卸离地卸离飞机满 30 天，保险责任即终止。但是如果被保险人要求延长保险期限，保险人已在保险单中予以确认的，则应按保险单的规定办理。

3. 被保险人义务的审定

由于保险合同是最大诚信合同，所以被保险人应履行合同中规定的告知、保证义务，否则保险人可以拒赔甚至解除保险合同。

① 被保险人对保险标的及相关重要事实的告知必须是真实的，如果被保险人为了少付保险费或为了让保险人接受其投保申请等原因而故意隐瞒重要事实，保险人一旦获悉实情，即可解除保险合同，并且对发生的损失均不负责。

② 被保险人如果做了保证，则应自始至终遵守其所做的承诺，一旦违反合同中的保证条款，保险人即有权解除保险合同，但对保险人在违反保证之前发生的保险事故损失，保险人应予以负责。

③ 如果在合同有效期间，保险货物的危险程度增加，被保险人应及时通知保险人。

④ 保险人还应审定被保险人在事故发生后是否尽力采取措施防止损失扩大，否则，保险人对扩大的损失部分有权拒赔。

如果涉及第三者责任，保险人还要审定被保险人是否及时向第三者责任方进行追偿，获取有关证明，有效地维护保险人代位追偿权的行使。如果被保险人放弃向第三者责任方要求赔偿的权利，或因被保险人的过错而使保险人丧失代位追偿权，保险人可以扣减保险赔款，甚至拒付赔款。

13.4.4 赔偿金额的计算

保险货物发生事故后，如果确定损失属于保险责任，保险人应当及时向被保险人进行经济补偿。我国保险法明确规定，保险人收到赔偿请求后，应当及时核定，如属保险责任，应在与被保险人达成保险赔偿协议后 10 日内，支付保险赔款，否则保险人应当赔偿被保险人因此受到的损失。如果案情较复杂，保险人自收到赔偿请求及有关资料 60 天内不能确定赔偿金额的，应当根据已有证明和资料可以确定的最低数额先予支付，等到最终确定赔款金额后，再支付相应的差额。

1. 货物损失的赔付

国际货运保险一般采用定值保险方式，一旦发生损失，保险人以保险金额为限，计算保险赔款。

1）全部损失

如果货物发生实际全损或推定全损时，被保险人进行委付，保险人也接受委付，只要保险金额不超过约定的保险价值,保险人应按保险金额给予全额赔偿,而不管损失当时货物的完好市价是多少。如果货物尚有残值,则归保险人所有。

2)部分损失

如果货物因保险事故遭受部分损失,则必须按损失的程度或数量确定损失比例,然后计算保险赔款。

(1)数量/重量短少

其计算公式为:

$$保险赔款 = 保险金额 \times \frac{损失数量或重量}{保险货物总数量或重量}$$

[例13-4] 出口棉纱10包,每包400千克,已按照我国《海洋运输货物保险条款》投保海运一切险,保险金额人民币10 000元,运至目的地卸货时发现数袋短少,共计短缺1 400千克,试计算保险赔款。

解:

$$保险赔款 = 10\ 000 \times \frac{1\ 400}{400 \times 10} = 3\ 500(元)$$

(2)质量损失

其计算公式为:

$$保险赔款 = 保险金额 \times \frac{货物完好价值 - 货物受损后价值}{货物完好价值}$$

货物完好价值和货物受损后价值一般以货物运抵目的地检验时的市场价格为准。如受损货物在中途处理不再运往目的地,则可以处理地的市场价格为准。处理地或目的地的市场价格一般是指当地的批发价格。

[例13-5] 某公司出口丝绸一批,按照我国《海洋运输货物保险条款》投保海运一切险,保险金额人民币10 000元,在运输途中遭风浪袭击,丝绸被水浸湿,于是在途中降价出售,得货款7 500元,该批货物目的地的完好价值为人民币15 000元。试计算保险赔款。

解:

$$保险赔款 = 10\ 000 \times \frac{15\ 000 - 7\ 500}{15\ 000} = 5\ 000(元)$$

需要注意的是,货物完好价值和货物受损后价值必须是同一地点的市场价格,否则因为货物在世界各地的市场价格并不一定相同,会导致两者之间缺乏可比性。在实际业务中,如果难以确定当地市场价格,经协议也可按发票价值计算,计算公式为:

$$保险赔款 = 保险金额 \times \frac{按发票价值计算的损失额}{发票金额}$$

[例13-6] 某公司出口的确良100匹,发票金额人民币100 000元,保险金额人民币120 000元,损失10匹,按发票计算损失金额为人民币10 000元。试计算保险赔款。

解:

$$保险赔款 = 120\ 000 \times \frac{10\ 000}{100\ 000} = 12\ 000(元)$$

(3)规定有免赔率的货物损失

对于易损、易耗货物的保险，保险公司往往规定有免赔率。免赔率是指保险人对某项保险标的规定一定限度内的损失免除赔偿责任的比率。免赔率的高低由各保险公司根据商品种类的不同而定，我国保险公司采用的是绝对免赔率，即无论货物损失程度如何，对于免赔额度内的损失，保险公司均不予负责。

[例13-7] 某公司出口散装黄豆一批，共500公吨，从广州运往西雅图，按我国《海洋运输货物保险条款》投保海运一切险，保险金额为50万美元，保险合同规定短量免赔率为2%。到目的地经检验发现黄豆短卸10公吨。保险公司应如何赔付？

解：

$$受损率 = \frac{10}{500} \times 100\% = 2\%$$

因为货物的受损率等于保险合同规定的免赔率，所以保险公司无须赔偿。

(4) 修复时的赔偿

如果保险货物遭遇损失后，需要进行修复以维持原状，此时对合理的修理恢复费用，保险人一般在保险金额内予以赔偿。鉴于国外市价高于出口货价，而人工劳务费也比较昂贵，因此，修理费用比较高。对此，一般不能按国内情况衡量。例如，出口芬兰钢琴一架，按我国《海洋运输货物保险条款》投保海运一切险，保险金额为2 000欧元，运至目的地时发现钢琴琴键、琴盖破损，在当地修理费支出达1 200欧元。保险人经审查，认为这一修理费合理，即应赔付1 200欧元。

3) 共同海损

如果发生共同海损，无论投保何种险别，保险人对共同海损的牺牲和费用都负责赔偿。

对保险货物的共同海损的牺牲，由保险人先按实际损失予以赔付，然后参与共同海损的分摊，摊回部分归保险人所有。被保险人可以提前得到保险赔偿，而且不受共同海损分摊价值的影响。

如果保险货物本身没有发生共同海损牺牲，但需要承担共同海损费用或其他地方的共同海损牺牲的分摊，一般先由保险人出具共同海损担保函，待分摊完毕后，保险人对分摊金额予以赔付。由于共同海损分摊价值和保险金额不一定相等，所以保险人的赔偿金额有所调整。我国海商法规定，保险金额低于共同海损分摊价值的，保险人按照保险金额和共同海损分摊价值的比例赔偿共同海损分摊。

4) 连续损失

连续损失是指保险货物在保险期限内发生几次保险事故造成的损失。我国海商法规定，保险标的在保险期限内发生几次保险事故所造成的损失，即使损失金额的总和超过保险金额，保险人也应当赔偿。但是对发生部分损失后未经修复又发生全部损失的，保险人按照全部损失赔偿。

2. 费用的赔付

一旦发生保险事故，除了货物的损失，往往还需支付各项费用，以避免损失扩大，或用来处理损余物，或继续完成航程，或用来对货物进行检验。这些费用包括施救费用、救助费用、续运费用、检验费用、出售费用及理算费用等。

对于上述费用的支出，保险人赔付的原则是，如果货物损失属于保险责任，则对费用的支出予以赔付，否则保险人可以拒赔。我国海商法规定，被保险人为防止或减少根据保险合同可以得到赔偿的损失而支出的必要的合理费用，为确定保险事故的性质、程度而支出的检验、估计的合理费用，以及为执行保险人的特别通知而支出的费用，应当由保险人在保险标的损失赔偿之外另行支付。保险人对于上述费用的支付，以相当于保险金额的数额为限。

对救助费用的赔偿，当救助费用可作为共同海损费用向保险人索赔时，如前所述，适用于我国海商法的规定，由保险人赔偿其分摊额，保险金额低于共同海损分摊价值的，保险人按照保险金额和共同海损分摊价值的比例赔偿共同海损分摊。在其他情况下，根据《海洋货物运输保险条款》的规定，保险人应对救助费用予以赔偿，但救助费用的赔偿和保险货物本身的损失赔偿之和不能超过保险金额。

续运费用是指船舶遭遇海难后，在中途港、避难港由于卸货、存仓及运送货物产生的费用。各国保险条款均将这部分费用列入承保责任，由保险人负责赔偿。

出售费用则应作为货物损失的一部分，如果被保险人在对受损货物进行处理时支付了出售费用，一般只要在保险金额限度内，均可加入损失之内，由保险人补偿。出售费用和保险货物本身的损失赔偿之和不能超过保险金额。其计算公式为：

$$保险赔款 = 保险金额 \times \frac{货物损失的价值 + 出售费用}{货物完好价值}$$

13.4.5 赔偿后事宜

根据我国保险法的规定，保险事故发生后，保险人已支付了全部保险金额，并且保险金额等于保险价值的，受损标的的全部权利归于保险人；保险金额低于保险价值的，保险人按照保险金额与保险价值的比例取得受损标的的部分权利。除了保险标的物质形态完全灭失外，若受损标的仍有残值，则在实际处理赔案中，通常将残余物资估价，冲减赔款数额，然后将损余物的所有权交给被保险人，必要时损余物也可归保险公司处理。保险人处理损余物时一般坚持物尽其用的原则。

此外，根据保险的补偿原则，我国保险法对代位追偿也做了规定，因第三者对保险标的的损害而造成保险事故的，保险人自向被保险人赔偿保险金之日起，在赔偿金额范围内，代位行使被保险人对第三者请求赔偿的权利。在国际货运保险中，通常表现为保险人代被保险人向承运人、船东、港务局和车站等第三者请求赔偿。

本章总结

重点词汇

保险金额　索赔　理赔

案例一

某年 2 月，中国某纺织进出口公司与大连某海运公司签订了运输 1 000 件丝绸衬衫到马赛的协议。合同签订后，该进出口公司又向保险公司就该批货物的运输投保了平安险。2 月

20日,该批货物装船完毕后起航。2月25日,装载该批货物的轮船在海上突遇罕见大风暴,船体严重受损,于2月26日沉没。3月20日,该进出口公司向保险公司就该批货物索赔,保险公司以该批货物由自然灾害造成损失为由拒绝赔偿。于是,该进出口公司向法院起诉,要求保险公司偿付保险金。

问题: 本案中,保险公司是否应负赔偿责任?

案例解析:

保险公司应负赔偿责任。根据《海洋运输货物保险条款》的规定,海洋运输货物保险的险别分为基本险和附加险两大类。基本险是可以单独投保的险种,主要承保海上风险造成的货物损失,包括平安险、水渍险与一般险。平安险对由于自然灾害造成的部分损失一般不予负责,除非运输途中曾发生搁浅、触礁、沉没及焚毁等意外事故。平安险虽然对自然灾害造成的部分损失不负赔偿责任,但对自然灾害造成的全部损失应负赔偿责任。本案中,该进出口公司投保的是平安险,而所保的货物在轮船因风暴沉没时全部灭失,发生了实际全损,所以保险公司应负赔偿责任,其提出的理由是不能成立的。

案例二

有一份 CIF 合同,卖方投保了一切险,自法国内陆仓库起,直到美国纽约的买方仓库为止。合同中规定,投保金额是"按发票金额点值另加10%"。卖方在货物装船后,已凭提单、保险单、发票、品质检验证书等单证向买方银行收取了货款。后来,货物在运到纽约港前遇险而全部损失。当买方凭保险单要求保值的10%部分时,卖方认为这部分应该属于他,要求保险公司支付。

问题: 卖方有无权利要求保险公司支付发票总值10%的这部分金额?为什么?

案例解析:

根据本案情况,卖方无权要求这部分赔款,保险公司只能将全部损失赔偿支付给买方。

① 在国际货运保险中,投保加成是一种习惯做法。保险公司允许投保人按发票总值加成投保,习惯上是加成10%。当然,加成多少应由投保人与保险公司协商约定,不限于10%。

② 在 CIF 合同中,虽然由卖方向保险公司投保,负责支付保险费并领取保险单,但在卖方提供符合合同规定的单据(包括提单、保险单、发单等)换取买方支付货款时,这些单据包括保险单已合法、有效地转让给买方。买方作为保险单的合法受让人和持有人,也就享有根据保险单所产生的全部利益。包括超出发票总值的保险价值的各项权益都应属买方所有。因此,在本案中,保险公司有权拒绝向卖方赔付任何金额,也有义务向买方赔付包括加成在内的全部保险金额。

案例三

1月31日,我国 A 公司与泰国 B 公司签订了一份化工原料进口合同,合同约定货物买卖数量为10 000吨,单价为 CFR 中国上海港200美元/吨,支付方式为100%不可撤销即期信用证。合同第11条"桶装要求"中约定,到达目的地的破桶率不得超过0.5%,桶壁厚度必须大于0.85毫米。

8月7日,承运人在泰国曼谷签发清洁已装船不可转让的记名提单,提单上载明发货人为 B 公司，收货人为某银行，通知人为 A 公司，装货港为泰国曼谷港，卸货港为中国上海港。

8 月 1 日，A 公司向某保险公司投保该批货物的货运险，保险公司出具保单，被保险人为 A 公司，承保条件为《海洋运输货物保险条款》的一切险，保险金额为 220 万美元。8 月 15 日，货物抵达上海港，A 公司发现货物受损严重。随后，A 公司与保险人分别委托商检公司和检验检疫局进行残损检验。商检公司认为货损是由于包装桶不适合长途运输引起的；检验检疫局出具的检验报告也认定本案中灌装化工原料的桶身厚度只有 0.6 毫米，不符合国际贸易合同的要求。

次年 1 月 14 日，被保险人 A 公司正式向保险人发出书面索赔函，认为货损属于保险责任，保险公司应向其赔付保险金。而保险公司则认为，本案中记名提单项下的收货人为某银行，且记名提单不可转让，而提单是物权凭证，因此该批货物属于某银行所有，A 公司不具有保险利益，无索赔权；而且，货损原因属于保单除外责任，因此保险人不应承担保险责任。

问题： 保险公司的抗辩理由是否成立？为什么？

案例解析：

① 关于 A 公司是否具有保险利益的问题。根据保险利益的定义可知，判断被保险人是否具有保险利益的标准是其"是否会因为保险标的物的损毁而可能受到经济损失"。本案中，该批货物采取了 CFR 价格术语，货物毁损灭失风险在装运港越过船舷时由卖方转移给了买方 A 公司。此后，A 公司由于承担了货物毁损灭失的风险，有可能因该批货物的损毁而遭到经济损失。因此，作为风险承担者的 A 公司对该批货物具有保险利益，具有索赔权。而本案中的银行虽然是该批货物的所有权人，但根据信用证的业务特点，其并不需要承担货物毁损灭失的风险，因为一旦银行全额兑付了信用证，则无论货物是否毁损灭失，A 公司都有义务向银行支付全额的货款，所以银行对此货物并无保险利益。

② 货损发生原因是否属于除外责任。根据《海洋运输货物保险条款》中"除外责任"的规定，属于发货人责任所引起的损失不属于保险人的责任。本案中，在事故发生后，A 公司与保险人分别委托商检公司和检验检疫局进行残损检验。商检公司的检验报告认为货损是由于包装桶不适合长途运输引起的；检验检疫局出具的检验报告认为灌装化工原料的桶身厚度只有 0.6 毫米，不符合贸易合同的要求。上述两个报告均认定包装桶存在严重缺陷，此缺陷明显属于发货人的责任，根据保险条款的规定，属于发货人责任所引起的损失不属于保险人的责任，因此保险人无须对此损失赔偿。

案例四

5 月 31 日，我国某保险公司承保了一批自韩国进口的钢带，共计 238 卷，自韩国仁川运往中国上海，险别为我国海洋运输一切险，保险金额为 771 479.17 美元，被保险人为上海某进出口公司，由天津某航运公司的 J 轮承运。

6 月 4 日，在航行途中，J 轮与韩国 U 轮在韩国水域发生碰撞，造成 J 轮 2 号舱二层柜中部破口，大量海水涌入，致使堆放于该舱底部的 227 件钢带被淹受损。

6 月 9 日，在 J 轮修复离港前，根据保险公司的请求，上海海事法院对 J 轮实施了证据保全。经调查，初步认定本次事故的主要原因是 J 轮与韩国 U 轮在船舶驾驶过程中均存过失。

6月10日，被保险人向保险公司提出索赔。6月18日，J轮经临时修理后抵达上海军工港码头卸货，保险公司根据我国《海洋运输货物保险条款》的规定认为此次货损属于保险事故责任，而且存在追偿的可能性，于是聘请律师提前介入案件的处理工作。

8月28日，保险公司与货主达成协议，赔付人民币3 246 281.4元，同时，取得权益转让书。

11月4日，保险公司获知与J轮碰撞的韩国U轮正在辽宁某码头装货，即申请将其扣留，从而获得了中国再保险公司代替U轮所在保险公司出具的总额为40万美元的担保函，在担保函中明确约定由大连海事法院对本案实施管辖权。保险公司还通过证据保全措施获得了航海日志等多项文件资料，为最终认定U轮在碰撞事故中的责任提供了证据支持。

11月30日，保险公司正式向大连海事法院提出追偿诉讼，要求U轮船东根据其在碰撞事故中的责任，赔偿保险公司的损失。最终，双方达成民事调解，U轮向保险公司赔偿损失218 625.78美元，本案追偿获得成功。

问题： 根据本章所学知识，对案例进行分析。

案例解析：

这是一起典型的因为船舶碰撞导致的货物运输险保险人赔偿货损并向责任方追偿的案件。

首先，由于本案事实明确，责任清楚，保险人在合理时间内作出货损赔偿，履行了货运保险合同的义务，同时取得了代位追偿的权利。

其次，在碰撞事故中，J轮船东因为享有承运人船舶驾驶过失的免责权利，因此对该货损事故无须赔偿，而韩国U轮船东则不能享有承运人免责的权利，货方保险人应以侵权为由向韩国U轮船东追偿。

最后，保险人在追偿过程中，通过采用在我国港口扣船的方式建立了管辖权，同时取得了担保函，为成功追偿打下了重要的基础。

案例五

某年8月21日，我国北方某地辉煌有限责任公司向英国BTG有限责任公司提出建议：愿以每台700英镑的价格按照CIF大连购买笔记本电脑500台。8月22日，BTG有限责任公司接到辉煌有限责任公司的发盘后，立即电告接受这一报价。8月31日，BTG有限责任公司将500台笔记本电脑交给英国FARRY运输公司装船运输。FARRY运输公司发现其中有80台笔记本电脑包装破损，准备签发不清洁提单。但BTG有限责任公司为从FARRY运输公司处拿到清洁提单，以便结汇，于是向FARRY运输公司出具了承担赔偿责任的保函。承运人FARRY运输公司遂给BTG有限责任公司签发了清洁提单。BTG有限责任公司持清洁提单顺利结汇。辉煌有限责任公司于11月1日收到货物，发现80台笔记本电脑有严重质量问题，于是向承运人FARRY运输公司索赔。

问题：

① 承运人FARRY运输公司应否承担责任？

② 如果辉煌有限责任公司向BTG有限责任公司索赔，能否成立？

案例解析：

该案主要涉及海运提单的性质和作用等法律问题。本案中，FARRY 运输公司的船舶大副为避免承担责任，欲在提单上批注开出不清洁提单，以对抗收货人可能提出的索赔，这是承运人的正当权利。而 BTG 有限责任公司向 FARRY 运输公司出具保函换取清洁提单，并非为了隐瞒货物本身的缺陷，而是为了避免货物发生质量问题。FARRY 运输公司接收 BTG 有限责任公司的保函而签发清洁提单，也无欺诈收货人的意图。也就是说，为了解决由于货物包装产生的争议，承托双方均出于善意，不具有对第三人欺诈的故意。因此，可以认定双方之间的保函具有效力，应将保函视为托运人与承运人之间达成的一项保证赔偿协议，对承托双方具有法律约束力。承运人因保函事项遭受的经济损失，应通过保函从托运人处得到补偿，托运人也应当履行保函中约定的义务。当然，收货人发现 80 台笔记本电脑有严重质量问题确实是因为发货人的责任，因此辉煌有限责任公司向 BTG 有限责任公司的索赔是成立的。

案例六

国内某公司向银行申请开立信用证，以 CIF 术语向法国采购奶酪 3 公吨，价值 3 万美元，提单已经收到，但货轮到达目的港后却无货可提。经查，该轮在航行中因遇暴风雨袭击，奶酪被水浸泡，船方将其弃于海中。于是该公司凭保险单向保险公司索赔，保险公司拒赔。

问题：保险公司能否拒赔？

案例解析：

不一定。如果法国方面保的是一切险或者加保了淡水雨淋险，那么可以向保险公司索赔。如果保的只是最低险别，保险公司可以拒赔。

案例七

我国某外贸公司向日、英两国商人分别以 CIF 和 CFR 价格出售蘑菇罐头，有关被保险人均办理了保险手续。这两批货物自起运地仓库运往装运港的途中均遭受损失。

问题：这两笔交易中各由谁办理货运保险手续？该货物损失的风险与责任各由谁承担？保险公司是否应给予赔偿？试简述理由。

案例解析：

与日本商人的交易，由卖方办理货运保险手续；与英国商人的交易，由买方办理货运保险手续。在这两笔交易中，货物损失的风险与责任均由卖方承担。

对于"与日本商人的交易"，保险公司应对货损给予赔偿，因此 CIF 条件下由卖方投保，保险合同在货物起运地起运后生效。

对于"与英国商人的交易"，保险公司不应对货损给予赔偿，因此 FOB、CFR 术语下由买方投保，保险合同在货物越过船舷后生效。

案例八

中国某外贸公司以 FOB 价格术语出口棉纱 2 000 包，每包净重 200 千克。装船时已经双方认可的检验机构检验，货物符合合同规定的品质条件。该外贸公司装船后因疏忽未及时通知买方,直至 3 天后才给予装船通知。但在起航 18 小时后,船只遇风浪致使棉纱全部浸湿,买方因接到装船通知晚,未能及时办理保险手续,无法向保险公司索赔。买方要求卖方赔偿损失,卖方拒绝,双方发生争议。

问题:在该合同中,货物风险是否已转移给买方?应该如何处理?

案例解析:

根据国际商会的解释,FOB 合同中风险转移的原则是:一般情况下,货物在装运港越过船舷后,风险即由买方承担;但如果卖方未及时履行发出装船通知这一义务,则货物越过船舷后的风险仍由卖方承担。在本案的 FOB 合同中,卖方虽已完成货物装船义务,使货物越过船舷,但由于疏忽没有及时将装船情况通知买方,耽误了买方投保。因此,风险未发生转移,仍由卖方承担,即应由卖方承担赔偿货物损失的全部责任。

案例九

上海某造纸厂以 CIF 术语向非洲出口一批纸张,因上海与非洲的湿度不同,货到目的地后因水分过度蒸发而使纸张无法使用。

问题:买方能否向卖方索赔?为什么?

案例解析:

买方不能向卖方索赔。虽然 CIF 术语表明由卖方承担保险费,但是风险划分依然以船舷为界,因此风险由买方承担。再者,卖方承担保险费一般只投保最低险别,除非买方要求加保附加险(受潮受热险)。

案例十

某货代公司接受货主委托,安排一批茶叶海运出口。货代公司在提取了船公司提供的集装箱并装箱后,将整箱货交给船公司。同时,货主自行办理了货运保险。收货人在目的港拆箱提货时发现集装箱内异味浓重,经查明,该集装箱前一航次所载货物为精茶,致使茶叶受精茶污染。

问题:

① 收货人可以向谁索赔?为什么?

② 最终应由谁对茶叶受污染事故承担赔偿责任?

案例解析:

① 收货人可向保险人或承运人索赔。根据保险合同,在保险人承保期间和责任范围内,保险人应承担赔付责任;根据运输合同,承运人应提供"适载"的 COC(carriers own container,船公司箱),由于 COC 存在问题,承运人应承担赔偿责任。

② 由于承运人没有提供"适载"的 COC,而货代公司在提空箱时没有履行其义务,即检查箱子的义务,并且在目的港拆箱时异味还很浓重,因此承运人和货代公司应按各自过失比例承担赔偿责任。

案例十一

某出口公司按 CIF 术语成交一批货物,向保险公司投保了水渍险。货物在转船过程中遇到大雨。货到目的港后,收货人发现货物有明显的雨水浸渍,损失达 70%,向卖方和保险公司提出索赔。

问题：卖方和保险公司能接受索赔吗？

案例解析：

不能接受。货物被雨水浸湿属淡水雨淋险范围，保险公司和卖方对货损均不负责任，由买方承担损失。

综合练习题一

一、填空题

1. 按照海洋运输船舶经营方式的不同，可分为（　　）运输和（　　）运输。
2. 租船运输方式包括（　　）、（　　）及光船租船。
3. 国际贸易中的铁路运输可分为（　　）和（　　）两种。
4. 国际航空运输的主要方式有（　　）、（　　）和（　　）。
5. 为了统一提单背面条款的内容，国际上曾先后签署了有关提单的国际公约，即（　　）和（　　）。
6. 大宗货物一般都采用（　　）运输。
7. 国际邮包运输具有（　　）和（　　）运输的性质。
8. 提单收货人栏内填写"To Order"或"To Order of ×××Bank"时，两者均属于（　　）提单，但前者须由（　　）背书后才能转让，而后者须由（　　）背书后才能转让。

二、判断题

1. 航空运输比海洋运输计算运费的起点低。（　　）
2. 定程租船下，船方不负担装卸费和理舱与平舱费。（　　）
3. 按惯例，速遣费通常为滞期费的一半。（　　）
4. 凡装在同一航次，同一条船上的货物，即使装运时间和装运地点不同，也不作分批装运。（　　）
5. 记名提单和指示提单同样可以背书转让。（　　）
6. 国际铁路货运联运的提单副本，可以作为发货人据以结算货款的凭证。（　　）
7. 装运期就是交货期。（　　）
8. 清洁提单是指不载有任何批注的提单。（　　）
9. 航空运单可作为货物所有权凭证进行转让和抵押。（　　）
10. 记名提单比不记名提单风险大，故很少使用。（　　）

三、选择题

1. 在定程租船方式下，装卸费采用的办法是（　　）。
   A. 船方不负担装卸费
   B. 船方负担装卸费
   C. 船方负担装货费，而不负担卸货费
   D. 船方只负担卸货费，而不负担装货费
2. 在规定装卸时间的办法中，使用最普遍的是（　　）。
   A. 日或连续日　　　　　　　　　B. 累计24小时好天气工作日
   C. 连续24小时好天气工作日　　　D. 24小时好天气工作日
3. 我国内地经由铁路供应港澳地区的货物，交银行收汇的运输凭证是（　　）。
   A. 国际铁路联运单　　　　　　　B. 国内铁路联运单

C. 承运货物收据　　　　　　　　　D. 国际多式联运单

4. 为了统一提单背面条款的内容，不属于国际上先后签署的国际公约有（　　）。
A. 海牙规则　　　　　　　　　　　B. 维斯比规则
C. 汉堡规则　　　　　　　　　　　D. 国际商会 500 号出版物

5. 下列表示"装船提单"的日期（　　）。
A. 货于 5 月 24 日送交船公司　　　B. 货于 6 月 4 日开始装船
C. 货于 6 月 4 日全部装完　　　　　D. 货于 6 月 24 日抵达日本

6. 航空运输的运费收取标准为（　　）。
A. 按 M 收取　　　　　　　　　　B. 按 W 收取
C. 按 W/M 收取　　　　　　　　　D. 按 W/M or A.V. 收取

四、简答题

1. 国际多式联运应具备哪些条件？
2. 班轮运费的计算标准有哪几种？
3. 国际贸易合同中的装运条款包括哪些内容？装运时间如何规定？
4. 简述集装箱运输的优点。
5. 什么是"空白抬头、空白背书"提单？

五、案例分析

1. 某农产品进出口公司向国外某贸易公司出口一批花生仁，国外客户在合同规定的开证时间内开来一份不可撤销信用证，证中的装运条款规定：Shipment from Chinese port to Singapore in May, partial shipment prohibited。农产品进出口公司按证中规定，于 5 月 15 日将 200 公吨花生仁在福州港装上"嘉陵"号轮，又由同轮在厦门港续装 300 公吨花生仁，5 月 20 日农产品进出口公司同时取得了福州港和厦门港签发的两套提单。农产品公司在信用证有效期内到银行交单议付，却遭到银行以单证不符为由拒付货物。

问题：银行的拒付是否合理？为什么？

2. 某公司与美国某客商以 FOB 术语出口大枣 5 000 箱，5 月份装运，合同和信用证均规定不允许分批装运。我方于 5 月 10 日将 3 000 箱货物装上"喜庆"号轮，取得 5 月 10 日的海运提单；又于 5 月 15 日将 2 000 箱装上"飞雁"号轮，取得 5 月 15 日的海运提单，两轮的货物在新加坡转船，均由"顺风"号轮运往旧金山港。

问题：该公司的做法是否合适？将导致什么结果？为什么？

六、操作题

我国深圳东方进出口公司向英国 ABC 公司出口玩具 6 000 件，每件 6.5 美元 CFR 伦敦，玩具 12 件装一纸箱，每箱毛重 5.5 千克，箱的尺寸为 20 厘米×30 厘米×30 厘米，唛头为：ABC/LONDON/NOS：500。

货物于 2003 年 9 月 28 日在深圳盐田港装"大同"轮运往英国伦敦。请根据上述条件填制一份"清洁、已装船、空白抬头"提单，要求通知买方并注明"运费已付"。

提单
Bill of Lading

Direct or with Transhipment

托运人
Shipper（1）_____

收货人
Consignee（2）_____

通知
Notify（3）_____

船名　　　　　航次 315　　装货单号 866　　提单号 678
Vessel（4）_____ Voy. 315　　S/O 866　　B/L No. 678

装船港：　　　　　　　　　　　卸货港：
Port of Loading 中国深圳盐田港　 Port of Discharge 英国伦敦

Freight payable at 运费在中国大连支付

标志和号数 Marks and Numbers	件数 No. of Packages	货名 Description of Goods	毛重 Gross Weight	尺码 Measurement
（5）	（6）	玩具	（7）	（8）
合计件数（大写） Total Packages（in words）				

运费和其他费用
Freight and Charges（9）

签单日期　　　　　　　　在
Date（10）_____ at 深圳

船长：

答案

一、填空题

1. 班轮　租船
2. 定程租船　定期租船
3. 国际铁路货物联运　国内铁路货物运输
4. 班机运输　包机运输　集中托运
5. 海牙规则　汉堡规则
6. 租船
7. 国际多式联运　门到门
8. 指示　发货人　×××银行

二、判断题

1. √ 2. × 3. √ 4. √ 5. × 6. × 7. × 8. × 9. × 10. ×

三、选择题

1. A 2. C 3. C 4. D 5. C 6. C

四、简答题

1.
（1）必须要有一份国际多式联运合同。
（2）必须用一份全程国际多式联运单据。
（3）必须是至少两种不同运输方式组成的连贯运输。
（4）必须是国际的货物运输。
（5）必须由一个国际多式联运经营人对全程运输负总的责任。

2.
（1）按货物毛重计收运费，在运价表中用"W"表示。
（2）按货物的体积计收运费，在运价表中用"M"表示。
（3）按毛重或体积计收运费，由船公司选择其中收费较高的作为计费吨，在运价表中用"W/M"表示。
（4）按商品价格计收运费，在运价表中用"AV"或"ad. Val"表示。
（5）在货物重量、尺码或价值三者中选择最高的一种计收运费，在运价表中用"W/M or ad. Val"表示。
（6）在货物重量或尺码中选择较高者，再加上从价运费计收运费，在运价表中用"W/M Plus ad. Val"表示。
（7）按每件货物作为一个计费单位计收运费。
（8）临时议定价格，即由货主和船公司临时协商议定。

3. 装运条款包括装运时间、装运港和目的港，分批装运和中途转运，装船通知，滞期、速遣条款其他装运条款。

装运时间的规定方法有：规定明确、具体的装运时间；规定收到信用证后若干天装运；规定近期装运术语。

4.
（1）有利于提高装卸效率和加速船舶的周转。
（2）有利于提高运输质量和减少货损、货差。
（3）有利于减少各项费用和降低货运成本。
（4）有利于简化货运手续和便利货物运输。
（5）把传统的单一运输串联成连贯的成组运输，从而促进了国际多式联运的发展。

5. "空白抬头、空白背书"提单是指提单上的收货人栏内填写"凭指定"或"凭某某人指定"的字样，背书人（提单转让人）在提单背面签名，而不注明被背书人（提单受让人名称）。

五、案例分析

1. 银行的拒付是无理的。信用证中的装运条款规定"Shipment from Chinese port to Singapore in May, partial shipment prohibited"，即规定不允许分批装运。而农产品进出口公司

的500公吨货物分别在福州和厦门装运,且同为"嘉陵"号。根据 UCP 600 的规定,表明使用同一运输工具并经由同次航程运输的数套运输单据在同一次提交时,只要显示相同目的地,将不视为部分发运,即使运输单据上表明的发运日期不同或装货港、接管地或发运地点不同。由此可见,本案中农产品进出口公司的做法不属于分批装运,所以,银行拒绝付款无理。

2. 该公司的做法不合适,将导致银行拒付的结果。根据 UCP 600 的规定,表明使用同一运输工具并经由同次航程运输的数套运输单据在同一次提交时,只要显示相同目的地,将不视为部分发运,即使运输单据上表明的发运日期不同或装货港、接管地或发运地点不同。本案中,来证规定不允许分批装运,而该公司于5月10日将3 000箱货物装上"喜庆"号轮,取得5月10日的海运提单,又于5月15日将2 000箱装上"飞雁"号轮,取得5月15日的海运提单,尽管两轮的货物在新加坡转船,均由"顺风"号轮运往旧金山港,但向银行提交的是分别由不同名货轮在不同时间装运的两套单据。这将无法掩盖分批装运这一事实。所以,银行可以单证不符为由,拒付货款。

六、操作题

(1) 深圳东方进出口公司
(2) To Order
(3) 英国 ABC 公司
(4) "大同"
(5) ABC/LONDON/NOS:500
(6) 500 箱玩具
合计:伍佰箱整
(7) 27 500 千克
(8) 90 立方米
(9) 运费已付
(10) 2003 年 9 月 28 日

综合练习题二

一、单项选择题

1. 交易一方认为对方未能全部或部分履行合同规定责任与义务而引起的纠纷是（　　）。
   A. 争议　　　　　B. 违约　　　　　C. 索赔　　　　　D. 理赔

2. 双方当事人在合同中明确规定"货物运抵目的港后30天内索赔"。这种索赔期限是（　　）。
   A. 法定索赔期限　　　　　　　　　B. 约定索赔期限
   C. 固定索赔期限　　　　　　　　　D. 变动索赔期限

3. 在合同中对卖方较为有利的索赔期限可规定为（　　）。
   A. 货物运抵目的港（地）后××天内
   B. 货物运抵目的港（地）后卸离海轮后××天
   C. 货物运抵最终目的地后××天内
   D. 货物装上船后××天内

4. 我国法律规定，合同中的违约金过高或过低时（　　）。
   A. 可酌情调高　　B. 可酌情调低　　C. 可酌情调整　　D. 为无效

5. 英美法认为是无效的，不可强制执行的违约金是（　　）。
   A. 预约赔偿金　　B. 罚金　　　C. 赔偿性违约金　　D. 惩罚性违约金

6. 《联合国国际货物销售合同公约》规定的索赔期限为买方实际收到货物后（　　）。
   A. 半年内　　　　B. 一年内　　　C. 一年半内　　　D. 两年内

7. 不可抗力免除了遭受意外事故的一方当事人（　　）。
   A. 履行合同的责任　　　　　　　　B. 对损害赔偿的责任
   C. 交付货物的责任　　　　　　　　D. 支付货款的责任

8. 采用"情势变迁"的概念来概括非当事人能控制的意外事故，这是（　　）。
   A. 美国的通常做法　　　　　　　　B. 英国的通常做法
   C. 法国的通常做法　　　　　　　　D. 德国的通常做法

9. 在我国涉外经济合同法规中，将非当事人所能控制的意外事故导致其不能履行合同义务的情形定义为（　　）。
   A. 履行不能　　B. 合同落空　　C. 不可抗力　　D. 情势变迁

10. 在解释上易产生分歧的不可抗力事故是（　　）。
    A. 社会力量事故　　　　　　　　B. 政府的行动
    C. 社会异常事故　　　　　　　　D. 商业风险事故

11. 诉讼与仲裁的相同点是（　　）。
    A. 二者审理案件的机构性质相同　　　B. 二者审理制度相同
    C. 二者均是按照一定程序进行审理　　D. 二者审理的依据相同

12. 以仲裁方式解决交易双方争议的必要条件是（　　）。
   A. 交易双方当事人订有仲裁协议　　B. 交易双方当事人订有合同
   C. 交易双方当事人订有意向书　　　D. 交易双方当事人订有交易协议
13. 中国国际经济贸易仲裁委员会是我国的（　　）。
   A. 官方性常设仲裁机构　　　　　　B. 民间性常设仲裁机构
   C. 官方性临时仲裁机构　　　　　　D. 民间性临时仲裁机构
14. 国际商会国际仲裁院设在（　　）。
   A. 德国　　　　B. 英国　　　　C. 法国　　　　D. 意大利
15. 国际商会下属的国际性常设仲裁机构是（　　）。
   A. 斯德哥尔摩商会仲裁院　　　　　B. 苏黎世商会仲裁院
   C. 美国仲裁协会　　　　　　　　　D. 国际商会国际仲裁院
16. 多数国家都认定仲裁裁决是（　　）。
   A. 终局性的　　B. 可更改的　　C. 无约束力的　　D. 不确定的

二、判断题

1. 索赔和理赔是两种不同的事情。（　　）
2. 遭受损害的一方向违约方要求赔偿，这是理赔。（　　）
3. 受害人在向违约方索赔时，必须符合保险合同和有关国家法律的规定。（　　）
4. 各国的法律对违约的解释不同。（　　）
5. 合同一经成立，违约金条款就发生实效。（　　）
6. 如果买方在规定的索赔期内做不出最终结论，可以在原定索赔期限内通知卖方，要求延展该期限。（　　）
7. 不可抗力事故必须在订立合同时存在。（　　）
8. 各国对不可抗力的解释是一致的。（　　）
9. 不可抗力是国际贸易合同中的一项免责条款。（　　）
10. 不可抗力事故是当事人不能预见、不能避免、不能控制或克服的。（　　）
11. 不可抗力事故一定不是因合同当事人自身的过失或疏忽导致的。（　　）
12. 一旦在合同订立后出现不可抗力事故，遭受损害的一方当事人即可解除合同。（　　）
13. 在不可抗力范围问题上，易产生分歧的是自然力量事故。（　　）
14. 如果供货方生产机器发生故障，可援引不可抗力条款要求延期交货。（　　）
15. 在不可抗力条款中必须订明一方发生不可抗力事故后通知对方的期限和方式。（　　）
16. 如果采用概括式说明不可抗力事故范围，易因双方当事人意见不一致而影响合同效力。（　　）
17. 在实际业务中必须防止合同当事人随意援引不可抗力条款来免责。（　　）
18. 采用综合式规定不可抗力事故范围，既明确又具有一定灵活性。（　　）
19. 调解结果和仲裁结果一样是终局性的。（　　）
20. 国际贸易中的争议案件只能用仲裁方式解决。（　　）

三、填空题

1. 索赔的事实依据是指违约的_____、_____和_____。
2. 索赔的法律依据包括_____和_____规定。
3. 进出口合同中的索赔条款有_____和_____两种方式。
4. 索赔期限亦称索赔的_____，或索赔的_____，即指索赔方向违约方提出的_____。
5. 索赔期限的规定方法一般有_____、_____两种。
6. 不可抗力事故就其起因而论，可分为_____、_____和_____。
7. 在我国，在合同中不可抗力事故范围的规定方法大致有_____、_____和_____三种。
8. 不可抗力是合同法中的一条_____，也是买卖合同中的一项_____。
9. 不可抗力事故引起的后果主要有两种：一种是_____，另一种是_____。
10. 在美国的法律实践中，法院把履行不能分为_____和_____两种，认为只有_____才可能使有关当事人免除履行的责任。

四、简答题

1. 在国际贸易中，产生争议的原因有哪些？
2. 异议和索赔条款的主要内容有哪些？
3. 订立违约金条款时应注意哪些问题？
4. 在合同中规定具体索赔期限的方法有哪些？
5. 合同中的不可抗力条款包括哪些内容？
6. 从起因看不可抗力事故有哪几种？
7. 不可抗力事故引起的后果有哪些？
8. 诉讼与仲裁有何异同？

五、案例分析题

1. 甲公司以 CFR 术语对德国出口一批小五金工具。合同规定货到目的港后 30 天内检验，买方有权凭检验结果提出索赔。甲公司按期发货，德国客户也按期凭单支付了货款。可半年后，甲公司收到德国客户的索赔文件，称上述小五金工具有 70% 已锈损，并附有德国内地某检验机构出具的检验证书。

问题：对德国客户的索赔要求，甲公司应如何处理？

2. 乙公司以 CIF 术语从美国进口一套设备，合同总价款为 800 万美元。合同中规定，如果合同一方违约，另一方有权向违约方索赔，违约方需向对方支付 1 200 万美元的违约金。合同订立后，乙公司迟迟收不到货，因而影响了自己的生产、经营。故此，乙公司在索赔期内向美方提出索赔，而美方却向当地法院提起诉讼。

问题：在这种情况下，美国法院将如何判决？

3. 某公司与外商订立一份化工产品进口合同，订约后由于该产品的国际市场行情上扬，外商亏本。于是外商以不可抗力为由要求撤约。该公司应如何对待此问题？

4. 国内某研究所与某日商签订了一项进口合同，欲引进一台精密仪表。合同规定 9 月份交货，但到 9 月 7 日，日本政府宣布该仪表属高科技产品，禁止出口，自宣布之日起 7 天后生效。后日方来电以不可抗力为由要求解除合同。

问题：日方的要求是否合理？该研究所应如何处置较为妥当？

答案

一、单项选择题

1. A　2. B　3. A　4. C　5. B　6. D　7. B　8. D　9. C　10. A　11. C　12. A
13. B　14. C　15. D　16. A

二、判断题

1. ×　2. ×　3. √　4. √　5 ×　6. √　7. ×　8. ×　9. √　10. √
11. √　12. ×　13. ×　14. ×　15. √　16. √　17. √　18. √　19. ×　20. ×

三、填空题

1. 事实　情节　证据

2. 合同　法律

3. 罚金异议　索赔

4. 通知期限　有效期　有效时限

5. 法定索赔期限　约定索赔期限

6. 自然力量的事故　社会异常事故　政府的行动

7. 概括式规定　列举式规定　综合式规定

8. 重要原则　免责条款

9. 延期履行合同　解除合同

10. 客观不能　主观不能　客观不能

四、简答题

1. 国际贸易中争议产生的原因有以下几方面。

（1）缔约双方之中一方故意不履行已做出的承诺，或对已成立的合同提出异议，给对方造成损害。

（2）卖方不履行交货义务，或不按时交货，或交货的品质、数量、包装等不符合合同规定。

（3）买方不按时收货，在 FOB 条件下不按时派船接运货物，或不派人接货，或无理拒收货物或单据，或违法退货，或不按时开立信用证，或拒不付款等。

（4）由于当事人一方的过失或疏忽，造成合同无法履行。

（5）双方对合同条款规定得欠妥当、不明确，或同一合同的不同条款之间互相矛盾，致使双方当事人对合同规定的权利与义务的理解互不一致，导致合同的顺利履行产生困难，甚至发生争议。

2. 异议和索赔条款的内容如下。

（1）受损害一方向违约方有权索赔的字句。

（2）提出索赔的依据。具体包括法律依据、事实依据，以及符合法律规定的出证机构。

（3）索赔期限，即索赔方向违约方提赔的有效时限。这个期限可以由当事人双方在合同中约定下来，如果双方没有约定，可根据有关法律规定的索赔时效来确定。

（4）对索赔金额的规定。通常只笼统规定索赔方可以提出的索赔金额。

（5）处理索赔的办法。通常在合同中只笼统规定违约方理赔的方式、方法。

3. 在订立违约金条款时应注意以下几点。

（1）鉴于英美法系国家法律的规定，对于合同中的违约金订得过高时可将其判为"罚金"而使之无效，从而失去规定违约金的原有意图，因此在与这些国家的商人订立这一条款时，违约金的数额不宜定得过高，以防止产生不被这些国家法律承认的风险。

（2）注意灵活运用法律适用条款。订立违约金条款时，应结合货物的性质、种类、交易对方所属国别等因素，选用对自己有利的法律，作为解决合同争议的准据法。

（3）对于违约可能造成的损失比较易于确定的买卖合同，一般无须订立违约金条款，以免因违约金定得过低而增加获得全部损害赔偿的难度。

4. 在合同中规定索赔具体期限的方法有以下几种。

（1）"货物运抵目的港（地）××天内"。此种规定对买方不利。因为载货的运输工具（如船舶）抵达目的港后，由于港口拥挤而不能及时靠码头卸货时，其等候泊位的时间将计入索赔期限内。这样，买方实有的索赔期限势必被缩短，甚至有丧失索赔权的可能性。

（2）"货物运抵目的港（地）后××天内"。此种办法可使买方充分利用所规定的索赔期限，从而使索赔权获得保障。

（3）"货物运抵最终目的地后××天内"。这是指货物运抵买方或用户的营业处所或货物储存场所是在内陆地区。当货物的目的地不在港口城市时，可作如是规定。

5. 合同中的不可抗力条款包括以下内容。

（1）规定不可抗力事故范围的方法。

在我国，在国际贸易合同中规定不可抗力事故范围的方法有3种：

① 概括式规定，只笼统说明不可抗力，并未具体明确其范围。

② 列举式规定，即将各种双方认可的不可抗力事故具体列出。

③ 综合式规定，即一一列明双方共同认可的不可抗力事故，又用"其他不可抗力的原因"使未明确列入合同的事故也有可能成为不可抗力。

（2）不可抗力事故的处理。在合同条款中规定发生不可抗力后是解除合同，还是延期履行合同。此外，还有替代履行、增减履行等处理办法，由双方当事人协商一致选择使用并订立合同。

（3）不可抗力事故发生后通知对方的责任。在合同中明确规定一方发生不可抗力事故后通知对方的期限和方式。

（4）证明文件及出具证明的机构。在合同中明确规定由哪些机构出具证明当事人不履约是因为发生了不可抗力事故而导致的证明文件。在我国，这类文件由中国国际贸易促进委员会出具。

6. 从起因看，不可抗力事故有以下几种。

（1）自然力量的事故。这是指非人类自己造成的事故。通常包括给人类造成灾害的诸多自然现象，如水灾、冰灾、火灾、风灾、暴风雨、雷电、大雪、地震、海啸、干旱、山崩、森林自燃等。

（2）政府的行动。这是指当事人签约后，有关的政府当局发布了新的法律、法规、行政措施，如颁布禁令、调整政策制度等。

（3）社会异常事故。这是指在社会上出现的异常事故，如骚乱、暴动、战争等。这类事故对于普通的合同当事人来说，也是他们无法控制、不能预见和无法克服的，也构成了当事人履约的障碍。

7. 不可抗力事故引起的后果主要有两种：一种是解除合同，另一种是延迟履行合同。至于在什么情况下解除合同，在什么情况下不能解除、只能延期履行合同，要根据不可抗力事故产生的原因及其性质、规模和对履行合同造成的影响程度而定；也可以由双方当事人在合同中作具体的规定。假如合同没明确规定，一般的解释是：不可抗力事故使合同的履行成为不可能时，可解除合同；不可抗力事故只是暂时阻碍了合同的履行，只能延期履行合同。

8.
相同点：
（1）二者都是由第三者出面处理纠纷案件。
（2）二者都是按照一定的程序进行审理。
（3）裁决书与判决书都具有法律强制效力。
不同点：
（1）审理案件的机构的性质不同。涉外经济贸易仲裁的机构是民间性组织；经济诉讼案件需经司法机构审理，该机构系国家权力机关的组成部分，属官方机构。
（2）审理案件的程序不同。以仲裁方式解决争议，当事人双方必须先签订仲裁协议，否则仲裁机构不予受理。以诉讼方式解决争议当事人双方无须签订诉讼协议，法院凭起诉人的起诉书即可受理争议案件。
（3）审理人员产生的程序不同。仲裁案件一般都是由双方当事人各自推选一名仲裁员，并由当事人共同选定或共同委托仲裁机构主任指定一名首席仲裁员，组成仲裁庭审理案件。诉讼方式中的法官和合议庭依法产生，当事人无权推选审判员。
（4）审理制度不同。仲裁裁决是终局的，任何一方不得上诉法院要求变更仲裁裁决。而诉讼则不同，司法机关规定有不同的终审制度。
（5）审理的依据不同。审理仲裁案件时，仲裁庭以双方当事人所选定的仲裁规则为依据进行审理，当事人可选仲裁规则。法院审理诉讼案件时，依据是本国的诉讼法，当事人无权选择法院的诉讼程序。
（6）案件审理的方式不同。仲裁庭审理案件一般不公开进行，案情及裁决均不公开，开庭时没有旁听，审案过程中，仲裁庭或仲裁机构不接受采访，以利于保守当事人的商业秘密和维护当事人的商业信誉。法院审理案件时则是公开的。
（7）境外执行裁决和判决的条件不同。一国法院做出的判决需要到另一国执行时，必须根据做出判决的所在地国家与申请执行判决的所在地国家之间所签订的司法协作公约或条约或互惠原则办理。否则，一国法院所作的判决便不能到另一国去申请执行。仲裁机构所作的裁决在境外执行的条件与诉讼不同，只要双方当事人所属国均为1985年《纽约公约》的缔约国，就会彼此承认双方。

五、案例分析题
1.
（1）甲公司可以拒绝，因为超过了索赔期限。双方在合同中规定货到目的港后30天内检验。尽管这是一个买方复验的期限，但实质上是索赔的期限。而德国客户却在半年后方向甲公司提出索赔，显然其索赔是超过索赔的期限的。因此，按照有关法律，德国客户也就丧失了向甲公司索赔的权利。

（2）德国客户索赔理由不尽合理。尽管索赔文件中声称货物已锈损，但无法证明这些锈损是装船前已经存在的，还是装船后才发生的。按照 CFR 术语成交，买卖双方风险划分界限是装运港船舷为界。因此，卖方只承担货物装船前锈损的风险，而装上船后发生的锈损风险只能由买方自己承担。在本案例中，买方已按期凭单付了货款，这说明卖方提交的交货单据是齐全、合格的。这间接地也说明了卖方装上船的货物是符合合同要求的。因此，货物发生的 70% 的锈损可能是装上船后所导致的。在这种情况下，买方除非能证明这种锈损是由货物本身固有的瑕疵导致的，否则卖方将不承担任何责任。

（3）德国客户提供的索赔依据不符合要求。一般情况下，双方规定在货到目的港后××天内检验时，买方提供的检验证书应由目的港的检验机构出具。而就本案例而言，买方提供的检验证书却是由德国内地检验机构出具的，显然是不合格的。这也容易使人产生联想，认为这批货物的锈损可能是买方自己在接收货物后和上市销售前因保管不善导致的。因此，这份索赔依据是不充分的，卖方有理由拒赔。

2. 美国法院有可能判定合同中规定的违约金为罚金，并宣布对合同中规定的 1 200 万美元的违约规定不予承认，原因如下。

（1）美国属英美法系的国家，而英美法系把违约金严格地区分为"罚金"和"预约赔偿金"。认为前者是无效的，不可强制执行；后者是有效的，可以强制执行。至于两者之间怎样区分，要以当事人订立合同时的真实意图而定。如果当事人的意图是要惩戒或预防违约的发生，则违约金就是"罚金"；如果当事人是为减少将来计算违约损害的麻烦而规定的，即属于"预约赔偿金"。

（2）就本案例来讲，由于合同中只简单订明如果一方违约，需向对方支付违约金，易让人理解为这是为了预防违约而制定的。另外，合同中规定的违约金额较高，超出合同价款的一半，也易让人理解为这笔违约金具有惩戒性质，即为"罚金"。如果乙公司不能提供自己因卖方延迟交货而遭受的损失与这 1 200 万美元的违约金大体一致的充足证明，法院就会因其过高而将此违约金判定为"罚金"而不予承认。

3. 外商的撤约要求不能成立。因为合同货物市价上扬属商业风险，不构成不可抗力事故。因此，该公司应拒绝外商撤约要求，催促对方按时发货。

4. 日方的要求是不合理的。日本政府颁布的禁令的生效日在合同规定的最后交货日之后，因此不构成履约的"不可抗力"。日方完全可以在 9 月份装船发货，履行合同。因此，日本政府的禁令对本合同不符合不可抗力条款的规定，日方要求不合理，该研究所可向日方回电拒绝其无理要求，敦促其尽快履约。

综合练习题三

一、填空题

1. 国际货运代理业务根据代理业务的性质和范围不同，可分为_____、_____、_____、_____四种。
2. 船舶吨位是船舶大小的计量单位，可以分为_____和_____两种。其中，_____包括_____和_____，_____包括_____和_____。
3. _____是船舶满载时的最大吃水线。_____是船舶的国籍。_____是指商船航行中，悬挂的其所属国籍的国旗。_____是表示商船技术状况的一种标志，是指商船船壳构造及其机器设备应保持一定的标准而划分的等级，它是商船具有适航性的重要条件和标志。
4. 国际铁路货物联运按照发货人托运货物的数量、性质、体积和状态，办理类别分为_____、_____和_____三种。
5. 航空货物运价主要有_____、_____、_____和_____。
6. 集装箱运输的主要货运单证有_____、_____、_____和_____。
7. 《国际多式联运公约》的主要内容包括_____、_____、_____和_____。
8. 按照保险的性质分类，保险可分为_____、_____和_____。
9. 最大诚信原则主要涉及_____、_____和_____。
10. 代位追偿原则是由_____派生的。它是指发生在保险责任范围内的、由_____造成的损失，_____向_____履行赔偿义务后，享有以_____的地位向在该项损失中的_____索赔的权利。
11. 重复保险的分摊方式有_____、_____、_____和_____。
12. _____是指当被保险标的遭遇保险责任范围内的灾害事故时，被保险人或其代理人、雇佣人员和受理人等采取措施抢救保险标的，以避免损失扩大而支出的合理费用。
13. 海洋运输货物保险保障的费用主要有_____、_____和_____。
14. 我国_____中，规定了基本险的责任范围、除外责任、被保险人的义务和_____。在责任起讫中一般采取_____原则。
15. 在实践中，国际货物运输保险的投保包括_____、_____、_____和_____等环节。
16. 集装箱货运分为整箱和拼箱两种，因此在交接方式上也有所不同。目前国际上主要有_____、_____、_____和_____等做法。
17. _____是航空公司办理一批货物所能接受的最低运费，是航空公司在考虑办理即使很小的一批货物也会产生的固定费用后制定的。
18. 国际多式联运经营人的_____，是从接收货物时起到交付货物时止，在此期间对货主负全程运输责任。根据多式联运责任的范围和赔偿限额，目前国际上有以下三种类型：_____、_____和_____。

19. FAS 术语项下，_____将已经办理清关手续的货物运至指定的装运港的船边，即完成交货。货物损坏或灭失的风险于此时转移至_____，_____从受领货物那一刻起已具有保险利益，可通过办理国际货运保险转嫁风险。

二、判断题

1. 班轮运费是承运人为承运货物而收取的报酬，而计算运费的单价（或费率）就称为班轮运价。班轮运价是按照班轮运价表计算的，是非垄断价格。（　　）

2. 班轮公会又称航运公会，是由两家以上在同一航线上经营班轮运输的轮船公司，为维护共同利益，避免相互的竞争，通过建立统一的运价和办法制度，所组成的国际航运垄断组织。（　　）

3. 租船合同是事先准备好的现成格式，在业务双方洽谈时不允许增删。（　　）

4. 在许可装卸时间内如未能装卸完毕，则自许可装卸时间终止时起至全部货物装卸完毕后的滞期时间，租船人应按合同规定向船东支付滞期费。（　　）

5. 《国际铁路货物联运协定统一过境运价规程》是由两个相邻国家的铁路签订，规定办理联运货物交接的国境站、车站及货物交接的条件和办法，交接列车和机车运行办法、服务方法等具体问题。（　　）

6. 国际航空货物运输出口货物运输程序：确定出口货物运输范围—接受委托预订舱位—口岸外运公司与内地公司出口运输工作衔接—申报海关—小批量样品采用集中托运，大批量以单票发运为主。（　　）

7. 集装箱运输出口程序：订舱—接受托运申请—发放空箱—拼箱货装箱—整箱货交接—集装箱的交接签证—换取提单—装箱。（　　）

8. 国际多式联运与单一运输方式类似，办理货物运输的单证和手续也类似。（　　）

9. 海洋运输保险又称水险，是指保险人对海上保险标的因海上风险所导致的损失或赔偿责任提供经济保障的一种保险。（　　）

10. 袋装棉花投保我国保险条款海运平安险，在运输过程中船舶意外搁浅，船底裂缝，致使海水渗入，棉花受浸而致霉烂损失。虽然棉花的最终损失原因为霉烂，不属平安险的承保风险，但近因为搁浅，属平安险的承保责任，故对此损失保险人应负责。（　　）

11. 补偿原则派生出重复保险的分摊原则。（　　）

12. 舱面险承保货物在进口时由于各种原因，被进口国的政府和有关当局拒绝进口或没收所造成的损失。（　　）

13. 海洋运输货物战争险承保被保险货物由于战争、类似战争行为、武装冲突或海盗行为造成的直接损失。（　　）

14. 航空运输险的承保责任范围与《海洋运输货物保险条款中》的"水渍险"和 ICC（C）大致相同。（　　）

15. 邮包一切险承保被保险邮包在运输途中由于一般外来原因所致的全部或部分损失。（　　）

16. CIP，即运费和保险费付至（指定目的地），指买方向指定的承运人交货，但买方还必须支付将货物运至目的地的运费。（　　）

17. 国际货运保险的投保是指投保人向保险人提出申请，表达订立保险合同的意愿，并将自己所面临的风险和投保的要求告知保险人。（   ）

18. 保险索赔是指具有索赔请求的人，根据保险合同有关规定向保险公司正式提出要求赔偿损失的申请。索赔时，被保险人对保险标的不一定具有保险利益。（   ）

19. 拼箱是指承运人接收货主托运的数量不足整箱的小票货物后，根据货物性质和目的地进行分类整理，把去往同一目的地的货，集中至一定数量拼装入箱。（   ）

20. 一般货物运价是使用最为广泛的一种运价。当一批货物既不能适用特种货物运价，也不属于等级货物时，就应该使用一般货物运价。（   ）

三、简答题

1. 简述海洋运输进口货物和出口货物的运输流程。
2. 国际铁路联运货物进口的交接程序是什么？
3. 航空运单包括哪些内容？
4. 按照货物交接地点进行分类，集装箱交接方式可分为哪几种？
5. 保险合同的终止主要有哪些原因？
6. 保险合同具有哪些特征？
7. 数个原因同时发生致损，当各个原因所致的损失无法划分时，保险人如何承担损失责任？
8. 在保险实务中，构成推定全损的情况有哪几种？
9. 根据我国《海商法》的规定，船舶、货物和运费的共同海损分摊价值分别依照什么方法确定？
10. 根据中国《海洋运输货物保险条款》，平安险的承保责任范围包括哪些方面？

答案：
一、填空题

1. 租船代理　船务代理　咨询代理　货运代理
2. 重量吨位　容积吨位　重量吨位　排水量吨位　载重吨位　容积吨位　注册总吨　注册净吨
3. 船舶载重线　船籍　船旗　船级
4. 整车货物　零担货物　大吨位集装箱
5. 一般货物运价　特种货物运价　货物的等级运价　集装箱货物运价
6. 集装单　场（站）收据　集装箱提单　设备交接单　交（收）货记录
7. 适用范围　多式联运的管理　多式联运单据　联运经营人的赔偿责任　诉讼时效
8. 商业保险　社会保险　政策保险
9. 告知　陈述　保证
10. 保险补偿原则　第三者责任　保险人　被保险人　被保险人　第三者责任方
11. 比例责任分摊　限额责任分摊　顺序责任分摊　相同份额责任分摊
12. 施救费用
13. 施救费用　救助费用　续运费用　额外费用
14. 《海洋运输货物保险条款》　责任起讫　"仓至仓"

15. 选择投保险别　选择合适的保险人　确定保险金额　正确填写投保单

16. 整箱交、整箱接　拼箱交、拆箱接　整箱交、拆箱接　拼箱交、整箱接

17. 起码运费

18. 责任期间　统一责任制　分段责任制　修正统一责任制

19. 卖方　买方　买方

二、判断题

1. ×　2. √　3. ×　4. √　5. ×　6. ×　7. √　8. ×　9. √　10. √　11. √　12. ×　13. √　14. ×　15. √　16. ×　17. √　18. ×　19. √　20. √

三、简答题

1. 海洋运输进出口业务运输流程如下：

海洋运输进口业务运输流程：租船订舱—掌握船舶动态—收集和整理单证—报关—报验—监卸和交接—代运—保险。

海洋运输出口业务运输流程：审核信用证中的装运条款—备货、报验和领证—租船和订舱—出口货物集中港区—出口报关和装船—投保—支付运费。

2. 国际铁路联运货物进口的交接程序：确定货物到达站；注明货物经由的国境站；编制货物的运输标志；向位于国境站的外运机构寄送合同资料；进口货物在国境内的交接；分拨与分运；进口货物的交付。

3. 航空运单的内容包括始发站机场；发货人姓名、住址；发货人账号；收货人账号；代理人的国际航空运输协会代码；代理人账号；支付信息；货币；收费代号；运费及声明价值费；其他费用；运输声明价值；目的地机场；航班及日期；须预付或到付的各种费用；预付、到付的总金额；发货人的签字；签单时间；货币换算及目的地机场收费记录。

4. 集装箱交接方式按货物交接地点分为9种：门到门、门到场、门到站、场到门、场到场、场到站、站到门、站到场、站到站。

5. 保险合同终止的原因主要有自然终止、协议终止、履行终止、违约终止和原始无效。

6. 保险合同属于合同的一种，一经成立便受法律保护。因此，保险合同具有经济合同所共有的一般法律特征。

（1）保险合同必须具有双方当事人，即投保人和保险人，且双方当事人必须具有民事行为能力，法律地位平等。

（2）保险合同必须经双方当事人意思表示一致才能成立。

（3）保险合同是合法的法律行为。

（4）保险合同是互为有偿的合同。

保险合同也是一种特殊的经济合同，除了具有上述一般合同的特征外，还具有自身的特征，主要有以下几点：

（1）保险合同是双务合同。

（2）保险合同是射幸性合同。

（3）保险合同是最大诚信合同。

（4）保险合同是要式合同。

（5）保险合同是附合性合同。

7. 当各个原因所致的损失无法划分时，保险人按照下面的两种情况处理。

（1）数个原因之中既有承保风险，又有非承保风险，保险人对全部损失予以负责，即承保风险优于不保风险。

（2）数个原因中既有承保风险，又有除外风险，保险人对损失都不负责，即除外风险优于承保风险。

8. 在保险实务中，构成推定全损的情况有以下几种。

（1）保险标的在海上运输中遭遇保险事故之后，虽然尚未达到灭失的状态，但据估计完全灭失将是不可避免的。

（2）保险标的遭受保险事故之后，使被保险人丧失了对保险标的的所有权，而收回这一所有权，所花费用估计要超过收回后标的的价值。

（3）保险货物受损后，修理和续运到原定目的地的费用，估计要超过货物的保险价值或在目的地的完好价值。

（4）被保险船舶受损后，修理或者救助费用分别或两项费用之和将超过船舶的保险价值。

9. 根据我国《海商法》的规定，船舶、货物和运费的共同海损分摊价值分别依照下述方法确定。

（1）船舶共同海损分摊价值。按照船舶在航程终止时的完好价值，减去不属于共同海损的损失金额计算，或者按照船舶在航程终止时的实际价值，加上共同海损的牺牲金额计算。

（2）货物共同海损分摊价值。按照货物在装船时的价值加保险费加运费，减去不属于共同海损的损失金额和承运人承担风险的运费计算。货物在抵达目的港之前出售的，按照出售净得金额，加上共同海损牺牲的金额计算。旅客的行李和私人物品，不分摊共同海损。

（3）运费共同海损分摊价值。按照承运人承担风险并于航程终止时有权收取的运费，减去为取得该项运费而在共同海损发生后，为完成本航程所支付的营运费用，加上共同海损的牺牲金额计算。

10. 根据中国《海洋运输货物保险条款》，平安险的承保责任范围包括以下 8 个方面。

（1）被保险货物在运输途中由于恶劣气候、雷电、海啸、地震、洪水等自然灾害造成整批货物的全部损失或推定全损。被保险货物用驳船运往或远离海轮的，每一驳船所装的货物可视为一个整批。

（2）由于运输工具遭受搁浅、触礁、沉没、互撞、与流冰或其他物体碰撞，以及失火、爆炸等意外事故造成货物的全部或部分损失。

（3）在运输工具已经发生搁浅、触礁、沉没、焚毁等意外事故的情况下，货物在此前后又遭受恶劣气候、雷电、海啸等自然灾害所造成的部分损失。

（4）在装卸或转运时，由于一件或数件整件货物落海造成的全部或部分损失。

（5）被保险人对遭受承保责任内危险的货物采取抢救、防止或减少货损的措施而支付的合理费用，但以该批被救货物的保险金额为限。

（6）运输工具遭遇海难后，在避难港由于卸货所引起的损失，以及在中途港、避难港由于卸货、存仓和运送货物所产生的特别费用。

（7）共同海损的牺牲、分摊和救助费用。

（8）运输合同订有"船舶互撞责任"条款时，根据该条款规定应由货方偿还船方的损失。

综合练习题四

案例一

中国某出口公司曾向西欧某外商出售一批农产品。成交前，该公司给外商寄送过样品。签约时在合同品质条款中规定了商品的具体规格。签约后，卖方经办人员又主动电告买方，确认"成交商品与样品相似"。货物装运前，中国商检机构进行了检验并签发了品质规格证书。但该批货物运至目的地后，买方认为，卖方所交货物品质比样品低，要求减价。卖方则认为，合同并未规定凭样成交，而且所交货物经检验符合约定的规格，所以不同意减价。于是买方便请当地检验机构检验，出具了交货品质比样品低7%的证明，并据此向卖方提出索赔要求，卖方拒赔。由于合同中未规定仲裁条款，发生争议后，双方又达不成仲裁协议，买方遂请中国仲裁机构协助解决此案。

鉴于签约前卖方给买方寄送过样品，签约后卖方又主动确认"成交商品与样品相似"，且存样已经遗失，故在仲裁机构的协助下，以由卖方赔付买方品质差价的办法了结此案。

问题：试分析本案，并总结应从本案中吸取哪些教训。

案例二

我国某外贸公司向德国出口大麻一批，合同规定水分最高15%，杂质不超过3%，但在成交前，该公司曾向对方寄过样品，合同订立后又电告对方"成交货物与样品相似"。货到德国后，买方出具了货物品质比样品低7%的检验证明，并要求赔偿600英镑的损失。该公司拒绝赔偿，并陈述理由：此批商品在交货时是经过挑选的，因为是农产品，不可能做到与样品完全相符。但也不至于比样品低7%。

问题：该外贸公司失误在哪里？是否可以该商品并非凭样成交为由而不予理赔？

案例三

中国某公司向加拿大某商人出售一批价值128万元人民币的货物，双方在合同包装条款中约定用塑料袋包装，且每件要同时使用英、法两种文字的贴头，但卖方交货时却改用其他包装代替，且使用仅有英文的贴头。买方收货后，为了便于在当地销售该批商品，只好改换包装和贴头，随后向卖方要求赔偿损失。由于确系卖方严重违反双方约定的包装条件，故卖方只好认赔，了结此案。

问题：试分析本案。

案例四

某年10月，法国某公司（卖方）与中国某公司（买方）在上海订立了买卖200台计算机的合同，每台CIF价格为1 000美元，以不可撤销的信用证支付，于12月在马赛港交货。11月15日，中国银行上海分行（开证行）根据买方指示向卖方开出了金额为20万美元的不可撤销的信用证，委托马赛的一家法国银行通知并议付此信用证。12月20日，卖方将200台计算机装船并获得信用证要求的提单、保险单、发票等单证后，即到该法国议付行议付。经审查，单证相符，银行即将20万美元支付给卖方。与此同时，载货船离开马赛港10天后，由于在航行途中遇上特大暴雨和暗礁，货物与货船全部沉入大海。此时开证行已收到了议付行寄来的全套单据，买方也已知所购货物全部损失的消息。中国银行上海分行拟拒付议付行支付的 20 万美元的货款，理由是其客户不能得到所期待的货物。

问题：
1. 这批货物的风险自何时起由卖方转移给买方？
2. 开证行能否由于这批货物全部灭失而免除其所承担的付款义务？依据是什么？
3. 买方的损失如何得到补偿？

案例五

买卖双方在履行买卖六角螺栓合同过程中，买方认为，卖方交货品质存在严重缺陷，便通告卖方拟聘请国际检验机构，并建议选择劳合社在希腊的代理机构对到货进行检测。在卖方未表示同意的情况下，买方于某年 9 月 26 日擅自聘请劳合社在比雷埃夫斯港的检测机构进行检测。卖方认为，该项检测报告是无效的，不能作为认定货物品质的依据。因此，双方产生争议，买方遂向中国国际经济贸易仲裁委员会提请仲裁。仲裁庭在查阅双方提供的资料并经开庭审理后，认为申请人单方面对货物进行检验，不符合双方合同的规定，其检测报告不能作为认定货物品的合法依据。

问题： 试分析仲裁庭的裁定理由。

案例六

甲公司与英商签订一笔服装合同。合同按 CIF 价格即期信用证方式付款，合同和信用证中均规定不允许分批装运和转船。甲方公司按时将货物装上直达轮，并凭直达提单在信用证有效期内向银行议付货款。该轮船中途经过某港时，船公司为了接载其他货物，擅自将甲方公司服装卸下，换装其他船舶继续运往伦敦。由于换装的船舶设备陈旧，该批服装比原定时间晚了两个月到达。为此，英商向甲公司提出索赔，理由是其提交的是直达提单，而实际是转船运输，是弄虚作假的行为。

问题： 甲公司是否应赔偿？此案应如何处理？为什么？

案例七

某年 6 月 7 日，买方接到卖方按 FOB 术语和信用证付款方式出售菜籽的发盘，即要求卖方将合同和信用证条款传真给买方。卖方于 6 月 9 日将盖有公章的 SF0610 号售货合同传真给买方，买方收到卖方传真的售货合同后，删除了合同中"不接受超过 20 年船龄的船舶"的要求，并将"运费已付"修改为"运费按租船合同支付"。买方委托意大利米兰公司签字盖章后，于当天立即传真给卖方。后双方对于合同的成立与履行产生争议，经协商未果，买方遂依约向中国国际经济贸易仲裁委员会提请仲裁，要求卖方承担因其违约而给买方造成的各种损失。本案合同双方当事人营业地所在国都是《联合国国际货物销售合同公约》的成员国。在庭审过程中，作为申请人的买方诉称，6 月 9 日，买方对合同中关于船龄及运费支付问题的修改与卖方无关，也不构成对合同条款的实质变更，且当时卖方也未立即表示反对，而是拖到 6 月 14 日才表示不予确认。6 月 22 日，卖方又致函买方称，双方已达成的合同为无效合同，买方开出的信用证作废。在卖方违约的情况下，买方为了履行其与下家意大利买方所签订的转售协议，不得不以每吨 98.5 美元的价格从新加坡某公司购买替代货物。这些替代货物的品质与原合同约定的品质相同，而购买价格也低于当时国际市场同类货物的价格，买方所采取的这项措施完全合理。而作为被申请人的卖方答辩称，这笔业务是被申请人代理某委托人出口，被申请人只是代理，与申请人之间没有关系，申请人应直接与某委托人联系,由某委托人出面处理本案纠纷。仲裁庭根据庭审情况和上述事实,认定被申请人与某委托人之间是另一法律关系,不属本案审理范围。申请人与申请人签订的本案合同已经成立并生效。被申请人是本案合同当事人,理应受合同约束,并承担因其违约而给申请人造成的经济损失。

问题:合同是否成立?被申请人是否为合同当事人?

案例八

某年 2 月 10 日,中国甲粮食出口公司电告日本乙商贸公司,欲以 CIF 术语向日本出口一批粮食,总价款为 50 万美元,用不可撤销的跟单信用证支付价款。2 月 16 日收到日本乙商贸公司复电,同意购买,但要求降低至 48 万美元,中国甲粮食出口公司于 2 月 19 日电告对方同意其要求,日本乙商贸公司 2 月 20 日收到其电报,随后,甲粮食出口公司将货物运至上海港,交由中国某远洋运输公司承运,整批货物分装在三个集装箱内。3 月 10 日承运船舶在公海航行时,由于船员的疏忽,船上发生火灾,甲粮食出口公司托运的一个集装箱被火焚毁,其余两个则完好无损。3 月 15 日货物运至东京港,但日本乙商贸公司拒绝接收货物,并向中国甲粮食出口公司提出索赔,双方诉至上海某法院。

问题:

1. 双方的合同争议是否可以适用《联合国国际货物销售合同公约》?
2. 根据有关法律的规定,该合同于何时成立?为什么?
3. 该批粮食的运输保险应由哪一方当事人办理?保险费由哪一方负担?
4. 根据 CIF 术语,货物的风险在何时由卖方转移给买方?
5. 货物在海上受到损毁,日本乙商贸公司能否要求中国甲粮食出口公司给予赔偿?
6. 谁是信用证的受益人?

案例九

某年 4 月,中国北海粮油公司与巴基斯坦某公司签订了向中国出口 12 000 吨(240 000 包)白糖的合同,价格术语为 CFR,每吨单价为 437 美元。由买方向中国人民保险公司北海分公司投保了水渍险。该批货物由巴拿马籍某轮承运。在巴基斯坦某港装货的过程中,船长先后向托运人发出书面声明和抗议,指出货物堆放于码头无任何遮盖物并发生了雨水的污染,宣布货物为不清洁。而托运人为了结汇则出具了保函,以要求承运人签发清洁提单。船长在接受了保函的情况下签发了清洁提单。货轮于 5 月 23 日抵达北海港,经北海外轮理货公司理货,发现 578 包白糖有雨水污染,并确认货物有短少 608 包。

问题:

1. 收货人是否应向承运人索赔?
2. 承运人是否可以依保函要求收货人向托运人索赔?
3. 收货人是否应向保险人索赔?

案例十

某年 10 月 6 日,中国甲公司与加拿大乙公司以 FOB 价格订立了从中国向加拿大温哥华出口一批华人春节用品的合同。由加拿大乙公司投保了水渍险。乙公司通过银行开出的信用证规定的装船日期是 12 月 15 日—12 月 31 日。乙公司所订中国籍货轮"大洋"号在来大连的途中与他船相碰,经修理于次年 1 月 21 日才完成装船。甲公司在出具保函的情况下换取了承运人签发的注明 12 月 30 日装船的提单。船舶延迟到达目的港温哥华,造成收货人加拿大丙公司签订的一系列供货合同均延迟履行，并导致丙公司向乙公司索赔。乙公司在赔偿丙公司后，向承运人提出了索赔。

问题：
1. 乙公司是否可向承运人提出索赔？
2. 本案承运人签发的是什么提单？
3. 乙公司是否应向保险公司提出延迟交付的索赔？

案例十一

1月15日，原告中国银行马江支行应申请人华裕公司的申请，开立编号为73M0004/98、73M0005/98两份不可撤销信用证。同年4月马江支行收到正本议付单据。经审核后，原告对外承兑付款，合法持有单证。提单为被告福建外贸中心船务公司签发，记载收货人均为"凭马江支行指示"、起运港韩国釜山、目的港中国厦门、承运轮华讯（HUAXUN）V98060。4月11日船抵达目的港厦门后，侨星公司向船务公司传真一份保函，请求无正本提单提取货物。4月16日，收货人建达公司向厦门外代出具无提单提货担保函。4月17日，船务公司指示厦门外代凭副本提单加保函放货给被告收货人建达公司。建达公司后因财务困难没有去银行付款赎单。

问题：
1. 船务公司指示厦门外代凭副本提单加保函放货给被告建达公司的行为侵犯了谁的利益？
2. 马江支行应以谁为被告起诉？

案例十二

在某份FOB合同中，买方已向保险公司投保"仓至仓"条款的一切险。货物在从卖方仓库运往装运港码头途中，发生承保范围内的风险损失，事后卖方以保险单含有"仓至仓"条款为由，要求保险公司赔偿，但遭拒绝，后来卖方又请买方以自己的名义凭保险单向保险公司索赔，但同样遭到拒绝。

问题：本案例中货物是在从卖方仓库运往装运码头途中发生承保范围内的损失，所保一切险又含"仓至仓"条款，为什么保险公司会拒绝赔偿？

案例十三

某年3月，国内某公司（以下简称"甲方"）与加拿大某公司（以下简称"乙方"）签订一份设备引进合同。根据合同，甲方于4月30日开立以乙方为受益人的不可撤销的即期信用证。

信用证中要求乙方在交单时，提供全套已装船清洁提单。

6月12日，甲方收到开证银行进口信用证付款通知书。甲方业务人员审核议付单据后发现乙方提交的提单存在以下疑点：
1. 提单签署日期早于装船日期。
2. 提单中没有已装船字样。

根据以上疑点，甲方断定该提单为备运提单，并采取以下措施：
1. 向开证银行提出单据不符点，并拒付货款。
2. 向有关司法机关提出诈骗立案请求。
3. 查询有关船运信息，确定货物是否已装船发运。

4. 向乙方发出书面通知，提出甲方疑义并要求对方做出书面解释。

乙方在收到甲方通知及开证银行的拒付函后，意识到事情的严重性并向甲方做出书面解释，并片面强调船务公司方面的责任。在此情况下，甲方再次发函表明立场，并指出，由于乙方原因，设备未按合同规定期限到港并安排调试，已严重违反合同约定并给甲方造成了不可估量的实际损失。要求乙方及时派人解决问题，否则甲方将采取必要的法律手段解决双方的纠纷。乙方遂于7月派人来中国。在甲方出具了充分的证据后，乙方承认该批货物由于种种原因并未按合同规定时间装运，同时承认了其所提交的提单为备运提单。最终，经双方协商，乙方同意在总货款12.5万美元的基础上降价4万美元并提供3年免费维修服务作为赔偿，并同意取消信用证，付款方式改为货到目的港后以电汇方式支付。

问题：试分析本案。

答案

案例一

本案原来订立的合同是一个凭规格买卖的合同，但是由于签约后卖方又确认所交货物与签约前寄送的样品相似，这可以理解为对原合同品质条款的补充，从而改变了此笔交易的性质，使其变为既凭规格买卖又凭样品成交的交易。按照国际贸易有关法律和惯例的解释，凡是既凭规格又凭样品成交的交易，卖方所交货物，既必须符合约定的规格，又必须与样品一致。否则，买方有权要求减价、索赔，甚至拒收货物。

通过本案，卖方应当吸取下列教训。

第一，要正确履行合同并按合同规定办事。本案合同规定凭规格买卖，履约时，卖方只要按合同的规格及时交货就行，根本没有必要再确认"成交商品与样品相似"，这是多此一举。此举改变了成交的性质，并增加了卖方承担的责任，给履约造成了实际困难，从而导致不必要的损失。

第二，要正确理解和运用凭样品交货的做法。凭样品成交时，要求交货品质与样品完全一致，所以履行时容易产生争议，一般不宜轻易采用此法，特别是与其他表示品质的方法同时并用，更应慎之又慎。当采用凭样品成交时，应保存好样品，以便对照。如只是为了宣传商品而寄送样品，则对成交前寄送的样品应明确表示仅供参考，以免对方产生误解。

第三，合同条款应当完备。本案合同中没有约定仲裁条款，当发生合同争议后，双方当事人达不成协议，致使解决争议遇到一定困难。

案例二

卖方避免对交易货物的品质承担双重担保义务。虽然卖方电文中告诉对方货物与样品相似，而不是完全相符，但买方有权保留索赔的权利。买方出具品质比样品低7%的证明，虽不符合实情，卖方拿不出留存样品，所以要赔偿600英镑。

案例三

卖方擅自更换约定的包装，且未按合同规定使用贴头，是违反了约定的主要交易条件，守约方有权要求赔偿损失，甚至撤销合同。本案合同项下的买方采取重新更换包装和贴头的补救措施后，向卖方要求赔偿损失，这是合理的。本案事实表明，卖方经办人员需要增强重合同、守信用的法律意识，对交易双方约定的各项交易条件，必须坚决照办，不得擅自变更。否则，不仅会造成经济损失，而且对外会产生不良影响。

案例四

1. 风险自货物交至装运港的船上起由卖方转移给买方。
2. 开证行无权拒付。根据国际商会制定的《跟单信用证统一惯例》，信用证交易独立于买卖合同，银行只负责审单。只要单据与信用证条款相符，银行仍须承担其付款义务。
3. 买方可凭保险单及有关载货船舶沉没于大海的证明到卖方投保的保险公司索赔。

案例五

仲裁庭依据合同规定和具体事实，对其裁定的理由做出以下分析。

本案合同规定："品质异议须于货到目的口岸之日起 30 天内提出，但均须提供已经卖方同意的公证行的检验证明。"经庭审查明，作为买方的申请人委托劳合社设在希腊比雷埃夫斯港的检验机构，并未经过作为卖方的被申请人同意，因而不具有合约的依据。在此应指出的是，当买方提出品质异议时，卖方曾建议由中国商检机构检验，并表示同意全部退货，而买方拒不按合同规定处理品质异议，却坚持擅自找检验机构检测，这是对合同的违反。

根据买方单方面委托的劳合社检验机构对本案合同项下货物进行检测所做的结论是"100%不可议付"。仲裁庭认为，该结论的含义不明确，它并不表示品质的概念。基于上述原因，仲裁庭对买方的主张不予支持是有道理的。

案例六

甲公司不应赔偿，应让买方凭直达提单向承运人交涉，凭保险单向保险公司交涉。因为按 CIF 术语成交，买卖双方的风险转移以船舷为界，货物在装运港越过船舷后的风险应由买方承担，所以船方擅自转船造成的损失也应由买方承担。另外，CIF 属象征性交货，只要卖方按合同规定在装运港将货物装船并提交全套合格单据，就算完成了交货义务，而无须保证到货。

案例七

根据《联合国国际货物销售合同公约》的有关规定，本案合同已经成立并生效。这是因为，申请人收到被申请人的发盘后，已表示接受，并将接受通知立即传真被申请人；接受通知送达发盘人时，接受生效；接受生效，即表明合同成立。申请人作为 FOB 术语下的买方，在表示接受的同时虽提到船龄和运费的修改问题，但按国际商会《2000 年通则》的规定，这一修改并不影响被申请人的权利与义务，也不构成对发盘内容的实质性变更，何况被申请人收到接受通知时并未立即表示反对。本案被申请人在其答辩中声称自己只是某委托人的代理，而不承认自己是本案合同当事人。这种主张显然不能成立。鉴于被申请人以自己的名义在本案合同上签字，而且被申请人并未举证证明曾向申请人披露过其与某委托人之间的关系，仲裁庭对被申请人与某委托人之间的关系不予审理，而认定被申请人是本案合同当事人，是有事实和合同依据的。

案例八

1. 可以适用。本案属于《联合国国际货物销售合同公约》第一条规定的适用范围。
2. 合同在 2 月 20 日成立。《联合国国际货物销售合同公约》规定，合同于按照本公约规定对总价的接受生效时订立，买方 2 月 19 日表示承诺，卖方 2 月 20 日收到，此时合同成立。
3. 运输保险应由卖方中国甲粮食出口公司办理，保险费也由卖方支付。根据 CIF 术语，卖方必须办理在运输途中应由买方承担的货物灭失或损坏风险的海洋运输保险。卖方订立保险合同并支付保险费。

4. 根据 CIF 术语，货物灭失或损坏的风险及货物装船后发生时间所产生的任何额外费用，自货物于装运港越过船舷时起即从卖方转由买方承担。

5. 买方无权要求卖方赔偿货物损失。

6. 中国甲粮食出口公司为受益人。

案例九

1. 答案是肯定的。承运人签发了清洁提单即表明其收到货物时货物没有问题，承运人应对途中受到的损失负责。如果承运人在装货时已发现货物有问题，承运人就不应签发清洁提单，这样收货人的货款也不会付出。在承运人依保函签发清洁提单的情况下，提单在跟单信用证机制中的制衡作用被破坏。因此，承运人必须对依保函签发清洁提单的后果承担责任。

2. 答案是否定的。因为保函无效，而且即使是有效保函，也不能对抗第三人。

3. 答案是否定的，投保的是水渍险，水渍险不包括雨水造成的损失。

案例十

1. 答案是肯定的。本案承运人以保函倒签了提单，应对因此而造成的延迟交付负责。因此，乙公司可以向承运人提出索赔。

2. 本案属于倒签提单的行为，即将实际装船的日期提前的行为。

3. 答案是否定的。水渍险并不承保因延迟交付造成的损失，因此乙公司不应向保险公司提出索赔。

案例十一

1. 在国际海洋货物运输中，提单是承运人保证据以交付货物的凭证，持有提单就拥有对提单项下货物的物权。原告马江支行作为开证银行，根据信用证关系承兑付款后，在开证申请人未付款赎单的情况下，合法持有提单，就拥有提单项下货物的物权。船务公司违反法定义务，将货物交付给非提单持有人，侵犯了马江支行的合法权益。

2. 船务公司违反了依正本提单放货的法定义务，应对由此给马江支行造成的损失承担责任。因此，马江支行应起诉船务公司。

案例十二

在 FOB 合同下，保险由买方办理并支付有关费用。因此，与货物有关的风险也在装运港从货物越过船舷时起，由卖方转移至买方。买方投保保险，只保障其应该负责的风险（转移后的风险），而风险转移前（如从卖方仓库运往转运码头期间）发生的风险损失，买方概不负担。因此，买方投保的保险公司也当然不负责任。

即使发生的损失属于保险公司承保范围，向其索赔还必须具备以下三个基本条件。

1. 索赔人与保险公司之间，必须有合法的、有效的合同关系。保险合同一般指保险单，只有保险单的合法持有人（投保人或受让人）才有权向保险公司提出索赔。本案例中的卖方不是保险单的合法持有人，无权向保险公司提出索赔。

2. 索赔人不仅是保险单的合法持有人，而且必须享有保险利益。保险利益不仅指被保险货物本身，还指被保险人对保险标的所具有的利益。如 FOB 合同规定，在货物装船（越过船舷）之前，风险由卖方负责，此时卖方对货物具有保险利益；如卖方凭提单、发票等或货运单据向银行办理押汇，在买方付款赎单之前，办理押汇的银行控制货运单据，对该批货物拥有保险利益；如买方已付款赎单，则对货物有保险利益的只能是买方。无论如何，只有享有保险利益的人才能提出索赔。本案例中的买方虽然是投保人（被保险人），但在损失发生时，尚不具备保险利益，故无权向保险公司索赔。

3. 索赔人要求赔偿的损失，必须在所投保险别的承保范围内。为保证 FOB 合同下货物从卖方仓库运至码头期间发生的损失能得到有效补偿，卖方必须向保险公司另行投买保险。本案例中保险公司拒赔卖方，是因为损失发生时卖方虽拥有保险利益，但不是保险单的被保险人或合法的受让人，所以无权向保险公司索赔。

案例十三

本案例的焦点在于乙方提交银行的议付单据中提单不符合信用证规定的已装船清洁提单的要求。由于乙方按实际业务操作已经不可能在信用证规定的时间内向信用证议付行提交符合要求的单据，便心存侥幸以备运提单作为正式已装船清洁提单作为议付单据。岂不知这种做法不仅违反了合同的有关要求，而且已经构成了诈骗，其行为人不仅要负民事方面的责任，还要负刑事责任。

本案例的经验主要有以下几点。

1. 在合同和信用证中详细、清楚地规定议付单据中的提单必须是全套清洁的已装船提单。

2. 收到议付单据后，仔细、认真地审核相关单证，确认所有单据符合"单单相符、单证相符"的要求。

3. 仔细审核提单中的每一个细节，确保所收到的提单是全套清洁的已装船提单。

参 考 文 献

[1] 顾寒梅，江静. 外贸运输与保险. 上海：上海财经大学出版社，2008.
[2] 冯媛媛. 运输实务. 北京：对外经济贸易大学出版社，2004.
[3] 江静. 国际集装箱运输与多式联运. 北京：中国商务出版社，2006.
[4] 王银成. 中国保险案例研究. 北京：首都经济贸易大学出版社，2006.
[5] 杨华柏. 保险纠纷典型案例评析. 北京：人民法院出版社，2004.
[6] 王智强. 新编国际代理实务. 北京：对外经济贸易大学出版社，2005.
[7] 李育良，池娟. 国际货物运输与保险. 北京：清华大学出版社，2005.
[8] 栗丽. 国际货物运输与保险. 北京：中国人民大学出版社，2007.
[9] 徐家骅. 物流运输管理实务. 北京：北京交通大学出版社，2006.
[10] 王绍燏. 国际货物运输与保险. 北京：对外经济贸易大学出版社，2006.
[11] 吴百福. 国际货运风险与保险. 北京：对外经济贸易大学出版社，2002.
[12] 李勤昌. 国际货物运输实务. 北京：清华大学出版社，2008.
[13] 孟于群. 防止海运欺诈及法律实务. 北京：中国商务出版社，2008.
[14] 刘冰涛. 国际货物运输. 重庆：重庆大学出版社，2006.
[15] 江静. 国际集装箱运输与多式联运. 北京：中国商务出版社，2006.
[16] 石中金，刘高峰. 数字贸易与新发展格局. 北京：人民出版社，2022.
[17] 罗兰贝格国际管理咨询（上海）有限公司. 中国跨境航空货运白皮书（2022）.
[18] 中商产业研究院. 2022年中国海运行业市场现状预测分析：市场规模持续增长. https://www.askci.com/news/chanye/20221107/1024202012815.shtml.
[19] 中投产业研究院. 2023—2027年中国海运行业投资分析及前景预测报告（上下卷），2023.
[20] 2022年11月份中国出口集装箱运输市场分析报告. https://www.mot.gov.cn/yunjiazhishu/chukoujizhuangxiangyjzs/202212/t20221205_3719438.html.